HACKERS TOEFL WRITING 200%활용법

토플 스피킹/라이팅 첨삭 게시판

이용방법 고우해커스(goHackers.com) 접속 ▶
상단 메뉴 [TOEFL → 스피킹게시판/라이팅게시판] 클릭하여 이용하기

토플 공부전략 강의

이용방법 고우해커스(goHackers.com) 접속 ▶
상단 메뉴 [TOEFL → 토플공부전략] 클릭하여 이용하기

토플 자료 및 유학 정보

이용방법 유학 커뮤니티 **고우해커스(goHackers.com)**에 접속하여
다양한 토플 자료 및 유학 정보 이용하기

고우해커스 바로 가기 ▶

통합형 문제학습 MP3

이용방법 해커스인강(HackersIngang.com) 접속 ▶
상단 메뉴 [토플 → MP3/자료 → 무료 MP3/자료] 클릭하여 이용하기

MP3/자료 바로 가기 ▶

iBT 라이팅 실전모의고사

이용방법 해커스인강(HackersIngang.com) 접속 ▶
상단 메뉴 [토플 → MP3/자료 → 무료 MP3/자료] 클릭 ▶
본 교재의 실전모의고사 프로그램 이용하기

MP3/자료 바로 가기 ▶

|H|A|C|K|E|R|S|

TOEFL

WRITING

해커스 어학연구소

무료 토플자료 · 유학정보 제공
goHackers.com

PREFACE

최신 토플 경향을 반영한
Hackers TOEFL Writing (iBT)을 내면서

해커스 토플은 토플 시험 준비와 함께 여러분의 영어 실력 향상에 도움이 되고자 하는 마음에서 시작되었습니다. 해커스 토플을 처음 출간하던 때와 달리, 이제는 많은 토플 책들을 서점에서 볼 수 있지만, 그럼에도 해커스 토플이 여전히 **독보적인 베스트셀러**의 자리를 지킬 수 있는 것은 늘 **처음과 같은 마음으로** 더 좋은 책을 만들기 위해 고민하고, 최신 경향을 반영하기 위해 끊임없이 노력하기 때문입니다.

이러한 노력의 결실로 **최신 토플 경향을 반영한** 『Hackers TOEFL Writing (iBT)』을 출간하게 되었습니다.

해커스 토플 라이팅은 실전에 강합니다!
『Hackers TOEFL Writing (iBT)』은 최신 경향을 반영한 실전 문제를 유형별로 다양하게 수록하였으며, 실전과 동일한 난이도와 구성의 iBT TOEFL 라이팅 실전모의고사를 온라인으로 제공하여 보다 철저히 실전에 대비할 수 있도록 하였습니다.

고득점도 문제 없습니다!
『Hackers TOEFL Writing (iBT)』은 토플 라이팅 고득점 달성에 꼭 필요한 학습 전략과 필수 표현, 풍부한 모범 답안을 제시하여 혼자서 공부하는 학습자라도 효과적으로 학습할 수 있도록 하였습니다.

『Hackers TOEFL Writing (iBT)』이 여러분의 토플 목표 점수 달성에 확실한 해결책이 되고 영어 실력 향상, 나아가 **여러분의 꿈을 향한 길**에 믿음직한 동반자가 되기를 소망합니다.

David Cho

Hackers TOEFL WRITING

CONTENTS

INTEGRATED SECTION

■ ACADEMIC DISCUSSION SECTION

실전모의고사(온라인) 2회분

해커스인강(HackersIngang.com) 접속 → [토플] 클릭 → [MP3/자료] 클릭 → [무료 MP3/자료] 혹은
[실전 모의고사 프로그램] 클릭하여 이용

TOPIC LIST

다음의 TOPIC LIST는 교재에 수록된 모든 유형별 문제를 토픽별로 구분하여 목록으로 구성한 것이다.

교재에 수록된 모든 유형별 문제는 실제 토플 라이팅 시험의 토픽별 출제 경향을 충실히 반영하여 구성되었다. 따라서 교재를 처음부터 끝까지 학습하면서 출제 가능성이 높은 토픽과 자신이 취약한 토픽을 파악할 수 있다. 자신이 특히 취약하다고 생각되는 토픽만 골라 다시 한번 풀어 보고 답안을 작성하는 연습을 함으로써 취약점을 보완하도록 한다.

INTEGRATED TASK (통합형)

DT: Diagnostic Test **실전**: 실전익히기 **HP**: Hackers Practice **HT**: Hackers Test **PT**: Power Test **AT**: Actual Test
MR: Model Response **온라인**: 온라인 실전모의고사 프로그램

ACADEMIC DISCUSSION TASK (토론형)

고득점 공략, 『해커스 토플 라이팅』으로 가능한 이유!

01 최신 출제 경향을 반영한 문제 수록

이 책은 iBT 토플 라이팅의 **최신 출제 경향을 철저히 분석하여 교재에 반영**하였다. 실제 시험과 동일한 유형으로 다양한 주제의 문제들을 수록하여, 문제를 풀어 보는 것만으로도 실전에 대한 감각을 확실하게 익힐 수 있도록 하였다.

02 고득점을 위한 유형별 전략 제시

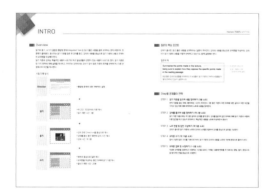

iBT 토플 라이팅의 **유형별 핵심 전략을 상세하게 수록**하였다. 각 유형의 답안 작성 기술을 단계별로 제시하였고, 노트테이킹 및 요약 스킬과 상황별·주제별 필수 표현을 학습하여 실제 시험에서 활용할 수 있도록 하였다.

03 단계별 학습으로 기본부터 실전까지 완벽 대비

기본다지기에서 노트테이킹 및 요약 연습, 필수 표현 연습으로 기초 실력을 다진 후, **실전익히기**를 통해 실제 시험에 적용할 수 있는 다양한 전략과 문제로 실전감을 익히게 하였다. 다음으로, 연습 문제인 **Hackers Practice**와 실전 형태의 **Hackers Test**를 통해 글쓰기 훈련을 할 수 있도록 하였다. 마지막으로, 각 유형별 마무리를 할 수 있는 **Power Test**와 실전에 대비할 수 있는 **Actual Test**를 풀어 봄으로써 시험에 보다 완벽하게 대비할 수 있도록 하였다.

04 효과적인 학습을 위한 학습플랜 및 무료 학습자료 제공

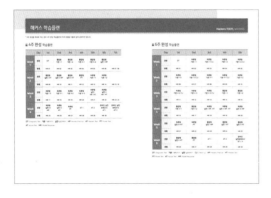

학습자가 자신에게 맞는 학습 계획을 세울 수 있도록 **4주 완성/6주 완성 학습플랜**을 제시하였다. **해커스인강**(HackersIngang.com)에서 무료로 제공하는 온라인 실전모의고사 프로그램을 통해 실제 시험과 같은 환경에서 실전에 대비할 수 있도록 하였다. **고우해커스**(goHackers.com)에서는 토플에 관한 다양한 정보가 공유되며, 본 교재에 대해서도 자유롭게 토론할 수 있다.

『해커스 토플 라이팅』 미리보기

1. 기본다지기

각 문제 유형별 실전 연습 전에 먼저 기본 실력을 탄탄히 쌓을 수 있도록 하였다. **통합형** 영역에서는 짧은 지문과 강의로 **노트테이킹 및 요약 스킬**을 익히도록 구성하였다. **토론형** 영역에서는 답안 작성 시 꼭 필요한 **기본적인 표현들을 상황별, 주제별로 정리**하고 문제를 통해 자신의 것으로 만들 수 있도록 하였다.

2. 실전익히기

앞서 쌓은 기초 실력을 바탕으로 실제 시험의 유형을 익히고 단계별 전략을 배운다. **통합형** 영역에서는 **읽기-듣기-쓰기로 이어지는 각 단계에서의 대처 방안과 전략**을 제시하고, **토론형** 영역에서는 **아웃라인 쓰기에서부터 나의 의견-이유와 근거를 작성하는 방법**까지 익힐 수 있도록 하였다.

3. 실제 STEP별 샘플

실전에서 시험이 진행되는 방식과 그에 따라 **문제를 해결해 나가는 과정**을 단계별로 한눈에 보고 쉽게 익힐 수 있도록 구성하였다.

4. Hackers Practice/Test

Hackers Practice에서는 실전익히기의 각 단계에서 공부한 전략과 내용을 바탕으로 풍부한 연습을 해 볼 수 있다. 학습자가 수준에 따라 점진적으로 구성된 문제를 풀며 실력을 향상시킬 수 있도록 하였다.
Hackers Test에서는 실전과 같은 난이도의 문제를 집중적으로 풀어 봄으로써 각 문제 유형에 대한 실전 감각을 기를 수 있도록 하였다.

5. Power Test

각 문제 유형의 실전 문제 2회분을 제공하여, 학습자가 지금까지 배운 내용을 실전에 적용해 보고 자신의 실력을 점검할 수 있도록 하였다. 실제 토플 라이팅 시험과 유사한 구성으로, 최신 시험 경향과 출제 유형을 반영하였다.

6. Actual Test (책+온라인)

교재를 모두 학습한 후 라이팅 영역 전반에 대한 종합적인 이해도와 실력을 측정할 수 있는 **Actual Test 2회분**을 제공하여, 실제 시험을 치르기 전에 자신의 실력을 점검해 볼 수 있도록 하였다. 또한 해커스인강(HackersIngang.com)을 통해 실제 시험과 동일한 환경에서 구현되는 **추가 온라인 실전모의고사 2회분**으로 실전 대비 마무리를 할 수 있다.

7. 토론형 Model Response

부록으로 추가 학습할 수 있는 **토론형 문제의 Model Response 30개**를 제공하여 하루에 한 개씩 학습할 수 있도록 하였으며, 답안에 등장한 주요 표현들을 효과적으로 익힐 수 있도록 하였다.

8. 모범 답안·스크립트·해석

교재에 수록된 모든 문제에 대한 **모범 답안을 제공**하여, 이를 바탕으로 학습자가 자신의 답안을 보완, 개선할 수 있도록 하였다. 또한, **강의 스크립트를 수록**하고, **읽기 지문과 강의에 대한 한글 해석 및 어휘도 함께 제공**하였다.

iBT TOEFL 소개 및 시험장 Tips

■ iBT TOEFL이란?

iBT(Internet-based test) TOEFL(Test of English as a Foreign Language)은 종합적인 영어 실력을 평가하는 시험으로 읽기, 듣기, 말하기, 쓰기 능력을 평가하는 유형의 문제 외에, 듣기-말하기, 읽기-듣기-말하기, 읽기-듣기-쓰기와 같이 각 능력을 연계한 통합형 문제가 출제된다. iBT TOEFL은 Reading, Listening, Speaking, Writing 영역의 순으로 진행되며, 4개 시험 영역 모두 노트테이킹을 허용하므로 문제를 풀 때 노트테이킹한 내용을 참고할 수 있다.

■ iBT TOEFL 구성

시험 영역	출제 지문 및 문항 수	시험 시간	점수 범위	특징
Reading	· 2개 지문 출제 지문당 길이: 약 700단어 지문당 10문항 출제	36분	0~30점	· 지문 길이가 길고, 다양한 구조의 지문이 출제됨 · 사지선다 형태, 지문 클릭(지문에 문장 삽입하기) 형태, 또는 정보를 분류하여 요약표나 정보 분류표에 넣는 형태 등이 출제됨
Listening	· 2개 대화 출제 대화당 길이: 약 3분 대화당 5문항 출제 · 3개 강의 출제 강의당 길이: 3~5분 강의당 6문항 출제	41분	0~30점	· 대화 및 강의의 길이가 길고, 실제 상황에 가까움 · 노트테이킹이 허용됨 · 사지선다 형태, 다시 듣고 푸는 형태, 정보를 분류해 표 안에 넣거나 순서대로 배열하는 형태 등이 출제됨
Speaking	· 독립형 1문항 출제 · 통합형 3문항 출제	17분 준비: 15~30초 답변: 45~60초	0~30점	· 독립형 문제 (1번) - 특정 주제에 대해 의견 말하기 · 통합형 문제 (2~4번) - 읽고 들은 내용에 기초하여 말하기
Writing	· 통합형 1문항 출제 · 토론형 1문항 출제	35분	0~30점	· 통합형 문제 - 읽고 들은 내용에 기초하여 글쓰기 · 토론형 문제 - 토론 주제에 대해 글쓰기
		2시간 내외	총점 120점	

■ iBT TOEFL 접수 및 성적 확인

실시일	ETS Test Center 시험은 1년에 60회 이상 실시되며, 홈에디션 시험은 일주일에 약 4~5일 실시됨
시험 장소	ETS Test Center에서 치르거나, 집에서 홈에디션 시험으로 응시 가능 (홈에디션 시험 응시 가능한 장비 및 환경 요건은 ETS 토플 웹사이트에서 확인 가능)
접수 방법	ETS 토플 웹사이트 또는 전화상으로 접수
시험 비용	(2024년 현재 기준이며, 가격 변동 있을 수 있음) · 시험 접수 비용 US $220 · 추가 리포팅 비용 US $25 (대학당) · 시험일 변경 비용 US $60 · 취소한 성적 복원 비용 US $20 · 추가 접수 비용 US $40 · Speaking/Writing 재채점 비용 US $80 (영역당) 　(응시일로부터 2~7일 전에 등록할 경우)
시험 당일 주의사항	· 공인된 신분증 원본 반드시 지참하며, 자세한 신분증 규정은 ETS 토플 웹사이트에서 확인 가능 · 홈에디션 시험에 응시할 경우, 사전에 ProctorU 프로그램 설치하여 정상 작동 여부 확인 · 홈에디션 시험에 응시할 경우, 휴대폰 또는 손거울, 화이트보드 또는 투명 시트와 지워지는 마카 지참 　(일반 종이와 필기구, 헤드폰 및 이어폰은 사용 불가)
성적 및 리포팅	· 시험 응시 후 바로 Reading/Listening 영역 비공식 점수 확인 가능 · 시험 응시일로부터 약 4~8일 후에 온라인으로 성적 확인 가능 · 시험 접수 시, 자동으로 성적 리포팅 받을 기관 선택 가능 · MyBest Scores 제도 시행 (최근 2년간의 시험 성적 중 영역별 최고 점수 합산하여 유효 성적으로 인정)

■ 시험장 Tips

1. **입실 절차** 고사장에 도착한 순서대로 번호표를 받아 입실하고, 입실 순서대로 시험을 시작한다.

2. **신분 확인** 신분증 확인 후 성적표에 인쇄될 사진을 찍은 다음, 감독관의 안내에 따라 시험을 볼 자리에 앉는다.

3. **필기도구** 연필과 종이는 감독관이 나누어 주므로 따로 챙겨 갈 필요가 없다. 부족한 경우 조용히 손을 들고 요청하면 된다.

4. **헤드폰 음량 및 마이크 음량 조절** 헤드폰 음량은 Listening, Speaking, Writing 영역 시작 전이나 시험 중간에 화면의 음량 버튼을 이용하여 조절할 수 있다. 적절한 크기로 하되 주위에 방해가 되지 않는 크기로 설정한다. 마이크 음량은 시험 시작 직후와 Speaking 영역을 시작하기 전에 조절할 수 있다. 평소 말하는 톤으로 음량을 조절한다.

5. **주의 집중** 응시자들의 시험 시작 시간이 달라 고사장이 산만할 수 있으나, 집중하도록 노력한다. 특히 Listening이나 Speaking 영역 시험을 보고 있을 때 다른 응시자의 Speaking 답변 소리가 들리더라도 자신의 시험에 집중한다.

iBT TOEFL Writing 소개

iBT TOEFL 라이팅 영역에서는 영어를 사용하는 국가에서 공부할 때 필요한 작문 능력을 평가한다. 따라서 학습자들은 라이팅 영역을 준비하는 과정을 통해 iBT TOEFL 고득점 달성뿐만 아니라, 실제 해외 대학 진학 후의 교육 환경에도 효과적으로 대비할 수 있을 것이다.

■ iBT TOEFL Writing의 구성

라이팅 영역은 약 35분간, Integrated Task(통합형 문제)와 Academic Discussion Task(토론형 문제) 두 문제에 답하게 된다.

· Integrated Task(통합형 문제)
  통합적 언어 구사 능력을 평가하는 것으로, 한 가지 주제에 대해 읽기 지문과 강의가 주어지고, 응시자는 읽고 들은 정보를 통합, 연계해 답안을 작성해야 한다.

· Academic Discussion Task(토론형 문제)
  토론 상황에서의 언어 구사 능력을 평가하는 것으로, 토론 주제에 대한 자신의 의견을 밝히고, 이를 뒷받침할 수 있는 적절한 근거를 제시하여 답안을 작성해야 한다.

■ iBT TOEFL Writing 문제 유형 소개

문제 유형			유형 소개	제한 시간
통합형	읽기 ↓ 듣기 ↓ 쓰기	지문을 읽고 강의를 들은 후 내용을 연계하여 요약하기	지문 읽기: 학술적 토픽에 대한 지문(230~300단어) 읽기 강의 듣기: 지문에서 다룬 토픽에 대해 지문과 다른 방식으로 접근한 강의(230~300단어) 듣기 요약문 쓰기: 지문 내용에 대해 강의에서 어떻게 접근하고 있는지 요약	읽기 시간: 3분 듣기 시간: 약 2분 작성 시간: 20분
토론형	쓰기	자신의 의견을 정하여 답안 쓰기	답안 쓰기: 특정 토론 주제에 대한 자신의 의견을 밝히고 그 이유 및 근거를 제시하는 답안 작성	작성 시간: 10분
				총 35분

■ iBT TOEFL Writing 화면 구성

1. 라이팅 영역의 전체 Direction 화면

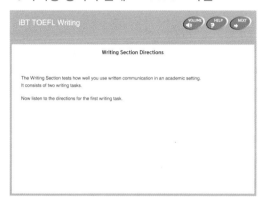

라이팅 영역의 전반적인 시험 진행 방식에 대한 설명이 화면에 나오고, 같은 내용이 음성으로도 제시된다. 이 설명을 듣는 동안 볼륨을 조절할 수 있다.

2. 통합형 문제(Integrated Task)

Direction 화면

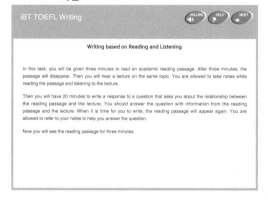

통합형 문제의 진행 방식에 대한 설명이 제시된다. 지문을 읽고 강의를 들은 후, 그 내용을 연계하여 요약문을 작성하라는 내용을 담고 있다.

읽기 지문이 제시되는 화면

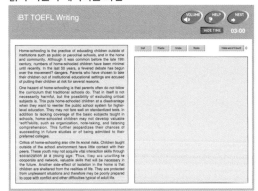

화면에 읽기 지문이 제시되면, 화면 상단의 시간이 3분부터 카운트다운 된다. 읽기 지문에는 주제에 맞는 사진이 함께 제시되기도 한다. 우측에 답안을 작성하는 곳은 비활성화되어 있기 때문에 읽기 지문을 읽는 동안 답안 작성을 미리 시작할 수 없다. 3분이 지나면 자동으로 다음 단계로 넘어간다.

강의를 들을 때 제시되는 화면

강의를 듣는 동안 화면 중앙에 교수가 강의를 하는 사진이 나온다. 강의가 끝나면 다음 단계로 넘어간다.

답안 작성 화면

화면 상단에 Direction과 문제가 주어지고, 좌측 하단에는 읽기 지문이 다시 제시된다. 우측 하단의 빈 공간은 답안을 작성할 수 있도록 활성화되고, 화면 상단의 시간은 20분부터 카운트다운 되는데, 20분이 지나기 전에 답안 작성을 마칠 경우 NEXT 버튼을 눌러 다음 단계로 넘어갈 수 있다.

3. 토론형 문제(Academic Discussion Task)

Direction 화면

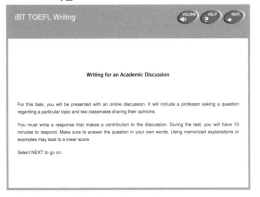

토론형 문제의 진행 방식에 대한 설명이 제시된다. 주어진 질문에 대한 자신의 의견을 작성하라는 내용을 담고 있다.

답안 작성 화면

화면에 온라인 강의 게시판이 제시되고, 우측 하단에 답안을 작성할 수 있는 공간이 주어진다. 화면 상단의 시간은 10분부터 카운트다운 되는데, 10분이 지나기 전에 답안 작성을 마칠 경우 NEXT 버튼을 눌러 다음 단계로 넘어갈 수 있다.

4. 화면 상단 Tool Bar

화면 상단에는 시험 진행 과정을 보여주는 도구 창이 나타난다. 볼륨을 조절하거나 남은 시간을 확인하는 등의 기능을 지원한다.

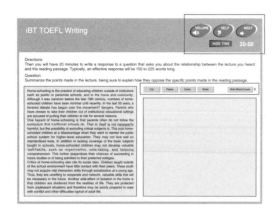

 VOLUME 버튼을 누르면 좌우로 움직이는 아이콘이 등장하며 이것을 움직여서 음량을 조절할 수 있다.

 HELP 버튼을 누르면 시험 진행에 관련된 정보를 알 수 있다. 이때 시간은 계속해서 카운트 된다.

 NEXT 버튼을 누르면 현재 단계를 종료하고 다음 단계로 넘어갈 수 있다. 정해진 시간 내에 답안 작성을 마쳤을 경우 이용한다.

HIDE TIME HIDE TIME 버튼을 누르면 시간 카운트가 도구 창에서 사라지고 SHOW TIME 버튼이 나타나며, SHOW TIME 버튼을 누르면 시간 카운트가 HIDE TIME 버튼과 함께 창에 다시 나타난다.

Cut 답안 작성 시 잘라내기 기능을 지원한다.

Paste 답안 작성 시 붙여넣기 기능을 지원한다.

Undo 답안 작성 시 마지막으로 작성한 부분의 삭제하기 기능을 지원한다.

Redo 답안 작성 시 마지막으로 삭제한 부분의 되돌리기 기능을 지원한다.

Hide Word Count Hide Word Count 버튼을 누르면 작성 중인 답안의 단어 수가 사라지고 Show Word Count 버튼이 나타나며, Show Word Count 버튼을 누르면 단어 수가 Hide Word Count 버튼과 함께 다시 나타난다.

iBT TOEFL Writing 점수 평가 요소

통합형 문제(Integrated Task)

통합형 문제는 요약문의 전개 방식과 구성뿐만 아니라 적절한 어휘 및 문법의 사용 여부, 내용의 정확성 등의 요소를 평가하여 채점한다. 각 점수대별 채점 기준은 다음과 같다.

통합형 문제 채점 기준표

점수	통합형
5점	강의의 중요한 정보를 매우 잘 선별하고, 읽기 지문에 제시된 정보와 관련지어 조리 있고 정확하게 제시한다. 간혹 사소한 언어적 실수가 보일 수 있지만 글의 내용이나 맥락을 모호하게 하거나 거스르지 않는다.
4점	강의의 중요한 정보를 대체로 잘 선별하고, 읽기 지문에 제시된 정보와 관련지어 조리 있고 정확하게 제시한다. 간혹 사소한 일부 정보가 누락되거나 부정확하거나 모호한 경우가 있지만 심각한 수준은 아니다. 또한 이 점수를 받은 요약문에는 사소한 언어적 실수가 5점을 받은 요약문보다 좀 더 자주 나타나기는 하지만, 글의 맥락을 이해하는 데 큰 방해가 되지는 않는다.
3점	강의의 중요한 정보를 일부 포함하여 읽기 지문에 제시된 정보와 어느 정도 관련지어 전달하지만 다음 중 하나 이상의 문제를 지니고 있다. · 전체 요약문이 강의의 요지를 벗어나지는 않으나, 읽기 지문과의 관계가 모호하거나 너무 광범위하거나 다소 부정확하다. · 강의에서 언급된 핵심 논점 하나가 빠져 있는 경우가 있다. · 강의와 읽기 지문의 요점 중 일부의 연결 관계가 불완전하거나 부정확하다. · 언어적 실수가 잦거나 눈에 띄게 모호하거나 불명료하여 주요 정보 및 지문 간의 관련성을 전달하는 데 방해가 된다.
2점	강의의 정보를 일부 포함하고 있지만, 상당한 언어적 실수를 보이거나 강의와 읽기 지문을 연관 짓는 데 있어 중요한 정보가 누락되고 명료하지 않다. 이 점수를 받은 요약문은 다음 중 하나 이상의 문제를 지니고 있다. · 강의와 읽기 지문의 관계가 상당히 부정확하거나 누락되어 있다. · 강의의 핵심 내용의 상당 부분이 부정확하거나 누락되어 있다. · 요점을 이해하는 데 방해가 되는 언어적 오류나 표현을 포함하고 있으며, 내용이 명확하지 않아 핵심 내용을 이해할 수 없다.
1점	다음 중 하나 이상의 문제를 지니고 있다. · 강의의 내용 중 의미 있는 내용을 포함하고 있지 않거나 강의와 거의 관련이 없다. · 글의 언어적 수준이 매우 낮아 의미를 파악하기가 어렵다.
0점	읽기 지문의 문장을 그대로 사용하거나 주어진 주제와 관련 없는 내용인 경우, 또는 글을 전혀 쓰지 않은 경우이다.

토론형 문제(Academic Discussion Task)

토론형 문제는 온라인 토론 주제와 답안의 연관성, 적절한 어휘의 선택과 명확한 문법 사용 여부가 채점의 기준이 된다. 각 점수대별 채점 기준은 다음과 같다.

토론형 문제 채점 기준표

점수	토론형
5점	답안이 온라인 토론 주제와 관련이 있고, 토론에 매우 명확하게 기여한다. 일관적인 언어 능력을 보여준다. • 설명과 예시, 세부사항 등이 서로 관련성이 있고 명료하게 제시된다. • 다양한 문장 구조와 정확한 단어, 관용어구를 유능하게 사용한다. • 사소한 오타 또는 철자 오류를 제외하고는 어휘 또는 문법적 오류가 거의 없다.
4점	답안이 온라인 토론 주제와 관련이 있고, 토론에 기여한다. 언어 능력은 답안의 아이디어를 쉽게 이해할 수 있게 한다. • 설명과 예시, 세부사항 등이 서로 관련성이 있고 적절하게 설명된다. • 다양한 문장 구조와 적절한 단어를 사용한다. • 어휘 또는 문법적 오류가 많지 않다.
3점	답안이 온라인 토론 주제와 대부분 관련이 있고 이해할 수 있는 수준에서 기여한다. • 설명과 예시, 세부사항의 일부가 누락되거나 불분명하거나 서로 연관성이 없다. • 문장 구조와 단어를 다양하게 사용하는 편이다. • 눈에 띄는 어휘 또는 문법적 오류가 몇몇 있다.
2점	답안이 온라인 토론에 기여하려는 시도를 보이지만, 언어 능력의 한계로 답안의 아이디어를 이해하기 어렵다. • 설명이 부족하거나 부분적으로만 관련이 있다. • 문장 구조와 어휘 사용이 제한적이다. • 어휘 또는 문법적 오류가 자주 보인다.
1점	답안이 온라인 토론에 기여하지 못하며, 언어 능력의 한계로 아이디어를 표현하지 못한다. • 아이디어가 일관되지 않다. • 문장 구조 및 어휘 사용의 범위가 매우 제한적이다. • 심각한 어휘 또는 문법적 오류가 자주 보인다.
0점	답안을 작성하지 않은 경우, 주제에 반하거나 영어로 되어 있지 않은 경우, 또는 문제를 그대로 복사하거나 문제와 전혀 연관성이 없는 경우이다.

■ iBT TOEFL Writing 예상 점수 환산표

작성한 답안은 인공지능(AI)과 ETS의 시험관이 함께 채점하며, 통합형 문제(Integrated Task)와 토론형 문제(Academic Discussion Task)를 각각 0점에서 5점 사이의 점수로 매긴 후 두 문제의 평균 점수를 0점에서 30점 사이의 점수로 환산한다.

Writing 평균 점수	환산된 점수
5.00	30
4.75	29
4.50	28
4.25	27
4.00	25
3.75	24
3.50	22
3.25	21
3.00	20
2.75	18
2.50	17
2.25	15
2.00	14
1.75	12
1.50	11
1.25	10
1.00	8
0.75	7
0.50	5
0.25	4
0	0

자료 출처: 토플 공식 웹사이트

[점수 환산의 예]
통합형 영역에서 3점을 받고 토론형 영역에서 4점을 받은 경우
(3+4)/2 = 3.5 → 평균 점수
3.5점을 환산표를 이용하여 환산된 점수로 변환하면 22점이 된다.

iBT TOEFL Writing 전략

■ 시험 보기 전

01 문장 표현력을 기른다.

간단한 구조의 문장과 누구나 쓸 수 있는 표현만 사용해서는 고득점을 받기 어렵다. 무조건 어려운 어휘와 표현을 외우려 하지 말고 실제 답안에 사용할 수 있는 주요 표현들을 학습한다. 교재에 수록된 상황별·주제별 표현을 통해 다양한 표현을 익힐 수 있다.

02 듣기 능력을 기른다.

iBT 토플 라이팅의 통합형 문제에서는 강의를 듣고 요약할 수 있는 능력을 필요로 하며, 작문 능력만큼이나 듣기 실력이 중요하다. 따라서 토플 리스닝 교재나 기타 영어 듣기 자료를 활용하여 장문의 대화나 강의를 듣고 이해하는 능력을 키우도록 한다.

03 노트를 이용한 요약 능력을 기른다.

250~300자 정도의 영자 신문기사를 읽거나 영어 뉴스를 들으며 노트테이킹을 하고, 노트를 바탕으로 읽고 들은 내용을 자기 말로 요약해서 적어 보는 연습을 한다. 이때 시간 제한을 두고 쓰는 연습을 하는 것이 좋다.

04 영문 타자 연습을 한다.

iBT 토플 라이팅에서는 타자로 답안을 작성해야 한다. 영문 타자에 익숙하지 않은 경우 시간을 낭비할 수 있으므로 미리 영문 타자를 연습해 두도록 한다.

05 다양한 토픽을 접한다.

통합형 문제에서 전혀 들어본 적이 없는 생소한 분야에 대한 글을 읽고 들은 뒤 그 내용을 연계해서 요약해 쓰는 것은 쉬운 일이 아니다. 따라서 자주 출제되는 주제와 관련된 다양한 글들을 읽어 두는 것이 좋다. 토론형 문제에서는 토픽 자체는 어려운 것이 아니라 하더라도, 해당 문제에 대해 별로 생각해 본 적이 없어서 자신의 의견을 정하는 데 곤란을 겪을 수 있다. 다양한 답안을 토픽에 대한 자신의 의견을 간단하게 정리해 보는 연습을 통해 토픽과 아웃라인 정리에 익숙해지도록 한다.

06 모범 답안을 많이 접한다.

모범 답안을 통해 좋은 표현을 배울 수 있을 뿐만 아니라 글의 구성 및 논리를 전개하는 법을 익힐 수 있다. 이때 단순히 모범 답안을 외워서 그대로 쓰려고 하기보다는 전반적인 글의 구성과 논리의 흐름을 익히고, 자신이 쓸 수 있는 핵심 표현을 눈여겨보는 것이 좋다. 교재에 수록된 '30일 완성 토론형 Model Response'를 통해 30개의 토론형 문제와 그에 대한 모범 답안을 하루에 한 개씩 학습할 수 있다.

■ 시험 볼 때

01 노트테이킹과 아웃라인을 효과적으로 작성한다.

통합형 문제의 경우 노트테이킹을 하느라 강의 내용을 놓치지 않도록 주의한다. 이때 들은 말을 모두 적는 것이 아니라 기억의 단서가 될 정도로만 간단하게 적는다. 토론형 문제는 본격적으로 답안을 작성하기 전에 미리 아웃라인을 작성해 놓는 것이 도움이 된다.

02 강의 흐름을 예상하며 듣는다.

읽기 지문과 강의는 반드시 밀접하게 연관된 내용이 나오므로, 읽기 지문과 강의의 기본적인 포인트는 서로 일치하게 되어 있다. 따라서 지문을 읽은 후 강의를 들을 때는 지문에서 나온 핵심 포인트에 따라 다음 강의의 내용을 예상하면서 능동적으로 듣도록 한다.

03 위기에 침착하게 대처한다.

강의를 듣다가 놓친 내용이 있더라도 동요하지 않고 끝까지 집중한다. 초조해하거나 지나간 내용을 생각하면 전체 강의의 흐름을 완전히 놓치게 된다. 전체 흐름을 이해하면 특정 부분을 놓쳤더라도 전후 문맥을 이용하여 무리 없이 요약할 수 있다.

04 최종 검토를 꼼꼼히 한다.

아무리 잘 쓴 글이라도 틀린 철자가 자주 나오거나 문법적 실수가 잦으면 신뢰감이 떨어지고 점수에 나쁜 영향을 미치게 된다. 따라서 답안을 검토할 시간을 따로 할애해 놓고 전체적으로 꼼꼼히 확인하도록 한다.

05 시간 분배를 적절히 한다.

통합형 문제의 경우 전체 답안을 작성하는 시간은 20분이다. 첫 2~3분은 노트를 보충하고 전체 답안 구조를 잡는 데 쓰고, 약 15분 동안 실제 요약문을 작성한다. 그리고 나머지 1~2분 동안 답안을 검토하도록 한다. 토론형 문제는 전체 답안을 작성하는 시간 10분 중 문제를 파악하고 아웃라인을 잡는 시간 2~3분을 고려하여 약 7~8분 동안 실제 답안을 작성하며, 시간이 남을 시 작성한 답안을 검토하도록 한다. 평소에 시간을 재면서 연습을 해 두어 시간 분배에 익숙해지도록 한다.

06 마지막까지 집중력을 잃지 않는다.

약 2시간 정도 진행되는 전체 시험에서 라이팅 영역은 가장 마지막에 진행되기 때문에 체력적으로 지치고 집중력이 흐려지기 쉽다. 그러나 라이팅 영역에서는 단 두 문제로 다른 영역과 같은 비중의 점수를 얻게 되기 때문에, 마지막까지 집중력을 잃지 않고 최선을 다하는 것이 중요하다.

수준별 맞춤 학습 방법

* 33페이지의 Diagnostic Test를 풀어본 후 문제 유형별로 자신의 현재 실력을 파악하여, 아래에서 적합한 학습 방법을 찾아 공부하면 효과적입니다.

Level 1

문장을 어떻게 써 나가야 할지 모르겠어요.

추천 플랜 **6주 완성 학습플랜**
학습 방법 **다양한 표현을 익히고, 노트테이킹 & 요약 연습을 하자!**

1. 학습플랜에 따라 각 유형의 특징을 꼼꼼하게 읽어 본다.
2. 기본다지기에서 상황별/주제별 표현을 익혀 문장을 완성하는 연습을 하고, 노트테이킹 & 요약 연습을 하며 읽고 들은 내용을 체계적으로 정리하는 능력을 기른다.
3. Hackers Practice와 Hackers Test를 풀고 나서 각 문제의 모범 답안을 분석하여 내 답안을 보완 및 개선한다.

Level 2

간단한 문장은 쓸 수 있어요.

추천 플랜 **6주 완성 학습플랜**
학습 방법 **요약문과 답안의 기본 구조에 익숙해지자!**

1. 각 문제 유형의 단계별 전략에 따라 노트테이킹과 아웃라인을 정리하고, 이를 바탕으로 실제 답안을 작성해 보는 연습을 한다.
2. Hackers Practice를 풀며 답안을 작성하는 방법을 익히는 데 중점을 두고, Hackers Test를 통해 실전처럼 답안을 작성해 보는 연습을 한다.
3. 내가 작성한 답안과 모범 답안을 비교해 보고, 좋은 표현은 꼼꼼히 익힌다.

Level 3 — 요약문과 답안을 그럭저럭 완성할 수 있어요.

추천 플랜 **4주 완성 학습플랜**
학습 방법 **실전에 대비하자!**

1. 실전과 같은 시간으로 각 유형의 답안을 작성하는 연습을 한다.
2. Topic List를 참고하여 특히 취약한 주제를 확인하고, 취약한 주제와 관련된 표현을 암기하고 교재의 모범 답안을 여러 번 반복해서 학습한다.
3. 실전익히기를 통해서 답안을 작성하는 법을 익힌 후 Hackers Practice와 Hackers Test를 철저히 공부한다. 그리고 Power Test와 Actual Test를 통해서 마무리한다.

Level 4 — 요약문과 답안을 자신 있게 쓸 수 있어요.

추천 플랜 **4주 완성 학습플랜**
학습 방법 **만점을 준비하자!**

1. 30일 완성 토론형 Model Response와 유형별 모범 답안을 응용하는 연습을 통해 더 세련된 답안을 작성해 본다.
2. 취약 주제의 문제만 다시 한번 확인하고 넘어가고 Hackers Test, Power Test, Actual Test에 중점을 두어 실전 학습을 한다.
3. 해커스인강(HackersIngang.com)에서 제공하는 실전모의고사 프로그램을 통해 실제 시험에서도 당황하지 않고 답안을 작성할 수 있도록 연습한다.

학습 성향별 맞춤 공부 방법

* 해커스 학습플랜은 28~29페이지에 수록되어 있습니다.

 ## 개별학습 혼자서 공부할 때 가장 집중이 잘 된다!

1. 나만의 학습플랜을 세운다!
33페이지의 Diagnostic Test를 통하여 자신의 현재 실력을 확인하고, 해커스 학습플랜을 참고하여 본인에게 맞는 학습 계획을 세운다.

2. 매일매일 정해진 학습 분량을 공부한다!
학습플랜에 따라 매일의 정해진 분량을 반드시 마치도록 하고, 만약 그러지 못했을 경우에는 계속 진도를 나가되 일주일이 지나기 전에 해당 주의 학습 분량을 모두 끝낸다.

3. 직접 글을 써 보고 모범 답안과 비교한다!
요약문과 답안을 혼자 힘으로 작성해 보고, 모범 답안과 자신의 글을 비교하면서 좋은 예시나 표현을 확인하고 익힌다. 모범 답안에서 취한 장점을 활용해서 다시 한번 요약문과 답안을 작성해 본다.
* 고우해커스(goHackers.com)의 [해커스 Books > 토플 라이팅 Q&A]에서 궁금한 사항을 질문할 수 있습니다.

 ## 스터디학습 다른 사람과 함께 공부할 때 더 열심히 한다!

1. 개별 예습으로 스터디를 준비한다!
기본다지기의 노트테이킹 및 요약 연습과 상황별·주제별 표현은 각자 미리 학습하고, 스터디 분량에 맞춰 Hackers Practice도 미리 풀어 본다.

2. 토론 학습으로 완벽하게 이해한다!
Hackers Test는 예습 없이 다 함께 시간을 정해 실전처럼 풀어본 후, 서로의 요약문과 답안을 비교해 본다. 각자의 글에서 보완 및 개선할 부분을 알려주고, 교재의 모범 답안을 보며 빠진 내용과 좋은 표현을 확인한다.

3. 개별 복습으로 마무리한다!
스터디가 끝난 후, 자신의 글에서 보완 및 개선할 부분을 반영하여 다시 한번 요약문과 답안을 작성해 본다.

동영상학습 원하는 시간, 원하는 장소에서 강의를 듣고 싶다!

1. 동영상강의 학습플랜을 세운다!

해커스인강(HackersIngang.com)에서 『샘플강의보기』를 통해 강의 구성을 미리 파악하고, 『스터디플랜』에 따라 자신의 학습 계획을 세운다.

2. 이해될 때까지 반복해서 듣는다!

학습플랜에 따라 오늘 공부해야 할 강의를 집중해서 듣고, 잘 이해가 되지 않는 부분은 완전히 이해될 때까지 반복해서 시청한다.

3. 『선생님께 질문하기』를 적극 활용한다!

강의를 듣다가 모르는 부분이 있거나 질문할 것이 생기면 『선생님께 질문하기』를 이용하여 확실히 이해하도록 한다.

학원학습 선생님의 강의를 직접 들을 때 가장 효과적이다!

1. 100% 출석을 목표로 한다!

자신의 일정에 맞는 수업을 등록하고, 개강일부터 종강일까지 100% 출석을 목표로 빠짐없이 수업에 참여한다.

2. 예습과 복습을 철저히 한다!

수업 전에 미리 그날 배울 내용을 훑어본다. 수업이 끝난 후에는 자신이 취약한 부분을 확인하고 복습한다.

3. 적극적으로 질문한다!

수업 시간에 잘 이해되지 않은 부분은 쉬는 시간이나 해커스어학원(Hackers.ac)의 『반별게시판』을 이용해 선생님께 질문함으로써 확실히 짚고 넘어간다.

해커스 학습플랜

* 8주 완성을 목표로 하는 경우 4주 완성 학습플랜의 하루 분량을 이틀에 걸쳐 공부하면 됩니다.

■ 4주 완성 학습플랜

	Day	1st	2nd	3rd	4th	5th	6th	7th
Week 1	본문	DT	통합형 기본 I-1	통합형 기본 I-2	통합형 기본 II-1	통합형 기본 II-2	통합형 실전 I HP	
	부록	MR 01	MR 02	MR 03	MR 04	MR 05	MR 06	MR 07, 08
Week 2	본문	통합형 실전 I HT	통합형 실전 II HP	통합형 실전 II HT	통합형 PT	토론형 기본 I-1	토론형 기본 I-2	
	부록	MR 09	MR 10	MR 11	MR 12	MR 13	MR 14	MR 15, 16
Week 3	본문	토론형 기본 I-3	토론형 기본 II-1	토론형 기본 II-2	토론형 기본 II-3	토론형 실전 I HP, HT	토론형 실전 II HP, HT	
	부록	MR 17	MR 18	MR 19	MR 20	MR 21	MR 22	MR 23, 24
Week 4	본문	토론형 실전 III HP	토론형 실전 III HT	토론형 PT	AT 1	AT 2	온라인 실전 모의고사 AT I	온라인 실전 모의고사 AT II
	부록	MR 25	MR 26	MR 27	MR 28	MR 29	MR 30	

DT: Diagnostic Test **기본:** 기본다지기 **실전:** 실전익히기 **HP:** Hackers Practice **HT:** Hackers Test **PT:** Power Test
AT: Actual Test **MR:** Model Response

■6주 완성 학습플랜

	Day	1st	2nd	3rd	4th	5th
Week 1	본문	DT	토론형 기본 I-1	토론형 기본 I-1 CU	토론형 기본 I-2	토론형 기본 I-2 CU
	부록	MR 01	MR 02	MR 03	MR 04	MR 05
Week 2	본문	토론형 기본 I-3	토론형 기본 I-3 CU	토론형 기본 II-1	토론형 기본 II-1 CU	토론형 기본 II-2
	부록	MR 06	MR 07	MR 08	MR 09	MR 10
Week 3	본문	토론형 기본 II-2 CU	토론형 기본 II-3	토론형 기본 II-3 CU	통합형 기본 I-1	통합형 기본 I-2
	부록	MR 11	MR 12	MR 13	MR 14	MR 15
Week 4	본문	통합형 기본 II-1	통합형 기본 II-2	토론형 실전 I HP, HT	토론형 실전 II HP, HT	토론형 실전 III HP
	부록	MR 16	MR 17	MR 18	MR 19	MR 20
Week 5	본문	토론형 실전 III HT	토론형 PT	통합형 실전 I HP	통합형 실전 I HT	통합형 실전 II HT
	부록	MR 21	MR 22	MR 23	MR 24	MR 25
Week 6	본문	통합형 실전 II HT	통합형 PT	AT 1	AT 2	온라인 실전모의고사 AT I, II
	부록	MR 26	MR 27	MR 28	MR 29	MR 30

DT: Diagnostic Test   **기본:** 기본다지기   **실전:** 실전익히기   **CU:** Check-up   **HP:** Hackers Practice   **HT:** Hackers Test

PT: Power Test   **AT:** Actual Test   **MR:** Model Response

실전모의고사 프로그램 활용법

해커스인강(HackersIngang.com)에서는 실제 iBT TOEFL과 유사한 환경에서 라이팅 문제를 풀어 볼 수 있도록 해커스 어학연구소에서 자체 제작한 실전모의고사 프로그램을 제공한다. 이 프로그램에 수록되어 있는 2회분의 Actual Test는 iBT TOEFL 라이팅과 동일한 난이도 및 시험 진행 방식을 갖추고 있어, 학습자들이 자신의 실력을 점검해 보는 것은 물론, 실제 시험 환경에 익숙해지는 데에도 큰 도움이 될 것이다.

> ***온라인 실전모의고사 프로그램 이용 경로**
> 해커스인강(**HackersIngang.com**) 접속 ▶ [토플] 클릭 ▶ [MP3/자료] 클릭 ▶ [무료 MP3/자료] 혹은 [실전 모의고사 프로그램] 클릭하여 이용

■ TEST 보기

프로그램을 실행한 후, 초기 화면에서 Actual Test I, II 중 하나를 클릭하면 실제 시험과 유사한 화면 구성과 진행 방식으로 문제를 풀어 볼 수 있다. 문제를 푸는 도중 좌측 상단의 EXIT 버튼을 누르면 언제든 시험을 중단할 수 있다.

실제 시험과 유사한 화면 구성과 진행 방식으로 문제를 풀며 실전 적응력을 높일 수 있다.

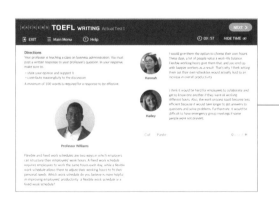

통합형 20분, 토론형 10분의 시간 제약이 주어지고, 시간이 초과되면 자동으로 다음 화면으로 전환된다.

REVIEW PAGE

1회분의 Test를 마치면 Review Page에서 지문, 해석, 어휘 및 모범 답안을 확인할 수 있다.

읽기 지문의 해석과 주요 어휘를 학습할 수 있고, 강의 스크립트를 보면서 강의를 다시 들을 수 있다.

자신이 작성한 노트와 요약문을 모범 노트 및 요약문과 비교할 수 있다.

자신이 작성한 아웃라인과 답안을 모범 아웃라인 및 답안과 비교하여 글의 구조 및 내용을 점검할 수 있다.

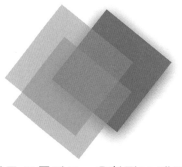

무료 토플자료 · 유학정보 제공
goHackers.com

DIAGNOSTIC
TEST

Diagnostic Test를 풀고 24페이지에서 자신에게 해당되는 Level과 적합한 학습 방법을 확인해 보세요.

iBT TOEFL **Writing**

Question 1 of 2

Directions You have 20 minutes to plan and write your response. Your response will be judged on the basis of the quality of your writing and on how well your response presents the points in the lecture and the relationship to the reading passage. Typically, an effective response will be 150 to 225 words.

Dogs are domesticated animals that have a special and unique bond with humans, which is why they are often referred to as "man's best friend." There has always been a great deal of interest in the domestication of dogs, and after years of research on the topic, it is now understood how, when, and where dogs became domesticated.

Dogs evolved from wolves that were trained by humans as hunting companions. It is believed that ancient people took in orphaned wolf pups and then trained them to assist with hunting. Over many generations, these wolves developed domesticated traits, such as loyalty and friendliness toward humans. As this process continued, the wolves were gradually absorbed into human communities, eventually becoming dogs in their current forms.

Scientists have also discovered that dogs were domesticated approximately 16,000 years ago. To find out when domestication occurred, researchers measured the differences in DNA among modern dogs and calculated the rate at which dog DNA mutates. Using these values, they were able to determine the length of time dogs have been evolving from their first ancestor. This dates the earliest dogs to about 16,000 years ago.

Finally, compelling evidence proves dogs were domesticated in China and then spread to other areas around the world. Experts pinpointed the location of the earliest dogs by comparing genetic information from present-day dogs worldwide. The data showed that the highest genetic diversity exists in dogs from a region of southern China. Because species tend to have the highest levels of genetic variation in their places of origin, it appears dogs first emerged in China.

Now listen to part of a lecture on the topic you just read about. ◯ **Track 1**

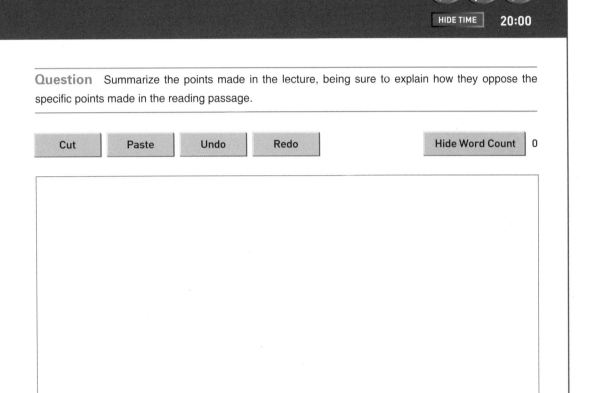

VOLUME   HELP   NEXT

HIDE TIME   20:00

Question Summarize the points made in the lecture, being sure to explain how they oppose the specific points made in the reading passage.

| Cut | Paste | Undo | Redo | | Hide Word Count | 0 |

Directions Your professor is teaching a class on sociology. You must post a written response to your professor's question. In your response, make sure to:

- state your opinion and support it
- contribute meaningfully to the discussion

A minimum of 100 words is required for a response to be effective.

Doctor Stewart

We have access to various forms of international media. Just by going online, we can watch news programs and movies from around the world. This makes it easier than ever to learn about other nations. But there is a great deal of debate about the most reliable source of information. Which do you think provides a better understanding of a country—its news programs or its movies?

Derek

I think news programs are the best source of information. Movies often romanticize reality. Even if they are supposedly based on real events, the details are changed to create interesting stories and memorable characters. As a result, movies have little connection to what actually happened.

Anika

I disagree with Derek's opinion. Movies are a better way to learn about a country. News programs primarily cover incidents like natural disasters, political scandals, and crime stories, which can create a distorted image of a country. This is because the focus on exceptional events ignores the ordinary aspects of people's lives and other elements of a country's identity.

| Cut | Paste | Undo | Redo | | Hide Word Count | 0 |

* 진단고사를 풀어 본 후, 24페이지에서 자신의 문제 유형별 실력에 따른 학습 방법을 참고하세요.
* 진단고사 무료 해설 강의가 해커스인강(HackersIngang.com)에서 제공됩니다.

모범 답안·스크립트·해석 p.350

Hackers TOEFL WRITING

INTEGRATED
SECTION

INTRO

INTRO

Overview

읽기와 듣기, 쓰기가 결합된 통합형 문제(Integrated Task)는 읽고 들은 내용을 글로 요약하는 문제 유형이며, 한 문제가 출제된다. 응시자는 읽기 지문을 읽은 후 강의를 듣고, 강의의 내용을 중심으로 읽기 지문의 내용과 연계하여 요약문을 작성해야 한다.

읽기 지문과 강의는 학술적인 내용이 나오기도 하고 일상생활과 관련이 있는 내용이 나오기도 한다. 읽기 지문은 한 가지 토픽에 대해 설명을 제시하고, 이어지는 강의에서는 교수가 앞서 읽은 지문의 토픽을 반박하거나 다른 관점에서의 의견을 제시한다.

시험 진행 방식

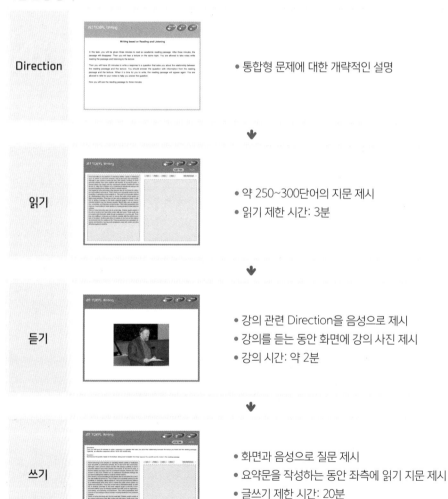

Direction
- 통합형 문제에 대한 개략적인 설명

읽기
- 약 250~300단어의 지문 제시
- 읽기 제한 시간: 3분

듣기
- 강의 관련 Direction을 음성으로 제시
- 강의를 듣는 동안 화면에 강의 사진 제시
- 강의 시간: 약 2분

쓰기
- 화면과 음성으로 질문 제시
- 요약문을 작성하는 동안 좌측에 읽기 지문 제시
- 글쓰기 제한 시간: 20분

질문의 핵심 포인트

강의가 끝나면, 읽고 들은 내용을 요약하라는 질문이 주어진다. 강의의 내용을 중심으로 요약문을 작성하되, 강의자가 읽기 지문의 내용을 어떻게 반박하고 있는지도 함께 설명해야 한다.

질문의 예

Summarize the points made in the lecture, ——————————— • 강의의 논점 요약
being sure to explain how they oppose the specific points made ——— • 읽기 지문에 대한
in the reading passage.   강의자의 반박 설명

방금 들은 강의의 논점들을 요약하되, 이 논점들이 읽기 지문의 구체적 논점들을 어떻게 반박하고 있는지 설명하시오.

Step별 문제풀이 전략

STEP 1 **읽기 지문을 읽으며 내용 정리하기 (3분 소요)**
먼저 지문을 읽는 데에 3분이라는 시간이 주어진다. 3분 동안 지문이 어떤 토픽에 대한 글이고 어떤 의견을 가지고 있는지에 대해 파악하며 노트에 내용을 정리한다.

STEP 2 **강의를 들으며 내용 정리하기 (약 2분 소요)**
읽기 지문 다음으로는 약 2분 길이의 강의를 듣게 된다. 강의를 들으며 같은 토픽에 대해 읽기 지문과 어떻게 다른 접근을 하고 있는지 유의하고, 핵심적인 내용을 노트에 작성하면서 듣는다.

STEP 3 **노트 연결 및 답안 구상하기 (약 3분 소요)**
강의가 끝나면 읽기 지문의 노트와 강의의 노트를 연결하여 강의를 중심으로 답안을 구상한다.

STEP 4 **요약문 쓰기 (약 15분 소요)**
앞서 구상한 답안 구조를 기본으로 하여, 읽기 지문과 강의의 내용을 노트에 기반해 문장으로 풀어서 쓴다.

STEP 5 **요약문 검토 및 수정하기 (1~2분 소요)**
작성한 요약문을 검토하고 수정하는 시간을 갖는다. 이때는 내용에 변화를 주기보다는 문법, 철자, 문장구조 등 형식적인 면을 중심으로 수정한다.

기본다지기

통합형 문제에서 가장 핵심이 되는 것은 주어진 읽기 지문과 강의를 소화하여 자신의 언어로 요약해 내는 것이다. 즉, 정보가 주어지면 이것을 이해해서 정리하고 다시 설명할 수 있는 능력이 필요하다. 이를 위해서는 읽고 들은 내용의 중심 내용을 정리하고, 그 내용에 대해 요약문을 써보는 연습을 통해 기본적인 요약 능력을 기르는 것이 필요하다.

따라서 '기본다지기'에서는 먼저 노트테이킹 연습을 통하여 주어진 읽기 지문과 강의의 핵심 내용을 정리하는 효과적인 방법을 익힌 후, 주어진 질문에 서술식으로 답하는 연습을 통하여 요약하는 능력을 기르도록 한다.

I | 노트테이킹 연습

읽고 듣는 중에 노트테이킹을 하면 정보를 기록할 수 있을 뿐만 아니라, 지문과 강의를 체계적으로 이해하는 데 도움이 된다.

노트테이킹 방법

1 요점만 적기

읽고 들은 것을 모두 받아 적으려 하지 말고, 중요한 것만 구별해서 적는다.

원문

Some body language indicators are universal; they are the same all over the world, regardless of what culture one is in.

좋은 노트 (○)	나쁜 노트 (×)
body language: universal	some body language indicators, universal, same all over the world, regardless of culture

▶ 좋은 노트는 원문의 내용에서 가장 중요하다고 생각되는 내용만 선별해서 간단하게 적은 반면, 나쁜 노트는 원문에서 언급한 단어를 순서대로 나열만 했고 중요도에 상관없이 군더더기 내용도 적었다.

2 간단히 적기

가능한 한 간단한 문장과 어휘를 사용한다. '절'보다는 '구'를 사용하고, 불필요한 수식어 등은 제외한다. 나중에 내용을 기억해내는 데 단서가 될 수 있을 정도면 충분하다.

원문

Drinking a glass or two of wine a day may help to improve memory because drinking causes new nerve cells to grow in the brain.

좋은 노트 (○)

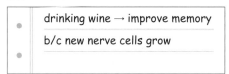

drinking wine → improve memory
b/c new nerve cells grow

나쁜 노트 (×)

drinking a glass or two of wine may help to improve memory, it causes new nerve cells to grow in the brain

▶ 좋은 노트는 핵심어만 '구' 단위로 간단히 적은 반면, 나쁜 노트는 조동사나 수식어 등을 불필요하게 포함했고 '절' 단위의 문장으로 작성하여 지나치게 길어졌다.

3 약어 및 기호 사용하기

자주 쓰이는 표현이나 개념은 약어나 기호를 활용하면 효율적이다. 일반적으로 쓰이는 방법을 익혀서 활용하거나, 자신에게 편한 방법을 직접 개발하여 쓰는 것도 좋다.

원문

The practice of monopoly results in higher prices and lower quality.

좋은 노트 (○)

monop. → ↑ prices & ↓ quality

나쁜 노트 (×)

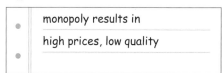

monopoly results in
high prices, low quality

▶ 좋은 노트는 긴 단어를 약어로 줄여서 표현하고 개념을 화살표를 이용해 나타낸 반면, 나쁜 노트는 긴 단어를 모두 다 적었고 기호로 활용할 수 있는 개념도 본문에서 쓰인 단어를 모두 그대로 써놓아 비효율적이다.

4 편한 언어 사용하기

노트테이킹을 할 때는 효율성이 가장 우선이므로, 영어든 한글이든 그때그때 편리한 언어를 적절히 섞어서 활용한다.

원문

Sign language is a method of communication using hands, body and facial expressions to replace sound.

영어 노트의 예

•	sign language: commun.
	using hands, body & face
•	to replace sound

영어 + 한글 노트의 예

•	수화: 소리 대신 손, 몸, 표정으로
•	communicate

▶ 영어만으로 노트를 작성할 경우 받아들이는 언어를 그대로 적으면 되므로 한글로 바꾸는 시간이 걸리지 않아 효율적이고, 한글을 섞어서 사용할 경우 더 익숙한 언어로 빠르게 작성할 수 있으므로, 두 가지를 편한 대로 함께 활용하는 것이 좋다.

5 덧붙이기

들은 내용을 노트테이킹할 때는 시간에 쫓겨 들은 내용도 미처 다 적지 못할 수 있다. 이때는 밑줄을 긋거나 빈칸을 띄어두었다가, 강의가 끝나자마자 쓰지 못한 내용을 덧붙여 적어둔다.

원문

Free trade is a policy where different countries can exchange goods and services with one another without economic barriers.

1차 노트

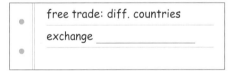

2차 노트

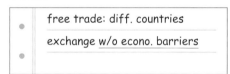

▶ 1차로 노트를 작성할 때는 들었는데 기억이 갑자기 안 나는 부분이나 제대로 적지 못한 부분은 우선 빈칸이나 밑줄 등으로 표시해두었다가 강의가 끝난 후 2차로 내용을 추가한다.

노트테이킹의 예

원문

Some body language indicators are universal; they are the same all over the world, regardless of what culture one is in. What is also universal, in particular, is knowing when a smile is fake—everyone can detect a phony smile. This is because we all have muscles around the eyes, which are difficult to control. They tighten during a real smile. Also, genuine smiles tend to fade after a few seconds, but fake smiles will last much longer.

노트

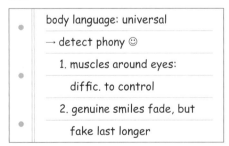

기호 및 약어

1 기호

자주 쓰이는 개념은 기호로 만들어 놓고 쓰면 효과적이다. 아래와 같이 일반적으로 쓰이는 기호를 익혀서 사용해도 좋고, 자신만의 방법을 개발하여 활용해도 좋다. 단, 나중에 무슨 뜻인지 알아볼 수 있도록 뜻을 확실히 익혀두도록 한다.

X	부정/ not, no	:	~이다/ is, are
↑	증가/ increase	→	~으로 되다/ lead to, result in
↓	감소/ decrease	←	~에서 오다/ come from
&	그리고/ and	/	당/ per, for each, 혹은/ or
〉	더 큰/ greater than, more, larger	@	~에서/ at
〈	더 작은/ less than, fewer, smaller	#	수/ number

2 약어

긴 단어를 다 적는 것은 비효율적이므로, 자주 쓰이는 말의 약자를 정해두거나 자신만의 약자를 만드는 방법을 개발하여 활용하면 시간을 절약할 수 있다.

• 앞부분만 쓰기

   Korea ☞ Kor.   lecture ☞ lec.   professor ☞ prof.   regular ☞ reg.

• 자음만 쓰기

   passage ☞ pssg.   background ☞ bckgrd.   page ☞ pg.

b/c	왜냐하면/ because	ppl.	사람들/ people
b/w	사이에/ between	diff.	다른/ different
etc.	등등/ and so on	diffic.	어려운/ difficult
ex)	예/ for example	prob.	문제/ problem
max.	최대/ maximum	evid.	증거/ evidence
min.	최소/ minimum	adv.	장점/ advantage
w/	같이/ with	info.	정보/ information
w/o	없이/ without	possib.	가능한/ possible
agst.	~에 반대하여/ against	environ.	환경/ environment

1. 읽고 노트테이킹하기

읽기 지문을 읽을 때도 핵심 내용을 간략하게 노트테이킹하는 것이 좋다. 흔히 지문을 읽을 때는 노트테이킹이 필요 없다고 생각하기 쉽지만, 노트테이킹을 하면 정보를 기록할 수 있을 뿐만 아니라 글의 구성과 중심 내용을 파악하는 데도 도움이 되므로 적절히 활용하는 것이 좋다.

읽기 지문을 노트테이킹할 때는 지문을 보면서 동시에 노트테이킹을 하는 것이므로 자세한 내용을 다 적을 필요 없이 가장 핵심이 되는 내용만 간략히 적도록 한다. 먼저 지문의 주제는 대부분 초반에 제시되므로 주제를 맨 위에 적는다. 이어서 주제를 뒷받침하는 근거는 번호로 매기고 들여쓰기로 정리한다.

다음 예제를 통해 읽고 노트테이킹하는 방식에 대해 간단히 알아보도록 하자.

Example

Good parents share some similar qualities. First of all, they spend time with their children, and give them love and attention. Time spent together often includes playing and studying. On top of that, good parents guide their children. They allow their kids to be independent and make their own mistakes, but provide advice.

> good parents share similar qualities
> 1. spend time w/ children, inclu. playing & studying
> 2. guide children: allow indep., but advice

- **주제 쓰기**
  첫 문장에 주어진 'good parents share similar qualities'를 맨 위에 제목으로 정리

- **뒷받침 근거 쓰기**
  좋은 부모의 특성 두 가지를 각각 1, 2로 번호를 매기고, 들여쓰기해서 하위 개념임을 표시

  1. 좋은 부모의 특성 1
     They spend time with their children, and give them love and attention. Time spent together often includes playing and studying. (본문)
     → spend time w/children, inclu. playing & studying (노트)

  2. 좋은 부모의 특성 2
     Good parents guide their children. They allow their kids to be independent and make their own mistakes, but provide advice. (본문)
     → guide children: allow indep., but advice (노트)

해석
좋은 부모들은 몇몇 비슷한 특성들을 공유한다. 먼저, 그들은 아이들과 함께 시간을 보내고 사랑과 관심을 준다. 함께 보내는 시간은 보통 놀이를 하는 것과 공부하는 것을 포함한다. 게다가, 좋은 부모들은 아이들을 지도한다. 그들은 아이들이 독립적이고 실수를 하게 두지만, 조언을 준다.

다음 지문을 읽고 핵심어를 채워 넣어 노트를 완성하시오.

01

> Many university students dine in their residence halls. This is very advantageous. Students do not have to waste time cooking food and cleaning up afterwards. Thus, they have more time for their studies. What's more, they can socialize with other students and enjoy eating together.

- dine in residence halls: adv.

  1. _____

     → ↑ time for studies

  2. socialize & enjoy eating together

02

> Although many parents choose to travel with their young children, it is not recommended. Young children are often overwhelmed by the physical hardships of travel, and do not have a good time or even remember their experiences. Parents, on the other hand, do not fully enjoy their travels as they have to attend to their kids who often just want to go back to the hotel and watch TV.

- travel w/ young children: X recommended

  1. young children

     - physical hardships

     - _____

  2. parents

     - _____

     - have to attend to kids

INTEGRATED   기본

ACADEMIC DISCUSSION   Hackers **TOEFL** Writing

03

Even though processed foods are cheap, convenient, and tasty, people should avoid eating these products. Processed foods are very dangerous to people's health. They cause many diseases because of their numerous additives and preservatives. Not only that, they make people overweight. They contain empty calories and high fat content, resulting in obesity, the number one cause of death in the U.S.

- processed foods: should avoid

  1. _____

    - cause diseases ← additives & preservatives

  2. _____

    - calories & fat → obesity: # 1 cause of death

04

Countries that host big sporting events such as the World Cup or Olympics benefit in two major ways. First, revenues from sporting ticket sales, hotels, and restaurants directly boost the economy of the host nation. In addition, media attention on the country promotes tourism and boosts its public image, helping it gain prominence on the world scene.

- countries host sporting events: benefit

  1. revenues from ticket, hotels & restaurants:

    _____

  2. media attention:

    _____

05

Parents often scold their children and tell them to clean their rooms. Although this may seem unnecessary and burdensome to kids, clean surroundings have many beneficial effects. First of all, it is easier to study in a clean room because one can easily find materials such as pencils and books. Also, having neat surroundings will help one's mind feel organized, clear, and ready to learn.

- clean surroundings: beneficial
  1. _____ b/c easily find materials
  2. _____ , clear & ready to learn

06

Many people put radar detectors in their cars to notify them when their speed is being checked. These devices are harmful for several reasons. They allow people to speed, which is dangerous to other people on the road. Next, they encourage a cheating mentality in which it is OK to do illegal things as long as one is not caught.

- radar detectors: harmful
  1. _____
  2. encourage _____
  : OK as long as X caught

07

While it may be easier to make friendships with people from the same culture because of shared values and language, it is rewarding to develop cross-cultural relationships. People's minds become more open when they make friends from other cultures. In addition, they get to experience new things they would not normally be able to. For instance, they are exposed to new foods, games, traditions, and holidays that add to their pleasure in life.

- cross-cultural relationships: rewarding

  1. _____

  2. _____

  - ex) new foods, games, traditions & holidays

08

Some parents discipline their children by "grounding," which is not allowing them to leave the house for a certain period of time. This is an effective punishment because kids cannot join their friends for fun, which is very painful for them. They will then reflect on the consequences of their actions. Furthermore, putting a child under house restriction prevents them from going out and getting into more trouble until they have learned the error of their ways.

- grounding: effec.

  1. painful → _____

  2. _____

09

As many societies move towards love marriages, the status of arranged marriages has declined. However, recent studies show arranged marriages have a much higher rate of success. One, families are deeply involved in selecting suitable mates and making marriages work. They, therefore, provide numerous forms of support in these cases. What's more, couples go into arranged marriages with the idea that they must make them work, and they do! They do not waste time divorcing or looking for the ever elusive Mr. or Ms. Right.

- arranged marriages: ↑ rate of success

    1. families

    - _____

    - _____

    2. couples

    - _____

    - _____

10

Millions of dollars are allotted every year to space exploration. However, surveys show that people do not regard space exploration as a high priority. Most people are frankly not interested in exploring outer space, and say they do not care about the latest discoveries about the moon or other planets. In addition, many respondents think that money should be spent solving problems on Earth. They want quality jobs, education, and health care as well as a sustainable planet to live on.

- space exploration: ppl. X regard as priority

    1. _____

    - _____

    2. _____

    - _____

모범 답안·스크립트·해석 p.355

INTEGRATED 기본

ACADEMIC DISCUSSION | Hackers TOEFL Writing

2. 듣고 노트테이킹하기

강의를 들을 때 노트테이킹의 중요성은 매우 크다. 읽는 속도를 스스로 조절할 수 있는 읽기 지문과 달리 강의는 반복해서 들을 수 없고 주어진 속도를 따라가야 하기 때문이다. 따라서, 강의를 들으면서 적절히 노트테이킹을 하면 최대한 내용을 기억해낼 수 있고, 강의의 흐름을 따라가는 데도 도움이 된다.

듣고 노트테이킹할 때 가장 중요한 것은 '듣기'에 집중하는 것이다. 적는 것에 치중해서 강의의 흐름을 놓쳐서는 안 되므로, 듣는 데 방해가 되지 않을 정도로 간략하게 핵심어만 적어야 한다. 강의 역시 주제는 대부분 초반에 제시되므로 먼저 맨 위에 적고, 이어서 주제를 뒷받침하는 근거는 번호로 매기고 들여쓰기로 정리한다.

다음 예제를 통해 듣고 노트테이킹하는 방식에 대해 간단히 알아보도록 하자.

Example

So, anyway, let's examine all-you-can-eat buffets. You think they're a great deal, right? Well, buffet food is not good for your health. Food that sits under hot lights for hours loses its freshness and, um, nutritional content. In addition, this type of dining arrangement encourages overeating, which, as everyone knows, causes numerous health problems including indigestion.

> buffets: X good for health
> 1. food under lights for hrs. → X fresh & nutri.
> 2. encourages overeating
>   → health prob., inclu. indigestion

- **주제 쓰기**
  초반에 언급한 'buffet food is not good for your health'를 맨 위에 제목으로 정리
- **뒷받침 근거 쓰기**
  뷔페 음식이 건강에 좋지 않은 이유 두 가지를 각각 1, 2로 번호를 매기고, 들여쓰기해서 하위 개념임을 표시

  1. 뷔페 음식이 건강에 좋지 않은 이유 1
     Food that sits under hot lights for hours loses its freshness and nutritional content. (본문)
     → food under lights for hrs. → X fresh & nutri. (노트)
  2. 뷔페 음식이 건강에 좋지 않은 이유 2
     encourages overeating, which causes numerous health problems including indigestion. (본문)
     → encourages overeating → health prob., inclu. indigestion (노트)

해석
자, 그럼, 마음껏 먹을 수 있는 뷔페에 대해서 알아봅시다. 여러분은 그것이 굉장히 좋은 거래라고 생각하겠죠? 글쎄요, 뷔페 음식은 건강에 좋지 않습니다. 뜨거운 조명 아래 오랫동안 놓아둔 음식은 신선도와, 음, 영양분이 떨어지거든요. 게다가, 이러한 형태의 식사 방식은 과식을 조장하는데, 다들 알다시피 이것은 소화 불량을 비롯해 많은 건강 문제를 일으킵니다.

다음 강의를 듣고 핵심어를 채워 넣어 노트를 완성하시오.

01 Listen to the lecture. 🎧 **Track 2**

> • gardening: benefits
>   1. emotionally stabilizing & calming
> • 2. _____

02 Listen to the lecture. 🎧 **Track 3**

> • parents should give children allowances
>   1. _____
> • 2. become respon. in spending

03 Listen to the lecture. 🎧 **Track 4**

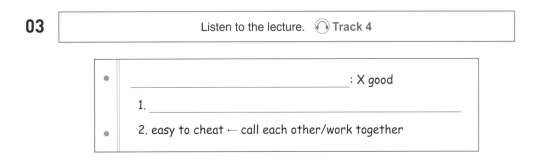

> • _____ : X good
>   1. _____
> • 2. easy to cheat ← call each other/work together

04

- _____
  1. _____
  2. _____
- 3. allows to decide if pursue career/not

05

- overpopulation: X prob.
  1. _____ : just X distributed well
  2. _____ & encourage ↑ children

06

- carpooling: great
  1. _____
  2. _____

07

- resident assis. in dorm.: pros
  1. _____
  2. _____

08

Listen to the lecture. 🎧 **Track 9**

1. _____
2. _____

09

Listen to the lecture. 🎧 **Track 10**

1. _____
2. _____

10

Listen to the lecture. 🎧 **Track 11**

1. _____
2. _____

모범 답안·스크립트·해석 p.358

요약은 원문의 주요 내용을 자신의 말로 간단히 설명하는 것이다. 이때 원문의 내용을 전혀 모르는 사람도 요약문을 읽고 쉽게 이해할 수 있도록 요지를 분명히 나타내는 것이 핵심이다. 통합형 문제에서는 지문과 강의의 내용을 요약할 것을 요구하므로, 요약하는 능력이 가장 관건이라고 할 수 있다.

중심 아이디어 풀어서 쓰기

먼저 원문의 중심 아이디어를 파악하는 데 주력하며 핵심적인 내용을 노트테이킹한다. 그리고 이 노트를 중심으로 해서 자신이 이해한 내용을 다시 풀어서 설명하듯이 요약문을 작성한다.

1 원문의 핵심 내용 파악 및 노트테이킹하기

먼저 요약할 원문의 핵심 내용을 노트테이킹해야 한다. 앞서 배운 노트테이킹 방법을 활용하여 원문의 중심 포인트를 간단히 정리한다.

원문

> Boycotting is an effective way to protest by not buying certain products. First, it hurts a company financially because its overall sales go down. What's more, boycotting generates negative press and ruins a business's public image.

노트

> boycott: effec.
> 1. hurts comp. financially b/c sales ↓
> 2. generates negative press & ruins public image

▶ 'boycott'이 효과적인 항의 방법이라는 원문의 주제와 그것이 효과적인 이유 두 가지를 파악하고, 핵심적인 내용만 노트로 간략히 정리했다.

2 노트를 문장으로 풀어 쓰기

앞서 작성한 노트를 중심으로 해서 자신이 이해한 내용을 다시 풀어서 설명하듯이 요약문을 작성한다. 원문에 나온 복잡한 구문이나 어려운 표현을 쓰려고 애쓰지 말고, 이해한 내용에 기반해서 쉽고 간단한 문장으로 풀어서 쓴다.

노트

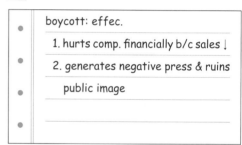

> boycott: effec.
> 1. hurts comp. financially b/c sales ↓
> 2. generates negative press & ruins public image

요약

> Boycotting is an effective protest method because it not only hurts the company financially with sales decreases but also ruins its public image with negative press.

▶ 앞서 정리한 노트에 기반하여 원문의 내용을 다시 자신의 언어로 풀어서 설명했다. 이때 원문의 문장 구조나 표현을 그대로 따라서 쓰지 않고, 노트를 길잡이로 하여 이해한 내용을 새로운 문장으로 바꾸어 썼다.

표현 바꾸어 쓰기

원문에서 나온 표현이나 문장 구조를 그대로 사용하기보다는 가능한 한 다르게 바꾸어서 쓰는 것이 좋다.

▌1 ▏능동태/수동태 바꾸기

원문의 문장에서 주어와 목적어의 자리를 바꾸어 능동태를 수동태로, 또는 수동태를 능동태로 바꾼다.

원문

> So the sentinel's altruistic behavior ensures the survival of other members of the meerkat's group.

바꾸어 쓰기

> So the survival of other members of the meerkat's group is ensured by the sentinel's altruistic behavior.

▶ 능동태로 쓰인 원문의 문장에서 주어와 목적어의 위치를 바꾸고 능동으로 쓰인 동사를 수동으로 바꾸어 문장 구조에 변화를 주었다.

▌2 ▏주어 바꾸기

원문의 문장에서 의미상 초점이 되는 부분을 주어로 내세워 문장의 구조를 바꾼다.

원문

> An example that is often cited is the meerkat, which is a mammal that dwells in burrows in the grassland areas of Africa.

바꾸어 쓰기

> The meerkat, which is a mammal that dwells in burrows in the grassland areas of Africa, is often cited as an example.

▶ 원문에서 내용상 초점이 되는 'meerkat'을 주어로 삼고 문두로 가져옴으로써 문장 구조도 바뀌고 문장의 의미도 더욱 정확해졌다.

▌3 ▏동의어 쓰기

원문에서 쓴 표현을 같은 뜻을 가진 다른 말로 바꾼다. 이때는 알고 있는 동의어나 동의 표현을 활용할 수도 있고, 원문의 명사를 적절히 대명사로 지칭할 수도 있다.

원문

> In fact, many species of animals appear willing to sacrifice food, or even their lives, to assist other members of their group.

바꾸어 쓰기

> As a matter of fact, various kinds of animals seem to happily give up food or even their lives to help other members of their group.

▶ 'In fact → As a matter of fact', 'willing to sacrifice food → happily give up food'와 같이 원문의 표현을 같은 뜻을 지닌 다른 표현으로 바꾸어 썼다.

1. 읽고 질문에 답하기

지문을 읽고 그 내용을 요약하는 것은, 지문의 핵심 내용에 대해 물어보는 질문에 서술식으로 대답하는 연습으로 부터 시작할 수 있다. 질문에 답할 때는 먼저 지문을 읽으며 노트테이킹하고 이 노트를 기반으로 대답을 완성한 다. 그러나 지문에 있는 표현이나 문장 구조를 그대로 똑같이 따라 쓰는 것보다는, 동의어나 다른 문장 구조를 활 용하여 원문과 다르게 쓰는 것이 좋다.

앞서 노트테이킹을 한 지문의 예제를 통해 읽고 질문에 답하는 방식에 대해 간단히 알아보도록 하자.

Example

Good parents share some similar qualities. First of all, they spend time with their children, and give them love and attention. Time spent together often includes playing and studying. On top of that, good parents guide their children. They allow their kids to be independent and make their own mistakes, but provide advice.

> good parents share similar qualities
>
> 1. spend time w/ children, inclu. playing & studying
>
> 2. guide children: allow indep., but advice

Q According to the passage, what are the qualities that good parents share?

🖉 There are two qualities that good parents share. They ① set aside time to play with their children and help them study. Good parents also ② guide their children by giving them independence but advising them.

- **질문 파악**
  지문의 주제인 '좋은 부모의 특성'에 대해 묻고 있음을 파악

- **노트 풀어서 쓰기**
  뒷받침 근거로 정리한 좋은 부모의 특성 두 가지를 문장으로 풀어서 쓰기

  1. spend time w/ children, inclu. playing & studying (노트)
     → They set aside time to play with their children and help them study. (답안)

  2. guide children: allow indep., but advice (노트)
     → Good parents also guide their children by giving them independence but advising them. (답안)

- **표현 바꾸어 쓰기**
  원문의 표현을 비슷한 의미의 다른 말로 바꾸어 쓰거나 문장 구조를 바꾸어서 쓰기

  1. 비슷한 말로 바꾸기
     They spend time with their children. Time spent together often includes playing and studying. (본문)
     → They set aside time to play with their children and help them study. (답안)

  2. 문장 구조 바꾸기
     Good parents guide their children. They allow their kids to be independent and make their own mistakes, but provide advice. (본문)
     → Good parents also guide their children by giving them independence but advising them. (답안)

다음 지문을 읽으며 노트테이킹하고 주어진 질문에 대한 대답을 완성하시오.

01 Many people start their mornings by drinking coffee. Unfortunately, coffee is not good for people's physical or psychological health. One, coffee irritates the digestive system, causing cramping and pain. Next, coffee is highly addictive and causes people to feel irritated if they cannot drink it.

Q According to the passage, why is drinking coffee not recommended?

First, coffee ① _____. It can cause

pain and cramping in one's stomach. In addition, ② _____.

People can easily feel unstable if they cannot drink it.

02 Chocolate is a delicious food that is beneficial to health in many ways. One, it is highly nutritious and contains important vitamins such as B, D and E. In addition, chocolate stimulates the secretion of chemicals in the brain that cause a feeling of happiness.

Q According to the passage, why is chocolate beneficial?

Chocolate is very nutritious and ① _____.

Also, it makes the brain ② _____

_____.

03   Studies have shown that children who learn languages early in life have a better chance of attaining and retaining fluency throughout their lives. This is because they closely observe speakers around them, and imitate them freely. At the same time, children seem to have some kind of natural mental programming that allows them to learn grammar quickly and easily.

Q Why do children who learn languages early in life become fluent?

First, children watch other speakers and ① _____.

Secondly, kids have ② _____

_____.

04   Wine is very beneficial for people's health. First of all, it is a mild relaxant and reduces anxiety and tension. As part of a normal diet, wine provides the body with energy, with substances that aid digestion. On top of that, it has been known to reduce the risk of heart disease and cancer.

Q According to the passage, what are the benefits of drinking wine?

Wine helps you by ① _____.

It also ② _____.

In addition, ③ _____.

05 Although standardized test scores should be considered in college applications, their importance should be minimized. These tests measure only a narrow aspect of a person's reasoning and thinking abilities. In addition, some people simply do not perform well on tests. As a result, test scores cannot predict a student's performance or success in college and life.

- _____
- _____
- _____

Q Why does the passage say standardized test scores should not be given much weight in college applications?

These tests only measure ① _____ .

Also, some students ② _____ . Therefore, test scores do not indicate how successful a student will be in college and life.

06 Although many people no longer live together with grandparents, parents, children, and other relatives, it's advantageous to live in extended families. Living with many relatives spreads parenting responsibilities around, not solely burdening parents as in the nuclear family. In addition, kids benefit from a more relaxed atmosphere and have more sources of love to draw from.

- _____
- _____
- _____

Q According to the passage, what are the advantages of living in extended families?

Firstly, ① _____ , so parents do not carry the whole burden. Secondly, kids benefit from ② _____ _____ .

07 Esperanto is a created language that does not belong to any country or culture. While people all over the world are frustrated due to the lack of a common language, Esperanto is a good choice as a secondary universal language for several reasons. First, it is a neutral language which makes everyone equal because it is no one's mother tongue. Furthermore, it is very easy to learn because of its simple structure.

Q According to the passage, why is Esperanto a good choice as a secondary universal language?

First, ① _____

_____. It makes everyone equal because it is no one's first language.

Second, ② _____.

08 Although meat is widely popular, a vegetarian diet is good for a number of reasons. First, vegetarian foods are healthful and low in saturated fats. In addition, many animals we eat today are given many growth hormones and other toxic substances that are harmful for human consumption. Next, a vegetarian diet ensures that we are not harming animals. Many chickens and cows are kept in inhumane conditions by the meat industry. A vegetarian diet thus reduces animal cruelty.

Q According to the passage, what are the advantages of having a vegetarian diet?

First, ① _____.

Secondly, ② _____.

Lastly, ③ _____.

09 Group psychology theorizes that people think and act differently in groups than alone. That is, a person in a crowd may lose his or her sense of individuality in favor of the group. Often, the negative aspects of group psychology are emphasized. Such effects include violent behavior, like riots, that may not be normal behavior for any one individual. Crowds can also be positive entities, in which an individual might become infected by a crowd's excitement or anticipation at a concert, party, or election rally.

Q What are the negative and positive aspects of group psychology?

Negative effects of group psychology include ① _____
_____. Positive aspects, on the other hand,
② _____.

10 Mobile phones are actually detrimental for a few reasons. First, they do not allow people any privacy from being contacted at all times. This means that people cannot concentrate fully on their tasks, but are constantly interrupted. Second, when riding public transportation or going to a performance, one is always interrupted by phones ringing and loud private conversations. This is a highly annoying form of noise pollution.

Q According to the passage, why are mobile phones disadvantageous?

① _____.
② _____
_____.

모범 답안·스크립트·해석 p.362

2. 듣고 질문에 답하기

강의를 듣고 그 내용에 대한 질문에 답할 때는, 지문을 읽을 때와 마찬가지로 강의를 듣고 노트를 정리한 후, 그 노트의 흐름을 따라서 듣고 이해한 내용을 풀어서 쓴다. 이때 유의해야 할 점은 단순히 노트에 정리한 단어를 문장으로 바꾸는 것이 아니라, 노트를 길잡이 삼아 자신이 이해한 내용 자체를 풀어서 써야 한다는 것이다.

앞서 노트테이킹을 한 예제를 통해 듣고 질문에 답하는 방식에 대해 간단히 알아보자.

Example

So, anyway, let's examine all-you-can-eat buffets. You think they're a great deal, right? Well, buffet food is not good for your health. Food that sits under hot lights for hours loses its freshness and, um, nutritional content. In addition, this type of dining arrangement encourages overeating, which, as everyone knows, causes numerous health problems including indigestion.

> buffets: X good for health
>
> 1. food under lights for hrs. → X fresh & nutri.
>
> 2. encourages overeating
>
>   → health prob., inclu. indigestion

Q Why doesn't the professor recommend eating at buffets?

✎ The professor does not recommend eating at buffets for two reasons. One, buffet food is not fresh and does not have much nutritional value. What's more, people at buffets often overeat, which causes many health problems such as indigestion.

- **질문 파악**
  강의의 요점인 '뷔페 음식이 건강에 좋지 않은 이유'를 묻고 있음을 파악

- **노트 풀어서 쓰기**
  뒷받침 근거로 정리한 뷔페 음식이 건강에 좋지 않은 이유 두 가지를 문장으로 풀어서 쓰기

  1. food under lights for hrs. → X fresh & nutri. (노트)
     → One, buffet food is not fresh and does not have much nutritional value. (답안)

  2. encourages overeating → health prob. inclu. indigestion (노트)
     → What's more, people at buffets often overeat, which causes many health problems such as indigestion. (답안)

다음 강의를 들으며 노트테이킹하고 주어진 질문에 대한 대답을 완성하시오.

01

> Listen to the lecture.   🎧 **Track 12**

Q According to the professor, how do pets help their owners?

🖉 Pets make their owners ① _____.

    Pets also teach their owners ② _____

_____.

02

> Listen to the lecture.   🎧 **Track 13**

Q According to the lecture, how are cold weather and catching colds related?

🖉 Cold weather can make us catch colds indirectly by forcing us to ① _____

_____.

    It also makes us ② _____.

03

Listen to the lecture. ◯ Track 14

Q According to the lecture, what are the benefits of moderate alcohol consumption?

🖊Drinking moderately helps you ① _____

_____.

In addition, ② _____.

04

Listen to the lecture. ◯ Track 15

Q According to the lecturer, what are the advantages of digital media?

🖊It is easy to ① _____ in digital media.

In addition, digital media provides ② _____.

05

Listen to the lecture. ⌂ **Track 16**

- _____
- _____
  _____
- _____

Q According to the lecture, what are the advantages of face-to-face communication over e-mail?

✎ Discussing in person ① _____.

Not only that, in person, ② _____

_____.

06

Listen to the lecture. ⌂ **Track 17**

- _____
  _____
- _____
  _____
- _____

Q According to the lecture, what does the recent survey show about single-sex schools?

✎ A survey showed that ① _____

_____. Also, it showed co-ed schools helped students

② _____.

07

Listen to the lecture. ◯ Track 18

> - _____
> - _____
> - _____

Q Why does the professor cast doubts on computerized testing?

🖉 Students who ① _____ find the test stressful,

not to mention making and running programs is costly. Also, ② _____

_____.

08

Listen to the lecture. ◯ Track 19

> - _____
> - _____
> - _____

Q According to the lecture, how does winning the lottery alter people's lives?

🖉 Lottery winners were ① _____ because

② _____

_____.

- _____
  _____
- _____
  _____
- _____

Q According to the professor, in what order should a performer present, and why?

🖋 A performer should present ① _____
_____ . This also allows him to ② _____
_____ .

- _____
  _____
- _____
  _____
- _____

10

Q How does air conditioning affect the environment and people?

🖋 Air conditioning ① _____ .
In addition, it causes ② _____
_____ .

모범 답안·스크립트·해석 p.367

실전익히기

Hackers **TOEFL** WRITING

Ⅰ | 읽고 듣고 내용 정리하기

통합형 문제에서는 먼저 읽기 지문과 강의가 주어진다. 지문과 강의의 내용을 요약해서 써야 하므로, 읽고 듣는 내용을 잘 이해하고 적절히 정리해두는 깃이 매우 중요하다.

지문과 강의 관계의 예

읽기 지문에서 어떤 토픽에 대해 일정한 관점을 가지고 주장을 하면, 이어지는 강의에서는 지문에서 제시된 내용을 반박한다. 아래의 네 가지 예를 통해 지문과 강의의 관계에 대해 좀 더 자세히 알아보자.

1. 기존의 가설과 그에 대한 반박

읽기 지문에서 어떤 토픽에 대한 세 가지 가설을 설명하고, 강의에서는 각각의 가설을 반박한다.

관계	예
지문 · 기존의 가설 1 · 기존의 가설 2 · 기존의 가설 3	테오티와칸 문명의 붕괴 원인에 대한 가설이 있다. · 침략자의 공격으로 정복되었다. · 갑작스러운 기후 변화로 사람이 살아갈 수 없게 되었다. · 생태계가 파괴되어 식량을 구할 수 없었다.
강의 · 가설 1에 대한 반박 · 가설 2에 대한 반박 · 가설 3에 대한 반박	테오티와칸 문명의 붕괴를 설명하는 가설은 틀렸다. · 일부 지역은 파괴되지 않고 온전히 남아있으므로 침략을 받은 것이 아니다. · 기후변화는 일시적이어서 큰 피해를 입히지는 않았다. · 다른 공동체와의 교역을 통해 식량을 구할 수 있었다.

2. 증거와 그에 대한 반박

읽기 지문에서 어떤 이론에 대한 세 가지 증거를 설명하고, 강의에서는 각각의 증거를 반박한다.

관계	예
지문 · 이론에 대한 증거 1 · 이론에 대한 증거 2 · 이론에 대한 증거 3	캐롤라이나 연안의 평야는 소행성의 충돌로 형성되었다. · 물리적 충격으로 인해 형성된 울퉁불퉁한 지형을 지니고 있다. · 모래에 엄청난 열이 가해져서 철 성분이 남아있지 않다. · 충돌로 인해 융합된 미세 분자가 검출되었다.
강의 · 증거 1에 대한 반박 · 증거 2에 대한 반박 · 증거 3에 대한 반박	캐롤라이나 연안의 평야는 소행성의 충돌로 형성된 것이 아니다. · 땅이 울퉁불퉁한 것은 물이 흐르면서 침식되었기 때문이다. · 과학자들이 분석한 모래 표본은 너무 적어서 결과를 신뢰할 수 없다. · 미세 분자는 일부 지역에서만 발견되므로 충돌에 의한 것이 아니다.

3. 특정 시스템의 장점/단점과 그에 대한 반박

읽기 지문에서 어떤 특정한 시스템의 세 가지 장점이나 단점을 설명하고, 강의에서는 각각의 장단점을 반박한다.

관계	예
지문 · 특정 시스템의 장점 1 · 특정 시스템의 장점 2 · 특정 시스템의 장점 3	**팀 근무제는 효과적이다.** · 한 가지 일을 여러 사람이 나누어 동시에 진행하므로 일이 빨리 처리된다. · 여러 사람이 서로의 단점을 보완하여 더욱 우수한 결과물을 만들어낸다. · 공동 의식을 가지고 더욱 책임감 있게 일한다.
강의 · 장점 1에 대한 반박 · 장점 2에 대한 반박 · 장점 3에 대한 반박	**팀 근무제는 효과적이지 않다.** · 많은 사람의 의견을 모두 반영해야 하기 때문에 시간이 더 오래 걸린다. · 서로 다른 의견들이 혼합되어 일관성 없는 결과물이 나올 수 있다. · 여러 사람에게 책임이 분담되므로 무임승차를 하는 팀원이 생긴다.

4. 현재의 문제점과 그에 대한 해결 방안 / 문제점을 해결할 수 있는 방안과 그에 대한 반박

읽기 지문에서 현재 사회 이슈로 떠오르고 있는 어떤 현상의 원인이 되는 세 가지 문제점을 설명하고, 강의에서는 각각의 문제점에 대한 해결 방안을 제시한다. 또는 읽기 지문에서 현재의 어떤 문제점에 대한 세 가지 해결 방안을 설명하고, 강의에서는 각각의 해결 방안을 반박한다.

관계	예
지문 · 현재의 문제점 1 · 현재의 문제점 2 · 현재의 문제점 3	**젊은 층의 투표율이 저조한 것은 해결하기 어려운 문제이다.** · 요즘 젊은 층은 개인주의 성향이 강해서 자신의 일에만 관심을 기울인다. · 유학 또는 해외 근무 때문에 외국에 거주하고 있는 경우가 많다. · 젊은 사람들의 삶에 직접적으로 연관되지 않는 선거 정책이 많다.
강의 · 문제점 1에 대한 해결 방안 · 문제점 2에 대한 해결 방안 · 문제점 3에 대한 해결 방안	**젊은 층의 투표율을 높이는 방안이 있다.** · 젊은 층을 타겟으로 하는 장소에서 홍보를 확대한다. · 주소지 외의 지역에서도 투표할 수 있는 원격 투표 제도를 확립한다. · 젊은 사람들의 삶의 질을 직접적으로 향상시킬 수 있는 정책을 마련한다.

TIP

강의를 들을 때 읽기 지문에서 파악한 내용을 바탕으로 강의 내용을 예측하며 들으면 보다 쉽게 강의를 이해할 수 있다.

> **지문** 코숑 섬에 서식하는 킹펭귄 개체 수 급감의 원인에 대한 가설이 있다.
> · 가설 1: 포식자의 유입으로 인해 개체 수가 급감하였다.
> ⋮
>
> **강의** 코숑 섬에 서식하는 킹펭귄 개체 수 급감의 원인을 설명하는 가설은 틀렸다.
> · 가설 1에 대한 반박: 킹펭귄의 사체에서 공격을 받은 흔적이 발견되지 않았다.
>   ㄴ 즉, 포식자의 유입이 킹펭귄의 개체 수 급감의 원인이 아니다.
> ⋮

→ 읽기 지문의 가설 1에서 킹펭귄 개체 수 급감의 원인이 포식자의 유입이라고 하였으므로, 강의에서는 지문에서 언급한 가설(포식자의 유입이 킹펭귄 개체 수 급감의 원인)을 반박하는 내용이 나올 것임을 미리 예측할 수 있다.

1. 읽고 내용 정리하기

먼저 읽기 지문을 읽으면서 주요 내용을 노트로 정리해두어야 한다. 이 노트는 뒤이어 들을 강의에서 참고해야 하므로 보기 쉽게 정리하도록 한다.

1 지문의 구성과 읽기 포인트

지문은 주제와 근거, 세부 사항으로 이루어져 있으므로 이 포인트들을 중심으로 지문을 읽고 정리한다.

- **주제 (Main point)**

  주제는 글에서 글쓴이가 전달하고자 하는 중심 생각이다. 주로 지문의 앞부분에 나오므로, 먼저 이 글이 무엇에 관한 것이며 글쓴이가 내세우는 중심 생각이 무엇인지를 파악하면서 글을 읽기 시작한다.

  ex) Several plausible theories have been advanced to explain why the Maya Empire collapsed.

  마야 제국이 붕괴한 이유를 설명하기 위해 몇 가지 그럴듯한 이론들이 제시되었다.

- **근거 (Supporting points)**

  근거는 주제의 중심 생각을 뒷받침하는 항목이다. 주로 주제에서 나타나는 글쓴이의 주장에 대한 근거 세 가지로 구성된다. 흔히 각 단락의 앞부분에 제시되므로 단락의 첫 문장에 주목한다.

  ex) The first is that social turmoil in the form of a peasant revolt led to a breakdown of Maya society.

  첫 번째는 농민 반란 형태의 사회적 혼란이 마야 사회의 몰락을 초래했다는 것이다.

- **세부 사항 (Details)**

  세부 사항은 근거로 주어진 내용을 부연 설명하는 내용이다. 따라서 각 근거로 제시된 포인트들의 연장 선상으로 생각하면서 읽는다.

  ex) This is supported by the fact that peasants were forced to perform physically demanding work to construct the massive stone monuments and buildings found in Maya cities. There is also evidence that some temples and thrones were destroyed around the time that the Maya decline began, suggesting that a violent uprising against religious and political authorities occurred.

  이는 농민들이 마야 도시에서 발견된 거대한 석탑과 건물을 세우기 위해 육체적으로 힘든 노동을 수행하도록 강요당했다는 사실에 의해 뒷받침된다. 또한 일부 사원과 왕좌들이 마야의 쇠퇴가 시작된 즈음에 파괴되었다는 증거가 있는데, 이는 종교적, 정치적 지도층에 대항하는 격렬한 폭동이 일어났다는 것을 시사한다.

2 읽기 노트 정리하기

읽기 지문의 노트를 정리할 때는 주제를 큰 제목으로, 각 근거들을 번호를 매긴 작은 제목으로 적는다. 읽기 지문은 답안 작성 시 다시 볼 수 있으므로 핵심적인 내용만 간단히 정리한다.

- **주제 적기**: 노트의 맨 위에 큰 제목으로 적는다.
- **근거 적기**: 번호를 매기고 작은 제목으로 적는다.
- **세부 사항 적기**: 근거 아래에 칸을 들여 적는다.

At its peak during the eighth and ninth centuries, the Maya Empire consisted of approximately sixty cities and was home to over four million people. However, by AD 1100, most of these urban centers had been abandoned and the population had declined significantly. Several plausible theories have been advanced to explain why the Maya Empire collapsed.

주제
마야 제국의 붕괴에 대한 이론들

The first is that social turmoil in the form of a peasant revolt led to a breakdown of Maya society. This is supported by the fact that peasants were forced to perform physically demanding work to construct the massive stone monuments and buildings found in Maya cities. There is also evidence that some temples and thrones were destroyed around the time that the Maya decline began, suggesting that a violent uprising against religious and political authorities occurred.

근거 1
사회적 혼란

세부 사항 1
농민 반란의 증거

Another explanation is that many of the Maya cities were abandoned because of a sudden change to the trade routes of the region. Proponents of this theory point to the destruction of Teotihuaćan, which acted as a trade hub for large sections of Maya-controlled territory. Following its destruction, the economies of the urban centers that were dependent on it for trade were devastated. Residents were unable to purchase many basic goods and foodstuffs, leading them to relocate to other areas.

근거 2
무역로의 변화

세부 사항 2
무역 중심지였던 테오티와칸의 멸망

Some experts have even theorized that the Maya collapse was a result of an epidemic. The tropical climate of the area in which the Maya lived was ideal for the development of parasites that cause disease. As the Maya urban centers were densely populated, diseases such as yellow fever and malaria spread very quickly following an initial outbreak and caused many deaths.

근거 3
전염병

세부 사항 3
열대 기후와 인구 밀집

읽기 노트의 예

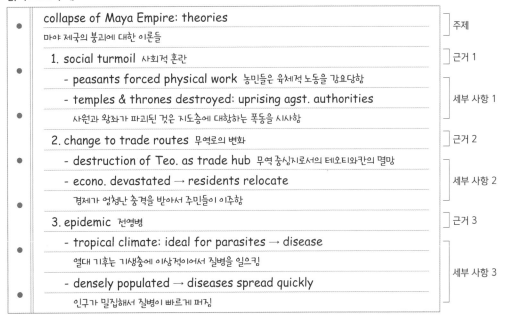

collapse of Maya Empire: theories 마야 제국의 붕괴에 대한 이론들	주제
1. social turmoil 사회적 혼란	근거 1
- peasants forced physical work 농민들은 육체적 노동을 강요당함	
- temples & thrones destroyed: uprising agst. authorities 사원과 왕좌가 파괴된 것은 지도층에 대항하는 폭동을 시사함	세부 사항 1
2. change to trade routes 무역로의 변화	근거 2
- destruction of Teo. as trade hub 무역 중심지로서의 테오티와칸의 멸망	
- econo. devastated → residents relocate 경제가 엄청난 충격을 받아서 주민들이 이주함	세부 사항 2
3. epidemic 전염병	근거 3
- tropical climate: ideal for parasites → disease 열대 기후는 기생충에 이상적이어서 질병을 일으킴	
- densely populated → diseases spread quickly 인구가 밀집해서 질병이 빠르게 퍼짐	세부 사항 3

해석 p.106

2. 듣고 내용 정리하기

지문을 읽은 후에는 지문의 내용에 대해 반박하는 강의를 듣게 된다. 강의를 들을 때는 앞서 정리한 읽기 지문 노트를 참고하여 강의의 내용이 읽기 노트의 내용과 어떻게 연계되는지를 파악하면서 듣기 노트를 정리해야 한다. 실제로 답안을 작성해야 할 질문의 초점은 지문보다는 강의에 더 맞추어져 있으므로 강의가 통합형 문제의 핵심이라고 할 수 있다.

1 강의의 구성과 듣기 포인트

강의는 읽기 지문과 같은 토픽에 대해 다른 입장에서 접근하는 방식으로 구성되어 있으므로, 이러한 포인트들을 중심으로 들으면서 정리한다.

- **도입 (Introduction)**
  강의의 도입부에서는 교수가 읽기 지문에서 제시된 토픽에 대해 의문을 제기하거나, 반대하는 뜻을 보인다.
  ex) However, the unfortunate reality is that archaeologists have not had much success in figuring out what happened.
  하지만, 유감스러운 사실은 고고학자들이 무슨 일이 있었는지를 밝혀내는 데 그다지 성공적이지 못했다는 거예요.

- **반론 (Contradicting points)**
  강의의 반론에서는 읽기 지문에 나온 근거들을 각각 반박하는 내용이 제시된다. 지문에서 읽은 내용 중 어느 부분과 직접적으로 관련된 내용인지 생각하면서 듣는다.
  ex) It just doesn't seem likely that the Maya city-states were abandoned as a result of revolution.
  마야의 도시 국가가 혁명의 결과로 버려졌을 가능성은 전혀 없어 보여요.

- **세부 사항 (Details)**
  해당 반론의 내용에 대한 예시나 부연 설명으로, 앞서 제시된 반론의 주장을 어떻게 뒷받침하고 있는지 주의하며 듣는다.
  ex) The most obvious problem is that there are no records of any such revolt, even though the Maya used a sophisticated writing system to record important events. In addition, the Maya Empire was, um, decentralized, meaning that each individual city-state had its own government and ruler. A revolt in one city probably would not have spread to others.
  가장 명백한 문제는 마야인들이 중요한 사건들을 기록하기 위해 정교한 문자 체계를 사용했음에도 불구하고, 그러한 반란에 대한 아무런 기록도 없다는 것입니다. 게다가, 마야 제국은, 음, 분권화되어 있었는데, 이는 각 개별 도시 국가마다 개별적인 정부와 지도자가 있었다는 것을 의미하죠. 한 도시에서의 반란이 다른 도시들로 퍼져나가지는 않았을 거예요.

2 듣기 노트 정리하기

강의의 노트를 정리할 때는 토픽에 대해 제시된 입장을 맨 위에 간단히 적고, 각 반론의 포인트들을 번호를 매긴 작은 제목으로 적는다. 강의는 다시 들을 수 없으므로, 노트테이킹보다는 듣고 이해하는 것에 집중하고 노트는 나중에 강의의 흐름을 상기할 수 있을 정도로만 간단히 정리한다.

- **도입 적기**: 토픽에 대한 강의의 입장을 맨 위에 큰 제목으로 적는다.
- **반론 적기**: 번호를 매기고 작은 제목으로 적는다.
- **세부 사항 적기**: 반론 아래에 칸을 들여 적는다.

강의의 예

We have spent a couple of weeks now discussing the Maya Empire. Some ideas have been put forth about why this powerful and prosperous empire, uh, collapsed. However, the unfortunate reality is that archaeologists have not had much success in figuring out what happened.

도입
무슨 일이 있었는지
밝혀내지 못함

It just doesn't seem likely that the Maya city-states were abandoned as a result of revolution. The most obvious problem is that there are no records of any such revolt, even though the Maya used a sophisticated writing system to record important events. In addition, the Maya Empire was, um, decentralized, meaning that each individual city-state had its own government and ruler. A revolt in one city probably would not have spread to others.

반론 1
혁명의 결과일
가능성 없음

세부 사항 1
기록이 없고
분권화되어 있었음

Now, the idea that the Maya collapse was a result of trade routes being reorganized following the destruction of Teotihuacán doesn't correspond to the historical record. Although Teotihuacán was once a major urban center, its size and population declined significantly during the sixth century, which reduced its economic importance. That is to say, Teotihuacán had ceased being a significant trade hub hundreds of years prior to the Maya Empire's collapse in the 12th century.

반론 2
무역로 재조직은 역사
기록과 불일치함

세부 사항 2
테오티와칸은 마야
붕괴 전에 쇠퇴함

There is also no evidence to support the claim that disease was responsible for the end of the Maya Empire. In fact, diseases such as yellow fever and malaria were brought to Central America by the Spanish in the sixteenth century, so the Maya could not have been exposed to them previously. Moreover, archaeologists have not found any mass graves dating to the time of the Maya collapse or other indications that many people died in a short period of time from an epidemic.

반론 3
질병에 대한 증거 없음

세부 사항 3
질병 유입 시기 다르고
집단 무덤 없음

듣기 노트의 예

Expressions for Listening

다음은 강의에 잘 쓰이는 표현으로, 예시, 인용, 강조할 때 등의 경우에 단서가 되므로 주의 깊게 듣는다.

예시를 들 때

1. For example/For instance: 예를 들어

For example, kids at this stage may believe a block is a car or a boat.
예를 들어, 이 시기의 아이들은 블록이 자동차나 배라고 생각할 수도 있다.

2. To illustrate: 예컨대, 이를테면

To illustrate, biologists believe that problems such as obesity are not a simple genetic matter.
예컨대, 생물학자들은 비만과 같은 문제들이 단순한 유전적 문제가 아니라고 생각한다.

인용할 때

3. The researchers determined that ~: 연구자들은 ~을 알아냈다

The researchers determined that bigger babies did better overall on intelligence tests.
연구자들은 덩치가 더 큰 아기들이 지능검사에서 전반적으로 더 높은 점수를 받았다는 것**을 알아냈다**.

4. A recent study showed that ~: 최근의 한 연구는 ~을 보여주었다

A recent study showed that men need physical activity twice as much as women do.
최근의 한 연구는 남성이 여성에 비해 두 배 많은 육체적 활동이 필요하다는 것**을 보여주었다**.

5. According to ~: ~에 따르면

According to researchers, eating chocolate lowers cholesterol levels.
연구자들**에 따르면**, 초콜릿을 섭취하는 것은 콜레스테롤 수치를 낮춰준다.

강조할 때

6. In fact: 사실상, 실제로, 사실은

In fact, money developed for many reasons, not just the inconvenience of the barter system.
사실상, 돈은 단지 물물교환의 불편 때문만이 아니라, 여러 가지 이유로 발달했다.

7. Actually: 실제로

Actually, an apple falling from a tree caused Newton to think about acceleration.
실제로, 나무에서 떨어지는 사과는 뉴턴이 가속도에 대해 생각하도록 만들었다.

8. Furthermore/Moreover: 게다가, 더욱이

Furthermore, scientists are now designing robots that look like humans.
게다가, 과학자들은 오늘날 사람을 닮은 로봇을 개발하고 있다.

9. Even though ~: ~임에도 불구하고, ~일지라도

Even though competition is one key to success, ape studies show that cooperation is more important.
경쟁이 성공에 중요한 한 가지 요인**임에도 불구하고**, 유인원에 대한 연구는 협력이 더 중요하다는 것을 보여준다.

이유를 언급할 때

10. Because/Since ~: ~이기 때문에

Because typhoons can cause extensive damage, satellites are used to track their movements.

태풍은 막대한 피해를 입힐 수 있**기 때문에**, 그것의 움직임을 추적하기 위해 인공위성이 이용된다.

11. This is because ~: 이는 ~이기 때문이다

This is because the cost of extracting oil from under the ocean floor is prohibitive.

이는 해저 아래에서 기름을 추출하는 비용이 매우 높**기 때문이다.**

반대 의견을 나타낼 때

12. However: 그러나, 하지만

However, psychologists believe that memories can be taught.

그러나, 심리학자들은 기억을 심어주는 것이 가능하다고 생각한다.

13. On the other hand: 반면에, 이에 반해서

On the other hand, the left brain is dominant in logical areas such as math and language.

반면에, 좌뇌는 수학과 언어와 같은 논리적 영역을 지배한다.

14. In contrast: 대조적으로, 반대로

In contrast, Erickson looked at kids' social and emotional growth.

대조적으로, 에릭슨은 어린이들의 사회적, 정서적 성장을 고찰했다.

15. Contrary to ~: ~와는 반대로, ~에 반하여

Contrary to popular belief, genetically modified foods are not a health risk.

일반적인 믿음**과는 반대로**, 유전자 변형 식품은 건강상의 위험 요인이 아니다.

결론을 이끌어낼 때

16. Therefore: 그러므로, 따라서

Therefore, bicycle lanes help reduce pollution and congestion in cities.

그러므로, 자전거 전용도로는 도심의 공해와 교통체증을 줄이는 데 이바지한다.

17. In short: 요컨대, 간단히 말하자면

In short, vegetable oil and natural gas could replace fossil fuels.

요컨대, 식물성 기름과 천연가스가 화석 연료를 대체할 수 있다.

18. So: 그래서, 따라서

So, discoveries from European expeditions taught us a lot about Ancient Egypt.

그래서, 유럽 원정대의 발견은 우리에게 고대 이집트에 관해 많은 것을 알려주었다.

다음 지문을 읽고 주어진 빈칸을 채워 노트를 완성하시오.

01

예술

In 2000, the discovery of a box of photo negatives received national media attention because they were believed to be the work of famed Californian photographer Ansel Adams. Although some people doubt the authenticity of these photographs of Yosemite National Park, they are indeed Adams originals.

A reason for believing that the photographs were taken by Adams is the unusual size of the negatives. The 6.5 inch by 8.5 inch format is rather rare, but Adams commonly used it while taking pictures in Yosemite during the 1920s and 1930s. As experts have determined that the negatives were produced during the same time period, these photographs were probably taken by Adams.

But perhaps the most compelling argument is the meteorological evidence that was discovered by comparing the negatives to other landscape photographs that Adams took. A meteorologist studied the cloud formations that appear in one of the negatives and found that they were nearly identical to those in a picture known to have been taken by Adams. Thus, the meteorologist concluded that the two photos were taken on the same day and in the same spot.

Note-taking

읽기 노트

- 주제 photo neg.: Adams originals
- 근거 1 unusual size
  - _____
- 근거 2 meteor. evid.
  - _____

02
생물 Among the various species of spiders that feed on insects, the creation of a web that functions as a trap is the most common method of predation. Several different types of webs exist, but the distinctive, spiral-shaped orb web is the most effective.

First, it is almost impossible for insects to detect. Orb webs are constructed of thinner strands of silk than are used in other webs, making them practically invisible. As a result, orb webs tend to trap a much higher number of insects than other types of webs.

Next, captured insects have greater difficulty escaping from an orb web because of its efficient design. Other types of webs usually break when insects collide with them. However, the radial threads of an orb web–those that extend outward from the center of the spiral in straight lines—absorb the energy of an insect collision. Therefore, this type of web is less likely to break on impact, reducing the likelihood that an insect will get away.

Note-taking

읽기 노트

```
•   주제 orb web: effec.

•   근거 1 _____

        - thinner strands: invisib. → trap ↑ insects

•   근거 2 _____

        - radial threads absorb energy of collision → ↓ break
•
```

03

지질학

In the middle of Death Valley in the Mojave Desert, there are "sailing stones" that appear to move by themselves along the desert floor. These large stones have etched tracks into the ground, which is proof that they have somehow traveled across the landscape. Today, researchers have some solid ideas about what drives this process.

One theory holds that a combination of ice and wind transports the stones along the ground. During the winter months, water on the ground freezes, creating vast ice sheets that grip the stones. When very strong winds move these ice sheets, the stones are dragged along with them, making tracks. The theory is supported by the existence of parallel sailing stone trails. They indicate that multiple stones attached to a single sheet of ice have been moved in unison.

Another possibility is that the movement of the stones is caused by gravity. The ground beneath the stones appears to be flat, but it is actually slanted slightly. Because one side of the valley is higher than the other, gravity could cause the stones to gradually slide across the ground over the course of thousands of years, producing the distinctive tracks.

Note-taking

읽기 노트

•	주제 *sailing stones: ideas about process*
•	근거 1 _____
	- _____
•	- _____
•	근거 2 _____
	- _____
•	- _____

04

Despite the fact that the US has one of the most advanced medical systems in the world, many citizens do not benefit from it. In fact, most experts agree that the US does not have enough doctors to meet its current health-care needs. This is a serious problem that is unlikely to be resolved.

The doctor shortage can be partially attributed to a lack of medical residency positions, which severely restricts the quantity of newly licensed doctors each year. To earn their medical licenses, would-be doctors must complete a residency program that involves working under the supervision of licensed physicians. However, funding for these positions has not kept up with demand, and as a result, the number of doctors entering the health-care system is limited.

In addition, more Americans are seeking medical services now than ever before, resulting in greater numbers of patients per doctor. New legislation has provided 14 million Americans with access to free or inexpensive health insurance. This has made health care more affordable, increasing demand for medical services and worsening the doctor shortage.

Lastly, many physicians are leaving the medical profession because they have become dissatisfied with their jobs. Currently, US doctors are forced to see a certain number of patients each day, and this puts a lot of pressure on doctors because they do not have enough time to attend to each patient. Consequently, a large number of them have left the medical profession, making the doctor shortage more severe.

Note-taking

읽기 노트

주제 US X have enough doctors: X resolved

근거 1 lack of resid. positions

-　_____

-　_____

근거 2 ↑ Amer. seeking med. services

-　_____

-　_____

근거 3 physicians leaving b/c dissatisfied

-　_____

-　_____

05

경영/경제 Because many of today's students value the flexibility and convenience of distance learning, more and more of them are getting their degrees online. Despite this trend, most employers still prefer to hire graduates of regular university programs, and they have several good reasons for doing so.

One basis for this preference is that employers feel that students who enroll in traditional university programs are more motivated to achieve their academic goals. While attending an onsite university program, students are required to physically go to classes, show up on time, and participate in workshops and seminars. This willingness to commit more time and effort toward obtaining an education demonstrates that these students have a higher level of motivation.

Additionally, employers prefer candidates with the kind of hands-on learning experience that traditional courses provide. This is particularly true for careers requiring specific types of training that cannot be offered to students over the Internet. Chemists, for instance, need to conduct experiments in laboratory settings to fully understand the subject matter. This practical experience is very difficult to simulate in a virtual classroom environment.

Finally, many of the institutions that provide online degrees lack credibility with employers. The Internet is full of fraudulent institutions that sell undergraduate and even graduate degrees to anyone willing to pay for them. These organizations do not have proper certification from educational authorities. Because employers often do not know if an online degree was received from a legitimate establishment, they tend to choose graduates of traditional university programs.

Note-taking

읽기 노트

주제 employers prefer grad. of regular univ.

근거 1 students in trad. prog.: ↑ motivated

\- _____

\- _____

근거 2 prefer hands-on learning

\- _____

\- _____

근거 3 online degrees lack credi.

\- _____

\- _____

06

역사

In the second century BC, Greek soldiers supposedly used a combination of mirrors to burn Roman naval ships that were attacking the city of Syracuse. However, this story is just a myth.

First of all, the discovery that a parabolic mirror could be used to focus reflected light on a target had not been made when these events occurred. To create beams of reflected sunlight with sufficient intensity, curved mirrors must be used. However, this type of mirror was not mentioned in any of the works written by scientists from this period. In fact, the earliest known reference to parabolic mirrors is in a document written several decades after the Roman attack took place.

Second, targeting a single ship with multiple mirrors is nearly impossible to coordinate. Each mirror should be aimed at the exact same spot on a ship to produce a fire. However, the people holding the mirrors would be unable to aim simultaneously because each individual could not determine which of the many reflected lights around the target was his. Aiming the mirrors one by one to avoid confusion was not an option, as the ship would have moved by the time the last mirror was correctly positioned.

Third, the fires produced using mirrors were not big enough to burn the ships. The small size of the fires means that the sailors could have easily extinguished them with seawater. This was demonstrated in a recent experiment. Using a large mirror to reflect sunlight onto a wooden boat, researchers were only able to create a very small fire that quickly burnt itself out.

Note-taking

읽기 노트

- 주제 Grk. used mirrors to burn ships: myth

    근거 1 _____

    - curved mirrors X mentioned this period

    - 1st refer.: decades after

    근거 2 _____

    - unable to aim simultan.

    - aim 1 by 1: X option ← ship moved

    근거 3 _____

    - small size → easily extinguished

    - experi.: create small fire quickly burnt out

다음 강의를 들으며 주어진 빈칸을 채워 듣기 노트를 완성하시오. 이때 주어진 읽기 노트를 참고하시오.

07
예술

Listen to the lecture. 🎧 **Track 22**

Note-taking

읽기 노트

- 주제 photo neg.: Adams originals
- 근거 1 unusual size
    - 6.5 x 8.5 format: rare, but Adams used
- 근거 2 meteor. evid.
    - cloud identical to picture by Adams

듣기 노트

- 도입 neg. of Ansel Adams: X persuasive
- 반론 1 _____
    - other photographers used
    - X conclusive proof
- 반론 2 _____
    - site popular & many visit
    - could taken by other at this location same day

Listen to the lecture. 🎧 **Track 23**

Note-taking

읽기 노트

주제 orb web: effec.

근거 1 impossib. for insects to detect
- thinner strands: invisib. → trap ↑ insects

근거 2 captured insects ↑ diffic. escaping
- radial threads absorb energy of collision → ↓ break

듣기 노트

도입 orb webs: X superior

반론 1 _____

- create conspicuous patterns

- ex) S.A.C. spider: 2 lines near center → insects see & avoid

반론 2 _____

- strands X strong if big insect struggles

- damage & break free before spider reach

Listen to the lecture. 🎧 **Track 24**

Note-taking

읽기 노트

- 주제 sailing stones: ideas about process
- 근거 1 ice & wind
    - ice grip stones, winds move ice → stones dragged
    - parall. trails: multi. stones moved in unison
- 근거 2 gravity
    - ground: slanted slightly
    - one side higher → grad. slide

듣기 노트

- 도입 _____
    반론 1 _____
    - _____
    - _____
    반론 2 _____
    - _____
    - _____

| Listen to the lecture. | 🎧 Track 25 |

Note-taking

읽기 노트

- 주제 US X have enough doctors: X resolved
  - 근거 1 lack of resid. positions
    - fund. X kept up w/ demand
    - # of doctors entering system: limited
  - 근거 2 ↑ Amer. seeking med. services
    - new legi. → free/inexpen. insurance
    - ↑ demand & worsen shortage
  - 근거 3 physicians leaving b/c dissatisfied
    - forced to see certain # of patients
    - pressure b/c X enough time

듣기 노트

- 도입 US doctor shortage: solutions
  - 반론 1 expand resid. system
    - _____
    - _____
  - 반론 2 ↑ # of foreign doctors
    - _____
    - _____
  - 반론 3 eliminate quota system & allow control time
    - _____
    - _____

Note-taking

읽기 노트

- 주제 employers prefer grad. of regular univ.
  근거 1 students in trad. prog.: ↑ motivated
    - go to classes, workshops & seminars
    - commit ↑ time & effort: ↑ motivation
  근거 2 prefer hands-on learning
    - specific training: X over Internet
    - ex) chemists need experi. in lab.
  근거 3 online degrees lack credi.
    - fraud. instit.: sell degrees, X have proper certif.
    - employers X know legi.

듣기 노트

- 도입 online degrees inferior: X reasonable

  반론 1 ↓ motivated: X sense

    - _____

    - _____

  반론 2 lack of hands-on training: X true

    - allow lab work & partici. in workshops

    - 3D virtual environ., operate equip. using computers

  반론 3 _____

    - _____

    - _____

Note-taking

읽기 노트

- 주제 Grk. used mirrors to burn ships: myth
  근거 1 discovery para. mirror focus light: X ma
  - curved mirrors X mentioned this period
  - 1st refer.: decades after
  근거 2 targeting w/ multi. mirrors: impossib.
  - unable to aim simultan.
  - aim 1 by 1: X option ← ship moved
  근거 3 fires using mirrors: X big to burn ships
  - small size → easily extinguished
  - experi.: create small fire quickly burnt out

듣기 노트

- 도입 Grk. used mirrors to destroy ships

  반론 1 _____
  - treatises lost when library destroyed
  - using para. mirrors: mentioned in 423 BC

  반론 2 _____
  - highly disciplined personnel: act in concert
  - practice → target before moved

  반론 3 _____
  - used sub. such as tar to waterproof → flammable
  - fire rapidly become large → impossib. to put out

모범 답안·스크립트·해석 p.373

다음 지문을 읽고 강의를 들으며 주어진 빈칸을 채워 노트를 완성하시오.

01

Scattered throughout Scotland are the remains of approximately 70 Iron Age forts built with stones that are vitrified, which means that they have somehow melted into a glass-like material and fused together. A few attempts have been made to explain the origin of these forts with their distinctive stonework.

It is possible that vitrification was caused by signal fires. Fires were lit along the walls of the forts as a means of communicating with other communities. The continual heat from these fires would have melted the rock over time, resulting in vitrified surfaces. This theory is supported by the fact that the vitrified stones are most common on the upper parts of the walls, which is the logical location for signal fires.

Lightning is another plausible explanation for how the stones at these sites were vitrified. The intense heat generated by a single lightning strike is sufficient to instantly transform rock into a glass-like substance, and repeated strikes would have led to large sections of these structures being vitrified. In addition, lightning accounts for the uneven appearance of the walls—the force generated by a strike is powerful enough to crack rocks and break off large chunks.

Finally, some researchers have suggested that forts were built using volcanic rock, meaning that the vitrification process occurred prior to construction. According to this theory, lava from volcanic eruptions flowed over the rocks on the surface of the ground, and it caused them to partially melt and fuse together. The ancient residents of Scotland used these aggregates of stone to build their fortresses.

Listen to the lecture. ⌒ **Track 28**

Note-taking

읽기 노트

- 주제 forts built w/ stones vitrified: origin

  근거 1 _____

  - continual heat melted rock → vitrifi.

  - common on upper walls: location for signal fires

  근거 2 _____

  - heat transform & repeated → large sections vitrifi.

  - uneven walls ← strike crack & break off

  근거 3 _____

  - lava over rocks on ground → melt & fuse

  - used to build fortresses

듣기 노트

- 도입 explanations: X confirmed

  반론 1 _____

  - fires lit 1/2 places & X changed

  - affect only few areas, but entire vitrifi.

  반론 2 _____

  - dozens strikes required for extensive vitrifi.

  - walls cracked: normal wear & tear ← old

  반론 3 _____

  - X volcanic act. near → had to transp. stone

  - ppl. used local materials

02

사회

Genetically modified (GM) crops are agricultural plants that have been altered through genetic engineering. First introduced in the early 1980s, GM crops benefit humans greatly.

One advantage is that GM crops can help solve the problem of world hunger. It is estimated that there are more than a billion people on the planet who do not have enough to eat. However, genetic modification of crops can alleviate the issue by increasing crop yields. As a case in point, scientists are currently modifying the DNA in rice so that it uses sunlight more efficiently. They estimate that the resulting GM rice will produce 50 percent more rice than the regular varieties.

Another benefit of GM crops is that they reduce the price of food. This is because plants can be genetically modified to be more resistant to environmental problems. For instance, potatoes were altered to make them more tolerant of freezing temperatures, and corn was modified to become more resilient to drought. This means that fewer crops are lost to unfavorable growing conditions, stabilizing the food supply and thus lowering food prices.

GM crops can also produce vaccines that can be made more widely available than earlier ones. The temperature of a conventional vaccine needs to be carefully controlled during storage and transportation to avoid loss of potency. This is often difficult to accomplish in poor, developing countries, which reduces the availability of vaccines in those places. In response to the problem, researchers recently developed edible vaccines by genetically modifying fruit plants. These products are relatively easy to store and ship.

Listen to the lecture. **Track 29**

Note-taking

읽기 노트

- 주제 GM crops benefit humans
  - 근거 1 _____
    - _____
    - _____
  - 근거 2 ↓ price of food
    - ↑ resistant to environ. prob.
    - ↓ crops lost → stabilize supply
  - 근거 3 produce vaccines ↑ widely avail.
    - convent. vaccine: storage & transp. diffic.
    - vaccines by GM fruit: easy to store & ship

듣기 노트

- 도입 benefits: overstated
  - 반론 1 _____
    - _____
    - _____
  - 반론 2 X reduce price of food
    - ↑ costly ← comp. expect profit
    - ↑ seed prices & water costs
  - 반론 3 GM vaccines: same prob. as convent.
    - using bananas/tomatoes → spoil quickly
    - have to be kept cool → diffic. to store & transp.

03

환경

Global warming is caused by the accumulation of greenhouse gases in the atmosphere, including carbon dioxide (CO_2). Therefore, scientists are developing methods to reduce atmospheric CO_2 levels in order to slow the warming trend. One interesting approach is called carbon sequestration, which involves storing CO_2 in the ground or oceans, and this can be accomplished in a number of ways.

Many scientists argue that we should increase the amount of phytoplankton by adding iron to the oceans. Phytoplankton are microscopic marine organisms that absorb CO_2 into their bodies during the process of photosynthesis. When phytoplankton die, they sink to the bottom of the ocean, taking the CO_2 with them. Since these organisms feed on iron, adding iron-rich dust to the oceans will encourage more of them to grow, increasing the amount of CO_2 stored in the oceans.

Creating artificial wetlands is another excellent way to sequester CO_2. In ecosystems such as forests, bacteria use the abundant oxygen in the soil to decompose organic matter quickly, releasing a lot of CO_2 into the air. However, the ground in wetland areas is almost completely covered by water, which prevents significant quantities of oxygen from entering the soil. Therefore, decomposition occurs very slowly in wetlands, and the amount of CO_2 that enters the atmosphere is greatly reduced.

Lastly, CO_2 can be stored in abandoned coal mines. To prevent CO_2 from being emitted into the atmosphere, it can be captured from fossil-fuel power plants using special filters installed in smokestacks. The CO_2 is then transported by truck or pipeline and pumped into old coal mines. When CO_2 molecules come into contact with coal, they attach themselves to the surfaces and should remain in the coal mine for hundreds of years.

Listen to the lecture. ◯ **Track 30**

Note-taking

읽기 노트

- 주제 carbon sequest.: ways
  - 근거 1 _____
    - - _____
    - - _____
  - 근거 2 creating artificial wetlands
    - - forests: bacteria use O_2 → release CO_2
    - - ground covered by water: prevents O_2 enter → CO_2 ↓
  - 근거 3 _____
    - - _____
    - - _____

듣기 노트

- 도입 methods: X work
  - 반론 1 _____
    - - _____
    - - _____
  - 반론 2 creating wetlands: ineffec.
    - - artificial: storage 23% ↓ than natural
    - - takes long to develop
  - 반론 3 _____
    - - _____
    - - _____

04 The sad discovery of whales lying helplessly on the beach is an all-too-common occurrence in many parts of the world. There are a few probable reasons for why these strandings happen.

Whales may become stranded because of wind patterns. In the Southern Ocean, winds from the south and west push cold water from Antarctica northeast toward Australia. Because food sources, such as fish and plankton, are carried by the flow of the water, whales follow this ocean stream to feed. As the whales swim closer and closer to Australia, they enter shallow water near shore and are stranded when the tide goes out.

It is also possible that whales are coming ashore due to illness. Some experts believe that whales become weak and are unable to swim well as a result of being sick. When this happens, the vulnerable whales are gradually pushed closer to shore by currents and waves until they are stranded. Moreover, marine biologists have noticed that many whales have already died of disease when they wash up on the beach. This has led them to conclude that similar illnesses are affecting live whales that strand.

Furthermore, the geological features of certain coastlines may cause whales to become disoriented. Whales navigate their environment by emitting clicking noises and listening for echoes. This means that they can easily detect geological formations with steep angles, such as underwater cliffs. However, the ocean floor adjacent to some beaches has a very gentle slope that may not properly reflect the sonar beams used by whales. If whales are unable to detect the coastlines near beaches, they are much more likely to swim too close to shore and become stranded.

Listen to the lecture. **Track 31**

Note-taking

읽기 노트

- 주제 _____
  - 근거 1 _____
    - - _____
    - - _____
  - 근거 2 _____
    - - _____
    - - _____
  - 근거 3 _____
    - - _____
    - - _____

듣기 노트

- 도입 _____
  - 반론 1 _____
    - - _____
    - - _____
  - 반론 2 _____
    - - _____
    - - _____
  - 반론 3 _____
    - - _____
    - - _____

모범 답안·스크립트·해석 p.383

앞서 읽고 들은 내용을 합쳐서 요약문을 쓰는 단계로, 이때 작성한 답안을 통해서 지문과 강의 내용에 대한 이해력과 작문 능력을 동시에 평가받게 되므로 가장 중요한 단계라고 할 수 있다.

1. 노트 연결하고 답안 구상하기

문제를 받으면 지문과 강의의 내용이 관련된 부분을 연결해서 재구성한다. 노트를 연결하면서 머릿속으로 구상하는 답안은, 아래 그림처럼 강의를 중심으로 하되 지문과 연계된 부분은 부가적으로 가져와서 언급하는 것을 기본으로 한다.

노트와 답안의 관계

[노트]　　　　　　　　　　　[답안]

효과적인 요약문을 작성하기 위해서는 아래와 같이 요약문 주제를 먼저 제시하고 반론 및 읽기 지문과의 관계를 순차적으로 나열하는 두괄식 구조를 활용하는 것이 좋다.

요약문의 구조 및 기본 표현

요약문 주제	The lecturer argues that + 듣기 도입 This contradicts the reading passage's claim that + 읽기 주제
반론 및 읽기 지문 과의 관계	First, + 듣기 반론 1 This casts doubt on the reading passage's claim that + 읽기 근거 1 Next, + 듣기 반론 2 This counters the reading passage's claim that + 읽기 근거 2 Finally, + 듣기 반론 3 This refutes the reading passage's claim that + 읽기 근거 3

2. 실제 답안 쓰기

답안 구상까지 마치면 이제 실제로 답안을 작성한다. 앞서 익힌 요약문의 구조를 기본으로 서로 연계된 듣기의 반론과 읽기의 근거를 노트에 기반해 문장으로 풀어서 쓴다.

① 요약문 주제 쓰기 (듣기 도입 + 읽기 주제)

지문과 강의의 전반적인 내용을 제시하며 답안을 시작한다. 먼저 강의의 도입부에 대해 설명한 후, 이것이 지문의 주제와 어떻게 연관되어 있는지를 밝힌다.

요약문 주제 쓰기의 예

Q Summarize the points made in the lecture, being sure to explain how they oppose the specific points made in the reading passage.

읽기 노트

요약문 주제 쓰기

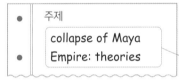

- 주제
  - collapse of Maya Empire: theories

듣기 노트

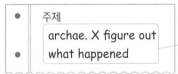

- 주제
  - archae. X figure out what happened

The lecturer argues that [archaeologists have not been able to figure out the cause of the Maya collapse.] **This contradicts the reading passage's claim that** [there are plausible theories to account for the fall of the Maya Empire.]

강의자는 고고학자들이 마야 붕괴의 원인을 밝혀낼 수 없었다고 주장한다. 이는 마야 제국의 멸망을 설명하기 위한 그럴듯한 이론들이 있다는 읽기 지문의 주장을 반박한다.

요약문 주제 쓰기에서 활용할 수 있는 표현 구문

> 듣기 도입 쓰기의 기본 구문
>
> The lecturer <u>argues</u> that ~
>   (= contends / asserts / points out / claims / maintains / suggests / explains)
>
> 읽기 주제 쓰기의 기본 구문
>
> This <u>contradicts</u> the reading passage's claim that ~
>   (= opposes / refutes / counters / casts doubt on)

TIP

먼저 지문의 전반적인 내용을 쓰고, 이어서 강의의 내용을 설명하면서 답안을 시작할 수도 있다.

ex) The reading passage argues that ~. On the other hand, the lecturer asserts the opposite by looking at ~.

읽기 지문은 ~라고 주장한다. 반면에, 강의자는 ~을 통해 반론을 펼친다.

반론 및 읽기 지문과의 관계 쓰기 (듣기 반론 + 읽기 근거)

이제 지문과 강의의 세부적인 포인트로 들어가서 강의가 어떻게 반론을 펼치고 있으며 그것이 지문과 어떤 관계를 가지고 있는지 설명한다.

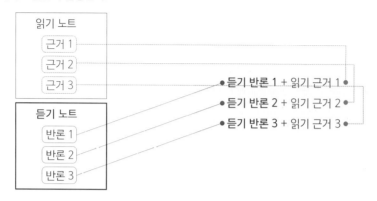

• 강의의 반론과 세부 사항 쓰기

강의에서 반론을 제시하는 각 포인트별로 한 단락씩 작성한다. 먼저 강의의 반론 내용을 간략히 밝히면서 단락을 시작하고, 이어서 강의에서 제시된 반론의 세부 사항을 설명한다.

반론과 세부 사항 쓰기의 예

읽기 노트

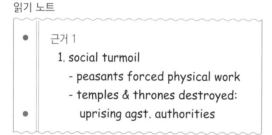

듣기 노트

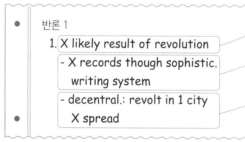

반론과 세부 사항 쓰기 ✎

First, the lecturer argues that [it is not likely that the Maya cities were abandoned as a result of revolution.] There are [no records of any revolt, even though the Maya used a sophisticated writing system.] Also, [the Maya Empire was decentralized, so a revolt in one city would not have spread to others.]

첫째로, 강의자는 마야 도시들이 혁명의 결과로 버려졌을 가능성이 없다고 주장한다. 마야가 정교한 문자 체계를 사용했음에도 불구하고, 반란에 대한 어떠한 기록도 없다. 또한, 마야 제국은 분권화되어 있어서, 한 도시의 반란이 다른 도시들로 퍼져나가지는 않았을 것이다.

반론과 세부 사항 쓰기에서 활용할 수 있는 연결어 구문

1. First / Second / Third
2. Firstly / Secondly / Thirdly
3. To begin with / On top of that / Finally
4. For one / Next / Last

● 읽기 지문과의 관계 쓰기

강의의 세부 사항을 설명하고 난 후에는 여기에 연결지어 표시해둔 지문의 내용을 합쳐서 쓴다. 이때 읽기 지문의 노트에서 나온 내용은 지문의 상세한 내용을 참조하되 표현을 그대로 가져다 쓰기보다는 적절히 다른 말로 바꾸어 쓰는 것이 좋다.

읽기 지문과의 관계 쓰기의 예

읽기 노트

근거 1
1. social turmoil
   - peasants forced physical work
   - temples & thrones destroyed:
     uprising agst. authorities

읽기 지문과의 관계 쓰기

This casts doubt on the reading passage's claim that [social disorder caused the downfall of Maya society.]

이는 사회적 무질서가 마야 사회의 몰락을 초래했다는 읽기 지문의 주장에 의구심을 제기한다.

듣기 노트

반론 1
1. X likely result of revolution
   - X records though sophistic.
     writing system
   - decentral.: revolt in 1 city
     X spread

읽기 지문과의 관계 쓰기에서 활용할 수 있는 표현 구문

읽기 지문과의 관계 쓰기의 기본 구문
This contradicts / casts doubt on / counters / refutes the reading passage's claim that ~
= This strongly contradicts the reading passage's support of ~
= This finding effectively rebuts the reading passage's argument that ~
= This fact directly opposes the reading passage's assertion that ~
= These points refute the reading passage's explanation that ~

TIP
답안을 작성할 때는 해당 정보가 지문이나 강의 중 어디에서 나왔는지를 직접 언급하여 밝히면서 쓰는 것이 좋다.
ex) **While the reading passage** suggests that there are plausible theories to account for the fall of the Maya Empire, **the lecturer** doubts the idea.
읽기 지문은 마야 제국의 멸망을 설명하는 타당한 이론들이 있다고 주장하는 반면, 강의자는 이 생각에 대해 의문을 제기한다.

Question Step

Step 1 지문 읽기

Narrator Now you will see the reading passage for three minutes. Remember it will be available to you again when it is time for you to write. The lecture will begin, so keep your headset on until the lecture is over.

Reading Time: 3 minutes

At its peak during the eighth and ninth centuries, the Maya Empire consisted of approximately sixty cities and was home to over four million people. However, by AD 1100, most of these urban centers had been abandoned and the population had declined significantly. Several plausible theories have been advanced to explain why the Maya Empire collapsed.

The first is that social turmoil in the form of a peasant revolt led to a breakdown of Maya society. This is supported by the fact that peasants were forced to perform physically demanding work to construct the massive stone monuments and buildings found in Maya cities. There is also evidence that some temples and thrones were destroyed around the time that the Maya decline began, suggesting that a violent uprising against religious and political authorities occurred.

Another explanation is that many of the Maya cities were abandoned because of a sudden change to the trade routes of the region. Proponents of this theory point to the destruction of Teotihuaćan, which acted as a trade hub for large sections of Maya-controlled territory. Following its destruction, the economies of the urban centers that were dependent on it for trade were devastated. Residents were unable to purchase many basic goods and foodstuffs, leading them to relocate to other areas.

Some experts have even theorized that the Maya collapse was a result of an epidemic. The tropical climate of the area in which the Maya lived was ideal for the development of parasites that cause disease. As the Maya urban centers were densely populated, diseases such as yellow fever and malaria spread very quickly following an initial outbreak and caused many deaths.

Step 2 강의 듣기 ◯ Track 32

> **Narrator** Now listen to part of a lecture on the topic you just read about.

We have spent a couple of weeks now discussing the Maya Empire. Some ideas have been put forth about why this powerful and prosperous empire, uh, collapsed. However, the unfortunate reality is that archaeologists have not had much success in figuring out what happened.

It just doesn't seem likely that the Maya city-states were abandoned as a result of revolution. The most obvious problem is that there are no records of any such revolt, even though the Maya used a sophisticated writing system to record important events. In addition, the Maya Empire was, um, decentralized, meaning that each individual city-state had its own government and ruler. A revolt in one city probably would not have spread to others.

Now, the idea that the Maya collapse was a result of trade routes being reorganized following the destruction of Teotihuacán doesn't correspond to the historical record. Although Teotihuacán was once a major urban center, its size and population declined significantly during the sixth century, which reduced its economic importance. That is to say, Teotihuacán had ceased being a significant trade hub hundreds of years prior to the Maya Empire's collapse in the 12th century.

There is also no evidence to support the claim that disease was responsible for the end of the Maya Empire. In fact, diseases such as yellow fever and malaria were brought to Central America by the Spanish in the sixteenth century, so the Maya could not have been exposed to them previously. Moreover, archaeologists have not found any mass graves dating to the time of the Maya collapse or other indications that many people died in a short period of time from an epidemic.

Step 3 요약문 쓰기

> **Narrator** Summarize the points made in the lecture, being sure to explain how they oppose the specific points made in the reading passage.

Answer Step

Step 1 지문과 강의 내용 정리하기

읽기 노트

collapse of Maya Empire: theories	**주제** 마야 제국의 붕괴에 대한 이론들
1. social turmoil	**근거 1** 사회적 혼란
- peasants forced physical work	
- temples & thrones destroyed: uprising agst. authorities	**세부 사항 1** 농민 반란의 증거
2. change to trade routes	**근거 2** 무역로의 변화
- destruction of Teo. as trade hub	
- econo. devastated → residents relocate	**세부 사항 2** 무역 중심지였던 테오티와칸의 멸망
3. epidemic	**근거 3** 전염병
- tropical climate: ideal for parasites → disease	
- densely populated → diseases spread quickly	**세부 사항 3** 열대 기후와 인구 밀집

듣기 노트

archae. X figure out what happened	**도입** 무슨 일이 있었는지 밝혀내지 못함
1. X likely result of revolution	**반론 1** 혁명의 결과일 가능성 없음
- X records though sophistic. writing system	
- decentral.: revolt in 1 city X spread	**세부 사항 1** 기록이 없고 분권화되어 있었음
2. result of trade routes reorg.: X corresp. to historic. record	**반론 2** 무역로 재조직은 역사 기록과 불일치함
- Teo. declined during 6C → ↓ econo. importance	
- X trade hub prior to Maya collapse in 12C	**세부 사항 2** 테오티와칸은 마야 붕괴 전에 쇠퇴함
3. X evid. disease was respon.	**반론 3** 질병에 대한 증거 없음
- yellow fever & malaria: brought by Spanish in 16C	
- X found mass graves/other indications	**세부 사항 3** 질병 유입 시기 다르고 집단 무덤 없음

Step 2 요약문 쓰기

읽기 노트

- collapse of Maya Empire: theories ①'
  1. social turmoil ②'
     - peasants forced physical work
     - temples & thrones destroyed: uprising agst. authorities
  2. change to trade routes ③'
     - destruction of Teo. as trade hub
     - econo. devastated → residents relocate
  3. epidemic ④'
     - tropical climate: ideal for parasites → disease
     - densely populated → diseases spread quickly

듣기 노트

- archae. X figure out what happened ①
  1. X likely result of revolution ②
     - X records though sophistic. writing system
     - decentral.: revolt in 1 city X spread
  2. result of trade routes reorg.: corresp. to historic record ③
     - Teo. declined during 6C → ↓ econo. importance
     - X trade hub prior to Maya collapse in 12C
  3. X evid. disease was respon. ④·
     - yellow fever & malaria: brought by Spanish in 16C
     - X found mass graves/other indications

듣기 도입 **The lecturer argues that** ① [archaeologists have not been able to figure out the cause of the Maya collapse.] 읽기 주제 **This contradicts the reading passage's claim that** ①' [there are plausible theories to account for the fall of the Maya Empire.]

듣기 반론 1 **First**, the lecturer argues that ② [it is not likely that the Maya cities were abandoned as a result of revolution.] There are no records of any revolt, even though the Maya used a sophisticated writing system. Also, the Maya Empire was decentralized, so a revolt in one city would not have spread to others. 읽기 근거 1 **This casts doubt on the reading passage's claim that** ②' [social disorder caused the downfall of Maya society.]

듣기 반론 2 **Next**, the lecturer claims that ③ [a collapse resulting from a reorganization of trade routes does not correspond to historical accounts.] Teotihuacán declined during the sixth century, which reduced its economic importance. In other words, it had stopped being a key trade center many years before the Mayan collapse in the 12th century. 읽기 근거 2 **This counters the reading passage's claim that** ③' [shifting trade routes led to the Maya deserting their cities.]

듣기 반론 3 **Finally**, the lecturer points out that ④ [there is no evidence that disease was reponsible for the Maya collapse.] Yellow fever and malaria were brought by the Spanish to Central America in the sixteenth century. Also, mass graves or other indications that many people died in a short period of time have not been found. 읽기 근거 3 **This refutes the reading passage's claim that** ④' [an outbreak of disease was the cause of the end of the Maya Empire.]

해석

지문 해석

8~9세기 동안의 전성기에, 마야 제국은 약 60개의 도시로 구성되어 있었고 4백만 명 이상의 사람들의 거주지였다. 그러나, 서기 1100년경, 이러한 도심지들의 대부분은 버려졌고 인구가 크게 감소했다. 마야 제국이 붕괴한 이유를 설명하기 위해 몇 가지 그럴듯한 이론들이 제시되었다.

첫 번째는 농민 반란 형태의 사회적 혼란이 마야 사회의 몰락을 초래했다는 것이다. 이는 농민들이 마야 도시에서 발견된 거대한 석탑과 건물을 세우기 위해 육체적으로 힘든 노동을 수행하도록 강요당했다는 사실에 의해 뒷받침된다. 또한 일부 사원과 왕좌들이 마야의 쇠퇴가 시작된 즈음에 파괴되었다는 증거가 있는데, 이는 종교적, 정치적 지도층에 대항하는 격렬한 폭동이 일어났다는 것을 시사한다.

또 다른 설명은 많은 마야 도시들이 그 지역의 무역로의 갑작스러운 변화로 인해 버려졌다는 것이다. 이 이론의 지지자들은 마야가 지배했던 영토의 많은 구역을 위한 무역 중심지로서의 역할을 했던 테오티와칸의 멸망을 증거로 제시한다. 그곳의 멸망 이후에, 무역을 위해 그곳에 의존했던 도심지들의 경제는 엄청난 충격을 받았다. 주민들은 수많은 생필품과 식량을 살 수 없었고, 이는 그들이 다른 지역으로 이주하게 했다.

몇몇 전문가들은 마야의 붕괴가 진염병의 결과였다는 이론을 세우기도 했다. 마야인들이 거주했던 지역의 열대 기후는 질병을 일으키는 기생충의 성장에 이상적이었다. 마야의 도심지에 인구가 밀집함에 따라, 황열병과 말라리아와 같은 질병들이 초기 발생 이후 매우 빠르게 퍼졌고 많은 죽음을 야기했다.

---

empire[émpaiər] 제국 **consist of** ~ ~으로 구성되다 **urban center** 도심지 abandon[əbǽndən] 버리다
collapse[kəlǽps] 붕괴하다 turmoil[tə́:rmɔil] 혼란 peasant[péznt] 농민, 소작농 revolt[rivóult] 반란
breakdown[bréikdàun] 몰락 demanding[dimǽndiŋ] 힘든 throne[θroun] 왕좌 uprising[ʌ́pràiziŋ] 폭동
authority[əθɔ́:rəti] 지도층 **trade route** 무역로 proponent[prəpóunənt] 지지자 devastate[dévəstèit] 엄청난 충격을 주다
relocate[rì:loukéit] 이주하다 epidemic[èpədémik] 전염병 parasite[pǽrəsàit] 기생충 initial[iníʃəl] 초기의
outbreak[áutbrèik] 발생

강의 해석

우리는 이제 몇 주간을 마야 제국에 대해 논의하며 보냈어요. 이토록 강력하고 번영했던 제국이, 어, 붕괴한 이유에 대해 몇 가지 의견들이 펼쳐졌습니다. 하지만, 유감스러운 사실은 고고학자들이 무슨 일이 있었는지를 밝혀내는 데 그다지 성공적이지 못했다는 거예요. 마야의 도시 국가가 혁명의 결과로 버려졌을 가능성은 전혀 없어 보여요. 가장 명백한 문제는 마야인들이 중요한 사건들을 기록하기 위해 정교한 문자 체계를 사용했음에도 불구하고, 그러한 반란에 대한 아무런 기록도 없다는 것입니다. 게다가, 마야 제국은, 음, 분권화되어 있었는데, 이는 각 개별 도시 국가마다 개별적인 정부와 지도자가 있었다는 것을 의미하죠. 한 도시에서의 반란이 다른 도시들로 퍼져나가지는 않았을 거예요.

자, 마야의 붕괴가 테오티와칸의 멸망 이후 재조직된 무역로의 결과였다는 의견은 역사 기록과 일치하지 않습니다. 테오티와칸이 한때 주요 도심지이기는 했지만, 그곳의 규모와 인구수는 6세기에 크게 감소했는데, 이는 그곳의 경제적 중요성을 축소시켰죠. 즉, 테오티와칸은 12세기 마야 제국의 붕괴보다 몇백 년 전에 더 이상 무역 중심지가 아니었다는 것입니다.

질병이 마야 제국 멸망의 원인이었다는 주장을 뒷받침할 증거 또한 존재하지 않습니다. 사실, 황열병과 말라리아와 같은 질병은 16세기에 스페인 사람들에 의해 중앙아메리카로 유입되었으므로, 마야인들이 그 전에 질병에 노출되었을 수는 없죠. 게다가, 고고학자들은 마야의 붕괴 시기에 속하는 집단 무덤이나 많은 사람들이 전염병으로 인해 단기간에 사망했다는 다른 조짐을 찾지 못했습니다.

---

prosperous[prɑ́:spərəs] 번영한 **city-state**[sítistèit] 도시 국가 sophisticated[səfístəkèitid] 정교한
decentralize[di:séntrəlàiz] 분권화하다 ruler[rú:lər] 지도자 reorganize[rì:ɔ́:rgənaiz] 재조직하다
be exposed to ~ ~에 노출되다 **mass grave** 집단 무덤, 공동묘지 indication[ìndikéiʃən] 조짐, 암시

문제

방금 들은 강의의 논점들을 요약하되, 이 논점들이 읽기 지문의 구체적 논점들을 어떻게 반박하고 있는지 설명하시오.

노트 해석

읽기 노트

마야 제국의 붕괴에 대한 이론들

1. 사회적 혼란
   - 농민들은 육체적 노동을 강요당함
   - 사원과 왕좌가 파괴된 것은 지도층에 대항하는 폭동을 시사함
2. 무역로의 변화
   - 무역 중심지로서의 테오티와칸의 멸망
   - 경제가 엄청난 충격을 받아서 주민들이 이주함
3. 전염병
   - 열대 기후는 기생충에 이상적이어서 질병을 일으킴
   - 인구가 밀집해서 질병이 빠르게 퍼짐

듣기 노트

고고학자들은 무슨 일이 있었는지 밝혀내지 못함

1. 혁명의 결과일 가능성 없음
   - 정교한 문자 체계에도 불구하고 기록 없음
   - 분권화되어 있어서 한 도시의 반란이 퍼져나가지 않았음
2. 재조직된 무역로의 결과였다는 것은 역사 기록과 불일치함
   - 테오티와칸은 6세기에 쇠퇴해서 경제적 중요성이 축소됨
   - 12세기 마야의 붕괴 전에 무역 중심지가 아니었음
3. 질병이 원인이었다는 증거 없음
   - 황열병과 말라리아는 16세기에 스페인 사람들에 의해 유입됨
   - 집단 무덤이나 다른 조짐을 찾지 못함

요약문 해석

강의자는 고고학자들이 마야 붕괴의 원인을 밝혀낼 수 없었다고 주장한다. 이는 마야 제국의 멸망을 설명하기 위한 그럴듯한 이론들이 있다는 읽기 지문의 주장을 반박한다.

첫째로, 강의자는 마야 도시들이 혁명의 결과로 버려졌을 가능성이 없다고 주장한다. 마야가 정교한 문자 체계를 사용했음에도 불구하고, 반란에 대한 어떠한 기록도 없다. 또한, 마야 제국은 분권화되어 있어서, 한 도시의 반란이 다른 도시들로 퍼져나가지는 않았을 것이다. 이는 사회적 무질서가 마야 사회의 몰락을 초래했다는 읽기 지문의 주장에 의구심을 제기한다.

다음으로, 강의자는 무역로의 재조직에서 기인한 붕괴는 역사적 설명과 일치하지 않는다고 주장한다. 테오티와칸은 6세기에 쇠퇴했는데, 이는 그곳의 경제적 중요성을 축소시켰다. 바꾸어 말하면, 그것은 12세기 마야의 붕괴보다 수년 전에 더 이상 무역 중심지가 아니었다. 이는 무역로가 변한 것이 마야인이 도시를 떠나게 만들었다는 읽기 지문의 주장에 반대한다.

마지막으로, 강의자는 질병이 마야 붕괴의 원인이었다는 증거가 없다는 것을 지적한다. 황열병과 말라리아는 16세기에 스페인 사람들에 의해 중앙아메리카로 유입되었다. 또한, 집단 무덤이나 많은 사람들이 단기간에 사망했다는 다른 조짐이 발견되지 않았다. 이는 질병의 발생이 마야 제국 멸망의 원인이었다는 읽기 지문의 주장을 반박한다.

다음 지문을 읽고 강의를 들은 후, 주어진 빈칸을 채워 노트와 요약문을 완성하시오.

01

인류학

The Etruscan civilization thrived in northern Italy between 700 and 300 BC. Although a few different regions have been identified as the original homeland of this people, there is a growing consensus that the Etruscans migrated from Turkey.

Most importantly, DNA evidence shows that the Etruscans have Turkish roots. In 2004, Italian researchers analyzed dozens of remains found in Etruscan gravesites. The scientists ran tests on a specific type of DNA from the remains and found genetic markers linking the Etruscans to the ancient Turks.

The language used by the Etruscans also indicates that they came from Turkey. By studying Etruscan inscriptions and bilingual texts, linguists found some similarities between Etruscan and Turkish, and concluded that the Etruscan alphabet is Turkish in origin. Furthermore, comparative analyses have shown that Etruscan is very different from the Indo-European languages that were spoken nearby, like Greek or Latin.

A final link between the Turks and the Etruscans is found in shared funerary practices. The Etruscans cremated their dead and stored the ashes in elaborate urns, which is a characteristic that they shared with the Turks. However, no other groups living in northern Italy at the time are known to have practiced cremation.

Listen to the lecture. Track 33

Note-taking

읽기 노트

- Etruscans from Turkey

    1. _____

        - analyzed remains in Etr. gravesites

        - found genetic markers linking to ancient Turks

    2. _____

        - alphabet: Turkish in origin

        - diff. from Indo-Eur. languages nearby

    3. _____

        - cremated & stored ashes in urns: shared w/ Turks

        - X other groups practiced cremation

듣기 노트

- Etr. from Turkey: doubtful

    1. _____

        - DNA from 1,000s years ago → damaged

        - ppl. contact → DNA contaminated

    2. _____

        - similar. b/w alphabet: X conclusive link to Turkish

        - possib. that only surviving of language family

    3. _____

        - cremation in n. Italy before Etr.

        - Etr.: successors to traditions

Summary ✏️

단락 1 쓰기

듣기 도입

① _____ it is doubtful that the Etruscans came from

Turkey.

읽기 주제

This contradicts the reading passage's claim that the Etruscans had Turkish

origins.

단락 2 쓰기

듣기 반론 1

② _____, the lecturer contends that a study that relies upon ancient DNA

is hard to believe. The DNA was from thousands of years ago, which means that

it has almost certainly degraded. Also, given that lots of people may have had

contact with the DNA, it has probably been contaminated.

읽기 근거 1

③ _____ DNA proves

that Etruscans came from Turkey.

듣기 반론 2

④ _____, the lecturer claims that it is unproven that the Etruscan language is related to Turkish languages. The similarities between the alphabets do not mean that Etruscan is related to Turkish languages. Actually, it could be the only language that has survived from its language family.

읽기 근거 2

⑤ _____ the Etruscan language is evidence that the Etruscans migrated from Turkey.

단락 4 쓰기

듣기 반론 3

⑥ _____, the lecturer asserts that there is no reason to assume a connection between the funerary practices of Etruscans and of ancient Turks. It has been found that cremation was performed in northern Italy before the Etruscans lived. This indicates that the Etruscans were successors to these traditions.

읽기 근거 3

⑦ _____ a link between Etruscans and ancient Turks is proven by similar funerary methods.

모범 답안·스크립트·해석 p.392

02

천문학

For hundreds of years, astronomers observing the planet Venus have detected a faint, intermittent glow. The origin of this glow, known as the ashen light of Venus, has attracted much scientific interest since its discovery, and many possible sources have been identified.

The ashen light could be the result of a chemical process in Venus's atmosphere. According to this hypothesis, as atmospheric carbon dioxide is heated by solar radiation, it splits into carbon monoxide and oxygen. These are then transported by wind to the dark side of the planet, where they cool and recombine to form carbon dioxide. Light is produced when this recombination takes place.

Another possibility is that the glow is sunlight reflected off clouds. Venus is completely covered by a dense layer of clouds containing droplets of liquid sulfuric acid that are highly reflective. Accordingly, the ashen light could simply be sunlight that is reflected back into space by the clouds of Venus.

The last theory holds that the glow is aurorae, which are natural light displays that occur when plasma from the Sun enters a planet's atmosphere. Plasma contains particles that collide with atoms in the atmosphere. The energy produced by these collisions takes the form of visible light, so they may be the cause of the ashen light observed on Venus.

Listen to the lecture. **Track 34**

Note-taking

읽기 노트

- ashen light: sources
  1. _____
     - CO_2 heated → splits
     - then cool & recombine → light
  2. _____
     - Venus: covered by clouds reflective
     - sunlight reflected back into space
  3. _____
     - plasma from Sun enters atmosph.
     - collide w/ atoms → light

듣기 노트

- scenarios: still mystery
  1. _____
     - light faint → only observed using powerful telescope
     - ashen light seen using simple telescopes
  2. _____
     - light occurs rarely, yet constant sunlight
     - ↑ often if sunlight were source
  3. _____
     - plasma only enter by magnetic field
     - Venus X have one → X way aurorae occur

Summary ✎

단락 1 쓰기

듣기 도입

The lecturer argues that the scenarios proposed to explain the ashen light of Venus ① _____.

읽기 주제

This contradicts the reading passage's claim that some plausible causes have been found.

단락 2 쓰기

듣기 반론 1

② _____, the lecturer contends that it is impossible that a chemical process is responsible for the ashen light. The light produced in this way would be so faint that it could only be observed with powerful telescopes. However, the ashen light was seen using simple telescopes.

읽기 근거 1

This casts doubt on the reading passage's claim that a chemical process causes this phenomenon.

단락 3 쓰기

듣기 반론 2

③ _____

the ashen light is sunlight reflected off the clouds of Venus. This is because the ashen light happens very rarely, yet there is constant sunlight on Venus. The ashen light would be detected more often if the source were sunlight.

읽기 근거 2

④ _____

the ashen light is reflected sunlight.

단락 4 쓰기

듣기 반론 3

Finally, the lecturer points out that ⑤ _____ .
Plasma only enters an atmosphere when it is drawn in by a magnetic field. However, as Venus does not have one, there is no way that aurorae can occur on Venus.

읽기 근거 3

⑥ _____

the glow observed on Venus may be aurorae.

모범 답안·스크립트·해석 p.395

The Everglades is an extensive area of subtropical wetlands located in southern Florida. Its rivers, marshes, and lakes are home to an extraordinary variety of flora and fauna. However, this unique ecosystem and its wild inhabitants are being destroyed permanently due to environmental problems.

The first problem is water pollution from nearby agricultural facilities, particularly the numerous sugarcane farms in the region. Chemicals from fertilizers seep into the water, resulting in the growth of algae. This causes the amount of oxygen in the water to decline, and low oxygen levels destroy wetland ecosystems and the organisms they support.

Soil is also being lost at an alarming rate. The US government drained vast areas of the Everglades in the 19th century, exposing the rich, organic soil to the air. This made the soil dry and left it vulnerable to wind erosion. Geographers estimated that approximately six feet of topsoil has blown away since 1900; they predict that all of the fertile soil in the region could vanish within the next 25 years. This would leave nothing but bare, exposed rock, making it impossible for plants to grow.

Human development in the Everglades is another problem, as it threatens wildlife. Construction of farms and houses during the last century has reduced the region to half of its original size, and it has deprived several animal species of their habitats. The most obvious example is the Florida panther. Fewer than 100 panthers remain in the Everglades, and the species is expected to disappear completely in the near future.

Listen to the lecture. **Track 35**

Note-taking

- Everglades: destroyed due to environ. prob.

  1. water pollution from agric. facilities

     - _____

     - _____

  2. soil lost at alarming rate

     - _____

     - _____

  3. human develop. threatens wildlife

     - _____

     - _____

듣기 노트

- Everglades: still hope

  1. water pollution from chem. ↓

     - _____

     - farmers switch to fertilizers that X contain hazard.

  2. soil loss: being remedied

     - begun restoring & results promising

     - _____

  3. restore developed areas → ↓ species extinct

     - 700km² convert to marshland

     - _____

Summary ✎

단락 1 쓰기

듣기 도입

① _____ .

읽기 주제

This contradicts the reading passage's claim that environmental problems will make the Everglades disappear.

단락 2 쓰기

듣기 반론 1

② _____

_____ .

This is because new government regulations restrict the amount of harmful chemicals going into the wetlands. Due to the new rules, farmers are forced to switch to less harmful fertilizers.

읽기 근거 1

③ _____

_____ .

단락 3 쓰기

듣기 반론 2

④ _____.

Local people have started restoring the soil, and the results are promising. Also, reintroducing water and native plants will eventually return the soil to its original condition.

읽기 근거 2

This counters the reading passage's claim that the soil is disappearing very quickly.

단락 4 쓰기

듣기 반론 3

⑤ _____

_____.

The government is going to convert a 700-square-kilometer sugar plantation within the Everglades into wild marshland. This will expand the habitats of species, giving it a higher chance of survival.

읽기 근거 3

⑥ _____

_____.

모범 답안·스크립트·해석 p.397

04 Lambeosaurus was an herbivorous duck-billed dinosaur that had an axe-shaped crest on the top of its head. Recent research has shed some light on the roles that this distinctive physical feature may have played.

The crests may have been used to attract mates. Many of the fossils showed that the crests grew and changed according to sex and age, so they would have been an ideal means for the dinosaurs to be noticed by potential mates. In particular, the crests could have helped male dinosaurs attract females, as females may have preferred mates with large crests.

Another explanation is that the crests were used for combat. The large protrusions may have served as protective helmets that helped Lambeosaurus defend itself from large predators. Furthermore, many dinosaurs fought head-to-head. Lambeosaurus may have also used its crest as a weapon to strike other members of its species, similar to the way Triceratops used its horns to spar with each other.

A third possible use of the crests was to supply air while Lambeosaurus held its head underwater to eat. It is believed that Lambeosaurus may have spent a significant amount of time with its head submerged in order to eat aquatic plants. Since the crests were hollow and contained passages that connected to the airways and lungs, they could have been used to store air and provide it when necessary. This would have allowed the creatures to keep their heads underwater for lengthy periods of time.

Listen to the lecture. Track 36

Note-taking

- Lambeo. crest: roles

  1. _____

     - _____

     - _____

  2. for combat

     - served as helmets helped defend

     - used as weapon to strike

  3. to supply air while eat aquatic plants

     - contained passages → store & provide air

     - allowed to keep heads underwater for lengthy time

듣기 노트

- functions: X match w/ what we know

  1. _____

     - _____

     - _____

  2. combat: ↓ likely

     - fossils: extended backwards, would forward if for fighting

     - hollow → fragile for defend/attack

  3. X provide air while ate underwater

     - Lambeo. massive → need lot of O_2

     - crests: small → X enough air

Summary ✎

단락 1 쓰기

듣기 도입

① _____

_____ .

읽기 주제

This contradicts the reading passage's claim that possible uses have been identified.

단락 2 쓰기

듣기 반론 1

② _____

_____ . Most reptiles rely on behavior and sounds rather than appearance for obtaining a mate. For instance, crocodiles raise their heads and make noises. As a result, experts think that Lambeosaurus used similar techniques.

읽기 근거 1

This casts doubt on the reading passage's claim that ③ _____

_____ .

단락 3 쓰기

듣기 반론 2

Next, the lecturer points out that ④ _____

_____ .

Fossil evidence shows that they pointed backward instead of forward, so they were not useful in fights. They were also hollow, which means that they were too fragile to use for defending or attacking.

읽기 근거 2

⑤ _____ the crests may

have been used in fights.

단락 4 쓰기

듣기 반론 3

⑥ _____

_____ .

Lambeosaurus was big and it needed a lot of air. However, the crests were small, so they could not have stored enough air.

읽기 근거 3

This refutes the reading passage's claim that ⑦ _____

_____ .

모범 답안·스크립트·해석 p.400

05

사회

The government levies a special tax on tobacco products sold in the country. Some people believe that this tax is already too high, but there are actually several advantages to increasing it.

Raising the tax on cigarettes makes it less likely that young people will start smoking. A recent study found that a 10 percent increase in cigarette prices will result in a 6 percent decline in the number of people aged 12 to 24 who start smoking. This is because youth typically have less spending money than adults, so they will be unable to afford the higher price of cigarettes.

Next, increasing the tax will make it possible to repair damage inflicted on the environment by the cultivation of tobacco. In order to grow tobacco, thousands of acres of forests are destroyed and converted into farmland each year. What's more, tobacco crops are routinely sprayed with dangerous chemicals, which leach into the soil and pollute water systems. A higher tax will provide more money to combat these environmental problems by planting new forests and removing harmful chemicals from the ground. This will help reverse the environmental harm caused by tobacco farms.

Lastly, the revenue raised by a higher cigarette tax can be used to reduce poverty. Increasing the tax on cigarettes will result in higher revenue for the government. This means that it will have enough funds to support social welfare programs, which can help poor people by providing them with financial assistance such as unemployment and welfare benefits.

Listen to the lecture. **Track 37**

Note-taking

읽기 노트

- ↑ tax on tobacco: adv.

  1. _____
     - _____
     - _____

  2. _____
     - _____
     - _____

  3. revenue used to ↓ poverty
     - ↑ tax → ↑ revenue for govern.
     - help poor by providing financial assis.

듣기 노트

- ↑ tax: ineffec.

  1. X deterrent to young smokers
     - study: teenagers buy from black market
     - smugglers sell cheaply & X check ID → underage easily buy

  2. _____
     - _____
     - _____

  3. _____
     - _____
     - _____

Summary ✏️

단락 1 쓰기

듣기 도입

The lecturer argues that an increased tax on tobacco will be ineffective.

읽기 주제

① _____

_____ .

단락 2 쓰기

듣기 반론 1

② _____

_____ .

A study shows that when taxes on cigarettes increase, teenagers buy them from the black market. Smugglers sell cigarettes cheaply and never check the buyers' ID, which means that people who are underage can buy them easily.

읽기 근거 1

③ _____

_____ .

단락 3 쓰기

듣기 반론 2

④ _____ .

This is because a higher tax will probably not provide additional revenue for restoring the environment. If the price of cigarettes increases, sales of cigarettes will decrease, and overall tax revenue will decline.

읽기 근거 2

⑤ _____
_____ .

단락 4 쓰기

듣기 반론 3

⑥ _____ .

The tobacco industry creates many jobs, and these would be lost if the cigarette tax were raised. As a result, poverty would increase.

읽기 근거 3

⑦ _____
_____ .

모범 답안·스크립트·해석 p.403

06

지구과학

Lasting from the early 1300s until the late 1800s, the Little Ice Age was a period of decreased global temperatures. The Little Ice Age has been a topic of great interest for climatologists, and they have suggested a few credible theories regarding its cause.

Some scientists argue that the Little Ice Age was triggered by diminished solar radiation reaching the planet. The Little Ice Age was marked by a decrease in the number of observable sunspots, which are dark shapes that sometimes appear on the surface of the Sun. The prevalence of sunspots is dependent on the amount of energy being emitted by the Sun. Therefore, the dearth of spots during the Little Ice Age indicated a reduced level of solar activity, meaning that less solar radiation was reaching the Earth. As a result, the Earth became cooler.

Others contend that a massive volcanic eruption brought about the Little Ice Age. Historical records indicate that Mount Rinjani, an Indonesian volcano, erupted in the late 13th century. It is believed to be the largest volcanic eruption in recorded history, and it would have sent a thick plume of dust and ash into the atmosphere. This, in turn, reduced the amount of solar radiation that reached the planet, lowering temperatures.

And finally, researchers have suggested that the global cooling may have occurred due to an increase in the Earth's reflectivity. Several particularly cold winters in the early 14th century increased the amount of glaciers and snow cover on the planet's surface. Since ice and snow reflect up to 90 percent of sunlight it receives, less energy from the Sun was retained and temperatures dropped, resulting in the Little Ice Age.

Listen to the lecture. **Track 38**

Note-taking

읽기 노트

- cause of LIA: theories
  1. _____
     - _____
     - _____
  2. _____
     - _____
     - _____
  3. _____
     - _____
     - _____

듣기 노트

- X certainty what triggered
  1. _____
     - _____
     - _____
  2. _____
     - _____
     - _____
  3. _____
     - _____
     - _____

Summary ✏️

단락 1 쓰기

듣기 도입

The lecturer argues that scientists do not know what started the little Ice Age.

읽기 주제

① _____

_____ .

단락 2 쓰기

듣기 반론 1

② _____

_____ .

During a recent period of reduced sunspot activity, the amount of solar energy did not decline. This means that solar radiation is not related to the number of sunspots.

읽기 근거 1

③ _____

_____ .

단락 3 쓰기

듣기 반론 2

④ _____ .

The ash and dust would have cleared after a short period of time. Therefore, the cooling effect would not have lasted for centuries, but the Little Ice Age lasted for over five hundred years.

읽기 근거 2

⑤ _____

_____ .

단락 4 쓰기

듣기 반론 3

⑥ _____

_____ .

Snow and ice are not the only causes of reflectivity, as clouds also reflect the Sun's energy. The Earth had less cloud cover during this period because of the cooling of the oceans, so the Earth's overall reflectivity would not have risen.

읽기 근거 3

⑦ _____

_____ .

모범 답안·스크립트·해석 p.406

HACKERS **TEST**

다음 지문을 읽고 강의를 들은 후, 주어진 빈칸을 채워 노트와 요약문을 완성하시오.

01

과학기술

The use of conventional polygraphs to determine whether a person is lying is controversial because of doubts about their effectiveness. Recent research suggests that a brain scan lie detector, a new form of polygraph that measures neural activity in the brain, is more accurate.

When a brain scan lie detector is used, true statements are not misidentified as lies. Conventional polygraph tests are based on the premise that a person becomes anxious when telling a lie. Therefore, the stress of being interrogated is often misinterpreted as dishonesty. In contrast, a brain scan detects increased activity in the parts of the brain known to be used when a person lies. This type of indicator is not affected by a subject's level of anxiety.

Another factor is that results are interpreted in an objective manner. When a traditional polygraph test is conducted, an expert must use his or her judgment to analyze the responses, a process that often results in mistakes. However, a brain scan produces actual images of the specific parts of the brain that are associated with lying, so there is no need for a subjective analysis.

Brain scans also make it much more difficult for a subject to intentionally trick the test. Meditation techniques or sedative drugs can be used during a conventional polygraph test to disguise the physical responses to lying, such as increased heart and breathing rates. However, these countermeasures do not affect a person's brain activity, so they are ineffective during a brain scan polygraph test.

Listen to the lecture. 🎧 **Track 39**

Note-taking

읽기 노트

- brain scan lie detector: ↑ accurate
  1. true X misidentified as lies
     - _____
     - _____
  2. interp. in obj. manner
     - _____
     - _____
  3. diffic. to trick
     - _____
     - _____

듣기 노트

- X better than convent.
  1. true mistakenly classified as dishonest
     - _____
     - _____
  2. interp. in obj. way: false
     - _____
     - _____
  3. easier to fool
     - _____
     - _____

Summary ✏️

단락 1 쓰기

듣기 도입

The lecturer argues that brain scan polygraphs are not more effective at detecting lies.

읽기 주제

① _____

_____ .

단락 2 쓰기

듣기 반론 1

② _____

_____ .

The reason is that withholding information activates the same areas of the brain as lying. People often suppress information, producing results that indicate dishonesty.

읽기 근거 1

③ _____

_____ .

단락 3 쓰기

듣기 반론 2

Next, the lecturer points out that brain scan results are not interpreted in an objective way. ④ _____ _____.

We still need to subjectively interpret the results, and this increases errors.

읽기 근거 2

This counters the reading passage's claim that a brain scan polygraph is advantageous because the results can be analyzed in an unbiased way.

단락 4 쓰기

듣기 반론 3

Finally, the lecturer asserts that it may be easier to fool a brain scan polygraph. Performing a complex mental process causes overall brain activity to increase, which masks a lie. ⑤ _____ _____.

읽기 근거 3

⑥ _____ _____.

모범 답안·스크립트·해석 p.409

02 Prior to European colonization in the 1600s and 1700s, more than 30 million people lived in South America. Some historians speculate that many of them inhabited the Amazon rain forest and formed a huge, highly developed society there. However, the available evidence shows that it is extremely doubtful that the Amazon has ever supported a large, advanced civilization.

First of all, the dense jungle of the Amazon rain forest prevented the formation of a vast civilization. Because of the high concentration of vegetation, it was too difficult for people to move around in the rain forest. As a result, communication between population groups was limited, so the cooperative effort that is required to build a large organized society was impossible.

Furthermore, the artifacts that have been discovered in the Amazon lack sophistication. Archaeologists have uncovered few ancient tools in the region, and those that have been found are very simple items, such as axes, knives, and arrow heads. These basic implements did not require a high level of technology to produce, but instead were made simply by striking one stone with another to achieve the desired shape. The primitive state of their toolmaking indicates that ancient inhabitants of the Amazon did not constitute an advanced society.

As well, European expeditions into the Amazon rain forest proved that no large civilization existed there. The European explorers searched diligently for an advanced society, but after thorough searches they found nothing more than scattered tribes in rudimentary settlements. The small size of these communities made it clear that they were not part of a large civilization.

Listen to the lecture. Track 40

Note-taking

읽기 노트

> - Amazon supported civiliz.: doubtful
>   1. _____
>   - diffic. to move around → commun. limited
>   - cooperative effort impossib.
>   2. _____
>   - tools: X req. high tech.
>   - primi. toolmaking
>   3. _____
>   - found scattered tribes in rudiment. settlements
>   - small size communities

듣기 노트

> - evid.: Amazon support civiliz.
>   1. _____
>   - satellite: roads & canals connected towns & vil.
>   - proves ppl. work together
>   2. _____
>   - abundance of advan. pottery
>   - Marajó Isl.: ceramic urns, vases & bowls
>   3. _____
>   - Amazon: > 5 million km² → much remains unexplored
>   - jungle obscure entire cities

Summary ✏️

단락 1 쓰기

듣기 도입

The lecturer argues that there is evidence that the Amazon supported a large civilization.

읽기 주제

① _____

_____.

단락 2 쓰기

듣기 반론 1

First, ② _____

_____.

③ _____

_____.

④ _____

_____.

읽기 근거 1

This casts doubt on the reading passage's claim that a civilization could not be formed because of the dense jungle.

단락 3 쓰기

듣기 반론 2

Next, ⑤ _____

_____.

⑥ _____

_____.

For instance, ⑦ _____

_____.

읽기 근거 2

This counters the reading passage's claim that ancient items found in the Amazon are not sophisticated.

단락 4 쓰기

듣기 반론 3

Finally, ⑧ _____

_____.

⑨ _____

_____.

⑩ _____.

읽기 근거 3

This refutes the reading passage's claim that European expeditions showed that there was no large society in the Amazon.

모범 답안·스크립트·해석 p.412

03 Coal is the most plentiful and easily accessible form of fossil fuel on the planet. It has been an important source of energy for hundreds of years, and it will continue to be used in the future because of its merits.

Perhaps the most important benefit of coal is that it is easy to mine. It is commonly located close to the earth's surface, so miners do not need to dig tunnels to reach a deposit—instead, they simply remove the layers of soil and rock that cover the coal. This method of extraction, known as strip mining, enables a mining company to save both time and effort because it allows for up to 90 percent of coal in a deposit to be extracted without the need for specialized equipment to burrow deep into the earth.

Another reason to continue using coal is that it is cheap to transport. Other types of fuels, such as oil, natural gas, and hydrogen, are transported by means of dangerous, high-pressure pipelines. Therefore, the constant danger of explosions or leaks is existent, and it means that a lot of money must be spent on safety measures to reduce the risk of accidents. However, coal is commonly shipped in its solid form, with little chance of mishap. Thus, the cost of ensuring safe transportation of coal is very low when compared to other fuels.

Lastly, the coal industry is a major employer that creates more jobs for workers. Mining operations in the US employ thousands of workers in the extraction and processing of coal, as well as related jobs such as the maintenance of coal facilities. Given that the country's energy requirements will continue to increase, the coal industry will expand and hire even more workers in the future.

Listen to the lecture. **Track 41**

Note-taking

읽기 노트

- coal: continue to be used b/c merits
  1. _____
     - _____
     - _____
  2. _____
     - _____
     - _____
  3. _____
     - _____
     - _____

듣기 노트

- X will be used for much longer
  1. _____
     - _____
     - _____
  2. _____
     - _____
     - _____
  3. _____
     - _____
     - _____

Summary ✏️

단락 1 쓰기

듣기 도입

The lecturer argues that coal will probably not serve as an energy source for very long.

읽기 주제

① _____

_____ .

단락 2 쓰기

듣기 반론 1

First, ② _____ .

Coal located near the surface is nearly exhausted, so miners must burrow deep.

③ _____ .

읽기 근거 1

④ _____

_____ .

단락 3 쓰기

듣기 반론 2

⑤ _____ .

The problem is that coal is heavy and bulky, which means that the amount that can be carried in each load is limited. So, a high number of trips must be made to transport this fuel. The result is that coal is more expensive to ship than other fuels.

읽기 근거 2

⑥ _____

_____ .

단락 4 쓰기

듣기 반론 3

⑦ _____

_____ .

Mining companies have been developing labor-saving technology. Because the equipment and machinery used in coal mining and processing have improved, not many workers are required.

읽기 근거 3

⑧ _____

_____ .

모범 답안·스크립트·해석 p.415

04

생물

Antlers are large, horn-like bone growths that extend from the heads of most male deer once they reach maturity. In recent years, the functions of this appendage have been determined.

Antlers play a major role in attracting mates. During the annual mating season, male deer use their antlers to establish dominance in competition for mates. Rival deer run at each other and lock antlers, and after a struggle usually lasting only a few minutes, the weaker deer retreats. The winner of the physical confrontation is much more likely to attract a female. Also, studies have shown that even when these fights do not occur, female deer have a clear preference for males with large antlers.

Next, deer use their antlers to mark the territory that they control. They have often been observed rubbing their antlers against small trees, peeling away the bark and creating scrape marks. This may be done in habitats with abundant food, such as wooded areas near farmland, as well as in locations where the deer sleep. The markings could serve as visual warnings to other males, which would discourage a deer from intruding upon another's territory.

Antlers also allow deer to defend themselves against predators. Deer are in constant danger of being attacked and killed by large predators, such as wolves. When a predator approaches, deer sweep their antlers back and forth in order to drive off the attacker. Furthermore, deer are known to lower their heads when attacked, as this positions the antlers to effectively protect the deer's head and neck.

Listen to the lecture. **Track 42**

Note-taking

읽기 노트

- antlers: functions
    1. _____
        - _____
        - _____
    2. _____
        - _____
        - _____
    3. _____
        - _____
        - _____

듣기 노트

- X figure out what used for
    1. _____
        - _____
        - _____
    2. _____
        - _____
        - _____
    3. _____
        - _____
        - _____

Summary 🖋

단락 1 쓰기

듣기 도입

The lecturer argues that ① _____ .

읽기 주제

② _____

_____ .

단락 2 쓰기

듣기 반론 1

First, the lecturer contends that antlers are not a key factor in attracting a mate.

③ _____

_____ .

④ _____

_____ .

읽기 근거 1

⑤ _____

_____ .

단락 3 쓰기

듣기 반론 2

Next, the lecturer maintains that antlers are not used to mark territory. Instead, deer mark territory with scents that can be detected easily by other deer.

⑥ _____

_____.

읽기 근거 2

⑦ _____

_____.

단락 4 쓰기

듣기 반론 3

Finally, the lecturer claims that antlers do not have a defensive function.

⑧ _____

_____.

⑨ _____

_____.

읽기 근거 3

⑩ _____

_____.

모범 답안·스크립트·해석 p.417

POWER TEST 1

Since the early 20th century, the US government has made special payments to farmers based on the amount of food crops they produce, with greater output resulting in higher payments. Because these disbursements, referred to as agricultural subsidies, offer several benefits, the government should continue to provide them to farmers.

An important thing is that they stabilize the food supply. Agriculture is heavily dependent on the weather, as floods and droughts can greatly reduce crop yields. Agricultural subsidies address this problem by encouraging farmers nationwide to grow additional crops to make up for any regional losses. This ensures that the country will have a steady and sufficient supply of food regardless of weather conditions.

Economic assistance for farmers also significantly lowers the price of food. Since much of the costs associated with farming are offset by the subsidies, agriculturists are able to sell their harvests at a lower price while still remaining profitable. Without this system in place, food prices in general would rise, forcing consumers to spend a higher portion of their incomes on groceries. Providing agricultural subsidies to farmers makes food products remain affordable.

Finally, subsidies promote economic health in rural communities. Poverty is a major problem in these areas because there are very few jobs available to residents. The subsidies reduce poverty because they encourage farmers to increase the amount of land under cultivation, which necessitates the hiring of many more workers. The greater number of employment opportunities means that more rural residents will be able to find jobs, alleviating their financial hardship and spurring the economic growth of the region.

Now listen to part of a lecture on the topic you just read about.   **Track 43**

Question Summarize the points made in the lecture, being sure to explain how they oppose the specific points made in the reading passage.

모범 답안·스크립트·해석 p.420

Directions You have 20 minutes to plan and write your response. Your response will be judged on the basis of the quality of your writing and on how well your response presents the points in the lecture and the relationship to the reading passage. Typically, an effective response will be 150 to 225 words.

In the summer of 2001, the Indian state of Kerala experienced a rare weather phenomenon known as red rain. Reddish-brown rain sporadically fell throughout the region, and this bizarre weather caused much concern among local residents who believed it had a supernatural origin. However, there are rational explanations for this event.

The first convincing explanation for this event is that the red rain contained the blood of bats. India is home to many species of bat that migrate in massive groups. Some scientists believe that a sizable flock of migrating bats was destroyed by a thunderstorm or meteor burst, resulting in a large amount of bat blood being dispersed through the atmosphere. An analysis of rain samples provided additional support for this theory, as it indicated the presence of cells that contain bat DNA.

A second credible theory is that the red rain resulted from a volcanic eruption in the Philippines. In June and July of 2001, Mount Mayon erupted, shooting massive clouds of acidic dust into the atmosphere that was carried toward Kerala by the prevailing winds. As the dust mixed and fell with rain, the low pH of the mixture caused it to appear red.

Another possibility is that chemical pollution released from local factories caused the red rain phenomenon. In particular, factory chimneys without filters could be responsible, as they emit industrial chemicals directly into the clouds. When some of these pollutants combine with moisture in the atmosphere, they turn red. This could easily have created the red rain in Kerala.

Now listen to part of a lecture on the topic you just read about. Track 44

Question Summarize the points made in the lecture, being sure to explain how they oppose the specific points made in the reading passage.

모범 답안·스크립트·해석 p.423

무료 토플자료 · 유학정보 제공
goHackers.com

ACADEMIC DISCUSSION SECTION

INTRO

Overview

통합형 문제(Integrated Task)가 끝나면, 학술적인 토론 주제에 대한 의견을 글로 표현하는 토론형 문제 (Academic Discussion Task)가 이어진다. 주어진 내용을 정리해서 요약문을 작성하는 통합형과 달리, 토론형에서는 자신의 의견을 명확히 밝히고 이러한 의견을 가지는 이유를 논리적으로 제시하는 답안을 작성해야 한다.

시험 진행 방식

Direction

- 토론형 문제에 대한 개략적인 설명

쓰기

- 화면에 온라인 강의 게시판 제시
  - 교수: 토론 주제에 대한 배경 설명 및 질문 제시
  - 두 학생: 토론 주제에 대한 서로 다른 의견 제시
- 답안 적정 단어 수: 최소 100자
- 글쓰기 제한 시간: 10분

문제의 핵심 포인트

특정 주제에 대한 여러 가지 의견을 제시하고 이 중 무엇을 선택할지 묻는 유형 혹은 특정 주제에 대한 자유로운 의견을 묻는 유형으로 제시될 수 있다. 두 학생의 의견이 함께 주어지며, 두 학생의 의견은 보통 서로 다르다. 토론 내용을 참고하여 자신의 의견 및 이를 뒷받침하기 위한 이유와 예시 등을 구체적으로 제시해야 한다.

문제의 예 1 (제시된 여러 가지 의견 중 하나를 선택하는 유형)

Directions Your professor is teaching a class on political science. You must post a written response to your professor's question. In your response, make sure to:

- state your opinion and support it
- contribute meaningfully to the discussion

A minimum of 100 words is required for a response to be effective.

John ——————————•economic growth 선택

Economic growth should be the priority. A strong economy generates jobs and creates wealth, allowing the government to invest in education and health care. Spending too much on welfare programs could stifle economic growth.

Doctor Sarika

As you know, public policy involves having to choose between competing priorities. Oftentimes, budget constraints make it impossible to accomplish all that is necessary, which means sacrifices must be made. **If you were a policy maker, which initiative would you consider more urgent—the expansion of welfare programs or the promotion of economic growth?** ————• 질문: 응시자의 의견 요구

Rachel ————————• welfare programs 선택

I disagree with John that economic growth is more important than welfare programs. In my view, **welfare programs are essential** to ensure a basic standard of living for all citizens. Investing in social programs can reduce poverty and increase social mobility, which in turn can have a positive impact on the economy.

문제의 예 2 (자유로운 의견을 묻는 유형)

Directions Your professor is teaching a class on engineering technology. You must post a written response to your professor's question. In your response, make sure to:

- state your opinion and support it
- contribute meaningfully to the discussion

A minimum of 100 words is required for a response to be effective.

Professor Findlay

Throughout human history, countless inventions and discoveries have transformed our world. When considering the most significant inventions, people commonly think of electricity or the printing press. But if we exclude those two, **what do you believe is the most significant invention in human history? Why?** ————• 질문: 응시자의 의견 요구

David ————————• 각자의 자유로운 의견 제시

Well, **I'm going to go with the radio**. Before television and the Internet, radio was the primary source of mass communication. It allowed people to get information and be entertained, and it played a huge role in shaping public opinion on important issues.

Elise ————————• 각자의 자유로운 의견 제시

I would say the telephone was even more significant. It changed the way people communicated with each other and made long-distance communication much easier. It's hard to imagine how different our lives would be without it.

Step별 문제풀이 전략

STEP 1 **문제 파악 후 아웃라인 잡기 (약 2~3분 소요)**

토론 주제 및 교수의 질문을 정확히 파악한 뒤, 두 학생의 의견을 참고해 자신의 의견을 정하고 이를 뒷받침하는 이유와 구체적인 근거를 떠올려 아웃라인을 잡는다. 이때 두 학생과 다른 의견 또는 다른 이유 및 근거를 사용해야 한다.

STEP 2 **아웃라인에 따라 답안 작성하기 (약 7~8분 소요)**

아웃라인에 정리한 내용을 바탕으로 나의 의견과 뒷받침하는 이유를 논리적으로 작성한다. 토론에 참여하고 있다는 점을 드러내기 위해 다른 두 학생의 이름과 의견을 간략히 언급하면서 나의 답안에 활용해도 된다.

* 시간이 남는다면 작성한 글을 다시 검토한다. 글의 내용보다는 문법, 철자, 문장 구조 등의 형식적인 사항을 중심으로 수정한다.

문제 해석 p.426

기본다지기

I | 상황별 표현

영어로 글을 쓰고자 할 때, 그 주제에 대해 평소에 할 말이 많았던 사람이라도 문장을 어떻게 시작하고 구성해 나가야 할지 몰라 당황하는 경우가 많다. 맞춤형 광고가 사람들의 삶을 편리하게 만들어 준다는 생각을 가진 사람이 '맞춤형 광고'에 대한 자신의 의견을 밝히는 글을 쓰는 경우를 생각해 보자.

맞춤형 광고가 우리의 삶을 더욱 편리하게 만들어 준다는 것은 **명백하다**.	**It is evident that** personalized advertising makes our lives more convenient.
이는 **주로** 알고리즘이 우리가 원하는 제품을 쉽게 찾도록 해 주기 **때문이다**.	**This is mainly because** algorithms allow us to find the products we want easily.
만일 알고리즘이 **없다면**, 소비자들은 정보를 찾기 위해 인터넷 서핑하는 데 많은 시간을 보내야 **할 것이다**.	**Without** algorithms, consumers **would** have to spend a lot of time surfing the Internet to find information.
게다가, 맞춤형 광고가 소비자가 보는 전체 광고의 양을 줄여 줄 수 있다는 것에는 **의심의 여지가 없다**.	**Furthermore, there is no question that** personalized advertising can reduce the overall amount of advertising consumers see.
이러한 점에서, 나는 맞춤형 광고가 유익하다고 생각한다.	**In this regard,** I think that personalized advertising is beneficial.

이때 맞춤형 광고에 대해 아무리 확실한 의견을 가지고 있다고 하더라도, '~은 명백하다(It is evident that ~)', '이는 주로 ~이기 때문이다(This is mainly because ~)', '~에는 의심의 여지가 없다(There is no question that ~)' 등의 적절한 표현을 모르면 좋은 글을 쓰기가 힘들다.

이렇게 자신의 의견이라는 '음식'을 제대로 담을 수 있는 '그릇'의 역할을 하는 것이 상황별 표현이다. 따라서 평소에 이러한 표현들을 많이 익혀 두면 여러 가지 다양한 주제에 대해 글을 쓸 때 적절히 아이디어를 담아낼 수 있다.

1. 선호, 찬반, 비교, 양보 표현

1 내 생각에는, ~이다
In my opinion, 주어 + 동사

내 생각에는, 빈곤 지역의 개발을 지원하기 위해 국제적인 원조가 제공되어야 한다.

In my opinion, international aid should be provided to support development in impoverished regions.

* 빈곤한 impoverished

2 나는 ~라고 굳게 믿는다
I firmly believe that 주어 + 동사

나는 광고에 유머를 사용하는 것이 관심을 끄는 강력한 방법이 될 수 있다고 굳게 믿는다.

I firmly believe that the use of humor in advertising can be a powerful way to capture attention.

3 나는 ~보다는 −을 선호한다
I prefer to 부정사 **rather than ~**

나는 텔레비전으로 방송되는 뉴스를 시청하기보다는 스마트폰으로 뉴스를 읽는 것을 선호한다.

I prefer to read news on my smartphone **rather than** watch televised news.

4 ~은 명백하다
It is evident that 주어 + 동사

인터넷의 도입이 인류를 새로운 기술의 시대로 인도했다는 것은 명백하다.

It is evident that the introduction of the Internet ushered humanity into a new age of technology.

* 인도하다 usher

5 나는 ~라는 A의 견해에 동의한다
I agree with A's perspective that 주어 + 동사

나는 양질의 교육에 대한 접근 기회가 빈곤을 줄이는 핵심 요소라는 Jimmy의 견해에 동의한다.

I agree with Jimmy's perspective that access to a quality education is a key factor in reducing poverty.

6 나는 ~(라는 생각)을 강력히 지지한다
I strongly support the idea of ~

나는 정부가 지원하는 대중교통 체제를 강력히 지지한다.

I strongly support the idea of government-funded public transportation systems.

7 A와 B 중 하나를 선택해야 한다면, 나는 ~을 선택하겠다
Given the choice between A and B, I would choose ~

세금을 늘리는 것과 정부 지출을 줄이는 것 중 하나를 선택해야 한다면, 나는 지출 삭감을 선택하겠다.

Given the choice between increasing taxes **and** cutting government spending, **I would choose** spending cuts.

8 이 문제에 대한 나의 견해는 ~이다
My view on this issue is that 주어 + 동사

이 문제에 대한 나의 견해는 사람들이 유명 인사들의 삶에 지나친 관심을 쏟는다는 것이다.

My view on this issue is that people pay too much attention to the lives of celebrities.

9 나는 ~에 반대한다
I object to ~ / I object that 주어 + 동사

일회용 플라스틱 빨대가 플라스틱 오염의 주요 원인이기 때문에 나는 그것을 사용하는 것에 반대한다.

I object to using single-use plastic straws because they are major contributors to plastic pollution.
* 원인 (제공자) contributor

10 나는 ~인지 의심스럽다(의문이다)
I question whether 주어 + 동사

나는 소득이 직업의 가장 중요한 측면인지 의심스럽다.

I question whether income is the most important aspect of a job.

11 나는 왜 A와 B가 ~라고 생각하는지 이해한다
I see why A and B think that 주어 + 동사

나는 왜 John과 Sarah가 텔레비전과 비행기가 역사상 가장 중요한 발명품들 중 일부라고 생각하는지 이해한다.

I see why John and Sarah think that television and airplanes are some of the most important inventions in history.

12 나는 왜 A가 ~라고 생각하는지 이해한다
I understand why A thinks that 주어 + 동사

나는 왜 Jack이 육류 소비가 개인적인 선택이라고 생각하는지 이해한다.

I understand why Jack thinks that meat consumption is a personal choice.

13 나는 ~이 −라고 생각하지 않는다
I do not think it is 형용사 + to 부정사 / **I do not think that** 주어 + 동사

나는 비용을 절감하기 위해서 경험이 부족한 직원을 고용하는 것이 현명하다고 생각하지 않는다.

I do not think it is wise **to** hire an inexperienced worker to reduce expenses.
＊경험이 부족한, 미숙련의 inexperienced

14 나는 ~에 반대한다
I am against ~

나는 사생활 문제와 남용 가능성 때문에 정부가 얼굴 인식 기술을 사용하는 것에 반대한다.

I am against the use of facial recognition technology by governments due to privacy issues and the potential for abuse.

15 그와 비슷하게, ~이다
Similarly, 주어 + 동사

그와 비슷하게, 광고는 한 국가의 문화, 가치, 그리고 풍기성에 대하여 많은 것을 드러낸다.

Similarly, advertising reveals a lot about a country's culture, values, and morals.

16 ~과 비교할 때, −이다
Compared to ~, 주어 + 동사

비문학과 비교할 때, 소설은 현실로부터의 반가운 기분 전환이 될 수 있다.

Compared to nonfiction, fiction can be a welcome distraction from real life.

17 A는 B와 비슷하다
A is similar to B

서면으로 항의하는 것은 직접 항의하는 것과 비슷한데 이는 각각의 경우 모두 고객이 자신의 견해를 표명하는 것이기 때문이다.

Complaining in writing **is similar to** doing it in person because a customer is voicing his or her opinion in each case.
* 표명하다 voice

18 나는 A가 ~라고 말할 때 그/그녀의 의견에 동의하지 않는다
I disagree with A when he/she says that 주어 + 동사

나는 Grace가 보편적인 기본 소득이 필요하지 않다고 말할 때 그녀의 의견에 동의하지 않는다.

I disagree with Grace when she says that universal basic income is not necessary.

19 ~은 장점과 단점을 모두 지닌다
주어 **has its (own) advantages and disadvantages**

소도시의 대학을 다니는 것은 장점과 단점을 모두 지닌다.

Attending a small-town university **has its advantages and disadvantages**.

20 ~이 그 어느 때보다 더 긴요하다
주어 **is more imperative than ever before**

공동체 의식을 함양하는 것이 그 어느 때보다 더 긴요하다.

Fostering a sense of community **is more imperative than ever before**.

21 대조적으로, ~이다
In contrast, 주어 + 동사

대조적으로, 패스트푸드를 먹지 못하게 하는 부모의 아이들은 결국 패스트푸드를 먹어 보긴 하지만 규칙적으로 섭취하지는 않는다.

In contrast, children of parents who forbid them to eat fast food end up trying it but not eating it on a regular basis.

22 나는 ~라는 A의 견해에 반대한다
I'm opposed to A's view that 주어 + 동사

나는 환경 규제가 경제 성장을 저해한다는 Steven의 견해에 반대한다.

I'm opposed to Steven's view that environmental regulations hinder economic growth.

23 반면에, ~이다
On the contrary, 주어 + 동사

반면에, 무료 정신 건강 서비스를 제공하는 것은 전반적인 복지를 향상시킬 수 있다.

On the contrary, providing free mental health services can improve overall well-being.

24 반면에, ~이다
On the other hand, 주어 + 동사

반면에, 아이가 부모의 충분한 관심을 받기 때문에 아이를 재택 교육하는 것은 매우 생산적일 수 있다.

On the other hand, homeschooling a child can be very productive because the child receives the full attention of the parent.

* 재택 교육하다 homeschool

25 하지만, ~과는 다르게, -이다
However, unlike ~, 주어 + 동사

하지만, 강의식 수업과는 다르게, 토론 그룹은 학생들에게 자신들의 견해를 표명할 수 있는 기회를 제공한다.

However, unlike lecture-style classes, discussion groups give students a chance to voice their opinions.

26 그럼에도 불구하고, ~이다
Even so / Nevertheless, 주어 + 동사

그럼에도 불구하고, 인쇄 광고는 지역의 독자들에게 전달되기에 더 효과적일 수 있다.

Nevertheless, print advertisements can be more effective for reaching local audiences.

27 ~에도 불구하고, -이다
In spite of ~, 주어 + 동사

자동차에 의해 배출되는 오염 물질에도 불구하고, 나는 여전히 그것이 최고의 발명품 중 하나라고 생각한다.

In spite of the pollution that is emitted by cars, I still believe they are one of the greatest inventions.

28 ~에는 의심의 여지가 없다
There is no question that 주어 + 동사

스타트업 회사에서 일하려면 기꺼이 위험을 감수하는 마음이 필요하다는 것에는 의심의 여지가 없다.

There is no question that working at a start-up company requires a willingness to take risks.

* 기꺼이 ~하는 마음 willingness to ~

✔ CHECK-UP

파란색으로 주어진 표현에 유의하여, 다음의 우리말 문장을 영어로 바꾸어 쓰시오.

01 나는 대면 의사소통이 다른 의사소통 유형보다 더 낫다는 Colin의 견해에 동의한다.

  * 대면의 face-to-face * 의사소통 communication

_____

02 이 문제에 대한 나의 견해는 사람들이 건강하고 영양가가 높은 아침을 매일 먹는 것이 더 좋다는 것이다.

  * 영양가가 높은 nutritious

_____

03 나는 그렇게 하는 것이 훨씬 더 저렴한 선택이기 때문에 영화관에 가기보다는 집에서 영화를 재생하는 것을 선호한다.

  * 저렴한 affordable * 재생하다 stream

_____

04 내 생각에는, 사람들은 집이나 차와 같은 큰 구매를 위해 가능한 한 많은 돈을 저축해야 한다.

  * 구매 purchase * 돈을 저축하다 save money

_____

05 지속 가능한 농업을 촉진하는 것이 그 어느 때보다 더 긴요하다.

  * 지속 가능한 sustainable

_____

06 나는 인권이 모든 정치적 의사 결정의 중심에 있어야 한다고 굳게 믿는다.
  * 인권 human rights * 의사 결정 decision-making

_____

07 인공지능의 잠재적인 위험에도 불구하고, 그것은 다양한 산업에서 효율성을 향상시키는 데 사용되어야 한다.
  * 인공지능 artificial intelligence * 효율성 efficiency

_____

08 반면에, 다른 아이들과 함께 학교에 다니는 아이들은 자신의 사회적 기술을 발달시킬 기회를 갖는다.
  * 학교에 다니다 attend school * 사회적 기술 social skill

_____

09 대조적으로, 바이러스 프로그래머들은 영향력과 수적인 면에서 늘어나고 있다.
  * 바이러스 프로그래머 virus programmer * 늘다 gain

_____

10 그럼에도 불구하고, 회사들은 수익을 내기 위해 그것들이 할 수 있는 것은 무엇이든지 한다.
  * 수익을 내다 make a profit

_____

다음에 주어진 우리말 문장을 영어로 바꾸어 쓰시오.

11 전통 음악과 비교할 때, 현대 음악은 세계적인 추세에 더 크게 영향을 받는다.
  * 현대의 contemporary * 크게 heavily

_____

12 서로 다른 학생들이 서로 다른 학습 방식을 가진다는 것은 명백하다.
  * 학습 방식 learning style

_____

13 하지만, 대통령제와는 다르게, 의회제는 유연한 경향이 있다.
  * 대통령제 presidential system * 의회제 parliamentary system * 유연한 flexible

_____

14 나는 매일 하는 과제가 아이들이 학습할 수 있는 효과적인 방법인지 의문이다.
  * 과제 homework assignment * 효과적인 effective

_____

15 나는 경제 성장의 부정적인 결과를 고려하지 않고 그것을 추구하는 것에 반대한다.
  * 결과 consequence * ~을 고려하지 않고 without considering ~

_____

16 둘 다 세상을 더 작은 곳으로 만들었기 때문에 인터넷의 발명은 비행기의 발명과 비슷하다.
 * 발명 invention

---

17 나는 왜 Liam이 표준 주간 노동 시간이 30시간으로 단축되어야 한다고 생각하는지 이해한다.
 * 표준의 standard * 주간 노동 시간 workweek * 단축하다 reduce

---

18 온라인 대학에서 공부하는 것은 장점과 단점을 모두 지닌다.
 * 온라인 대학 online university

---

19 그와 비슷하게, 학생들은 대학에 다니는 동안 자신들이 경험한 교육의 질에 대해 의견을 제공할 수 있어야 한다.
 * 질 quality * 의견, 반응 feedback * 제공하다 provide

---

20 나는 국가들이 난민들에게 국경을 완전히 개방하기를 기대하는 것이 타당하다고 생각하지 않는다.
 * 난민 refugee * 국경 border * 타당한 reasonable

정답 p.427

2. 인과, 주장, 조건, 가정 표현

1 그 결과로, ~이다
As a result, 주어 + 동사

그 결과로, 반려동물들은 가족 구성원만큼 중요하게 여겨진다.

As a result, pets are considered as important as family members.

2 ~의 결과로, -이다
As a result of ~, 주어 + 동사

대중 매체의 결과로, 오늘날 사람들이 주의를 지속하는 시간은 더 짧은 경향이 있다.

As a result of mass media, people's attention spans tend to be shorter these days.
* 주의를 지속하는 시간 attention span

3 ~ 때문에, -이다
Due to ~, 주어 + 동사

그들의 끊임없이 울리는 휴대 전화 때문에, 사람들은 평화로운 주말을 보내기가 힘들다.

Due to their constantly ringing cell phones, it is difficult for people to have peaceful weekends.

4 결과적으로, ~이다
Consequently / As a consequence, 주어 + 동사

결과적으로, 부모들은 자녀들과 함께 TV를 시청하는 것이 긴밀한 유대를 쌓는 경험일 수 있다고 느낄지 모른다.

Consequently, parents might find that watching TV with their children can be a bonding experience.
* 유대를 쌓는 bonding

5 이러한 이유 때문에, ~이다
For this reason, 주어 + 동사

이러한 이유 때문에, 나는 학교 내에서의 지나친 광고에 반대한다.

For this reason, I am against excessive advertising in schools.
* 지나친 excessive

6 그것이 ~하는 이유이다
That is why 주어 + 동사

그것이 내가 외국 학생들이 다른 학생들에 비해 우대받아서는 안 된다고 생각하는 이유이다.

That is why I feel that foreign students should not get preferential treatment compared to other students.
* 우대, 특혜 preferential treatment

7 이것은 ~을 보여준다
This demonstrates that 주어 + 동사

이것은 사람들이 어떤 읽을거리를 구하고자 할 때 도서관에 대한 좋은 대안이 있다는 것을 보여준다.

This demonstrates that there are good alternatives to libraries when people want to obtain some reading materials.

8 이것은 ~의 원인이다
This gives rise to ~

이것은 남용된 자원과 지나친 오염에 대한 우려의 원인이다.

This gives rise to concerns about overused resources and excessive pollution.
* 남용된, 과도하게 이용된 overused

9 이러한 점에서, ~이다
In this sense, 주어 + 동사

이러한 점에서, 종신 고용은 많은 직원들에게 바람직한 목표이다.

In this sense, lifetime employment is a desirable goal for many employees.
* 종신 고용 lifetime employment

10 A는 ~하는 데 필수적이다
A is/are crucial in ~ing

빠른 결정은 의료 위기상황 동안 사람들을 치료하는 데 필수적이다.

Quick decisions **are crucial in** treat**ing** people during a medical crisis.

11 ~은 확실하다
It is clear that 주어 + 동사

발전이 종종 해롭다는 것은 확실한데, 특히 그것으로부터 혜택을 얻지 못하는 사람들에게 그렇다.

It is clear that progress is often harmful, especially to people who are unable to benefit from it.
* ~로부터 혜택을 얻다 benefit from ~

12 ~은 우연의 일치가 아니다
It is no coincidence that 주어 + 동사

가장 성공적인 국가들이 몇몇 세계 최고의 교육 제도 또한 가지고 있다는 것은 우연의 일치가 아니다.

It is no coincidence that the most successful economies also have some of the world's best education systems.
＊ (경제 주체로서의) 국가 economy

13 ~하는 좋은 방법은 −이다
A good way to 부정사 **is to** 부정사

프로젝트를 위한 정보를 수집하는 좋은 방법은 인터넷에서 조사하는 깃이다.

A good way to gather information for a project **is to** do research on the Internet.

14 이러한 이유들 때문에, 나는 ~라고 생각한다
For all these reasons, I think that 주어 + 동사

이러한 이유들 때문에, 나는 간접 광고가 직접 광고보다 더 효과적이라고 생각한다.

For all these reasons, I think that indirect advertisements are more effective than direct ones.

15 여러 가지 이유로 ~은 분명해 보인다
It seems clear that 주어 + 동사 **for several reasons**

여러 가지 이유로 규율 의식이 유용하다는 것은 분명해 보인다.

It seems clear that a sense of discipline is useful **for several reasons**.
＊ 규율 의식 a sense of discipline

16 이는 주로 ~이기 때문이다
This is mainly because 주어 + 동사

이는 주로 산업화가 자연 서식지의 파괴로 이어지고 있기 때문이다.

This is mainly because industrialization is leading to the destruction of natural habitats.
＊ 자연 서식지 natural habitat

17 주된 이유는 ~라는 것이다
The main/primary reason is that 주어 + 동사

주된 이유는 이메일 마케팅이 많은 대중과 접촉할 수 있는 비용 효율적인 방법이라는 것이다.

The main reason is that email marketing is a cost-effective way to reach a large audience.
* 비용 효율적인 cost-effective

18 만일 ~라면, -할 것이다
주어 **would** 동사원형, **provided that** 주어 + 과거 동사

만일 그들이 열정을 느끼는 분야의 일이라면, 사람들은 더 적은 보수를 받는 일을 하는 것을 고려할 것이다.

People **would** consider taking a job with less pay, **provided that** it was in a field that they are passionate about.
* 열정을 느끼는 passionate

19 나는 ~라는 조건이라면(만약 ~라면) -할 것이다
I would + 동사원형 + **on the condition that** 주어 + 과거 동사

나는 때때로 내 견해를 드러낼 기회가 여전히 주어진다는 조건이라면 대기업에서 일할 것이다.

I would work for a large company **on the condition that** I would still have a chance to express myself once in a while.
* 때때로 once in a while   * 내 견해를 드러내다 express myself

20 만일 나에게 ~을 하라고 한다면, 나는 -할 것이다
If I were asked to 동사원형, **I would** 동사원형

만일 나에게 정치의 부패를 줄일 수 있는 방법을 생각해 보라고 한다면, 나는 투명성과 책임감의 가치에 초점을 맞출 것이다.

If I were asked to think of ways to reduce corruption in politics, **I would** focus on the value of transparency and accountability.
* 투명성 transparency   * 책임감 accountability

21 만일 그것이 나에게 달려 있다면(나라면), 나는 ~할 것이다
If it were up to me, I would 동사원형

만일 그것이 나에게 달려 있다면, 나는 도시 지역 내에 더 많은 자전거 전용도로를 만들 것이다.

If it were up to me, I would create more dedicated bicycle lanes within urban areas.
* 전용의 dedicated

22 만일 ~이 없다면, −할 것이다
If it were not for 명사, 주어 **would** 동사원형

만일 위험 부담이 없다면, 획기적인 발전은 불가능할 것이다.

If it were not for risk-taking, breakthroughs **would** not be possible.
∗ 획기적인 발전 breakthrough

23 만일 ~이 없다면, −할 것이다
Without ~, 주어 **would** 동사원형

만일 성적이 없다면, 학생들은 특정 과목에서 자신이 얼마나 잘하고 있는지를 판단할 수 없을 것이다.

Without grades, students **would** not be able to determine how well they are doing in particular subjects.

24 만일 ~하지 않으면 −할 것 같다
주어 + **is/are likely to** 부정사 + **unless** 주어 + 동사

만일 많은 기부금을 받지 않으면 후보자의 선거 운동은 성공할 것 같지 않다.

A candidate's campaign **is** not **likely to** be successful **unless** he or she receives lots of donations.

25 일단 ~하면, −이다
Once ~, 주어 + 동사

일단 기계가 구입되고 설치되면, 그것은 최소 유지비용만으로 가동될 수 있다.

Once a machine is purchased and installed, it can be operated with only minimal maintenance costs.
∗ 설치하다 install ∗ 유지 maintenance

26 ~라고 가정해 보라
Suppose 주어 + 과거 동사

인쇄기가 발명되지 않았다고 가정해 보라. 유럽에서는 어떤 일이 일어났을까?

Suppose the printing press was never invented. What would have happened in Europe?
∗ 인쇄기 printing press

27 ~라고 가정해 보자
Let's assume that 주어 + 동사

시간제 근무를 하는 모든 노동자들이 일주일에 20시간 이상을 일하는 것은 아니라고 가정해 보자.

Let's assume that not all workers with part-time jobs work more than 20 hours a week.

28 ~을 고려하면, −이다
Given ~, 주어 + 동사

극도로 높은 실업률을 고려하면, 더 많은 일자리를 만들기 위해 무언가가 행해져야 한다.

Given the extremely high rate of unemployment, something must be done to create more jobs.
* 실업 unemployment

29 아마도, ~일 것이다
Presumably, 주어 + 동사

아마도, 아이들은 초등학교에서 체육 수업에 의무적으로 참여하는 것으로부터 많은 이익을 얻을 것이다.

Presumably, children get many advantages from taking mandatory physical education classes in elementary school.
* 의무적인 mandatory

30 십중팔구, ~일 것이다
In all likelihood, 주어 **would/will** 동사원형

십중팔구, 도시들은 대중교통에 더 많이 투자함으로써 혜택을 얻을 것이다.

In all likelihood, cities **would** benefit from increased spending on public transportation.

31 ~과 무관하게, −이다
Regardless of ~, 주어 + 동사

한 사람이 가진 선천적 재능의 정도와 무관하게, 그가 열심히 노력하지 않으면, 결코 성공할 수 없을 것이다.

Regardless of the amount of natural talent one has, if one does not work hard, one will never find success.
* 선천적 재능 natural talent

 **CHECK-UP**

파란색으로 주어진 표현에 유의하여, 다음의 우리말 문장을 영어로 바꾸어 쓰시오.

01 소득 불평등 때문에, 많은 사람들이 의료 서비스를 이용하는 데 있어 장애에 직면하고 있다.
  * 소득 불평등 income inequality * 의료의 health-care * 장애 obstacle

_____

02 그 결과로, 어떤 부모들은 매일 자녀들이 인터넷에 사용하는 시간을 제한하고 있다.
  * 제한하다 limit

_____

03 최상의 공부 습관을 가진 학생들이 가장 높은 성적을 받는 경향이 있다는 것은 우연의 일치가 아니다.
  * ~하는 경향이 있다 tend to ~

_____

04 만일 나에게 두 가지 선택지 중에서 선택을 하라고 한다면, 나는 사회 기반 시설에 투자하는 것을 우선시할 것이다.
  * 사회 기반 시설 social infrastructure

_____

05 이러한 이유들 때문에, 나는 사람들이 대학 교육의 높은 비용을 심각하게 고려해야 한다고 생각한다.
  * 심각하게 seriously

_____

06 도시권 확대 현상의 결과로, 사람들은 통근할 때 더 멀리 차를 운전하는 경향이 있다.
  * 도시권 확대 현상 urban sprawl * 통근하다 commute * 더 멀리 farther

---

07 만일 텔레비전이 없다면, 사람들은 공감대를 훨씬 덜 형성할 것이다.
  * 공감대를 형성하다, 공통점을 갖다 have in common

---

08 학생들이 하루 평균 3시간을 인터넷에 사용한다고 가정해 보자.
  * 평균 average

---

09 이것은 범죄율 증가와 한층 높은 신용카드 빚의 원인이다.
  * 범죄율 crime rate * 신용카드 credit card * 빚 debt

---

10 여러 가지 이유로 전문인들이 존경을 받는 것은 분명해 보인다.
  * 전문인 professional * 존경하다 respect

다음에 주어진 우리말 문장을 영어로 바꾸어 쓰시오.

11 만일 세입이 없다면, 정부는 시민들에게 기본적인 서비스를 제공할 수 없을 것이다.

　＊ 세입 tax revenue ＊ 시민 citizen

_____

12 그것이 내가 강력한 브랜드 정체성을 구축하는 데 주력하는 것이 중요하다고 생각하는 이유이다.

　＊ 브랜드 정체성 brand identity

_____

13 만일 그것이 나에게 달려 있다면, 나는 중소기업들이 번창하도록 돕는 정책을 만들 것이다.

　＊ 중소기업 small business ＊ 번창하다 thrive

_____

14 이는 주로 공유 경제가 새로운 취업 기회를 만들고 있기 때문이다.

　＊ 공유 경제 sharing economy ＊ 취업 기회 job opportunity

_____

15 적절한 의사소통은 효과적인 협업을 촉진하는 데 필수적이다.

　＊ 적절한 proper ＊ 협업 collaboration ＊ 촉진하다 foster

_____

16 새로운 회사에 적응하는 좋은 방법은 다른 직원들이 무엇을 하는지 자세히 관찰하는 것이다.

　＊ ~에 적응하다, 익숙해지다 get used to ~ ＊ 자세히 closely ＊ 관찰하다 observe

_____

17 일단 고용인들이 계약서에 서명을 하면, 그들은 정책을 따라야 한다.
  * 계약서 contract * 정책 policy

---

18 만일 선거일에 시민들이 일을 하지 않아도 된다면, 투표율이 상승할 것이다.
  * 투표율 voter turnout

---

19 한 사람이 인생에서 성공하고자 한다면 성실함이 필수적이라는 것은 확실하다.
  * ~에서 성공하다 be successful in ~ * 성실함 diligence * 필수적인 essential

---

20 이러한 점에서, 환경을 보호하는 것은 미래의 자연재해에 대비하는 보험으로 간주될 수 있다.
  * 자연재해 natural disaster * ~에 대비하는 보험 insurance against ~ * 간주하다 consider

---

21 이러한 이유 때문에, 나는 최소한 부모 한 명은 직장에 가는 대신 집에 있어야 한다고 생각한다.
  * 최소한 at least * ~ 대신 instead of ~

---

22 우주 탐사의 이점을 고려하면, 우리는 우주 기술에 계속 투자해야 한다.
  * 우주 탐사 space exploration

정답 p.428

3. 예시, 인용, 부연, 요약 표현

1 예를 들어, ~이다
For instance, 주어 + 동사

예를 들어, 영화는 종종 다른 나라 사람들에 대한 유해한 고정 관념을 포함한다.

For instance, movies often include harmful stereotypes of people from different countries.
* 고정 관념 stereotype

2 특히, ~이다
In particular, 주어 + 동사

특히, 다른 집단의 관습을 존중하지 않는 것은 몇몇 문화에서 흔한 문제이다.

In particular, not respecting the customs of other groups is a common problem in some cultures.

3 구체적으로, ~이다
To be specific, 주어 + 동사

구체적으로, 온라인 괴롭힘은 젊은 세대 사이에서 주요 문제가 되었다.

To be specific, online bullying has become a major problem among the younger generations.

4 A의 예를 보라
Take the example of A

사회에 도움이 되기 위해 재산의 상당 부분을 기부한 빌 게이츠의 예를 보라.

Take the example of Bill Gates, who donated a substantial amount of his wealth to benefit society.

5 나의 경험에 따르면, ~이다
From my experience, 주어 + 동사

나의 경험에 따르면, 학생들은 자신들이 필기한 내용을 나중에 복습하면 더 많이 기억하는 경향이 있다.

From my experience, students tend to remember more if they go over their notes later.
* ~을 복습하다 go over ~

6 우선, ~이다
To begin with, 주어 + 동사

우선, 대면 의사소통은 사람들이 몸짓 언어를 통해 정보를 전달할 수 있도록 한다.

To begin with, face-to-face communication allows people to convey information through body language.
* 전달하다 convey

7 게다가, ~이다
On top of that, 주어 + 동사

게다가, 어떤 사람들은 쉽사리 스트레스를 받으며 진정할 시간을 필요로 한다.

On top of that, some people get stressed out easily and need some time to relax.
* 스트레스를 받다 get stressed out

8 또 다른 예로, ~이다
In another case, 주어 + 동사

또 다른 예로, 한 기업은 고객의 불만에 대응하지 못했다.

In another case, a business failed to respond to customer complaints.

9 이해를 돕자면, ~이다
To give you an idea, 주어 + 동사

이해를 돕자면, 여기 최근 연구의 예가 있다.

To give you an idea, here is an example from a recent study.

10 ~에서 보이는 바와 같이, ~이다
주어 + 동사, **as can be seen in** ~

미용 제품에 쓰는 돈의 양이 증가한 것에서 보이는 바와 같이, 사람들은 자신의 외모에 지나치게 관심을 가진다.

People are overly concerned about their appearance, **as can be seen in** the increased amount of money they spend on beauty products.
* 외모 appearance

11 그뿐 아니라, ~이다
Not only that, but 주어 + 동사

그뿐 아니라, 아이의 언어 학습 능력 또한 그때쯤이면 퇴화하기 시작한다.

Not only that, but a child's ability to learn languages also starts to diminish around that time.
* 그때쯤이면 around that time　　* 퇴화하다, 줄어들다 diminish

12 연구 결과는 ~을 보여주었다
Studies have shown that 주어 + 동사

연구 결과는 광고상의 미세한 차이라도 고객들이 특성 상품을 사노록 유도할 수 있다는 것을 보여주었다.

Studies have shown that even subtle changes in advertising can induce customers to buy a certain product.
* 미세한 subtle　　* 유도하다 induce

13 이 사례가 보여주듯, ~이다
As this case reveals, 주어 + 동사

이 사례가 보여주듯, 뉴스 매체는 종종 이야기를 부풀린다.

As this case reveals, the news media often magnify stories.
* 부풀리다 magnify

14 ~에 따르면, −이다
According to ~, 주어 + 동사

질병 관리 센터의 연구에 따르면, 비만과 싸우기 위해서는 신체적인 활동을 권장하는 정책과 계획이 필요하다.

According to research by the Centers for Disease Control, policies and initiatives to encourage physical activity are needed to combat obesity.

15 옛 속담이 말해 주듯, ~이다
As the old saying goes, 주어 + 동사

옛 속담이 말해 주듯, 튼튼한 경제는 강한 나라를 위한 토대이다.

As the old saying goes, a strong economy is the foundation of a strong nation.

16 다시 말해서, ~이다
In other words, 주어 + 동사

다시 말해서, 기술의 발전이 많은 산업을 변화시켜 왔다.

In other words, advancements in technology have transformed many industries.

17 게다가, ~이다
Moreover / In addition, 주어 + 동사

게다가, 증가하는 수의 사람들이 스트리밍 서비스가 더 저렴하기 때문에 영화 티켓의 가격이 비싸다고 인식한다.

Moreover, an increasing number of people perceive the prices of movie tickets as expensive because streaming services are more affordable.

18 이런 식으로, ~이다
In this way, 주어 + 동사

이런 식으로, 교사들은 학생들이 더 효과적으로 배우도록 도와주려는 열의가 더 강력해진다.

In this way, teachers have greater motivation for helping their students learn more effectively.
∗ 열의, 동기 부여 motivation

19 일반적으로 말해서, ~이다
Generally speaking, 주어 + 동사

일반적으로 말해서, 나는 자동차가 환경에 해가 된다고 믿는다.

Generally speaking, I believe automobiles are harmful to the environment.

20 우리가 알고 있는 것처럼(알다시피), ~이다
As we have seen, 주어 + 동사

알다시피, 사회는 몇몇 중요한 발명품으로부터 크게 혜택을 받아 왔다.

As we have seen, society has benefited greatly from certain significant inventions.

21 이와 같이, ~이다
As such, 주어 + 동사

이와 같이, 주주들은 회사를 위해 중요한 결정을 내릴 권한을 가지고 있다.

As such, shareholders have the authority to make major decisions for the company.
∗ 주주 shareholder ∗ 권한 authority

22 따라서, ~이다
Therefore, 주어 + 동사

따라서, 모든 대학들은 학생들이 교수진으로부터 적절한 관심을 받는 것을 보장해야 한다.

Therefore, all colleges should ensure that students receive proper attention from the teaching staff.
∗ 보장하다, 확실히 하다 ensure

23 즉, ~이다
That is, 주어 + 동사

즉, 대기업들은 매체사들을 소유하고 있으며 현실을 그들의 이해관계에 유리한 방식으로 묘사하는 데 관심이 있다.

That is, major corporations own media companies and are interested in portraying reality in a way that is favorable to their own interests.
＊대기업 major corporation ＊묘사하다 portray ＊~에게 유리한 favorable to

24 간단히 말해서, ~이다
In short, 주어 + 동사

간단히 말해서, 나는 부모들이 자녀들이 텔레비전을 보는 데 얼마만큼의 시간을 써도 되는지에 대해 분별력이 있어야 한다고 생각한다.

In short, I believe that parents should be selective in how much time their children can spend watching TV.
＊분별력이 있는 selective

25 앞서 언급했던 바와 같이, ~이다
As I have mentioned, 주어 + 동사

앞서 언급했던 바와 같이, 스트레스를 관리하는 것은 신체적·정신적 건강 모두에 중요하다.

As I have mentioned, managing stress is important for both physical and mental health.

26 결론적으로, ~이다
In conclusion, 주어 + 동사

결론적으로, 최고의 직장 동료란 정직하고, 의리가 있으며, 협조적인 사람들이다.

In conclusion, the best coworkers are the ones who are honest, loyal, and cooperative.
＊직장 동료 coworker ＊협조적인 cooperative

27 전반적으로, ~이다
Overall, 주어 + 동사

전반적으로, 문화적 통합은 새로운 혼합된 문화의 창조로 이어질 수 있다.

Overall, cultural integration can lead to the creation of new and hybrid cultures.
＊통합 integration ＊혼합된 hybrid

28 요약하자면, ~이다
To sum up, 주어 + 동사

요약하자면, 소셜 미디어 사용에 대한 엄격한 연령 제한이 있어야 한다.

To sum up, there should be strict age restrictions to use social media.
* 연령 제한 age restriction

29 이러한 점에서, ~이다
In this regard, 주어 + 동사

이러한 점에서, 나는 우리가 신체적인 외모를 토대로 다른 사람들을 판단하면 절대 안 된다고 생각한다.

In this regard, I think that we should never judge others based on their physical appearance.

30 모든 것을 고려해 보면, ~이다
All things considered, 주어 + 동사

모든 것을 고려해 보면, 정부는 광범위한 빈곤 문제를 해결하기 위해 더 강력한 조치를 취해야 한다.

All things considered, the government should take stronger measures to tackle the issue of widespread poverty.
* 해결하다, 다루다 tackle

31 대체적으로, ~이다
For the most part, 주어 + 동사

대체적으로, 대학의 자금은 모든 학생에게 이익을 주는 도서관에 투자되어야 할 것이다.

For the most part, university funds should go toward library systems that benefit all students.

32 대체로, ~이다
On the whole, 주어 + 동사

대체로, 텔레비전, 비디오 게임, 그리고 인터넷은 사회에 부정적인 영향을 끼쳐 왔다.

On the whole, TV, video games, and the Internet have had a negative effect on society.

33 마지막으로 중요한 것은, ~이다
Last but not least, 주어 + 동사

마지막으로 중요한 것은, 전쟁은 누가 옳은가를 결정하는 것이 아니라 누가 남겨지는가를 결정한다는 것이다.

Last but not least, war never decides who is right, but who is left.

CHECK-UP

파란색으로 주어진 표현에 유의하여, 다음의 우리말 문장을 영어로 바꾸어 쓰시오.

01 앞서 언급했던 바와 같이, 국가들은 물 부족 문제를 해결하기 위해 협력해야 한다.
　　* 물 부족 water scarcity　* 협력하다 work together

02 간단히 말해서, 나는 어린이들이 건전한 성격을 키우기 위해서는 애정을 필요로 한다고 느낀다.
　　* 건전한 성격 healthy personality　* ~하기 위해서 in order to ~　* 애정 affection

03 최근의 절도에서 보이는 바와 같이, 범죄는 여전히 다뤄질 필요가 있는 주요 문제이다.
　　* 절도 burglary　* 다루다 address

04 이 사례가 보여주듯, 유명인의 광고는 회사 제품의 판매를 증가시킬 수 있다.
　　* 유명인의 광고 celebrity endorsement　* 증가시키다 boost

05 우선, 우주 탐사에 대한 자금 지원은 우리가 얻는 과학적 지식 때문에 정당화된다.
　　* 우주 탐사 space exploration　* 얻다 acquire　* ~ 때문에 due to ~

06 이런 식으로, 학생들은 자신들이 존경하고 동경하는 사람들로부터 배울 수 있다.

＊ 존경하다 respect ＊ 동경하다 admire

_____

07 요약하자면, 마케팅 메시지는 항상 소비자들에게 개인 맞춤형이어야 한다.

＊ 개인 맞춤형의 personalized

_____

08 특히, 많은 사람들이 그들의 탄소 발자국의 영향에 대해 생각하지 않는다.

＊ 탄소 발자국 carbon footprint

_____

09 게다가, 대학에 진학하는 모든 학생들이 실제로 졸업하는 것은 아니다.

＊ 대학에 진학하다 enter a university ＊ 실제로 actually

_____

10 우리가 알고 있는 것처럼, 휴대 전화는 사람들이 서로를 덜 배려하도록 만드는 경향이 있다.

＊ 배려하는, 사려 깊은 considerate

_____

INTEGRATED

ACADEMIC DISCUSSION 기본

Hackers **TOEFL** Writing

다음에 주어진 우리말 문장을 영어로 바꾸어 쓰시오.

11 옛 속담이 말해 주듯, '필요는 발명의 어머니이다.'
   * 필요 necessity   * 발명 invention

---

12 이해를 돕자면, 여기 비현실적인 성공담의 예가 있다.
   * 비현실적인, 있음 직하지 않은 unlikely   * 성공담 success story

---

13 다시 말해서, 때때로 기업은 더 큰 보상을 얻기 위해 위험을 감수해야 한다.
   * 보상 reward   * 얻다 reap   * 위험을 감수하다 take a risk

---

14 전반적으로, 물가 상승과 경제적 불안정 때문에 생활비가 전 세계적으로 치솟았다.
   * 물가 상승, 인플레이션 inflation   * 경제적 불안정 economic instability   * 치솟다 skyrocket

---

15 이러한 점에서, 나는 신중한 계획이 미래 성공의 필수적인 요소라고 믿는다.
   * 요소 component

---

16 평등을 위해 싸우는 데 인생을 바친 넬슨 만델라의 예를 보라.
　＊ 평등 equality　＊ 바치다 dedicate　＊ 넬슨 만델라 Nelson Mandela

17 일반적으로 말해서, 의학과나 법학과와 같은 전문적인 학부로의 입학은 극도로 경쟁적이다.
　＊ 전문적인 professional　＊ (대학의) 학부 school　＊ 입학 admission　＊ 경쟁적인 competitive

18 따라서, 모든 정치인들은 대중의 신뢰를 유지하기 위해 그들의 약속을 지키려고 노력해야 한다.
　＊ 약속을 지키다 keep one's promise

19 결론적으로, 국가들은 다른 나라들에 대한 그들의 과거 범죄에 대해 책임을 져야 한다.
　＊ 책임을 지다 be held accountable

20 오크 리지 국립 연구소의 연구에 따르면, 핵 과학은 깨끗하고 안전한 에너지 해결책을 제공할 수 있다.
　＊ 오크 리지 국립 연구소 Oak Ridge National Laboratory　＊ 핵 과학 nuclear science　＊ 에너지 해결책 energy solution

정답 p.428

Ⅱ | 주제별 표현

지금까지 상황별 표현을 공부했으니, 어떤 주제에 대해서 글을 쓰더라도 자신 있을 것 같다. 그런데 똑같은 상황별 표현을 활용하더라도 그 안에 담아낼 주제에 대한 표현을 잘 모르면 역시 어려움에 봉착하게 된다. 앞서 살펴본 '맞춤형 광고'에 대한 글의 기본적인 틀을 유지하면서 '공공장소 흡연'에 대한 글을 쓴다고 가정해 보자.

공공장소에서의 **흡연**이 제한되어야 한다는 것은 명백하다.	It is evident that **smoking in public** should be restricted.
이는 주로 **간접흡연**이 사람들의 건강에 해롭기 때문이다.	This is mainly because **secondhand smoke** is bad for people's health.
만일 규제가 없다면, 보행자들은 담배 연기에 노출될 것이다.	Without restrictions, pedestrians would be exposed to **cigarette smoke**.
게다가, **비흡연자**의 권리가 보호되어야 한다는 것에는 의심의 여지가 없다.	Furthermore, there is no question that the rights of **non-smokers** should be protected.
이러한 점에서, 나는 공공장소에서의 흡연금지가 시행되어야 한다고 생각한다.	In this regard, I think that a **ban on** smoking in public should be implemented.

이때 앞서 배운 것과 같이 '~은 명백하다(It is evident that ~)', '이는 주로 ~이기 때문이다(This is mainly because ~)', '~에는 의심의 여지가 없다(there is no question that ~)' 등의 문장의 틀을 알고 있더라도, '공공장소에서의 흡연(smoking in public)', '간접흡연(secondhand smoke)', '비흡연자(non-smokers)'와 같은 주제에 관련된 표현을 다양하게 알고 있어야 해당 주제에 대해서 막힘 없이 글을 쓸 수 있다.

이렇게 글이라는 '요리'를 만들 때 그 '식재료'가 되는 것이 주제별 표현이다. 따라서 다양한 분야에서 각각 자주 쓰이는 표현들을 많이 익혀 두면 여러 가지 주제에 대해 글을 쓸 때 자신의 의견을 풍부하게 나타낼 수 있다.

1. 교육, 정치, 사회에 관한 표현

1 학습 과정
learning process

새로운 사회 집단에 적응하는 것은 사회적 규범에 대한 이해로부터 시작되는 학습 과정이다.

Adapting to a new social circle is a **learning process** that begins with an understanding of social norms.
* 적응하다 adapt　* 사회적 규범 social norms

2 사회적 기술
social skill

교실 토론은 학생들이 대화를 통해 사회적 기술을 익히도록 장려한다.

Classroom discussions encourage students to practice their **social skills** through dialogue.

3 인격 발달
personality development

유치원에서의 인격 발달은 아이들에게 한 집단의 일원으로서 상호 작용하는 방법을 가르치는 데 맞추어져 있다.

Personality development in kindergarten is geared toward teaching children how to interact as part of a group.
* ~에 맞추다 gear towards ~　* 상호 작용하다 interact

4 잘 교육받은 사람
well-educated person

잘 교육받은 사람은 지식과 기술을 실제 상황에 적용할 수 있다.

A **well-educated person** can apply knowledge and skills to real-life situations.
* 적용하다 apply

5 인성을 함양하다
build a strong character

인성을 함양하는 것은 어떤 학문적·경제적 성공보다도 더 중요하다.

Building a strong character is more important than any academic or financial success.

6 모범, 본보기
role model

좋은 교사는 공손한 태도로 행동함으로써 학생들에게 모범이 되어야 한다.

A good teacher should be a **role model** to students by behaving in a respectful manner.
* 행동하다 behave * 공손한 respectful

7 국제 무역
international trade

운송 수단의 발전은 국제 무역을 훨씬 더 쉬운 시도로 만들었다.

Advances in transportation have made **international trade** a much easier endeavor.
* 시도 endeavor

8 국제 협력
international cooperation

국제 협력의 한 예는 온실가스 배출을 줄이기 위한 목표에 합의한 국가들이다.

An example of **international cooperation** is countries agreeing on goals to reduce greenhouse gas emissions.
* 배출 emission

9 외교 관계
diplomatic relations

외교 관계는 평화를 유지하고 국가 간의 협력을 증진하기 위해 필요하다.

Diplomatic relations are necessary to maintain peace and promote cooperation between countries.

10 긴장 상태를 조성하다
create tension

정치적 검열은 정부와 언론 사이에 긴장 상태를 조성할 수 있다.

Political censorship can **create tension** between the government and the press.
* 검열 censorship

11 국제 관광
international tourism

국제 관광은 정치적 안정과 같은 요소들로부터 영향을 받는다.

International tourism is influenced by factors such as political stability.

12 세계화에 발맞추다
keep in step with globalization

일부 기업들은 세계화에 발맞추기 위해 직원들이 이중 언어 사용자이기를 요구한다.

Some companies require their employees to be bilingual to **keep in step with globalization**.

13 무역 협정
trade agreement

그 무역 협정은 유럽으로의 농산물 수출 증가를 야기했다.

The **trade agreement** resulted in an increase in agricultural exports to Europe.
* 농산물의, 농업의 agricultural   * 수출(품) export

14 자원을 배분하다
allocate resources

정부는 시민들의 삶을 개선하기 위해 어떻게 자원을 배분할지 결정한다.

The government decides how to **allocate resources** to improve the lives of citizens.

15 국가 간의 문화 교류
cultural exchanges between nations

기술 발전으로 인해 증가하는 의사소통의 효율성은 국가 간의 문화 교류를 촉진해 왔다.

The increasing efficiency of communication due to technological advancements has facilitated **cultural exchanges between nations**.
* 기술 발전 technological advancement   * 촉진하다 facilitate

16 중립적인 입장을 취하다
take the middle ground

대통령은 갈등을 해결하고 모든 정당을 만족시킬 수 있도록 중립적인 입장을 취해야 한다.

The president needs to **take the middle ground** in order to resolve the conflict and satisfy all parties.
* 해결하다 resolve   * 정당, 당사자 party

17 세입
tax revenues

정부는 의료 및 교육과 같은 서비스에 자금을 조달하기 위해 세입에 의존한다.

Governments rely on **tax revenues** to finance services such as health care and education.

18 개발도상국
developing country

개발도상국에서는, 빈부 간의 격차가 보통 상당히 크다.

In a **developing country**, the gap between the rich and the poor is often quite large.
* 격차, 틈 gap

19 선진국
advanced country

대부분의 선진국에서는, 고속 전송을 위한 인터넷 기반 시설이 갖추어져 왔다.

In most **advanced countries**, the Internet infrastructure has been equipped for high-speed transmissions.
* 기반 시설 infrastructure * 갖추다 equip * 전송 transmission

20 ~의 모국
one's native country

자신의 모국 바깥에서 대학을 다니는 것은 교육적, 문화적, 그리고 언어적 자극을 준다.

Attending college outside **one's native country** allows for educational, cultural, and linguistic stimulation.
* 자극, 고무 stimulation

21 이민법
immigration law

각 나라는 사람들이 어떻게 시민이 될 수 있는지를 설명하는 이민법을 통과시킨다.

Each country passes **immigration laws** that explain how people can become citizens.

22 사회적 관습
social custom

사회적 관습은 각국의 국민들이 어떻게 서로를 맞이하고 작별을 고하는지를 결정한다.

Social customs determine how each country's citizens greet each other and say goodbye.

23 국제적 위기
international crisis

지구 온난화는 모든 정부에 의해 다루어져야 하는 국제적 위기이다.

Global warming is an **international crisis** that must be addressed by all governments.
* 지구 온난화 global warming

24 대중 정서
popular sentiment

금연 구역을 옹호하는 대중 정서는 흡연이 공공장소에서 금지되어야 하는 한 가지 이유이다.

Popular sentiment in favor of smoke-free zones is one reason why lighting up should be banned in public places.

* ~을 옹호하는 in favor of ~   * 금연의 smoke-free   * 흡연, (특히 담배에) 불을 붙이는 것 lighting up

25 특권을 가진 사람들
privileged people

광고주들은 보통의 소비자들이 비싼 브랜드의 명품을 구입함으로써 특권을 가진 사람들인 것처럼 느끼도록 조장한다.

Advertisers encourage average consumers to feel like **privileged people** by buying expensive brand-name goods.

26 엄격한 규정
strict regulation

멸종 위기에 처한 야생동물의 천연 서식지는 엄격한 규정으로 보호되어야 한다.

The natural habitats of endangered wildlife must be protected with **strict regulations**.

* 멸종 위기에 처한 endangered   * 야생동물 wildlife

27 신뢰를 쌓다
build up trust

여러 문화적 배경을 가진 사람들이 있는 다양한 사회에서 신뢰를 쌓는 것은 어려울 수 있다.

Building up trust can be difficult in diverse societies with people from various cultural backgrounds.

28 팀을 이루어 일하다
work in teams

소규모 지역 사회의 이웃들은 지역의 문제를 극복하기 위해 팀을 이루어 일할 가능성이 더 높다.

Neighbors in small communities are more likely to **work in teams** to overcome local challenges.

* 극복하다 overcome   * 문제, 과제 challenge

교육, 정치, 사회에 관한 표현 모음

성숙 과정	the maturation process
인생에서 가장 중요한 시기	the most important stage of one's life
잠재력을 깨닫다	realize one's potential
체육	physical education
적성 검사	an aptitude test
발표 수업	speech classes
대안교육	alternative education
학업 과정	academic programs
평가 기준	assessment criteria
입학 요건	requirements for admission
초등교육	elementary education
중등교육	secondary education
고등교육	higher education
의무 교육	compulsory education
갭이어(고교 졸업과 대학 입학 사이 1년)	a gap year
특성화 교육	specialized education
야외 활동	outdoor activities
현장 학습	a field trip
정규 교육	formal schooling
양질의 교육	a quality education
교육적인 혜택	an educational benefit
다방면에 걸친 교육	a well-rounded education
실험하다	do experiments
~을 전공하다	specialize in ~
대학을 갓 졸업한	fresh out of university
유용한 기술을 배우다	learn valuable skills
개별적인 관심	individualized attention
심한 경쟁	heavy competition
경쟁력을 높이다	enhance competitiveness
잘못된 생각	misguided belief

타협하다	make a compromise
뒤처지다	fall behind
긍정적인 자아상을 형성하다	develop a positive self-image
잘 연마된	well-cultivated
심층 연구	in-depth research
협동심을 기르다	build teamwork
심하게 다그치다, 독려하다	push hard
~로부터 주의를 돌리다	divert one's attention from ~
원격 학습	remote learning
(컴퓨터를 이용한) 가상 수업	virtual classes
디지털 활용 능력	digital literacy
학위를 따다	earn a degree
등록금 지원	tuition assistance
시행착오	trial and error
많은 분야에서 뛰어나다	excel in many areas
국제적 기반 위에	on an international basis
다른 의견을 가지다	hold a different opinion
잘 고안된 제도	well-designed system
외교 정책	foreign policy
선거일	Election Day
대통령제	presidential system
의원내각제	parliamentary system
언론의 자유	freedom of speech
투표 연령	voting age
세금 경감	tax relief
세금 우대 혜택을 제공하다	give a tax break
주간 노동 시간	workweek
빈곤을 근절하다	eliminate poverty
~을 상대로 소송을 걸다	file a suit against ~
국제기관	international agency

동맹을 맺다	build an alliance
견제와 균형	checks and balances
세계 평화에 기여하다	contribute to world peace
정치 상황	a political situation
깊이 뿌리박힌 편견	a deep-rooted prejudice
지역 사회의 번영	a community's prosperity
국제적 차원에서	on a global scale
나라마다 다르다	vary from country to country
국가적 특징	national characteristics
공인	public figures
노인	senior citizens
물려주다	hand down
젊은 세대	the younger generation
세대 차이	the generation gap
미래 세대	the future generation
특권을 남용하다	abuse the privilege
일반 대중	the general public
여론을 조사하다	poll the public
여론에 호소하다	appeal to public opinion
협동심	feelings of cooperation
일체감	a sense of unity
소속감	a sense of belonging
상호 신뢰	mutual trust
인접 지역	a neighboring community
외딴 지역	a remote region
소수 민족 집단	ethnic groups
문명화된 사회	civilized society
빠르게 움직이는 세상	a fast-paced world
늘 변화하는 세상	an ever-changing world
지도자의 책임	leader's responsibility

지도력	leadership skills
사회적 진보	social progress
사교 모임	social gathering
사회적 규범	social norms
노숙자 수용 시설	a homeless shelter
인구 증가	population growth / a population increase
국가 기반 시설	the country's infrastructure
사회 보장 제도	the social security system
국민의 복지를 증진하다	promote the public good
공무원	a civil servant
국가 정체성	national identity
정책을 시행하다	carry out a policy
공공시설	public facilities
사기를 북돋우다	boost morale
공통점	common ground
권리를 침해하다	violate a right
유행이 되다	be a growing trend
엄격한 규칙을 부과하다	impose strict rules
논란을 불러일으키다	provoke controversy
~에 대한 금지	ban on ~
사생활을 침해하다	invade one's privacy
활기찬 주변 환경을 만들다	create a vibrant neighborhood
좋은 모범이 되다	set a good example
상호 교류 기술	interpersonal skills
대화 기술	conversational skills
~와 연락하다	get in touch with ~
공통 관심사를 공유하다	share common interests
감당할 수 있는 가격의 주택	affordable housing
주택 부족	housing shortage
통근 시간이 많이 걸리다	have a long commute

CHECK-UP

파란색으로 주어진 표현에 유의하여, 다음의 우리말 문장을 영어로 바꾸어 쓰시오.

01 국제 분쟁은 국가 간의 긴장 상태를 조성하고 갈등을 초래할 수 있다.

  * 국제 분쟁 international dispute * ~을 초래하다 lead to ~

  _____

02 의무 교육 시기는 일반적으로 인생에서 가장 중요한 시기로 여겨진다.

  * 일반적으로, 널리 widely

  _____

03 정치인들은 유권자들을 불쾌하게 하지 않기 위해 민감한 문제들에 대해 중립적인 입장을 취하려 한다.

  * 불쾌하게 하다 offend * ~하지 않기 위해 so as not to ~ * ~하려 하다 seek to ~

  _____

04 정부는 노인이 계속해서 배울 수 있는 기회를 제공해야 한다.

  * 계속해서 배우다 continue learning

  _____

05 일부 대학들은 발표 수업을 의무적인 것으로 만드는 아이디어를 고려하고 있다.

  * 의무적인 mandatory * 고려하다 consider

  _____

06 타협하려는 의지는 서로 다른 견해를 가진 집단 간의 협력을 촉진할 수 있다.
  * 의지 willingness * 서로 다른 견해 differing views

---

07 그 프로젝트는 정치인들이 효율적으로 자원을 배분할 수 있었기 때문에 성공적이었다.
  * 효율적으로 efficiently * 성공적인 successful

---

08 미국에서는, 소개받은 사람 모두와 악수하는 것이 사회적 관습이다.
  * ~를 소개받다 be introduced to ~ * ~와 악수하다 shake hands with ~

---

09 이민자들은 자신이 사는 나라의 사회적 규범에 익숙해져야 한다.
  * 이민자 immigrant * ~에 익숙해지다 familiarize oneself with ~

---

10 국제 협력의 한 가지 장벽은 그들 자신의 이익을 위해 행동하려는 국가들의 경향이다.
  * 장벽 barrier * 자신의 이익을 위해 행동하다 act in one's own self-interest * 경향 tendency

---

다음에 주어진 우리말 문장을 영어로 바꾸어 쓰시오.

11 국기와 국가는 국가 정체성의 상징이다.
 * 국가 national anthem * 상징 symbol

---

12 심층 연구를 시행하지 않고서 어떤 이론이 옳다고 증명하는 것은 불가능하다.
 * 시행하다 conduct * 이론 theory * 증명하다 prove * 불가능한 impossible

---

13 일부 사람들은 아직도 전통을 고수하는 것이 안정성을 보장해 줄 것이라는 잘못된 생각을 가지고 있다.
 * ~을 고수하다 adhere to ~ * 보장하다 guarantee

---

14 두 사람이 만나면, 그들은 어떤 공통점을 찾기 위해 서로에게 질문을 한다.
 * ~하기 위해 in order to ~

---

15 교육에서의 좋은 본보기는 학생들이 어떻게 목표를 세우고 달성하는지 배우도록 도울 수 있다.
 * 목표를 세우다 set a goal * 달성하다 achieve

---

16 정치인들은 악명 높은 인물들을 공개 행사에 초대함으로써 종종 논란을 불러일으킨다.

＊ 악명 높은 notorious ＊ 인물 figure

---

17 국가 간의 문화 교류는 외국의 관습에 대한 인식을 높이고 개방적인 태도를 촉진할 수 있다.

＊ 외국의 관습 foreign customs ＊ 개방적인 태도 an open-minded attitude

---

18 효과적으로 팀을 이루어 일하기 위해서는, 사람들은 타인의 의견을 잘 받아들여야 한다.

＊ 효과적으로 effectively ＊ 의견 idea ＊ ~을 잘 받아들이다 be receptive to ~

---

19 몇몇 정치인들은 소셜 미디어 활동을 통해 일반 대중과 상호 작용한다.

＊ ~와 상호 작용하다 interact with ~

---

20 실수를 하는 것은 학습 과정의 중요한 부분이다.

＊ 실수를 하다 make mistakes

정답 p.429

2. 건강, 환경, 광고에 관한 표현

① 수명
life span

어떤 사람이 반려동물을 기른다면, 그 혹은 그녀는 그 반려동물의 수명 내내 돌볼 준비가 되어 있어야 한다.

If a person gets a pet, he or she should be prepared to take care of it over its entire **life span**.

* ~을 돌보다 take care of ~

② 평균 수명
life expectancy

평균 수명은 가족력과 개인의 생활방식과 같은 많은 요인들에 의해 영향을 받는다.

Life expectancy is influenced by a number of factors, such as family history and personal lifestyle.

* 가족력 family history

③ 의료 서비스, 치료
medical care / health care

의료 서비스의 향상은 의학의 발달과 직접적으로 연관되어 있다.

Improvements in **health care** are directly related to advancements in medical science.

* 발달 advancement

④ 치명적인 질병
deadly disease

어린이들에게 치명적인 질병에 대한 예방 접종을 하는 것이 선진국에서 사망률을 저하시켜 왔다.

Vaccinating children against **deadly diseases** has lowered mortality rates in advanced countries.

* 예방 접종을 하다 vaccinate * 사망률 mortality rate

⑤ 면역 체계
immune system

규칙적인 운동은 면역 체계를 강화시키고, 따라서 질병을 예방하는 데 도움을 준다.

Regular exercise strengthens the **immune system** and, therefore, helps prevent sickness.

* 강화시키다 strengthen

6 건강을 유지하다
stay in shape

낯에는 내내 책상에 앉아 있고 밤새 소파에 앉아 있으면서 건강을 유지하는 것은 어렵다.

It is difficult to **stay in shape** when sitting at a desk all day and then sitting on a couch all night.

7 ~에 걸리다
come down with

상한 음식을 먹은 후, 많은 사람들이 식중독에 걸린다.

After eating contaminated food, many people **come down with** food poisoning.
* 상한, 오염된 contaminated

8 나쁜 습관을 고치다
break a bad habit

흡연과 같은 나쁜 습관을 고치기 위한 효과적인 방법은 껌을 씹는 것과 같은 새로운 행동으로 그것을 대체하는 것이다.

An effective way to **break a bad habit** such as smoking is to substitute it with a new behavior like chewing gum.
* 대체하다 substitute

9 연간 정기 건강 검진
annual checkup

직장에서는 직원들이 연간 정기 건강 검진을 받도록 요구해야 한다.

Workplaces should require their employees to get **annual checkups**.

10 스트레스를 많이 받다
get stressed out

우리가 바꿀 수 없는 일들에 대해 스트레스를 많이 받는 것은 무의미하다.

There is no point in **getting stressed out** about things we cannot change.
* ~하는 것은 무의미하다 there is no point in ~ing

11 긍정적인 시각을 유지하다
maintain a positive outlook

긍정적인 시각을 유지하는 사람들은 회복력을 가지고 정신 건강 문제에 접근할 수 있다.

People who **maintain a positive outlook** can approach mental health challenges with resilience.
* 회복력 resilience

12 식량 부족
food shortage

레소토의 식량 부족은 기후 변화와 농사에 적합한 땅의 부족으로 인해 야기된다.

Lesotho's **food shortage** is caused by climate change and a lack of land suitable for farming.
* ~에 적합한 suitable for ~ * 농사 farming

13 대량 살상
mass destruction

쇼핑몰을 건축하기 위한 지역 야생 동물의 대량 살상은 어리석고 무책임하다.

The **mass destruction** of local wildlife to build a shopping mall is ridiculous and irresponsible.
* 어리석은 ridiculous * 무책임한 irresponsible

14 남용
excessive use

관개를 위한 물의 남용은 수자원을 고갈시키고 가뭄을 야기하고 있다.

The **excessive use** of water for irrigation is depleting water sources and causing droughts.
* 관개 irrigation * 고갈시키다 deplete * 가뭄 drought

15 환경 문제
environmental concern

지난여름의 혹서기 동안 지구 온난화에 대한 환경 문제는 새로운 국면에 도달했다.

Environmental concerns over global warming reached new levels during last summer's heat wave.
* 혹서기 heat wave

16 범죄율
crime rate

소규모의 지역 사회들은 더 낮은 범죄율의 이점을 지닌다.

Small communities have the advantage of a lower **crime rate**.
* 지역 사회 community

17 시골 지역
rural area

시골 지역에서 자라는 것은 혼잡한 도심지에서는 불가능한 자연과의 밀접한 관계를 가질 수 있게 한다.

Growing up in a **rural area** allows for a close connection with nature which is impossible in a crowded urban area.
* 혼잡한 crowded

18 생활 수준
standard of living / level of lifestyle

각 세대마다, 생활 수준은 새로운 기술적 혁신과 함께 개선된다.

In each generation, the **standard of living** improves with new technological innovations.

19 광고 대상자
target audience

광고 메시지가 일반 대중의 마음을 끄는 것보다 광고 대상자의 마음을 끄는 것이 더 중요하다.

It is more important that the advertisement message appeals to the **target audience** than to the general public.

20 정서적 연결
emotional connection

오늘날의 경쟁적인 사업 환경에서 성공하기 위해서는 광고에서의 정서적 연결이 매우 중요하다.

An **emotional connection** in advertising is crucial for success in today's competitive business environment.

21 ~에 노출되다
be exposed to ~

비록 그들이 그것을 깨닫지 못할지라도 많은 사람들은 매일 광고 메시지에 노출된다.

Many people **are exposed to** advertising messages every day even though they might not realize it.

22 ~에 헌신하다, ~에 전념하다
be dedicated to ~

기업은 대상 시장의 변화하는 요구를 이해하고 이에 적응하는 것에 전념해야 한다.

Businesses need to **be dedicated to** understanding and adapting to the changing needs of their target market.

23 제품 품질
product quality

제품 품질에 투자하는 것은 만족한 고객들에 의한 긍정적인 입소문 마케팅으로 이어질 수 있다.

Investing in **product quality** can lead to positive word-of-mouth marketing by satisfied customers.

* 입소문의 word-of-mouth

24 ~에 대해 까다로운
particular about ~

훌륭한 마케팅 담당자는 그들이 협력하는 인플루언서에 대해 까다로우며, 그들의 진정성과 같은 요소를 고려한다.

Good marketers are **particular about** the influencers they partner with, considering factors such as their authenticity.

* 진정성 authenticity

25 약점을 극복하다
overcome a weakness

할인을 제공하는 것은 낮은 브랜드 인지도의 약점을 극복하는 데 도움이 될 수 있다.

Offering discounts can help **overcome the weakness** of low brand awareness.

26 중요한 역할을 하다
play an important role

데이터 분석은 메시지를 개별 소비자에 맞게 조정하는 데 중요한 역할을 한다.

Data analysis **plays an important role** in tailoring messages to individual consumers.

* 조정하다, 맞추다 tailor

27 ~의 영향
the impact of ~

고객 리뷰의 영향은 기업의 평판에 크게 영향을 미칠 수 있다.

The impact of customer reviews can greatly affect a business's reputation.

28 ~을 고려하다
take ~ into account

브랜드 정체성을 만들 때, 브랜드의 핵심 가치를 고려하는 것이 매우 중요하다.

When creating a brand identity, it's crucial to **take** the brand's core values **into account**.

29 제품을 홍보하다
promote a product

제품 포장은 또한 제품을 홍보하고 제품을 진열대에서 돋보이게 하는 데 사용될 수 있다.

Product packaging can also be used to **promote products** and make them stand out on shelves.

* 돋보이다 stand out

30 시장 점유율
market share

강력한 파트너십을 구축하는 것은 시장 점유율을 확대하고 새로운 시장에 도달하는 효과적인 방법이 될 수 있다.

Building strong partnerships can be an effective way to expand **market share** and reach new markets.

31 광고 전략
advertising strategy

광고 전략은 단기 및 장기 목표를 모두 다루어야 한다.

An **advertising strategy** should address both short-term and long-term goals.

32 언론 매체
media outlet

광고주들은 그들이 원하는 대상자들에게 다가가기 위해 가장 적합한 언론 매체를 신중하게 선택해야 한다.

Advertisers must carefully select the most suitable **media outlet** to reach their desired audience.

33 재구매
repeat sales

재구매는 종종 긍정적인 고객 경험의 결과이다.

Repeat sales are often the result of positive customer experiences.

34 소비자 불만
consumer complaint

소비자 불만은 기업이 제품의 개선 영역을 파악할 수 있는 기회가 될 수 있다.

Consumer complaints can be an opportunity for companies to identify areas for improvement in their products.

건강, 환경, 광고에 관한 표현 모음

냉동식품	frozen food
균형 잡힌 식단	a well-balanced diet
건강에 좋은 음식	healthy food
좋아하는 요리	a favorite dish
중요한 영양소	valuable nutrition
성분, 재료	ingredient
지방 함량과 열량이 높은	high in fat and calories
비위생적인	unsanitary
외국 음식	foreign cuisine
맛있는 음식을 즐기다	enjoy a delicious meal
적절하게 영양이 공급된	properly nourished
필요한 영양소가 결여되다	lack necessary nutrients
식단을 계획하다	plan meals
식료품 구입, 장보기	grocery shopping
음식을 배달시키다	get food delivered
음식 가판대	food stands
의료 시설	medical facilities
최신 의약품	cutting-edge medicine
항생제	antibiotics
의학 기술	medical technology
병이 나다	get sick
공공장소에서의 흡연	smoking in public
간접흡연	secondhand smoke
담배 연기	cigarette smoke
비흡연자	non-smoker
나쁜 시력	poor eyesight
고혈압	high blood pressure
심장 마비	a heart attack
상처로부터 생긴 감염	an infection from a cut
약물 중독	(a) drug addiction

만성 질병	chronic disease
(환자 등이) 위급한 상태	critical condition
건강에 위협이 되는 요소들	health risks
신체의 건강	physical fitness
평생의 건강	lifelong physical health
스트레스를 해소하다	relieve stress / release stress
매일의 운동	daily exercise
신체적 능력	physical ability
신체 훈련	physical training
치명적인 사고	a fatal accident
장애인	handicapped people / disabled people
환경 보존	environmental conservation
환경친화적인 정책	environmentally-friendly policy
생태계를 보호하다	preserve the ecosystem
개발되지 않은 땅	untouched land / undeveloped land
천연자원	natural resources
재생되지 않는 자원	a non-renewable resource
환경 파괴	environmental destruction
지구 온난화	global warming
공장 폐기물	factory wastes
기업의 쓰레기 투기	corporate dumping
악순환	a vicious cycle
운송 시스템	transportation systems
평화롭고 건전한 환경	a peaceful and healthy environment
범죄 예방	crime prevention
교통 체증을 완화하다	ease traffic congestion
교통 정체에 갇히다	be stuck in traffic
부산물	a by-product
세심한 결정	a careful decision
장기적인 영향	long-term effect

멸종 위기종	endangered species
재생 가능한 에너지	renewable energy
환경세	environmental tax
문제를 처리하다	address issues
낭비를 줄이다	reduce waste
생물 다양성 손실	biodiversity loss
물을 절약하다	conserve water
~에 관여하다	get involved in ~
지속 가능한 발전	sustainable development
가정 쓰레기	residential waste
대체 에너지	alternative energy
자원 고갈	resource depletion
화석 연료	fossil fuel
삼림 벌채	deforestation
전기 자동차	an electric car
정당화할 수 있는 이유	a justifiable reason
지각, 자각	a sense of awareness
책임감	a sense of responsibility
돌이킬 수 없는 손상	irreparable damage
조치를 취하다	take steps
녹지를 조성하다	create green spaces
담수 공급	freshwater supply
자전거 전용도로	dedicated bicycle lanes
~을 차별화하다	set ~ apart
정보의 원천	a source of information
브랜드 인지도	brand awareness
~에 책임이 있는	responsible for ~
자료를 수집하다	collect data
긴박감	a sense of urgency
물질주의	materialism

가능성을 높이다	increase the likelihood
구매 결정	purchase decision
홍보 (활동)	public relations
여론을 형성하다	shape public opinions
고객 관계 관리	customer relationship management
~을 좋아하다	go for ~
상업 목적	commercial purpose
입소문	word of mouth
소비자 행동	consumer behavior
사생활 침해	invasion of privacy
~보다 앞서 있다	stay ahead of ~
인기를 얻다	gain popularity
올바른 결정을 내리다	make correct decisions
요구에 부합하다, 수요를 맞추다	meet demand
결론에 도달하다	reach a conclusion
목표에 도달하다	reach one's goal
문제로부터 멀리 떨어져 있다	stay out of trouble
행동을 취하다	take actions
신중하게	with discretion
신뢰도, 신뢰성	reliability
무분별한 태도로	in an irrational manner
높은 목표를 세우다	set a high goal
비판적으로 생각하다	think critically
시간 엄수	punctuality
안심하다	feel secure
우선순위를 정하다	set priorities
주의를 끌다	draw one's attention
긍정적인 시각 ↔ 부정적인 시각	optimistic view ↔ pessimistic view
인간 본성	human nature
근시안적인 접근	a short-sighted approach

✔ CHECK-UP

파란색으로 주어진 표현에 유의하여, 다음의 우리말 문장을 영어로 바꾸어 쓰시오.

01 유독 폐기물은 핵 발전소의 유감스러운 부산물이다.
* 유독 폐기물 toxic waste　* 핵 발전소 nuclear power plant　* 유감스러운 unfortunate

_____

02 자연재해와 기후 변화는 식량 부족을 악화시킬 수 있다.
* 악화시키다 exacerbate

_____

03 노인들은 나이가 들면서 만성 질병에 더 취약해진다.
* 나이 들다 age　* ~에 취약한 vulnerable to ~

_____

04 지구 온난화는 산불의 원인이 되는 악순환의 일부인데, 이 산불은 심지어 지구 온난화를 더욱 초래한다.
* 산불 forest fires　* ~의 원인이 되다 contribute to ~　* 초래하다 cause

_____

05 삼림 벌채는 수많은 식물과 동물 종의 서식지에 돌이킬 수 없는 손상을 야기한다.
* 수많은 countless　* 서식지 habitat

_____

06 지하 주차장을 건설하는 것은 도시 지역의 교통 체증을 완화할 것이다.
 * 지하 주차장 underground parking lot * 건설하다 construct

_____

07 기업들은 새로운 서비스를 고안할 때 고객의 이익을 고려해야 한다.
 * ~을 고안하다 come up with ~

_____

08 브랜드 평판에 미치는 고객 만족의 영향이 고려되어야 한다.
 * 평판 reputation

_____

09 높은 의료 비용 때문에, 정부는 더 저렴한 의료 서비스에 대한 요구에 부합하기 위해 더 열심히 일해야 한다.
 * 저렴한 affordable * 열심히 일하다 work hard

_____

10 규칙적인 운동은 모든 사람이 건강을 유지하기 위해 따라야 할 기본 공식이다.
 * 규칙적인 regular * 따르다 follow * 기본 공식 basic formula

_____

INTEGRATED

ACADEMIC DISCUSSION

Hackers **TOEFL** Writing

다음에 주어진 우리말 문장을 영어로 바꾸어 쓰시오.

11 범죄율이 증가함에 따라 경찰에 대한 국민의 신임은 하락한다.
 * 증가하다 increase * 국민의 public * 신임 confidence * 하락하다, 줄어들다 diminish

_____

12 일부 과학자들은 인간의 수명이 언젠가 200세에 도달할 것이라고 믿는다.
 * 언젠가 someday * 도달하다 reach

_____

13 최신 의약품의 개발은 환자들의 해결되지 않은 의료적 필요에 의해 추진된다.
 * 개발 development * 추진하다 drive

_____

14 부모들은 그들의 아이들이 독감에 걸리는 것을 방지하려면 확실히 예방 접종을 받게 해야 한다.
 * 독감 flu * ~가 -하는 것을 방지하다 prevent ~ from * 확실히 하다 ensure * 예방 접종을 받다 get vaccinated

_____

15 증상의 악화를 피하기 위해 인터넷에 있는 건강 관련 조언은 신중하게 취해져야 한다.
 * 증상 symptom * 악화 worsening

_____

16 연구 결과는 간접흡연이 직접 들이마시는 담배 연기보다 더 유독하다는 것을 보여줬다.
 * 직접 directly * (연기를) 들이마시다 inhale * 유독한 toxic

_____

17 마케팅팀은 소셜 미디어에서 신제품들을 광고하는 데 전념한다.

* 신제품 new product

---

18 회사는 그것의 제품과 서비스에 대해 투명함으로써 고객의 인기를 얻을 수 있다.

* 투명한 transparent

---

19 피자와 냉동식품은 젊은이들 사이에서 인기 있다.

* ~ 사이에 among ~   * 인기 있는 popular

---

20 깨끗하고 안전한 환경을 유지하기 위해서는 폐기물 관리 서비스의 시간 엄수가 요구된다.

* 폐기물 관리 waste management

---

21 균형 잡힌 식단은 신선한 과일과 채소를 포함해야 한다.

* 포함하다 include

---

22 리뷰는 많은 사람들이 구매하기 전에 의존하는 정보의 원천이다.

* 구매하다 make a purchase   * ~에 의존하다 rely on ~

정답 p.430

3. 문화, 과학기술, 경영/경제에 관한 표현

1 디지털 문맹
digital illiteracy

디지털 문맹은 온라인 뱅킹과 같은 분야에서 노인들에게 어려움을 야기한다.

Digital illiteracy poses challenges for older individuals in areas such as online banking.

2 입소문이 나다
go viral

예를 들어, 사람들이 이타적으로 서로를 돕는 영상이 입소문이 나면서, 전 세계 사람들의 마음을 감동시켰다.

For example, a video of people selflessly helping one another **went viral**, touching the hearts of people worldwide.
* 이타적으로 selflessly

3 풍부한 문화유산
rich cultural heritage

아시아의 풍부한 문화유산은 무수한 사원과 사당을 통해 명백히 알 수 있다.

The **rich cultural heritage** of Asia is evident in its myriad temples and shrines.
* 무수한 myriad   * 사당 shrine

4 모국어
mother tongue / first language

브라질은 남미에서 포르투갈어가 대부분의 시민의 모국어인 유일한 나라이다.

Brazil is the only country in South America where Portuguese is the **mother tongue** of most citizens.
* 포르투갈어 Portuguese

5 세계 공용어
global language

많은 사람들은 영어가 세계 공용어가 되어야 한다고 생각한다.

Many people believe that English should become a **global language**.

6 최신 정보
up-to-date information

어떤 뉴스 주제의 최신 정보라도 항상 마우스를 몇 번만 클릭하면 얻을 수 있다.

The **up-to-date information** on any news topic is always just a few mouse clicks away.

7 정보 기술
information technology

인도의 정보 기술 전문가들은 미국의 프로그래머들이 청구하는 비용의 일부로 복잡한 소프트웨어를 개발한다.

Information technology specialists in India develop complex software at a fraction of the cost that American programmers charge.
* 일부, 작은 부분 fraction

8 최첨단 기술, 최신 기술
state-of-the-art technology

몇 년 전만 해도, 가상 현실 헤드셋은 최첨단 기술로 여겨졌다.

Just a few years ago, virtual reality headsets were considered a **state-of-the-art technology**.

9 양날의 검, 이로움을 줄 수도 있고 해를 끼칠 수도 있는 것
double-edged sword

모바일 기술은 시간을 최적으로 이용할 수 있게 하지만, 직원들을 피로하게 할 위험성도 있기 때문에 양날의 검이다.

Mobile technology is a **double-edged sword** because it makes optimal use of time, but also risks burning employees out.
* 최적의 optimal

10 수정하다, 조정하다
make an adjustment

그 분야의 전문가들은 최고의 성능을 달성하기 위해 복잡한 시스템을 조정할 수 있다.

Experts in the field can **make adjustments** to complex systems in order to achieve best performance.

11 재택근무를 하다
work out of one's home / work from home

재택근무를 하는 전문직 종사자들의 수가 크게 증가했다.

The number of professionals who **work out of their homes** has increased greatly.

12 연간 생산량
annual output

몇몇 공장들은 상품들에 대한 높은 수요를 맞추기 위해 연간 생산량을 늘리고 있다.

Some factories are increasing their **annual output** to meet the high demand for their products.
* 수요 demand

13 경제적 불평등
economic inequality

일자리 창출과 공정한 임금을 우선시하는 정책은 경제직 불평등을 완화할 수 있다.

Policies that prioritize job creation and fair wages can mitigate **economic inequality**.
* 완화하다 mitigate

14 노동 인구, 노동력
workforce

다양한 노동 인구는 회사가 경쟁사들보다 한발 앞서도록 돕는다.

A diverse **workforce** helps a company stay ahead of its competitors.
* ~보다 한발 앞서다 stay ahead of ~

15 ~을 유지하다, 지속하다
hold down ~

경기 침체 때문에, 안정된 직업을 유지하는 것이 힘들 수 있다.

Due to the economic downturn, it can be difficult to **hold down** a steady job.
* 경기 침체 economic downturn

16 실업률
unemployment rate

브라질의 실업률은 지난 30년간 높았다.

The **unemployment rate** in Brazil has been high for the last three decades.

17 경제적인 어려움
financial hardship

경제적인 어려움에 시달리는 학생들은 긴급 융자를 신청할 수 있다.

Students who suffer from **financial hardship** can apply for emergency loans.
* 긴급 융자 emergency loans   * ~을 신청하다 apply for ~

18 직업을 구하다
find employment

훌륭한 자격을 가지고 있음에도 불구하고, 젊은이들은 오늘날의 경쟁이 치열한 취업 시장에서 직업을 구하는 데 어려움을 종종 마주한다.

Despite possessing excellent qualifications, young people often face difficulties in **finding employment** in today's competitive job market.

* 자격 qualification

19 구직자
job seeker

훌륭한 이력서와 긍정적인 태도를 지닌 구직자는 일자리를 찾는 데 거의 어려움이 없을 것이다.

A **job seeker** with a good résumé and positive attitude should have little trouble finding work.

* 이력서 résumé

20 손실을 메우다
make up for the loss

어느 회사가 판매 손실을 메우기 위해 가격을 올릴 수 없다면, 그 회사는 직원 수를 줄여야 할지도 모른다.

If a company can't raise prices to **make up for the loss** of sales, they might have to cut back on staff.

* 가격을 올리다 raise price   * ~을 줄이다 cut back on ~

21 빚이 쌓이다
run up debt

사람들은 현금이 부족할 때 종종 신용카드 빚이 쌓인다.

People often **run up debt** on their credit cards when they are short of cash.

* 현금이 부족하다 be short of cash

22 비용을 분담하다
split the cost

자본이 별로 없는 사람들은 창업 비용을 분담하고 후에 결과적인 이익을 나눈다고 알려져 왔다.

People with little money have been known to **split the cost** of starting a new business and then share the resulting benefits.

23 경쟁 우위
competitive advantage

최첨단 기술은 회사에 시장에서의 경쟁 우위를 제공한다.

State-of-the-art technology gives a company a **competitive advantage** in the market.

24 예산을 초과하여
beyond budget

상사가 너무 많은 사업에 실패해 예산을 초과한다면, 그는 직원들로부터 신임을 잃을 것이다.

If a boss goes **beyond budget** on too many failed projects, he will lose the respect of his staff.

25 ~에 돈을 투자하다
invest money in ~

고용주가 숙련된 직원에 더 높은 급료로 돈을 투자한다면, 그 혹은 그녀는 더 높은 성과 수준을 기대할 것이다.

If an employer **invests money in** a skilled worker at a higher salary, he or she should expect a higher standard of performance.

26 부유한
well-off

해외 유학은 비용이 많이 들고 부유한 집안의 사람들만이 그 비용을 부담할 수 있다.

Overseas education is expensive and only those from **well-off** families are able to afford it.

27 비전통적인 방식
non-traditional way

오늘날의 업계에서, 회사들은 비전통적인 방식으로 일을 함으로써 종종 성공한다.

In today's business world, companies often succeed by doing things in a **non-traditional way**.

28 자동차 산업
auto industry

자동차 산업은 휘발유를 연료로 삼지 않는 자동차 생산을 고려하는 것이 현명할 것이다.

The **auto industry** would be wise to consider making vehicles that do not run on gasoline.

* ~을 연료로 삼다 run on ~

29 우주 탐사
space exploration

우리는 우주 탐사보다는 지구상의 문제들을 해결하는 데 더 많은 돈을 써야 한다.

We should spend more money on solving problems on this planet than on **space exploration**.

30 견습생 지위
entry-level position

견습생 지위에서 시작한 대부분의 사람들은 중요한 직위에 오른다.

Most people who start at **entry-level positions** rise to important positions.

31 직무 기술서
job description

유능한 지원자의 관심을 끌고자 하는 고용주는 상세하고 정확한 직무 기술서를 작성해야 한다.

An employer who wants to attract good candidates must write detailed and accurate **job descriptions**.
* 지원자 candidate

32 임시직 직원
temporary worker(= temp)

많은 기업들이 연휴 기간 동안 임시직 직원들을 고용한다.

Many companies hire **temporary workers** during the holiday season.

33 고도로 기술이 발달한 사회
high-tech society

고도로 기술이 발달한 사회는 사람들이 더 장수하고 보다 편안한 삶을 살도록 해 준다.

A **high-tech society** allows people to live longer and more comfortable lives.

34 창업하다
start a business

일부 대학은 학생들이 학교에 다니는 동안 창업하는 것을 장려한다.

Some colleges encourage their students to **start businesses** while in school.

문화, 과학기술, 경영/경제에 관한 표현 모음

문화적인 활동	a cultural activity
체험형 전시	hands-on exhibits
라이브 공연	a live performance
영화 애호가	a moviegoer
예술을 감상하다	appreciate art
대중음악	popular music
대중매체	mass media
여흥을 즐길 수 있는 장소	entertainment venues
텔레비전 앞에 달라붙어 있다	glue oneself to the television set
몰아서 보다	binge-watch
지속 가능한 패션	sustainable fashion
복장 규칙	a dress code
미술관	an art gallery
여가 활동	leisure activities
예술적 창의력	artistic creativity
진부한 표현	a cliché
종교적 박해	religious persecution
저작권 분쟁	property disagreement
휴양지	recreational areas
기념품	souvenir
지역성	regional identity
문화 동화	cultural assimilation
최신 도구	the latest gadget
최신 경향	the latest trend
무선 인터넷	mobile Internet
인터넷 콘텐츠	Internet contents
온라인 모임	online community
가상 현실	virtual reality (VR)
취소 문화	cancel culture
파일 공유	file sharing

자동화된 프로그램	computerized programs
전문적이고 과학적인 용어	technical and scientific terms
통계 분석	statistical analysis
우주 위성	a space satellite
무선 통신	wireless communications
핵무기	a nuclear weapon
과학적 발견	a scientific discovery
기술 발전	technological advancements
기술의 기적	a technological miracle
상승과 하강, 좋은 시절과 힘든 시절	ups and downs
중요한 발전	a significant breakthrough
시간 소모적인 과정	a time-consuming process
필수적인 부분을 구성하다	form an integral part
투자할 만한 가치가 있는	worth the investment
특허권을 갖다	hold a patent
유전자 조작(변형)	genetic modification
~으로 교체되다	be replaced with ~
자율 주행 차량	autonomous vehicle
사이버 범죄	cybercrime
윤리적 고려 사항	ethical considerations
안면 인식 기술	facial recognition technology
어려움을 극복하다	surmount difficulties
유전 공학	genetic engineering
주택 문제	a housing problem
가구, 생활 물품	a living arrangement
연대기 순으로	in chronological order
구식이 되다, 진부하게 되다	become obsolete
노동 시장	the labor market
업계 선두	the market leader
시장의 수요	market demand

자유시장 체제	a free market system
유망한 직업	a promising job
평생 고용	lifetime employment / lifelong employment
경력 준비	career readiness
스타트업, 신생 기업	a start-up company
일과 삶의 균형	a work-life balance
직업적 성취, 만족	career fulfillment
근무 환경	work environment
직무 성과	job performance
직업 요구 조건	a job requirement
직업 안정성	job security
높은 임금 ↔ 낮은 임금	high wage ↔ low wage
고소득 직업	well-paying job / high-paying job
전문적 업무	professional tasks
번창하는 사업	a prosperous business
대량 생산	mass production
기업 규모 축소, 직원 감축	company downsizing
사업주, 경영주	a business owner
예산 삭감	budget cutbacks
금전적 수입	a monetary gain
생활비	the cost of living / living expenses
생계비를 벌다	earn one's living
비용 효율적인 체계	cost-effective system
소매 가격	retail price
공공 재산	public property
지역 사업	local business
지역 경제에 영향을 미치다	affect local economies
정부 보조금	a government subsidy
유지 비용	maintenance costs
구호 자금	a relief fund

가치 있는 자산	valuable assets
사업을 일으키다	get a business off the ground
이익을 거두다	reap the benefits
용돈을 저축하다	save (up) one's allowance
전액 환불받다	get a complete refund
비용만큼 가치가 있다	worth the cost
근무 중인	on duty
소비 습관	spending habits
돈에 의해 좌우되는	money-driven
광고 수익	advertisement revenue
정규직	a full-time position
강한 직업 윤리	strong work ethic
(시간제) 아르바이트를 하다	work a part-time job
경기 침체	slow economy
생산성을 저하시키다	discourage productivity
승진	a promotion
세계적인 기업	a global company
일에 대한 헌신	commitment to a job
더 큰 수입을 창출하다	generate more income
근근이 살아가다	make ends meet
더 높은 가격을 부과하다	charge higher prices
공공요금	utility bills
수요가 매우 높다	be in great demand
경제 성장을 촉진하다	foster economic growth
금전 거래	a monetary transaction
세계 자본주의	global capitalism
재정 상태	a financial situation
경력을 쌓다	build (up) a career
이직률을 낮추다	reduce turnover
수익성이 좋은 사업	a lucrative business

 **CHECK-UP**

파란색으로 주어진 표현에 유의하여, 다음의 우리말 문장을 영어로 바꾸어 쓰시오.

01 비용을 줄이기 위해, 전문직 종사자들이 공동 사무실을 임대하는 비용을 분담하는 것이 점점 더 흔해지고 있다.
* 전문직 종사자 professional * 공동 사무실 co-working spaces * 임대하다 rent

_____

02 기업들은 기술 발전에 관해 직원들을 지속적으로 교육하는 것이 바람직하다.
* 지속적으로 continuously * 바람직한 advisable

_____

03 상세한 예산안을 작성하는 것은 많은 조사와 수정을 수반하는 시간 소모적인 과정이다.
* 조사 research * 수정 revision * 수반하다 involve

_____

04 높은 실업률은 제 기능을 발휘하지 못하는 경제의 한 징후이다.
* 제 기능을 발휘하지 못하는 malfunctioning * 징후 symptom

_____

05 일부 장학금은 경제적인 어려움을 증명할 수 있는 학생들에게만 주어진다.
* 장학금 scholarship * 증명하다 demonstrate * 주다, 수여하다 award

_____

06 문화 동화는 결국 고유 언어와 문화적 전통의 상실로 이어질 수 있다.
  * 고유 언어 unique languages * 문화적 전통 cultural traditions

_____

07 타자기가 구식이 된 것은 컴퓨터의 도입 후 얼마 지나지 않아서였다.
  * 타자기 typewriter * ~의 도입 introduction of ~ * ~은 – 후 얼마 지나지 않아서이다 it wasn't long after - that ~

_____

08 값비싼 식당에서 너무 자주 식사를 하는 것은 봉급 생활자로 하여금 예산을 초과하게 할 수 있다.
  * 식사 meal * 봉급 생활자 salaried worker

_____

09 유행병 때문에, 재택근무를 하는 것은 흔해졌다.
  * 유행병 pandemic

_____

10 기술의 발전은 장점과 단점을 모두 수반하는 양날의 검이다.
  * 수반하다 entail

_____

다음에 주어진 우리말 문장을 영어로 바꾸어 쓰시오.

11 주식 시장의 극적인 상승과 하강은 많은 투자자들이 그들의 자금을 잃는 것을 초래할 수 있다.

＊주식 시장 stock market ＊극적인 dramatic

---

12 환율의 급작스러운 변동은 때때로 지역 경제에 영향을 미친다.

＊환율 exchange rate ＊급작스러운 sudden

---

13 사이버 위협으로부터 데이터를 보호하는 기술은 투자할 만한 가치가 있다.

＊사이버 위협 cyber threat

---

14 사업에 돈을 투자하는 것은 안정된 기업에서 정기적인 봉급을 받는 것보다 위험 부담이 더 크다.

＊안정된 established ＊정기적인 봉급 regular salary ＊위험 부담이 큰 risky

---

15 긍정적인 문화를 조성하는 기업들은 더 높은 직원들의 사기라는 이익을 거둘 수 있다.

＊조성하다 foster ＊직원 사기 employee morale

---

16 재정적인 문제를 신중하게 다루지 않으면 빚이 쌓일 수 있다.

* 재정적인 문제 financial matter * 신중하게 carefully

_____

17 만약 팀이 부진한 성적을 보이면 팀 관리자는 운영 전략을 수정해야 한다.

* 부진한 성적을 보이다 perform poorly * 운영 operation

_____

18 어떤 사람들은 근근이 살아갈 만큼의 돈을 벌기 위해 두 가지 직업을 병행해야 한다.

* 돈을 벌다 earn money * 두 가지 직업을 병행하다 work two jobs

_____

19 고전하는 고용 시장은 대개 경기 침체의 산물이다.

* 고전하는 struggling * 고용 시장 employment market * 산물 product

_____

20 드라마 에피소드들을 몰아서 보는 것은 많은 젊은이들이 매우 좋아하는 취미가 되었다.

* 매우 좋아하는, 선호하는 favorite * 취미, 기분전환 pastime

_____

정답 p.430

실전익히기

Ⅰ | 답안의 기본 구조 익히기

주제가 확실히 드러나고 일관성과 통일성이 지켜지는 좋은 답안을 쓰기 위해서는 처음부터 글 전체의 구조를 잘 잡아 두어야 한다. 기본적으로 답안은 '나의 의견' 및 '이유와 근거'로 구성된다.

나의 의견   답안의 중심 내용을 소개하는 부분이다. 글의 토픽을 소개하고(도입) 그에 대한 자신의 의견(나의 의견)을 밝히며 글을 시작한다. 토론에 참여하고 있음을 나타내기 위해 나의 의견과 반대되는 학생의 의견을 반박하거나, 혹은 나와 의견이 같은 학생에게 동의하며 글을 시작해도 된다.

이유와 근거   앞서 밝힌 자신의 의견에 대한 이유를 제시하는 부분이다. 이유를 명확히 밝힌 뒤, 그에 대한 구체적 근거로서 일반적 진술과 예시 혹은 부연 설명을 제시한다. 두 학생이 언급한 이유나 근거와 다른 내용을 쓸 수 있어야 한다. 예시로는 개인적 경험이나 연구 결과 등을 사용할 수 있다.

시간이 남는 경우에는 맺음말을 덧붙임으로써 자신의 의견을 다시 한번 강조하며 글을 마무리 지을 수도 있다.

[답안의 기본 구조]

* 시간이 남는 경우에는 자신의 의견을 정리하여 재진술하는 맺음말을 마지막 문장으로 덧붙일 수 있다.

1. 문제 파악하기

본격적으로 답안을 작성하기에 앞서, 문제를 정확히 파악하는 것이 중요하다. 교수가 토론 주제를 제시할 때, 배경지식을 먼저 소개한 뒤, 마지막에 질문을 제시한다. 문제가 길고 복잡한 편이므로, 주제에서 벗어난 답안을 작성해 감점을 받지 않도록 질문과 응시자에게 요구하는 사항을 정확히 파악해야 한다.

문제 파악하기의 예

교수의 질문	두 학생의 의견
Doctor Kim As we navigate through the 21st century, it's clear that culture is constantly evolving and shaping our lives in profound ways. Pop culture, in particular, has become an essential part of our lives, influencing the way we think, talk, dress, and behave. But what is the most important cultural trend or phenomenon that has emerged in the 21st century and played a significant role in shaping modern pop culture? Why? 우리는 21세기를 지나고 있는데, 문화가 끊임없이 진화하고 있고 심오한 방식으로 우리의 삶을 형성하고 있다는 것은 명백합니다. 특히, 대중문화는 우리 삶에서 필수적인 부분이 되었으며, 우리가 생각하고, 말하고, 옷을 입고, 행동하는 방식에 영향을 미쳤습니다. 그런데 21세기에 대두되어 현대 대중문화의 형성에 중요한 역할을 해 온 가장 중요한 문화적 추세나 현상은 무엇입니까? 왜 그렇게 생각하죠?	**Jenna** The rise of social media has been the most important cultural trend in the 21st century, impacting pop culture in various ways. Social media is empowering individuals to become influential voices in pop culture. 소셜 미디어의 부상은 대중문화에 다양한 방식으로 영향을 미치면서, 21세기의 가장 중요한 문화적 추세였습니다. 소셜 미디어는 개인이 대중문화에서 영향력 있는 발언자가 되도록 힘을 실어주고 있습니다. **Sunho** The most important cultural phenomenon of the 21st century has been the growing popularity of K-pop. The spread of K-pop has contributed to cross-cultural exchange. K-pop의 증가하고 있는 인기가 21세기의 가장 중요한 문화적 현상이었습니다. K-pop의 확산은 문화 간 교류에 기여했습니다.

교수의 질문 이 문제에서는 '21세기의 가장 중요한 문화적 현상'을 한 개 골라서 답안을 작성해야 한다. 만약, '문화는 끊임없이 진화하고 있다' 혹은 '문화는 우리의 삶을 형성하고 있다'에 초점이 맞춰지면 주제에서 벗어난 답안을 작성하게 되므로 주의한다.

두 학생의 의견 토론 주제인 '21세기의 가장 중요한 문화적 현상'에 관해 Jenna는 소셜 미디어의 부상을 꼽았고 Sunho는 K-pop의 증가하고 있는 인기를 꼽았다. 따라서 소셜 미디어와 K-pop을 제외하고, 다른 문화적 현상을 떠올려 나의 의견으로 선택해야 한다.

2. 아웃라인 잡기

아웃라인은 답안의 구조를 간략하게 정리한 것으로, 앞으로 쓸 답안의 뼈대 역할을 한다. 따라서 토론 주제에 대한 나의 의견과 그 이유 및 구체적인 근거를 체계적으로 정리해야 하며, 한국어나 영어 중 자신에게 더 편한 언어로 작성하면 된다. 중심적인 내용이 아닌 부분은 아웃라인에 포함하지 않는다.

아웃라인 잡기 전략

STEP 1 브레인스토밍하기
주어진 토론 주제에 대해 떠오르는 생각을 자유롭게 전개해 본다. 이유와 근거를 더 많이 생각할 수 있는 의견은 무엇인지, 특정 학생의 의견에 옹호 혹은 반박할 근거가 있는지 등 다양한 관점에서 생각해 본다.

STEP 2 나의 의견 정하기
브레인스토밍을 통해 얻은 아이디어에 근거하여 자신의 의견을 결정한다. 답안에 쓸 수 있는 아이디어가 더 많거나 설득력이 높은 쪽을 선택하면 더욱 쉽게 글을 전개해 나갈 수 있다.

STEP 3 아웃라인 잡기
자신이 정한 의견과 그를 뒷받침하는 이유 및 구체적인 근거를 간략하게 정리하여 아웃라인을 잡는다. 이유는 자신이 선택한 의견의 장점이나 자신이 선택하지 않은 의견의 단점이 될 수 있다. 구체적인 근거는 각 이유에 대한 일반적 진술이나 예시 혹은 부연 설명으로 정리한다.

아웃라인 잡기의 예

교수의 질문	두 학생의 의견
Dr. Williams As artificial intelligence (AI) technology continues to advance and becomes more prevalent in creative industries such as music and literature, the question of whether AI-generated content should be protected by copyright laws has become increasingly relevant. Should AI-generated content be covered by copyright laws, or should it be considered public domain since it is created by machines and not humans? 인공지능 기술이 계속 발전하고 음악 및 문학과 같은 창작 산업에 널리 보급되면서, 인공지능에 의해 만들어진 콘텐츠가 저작권법의 보호를 받아야 하는지에 대한 문제가 점점 더 유의미해지고 있습니다. 인공지능에 의해 만들어진 콘텐츠는 저작권법의 적용을 받아야 할까요, 아니면 인간이 아닌 기계에 의해 생성되었기 때문에 공공 영역으로 간주되어야 할까요?	**Samantha** ──── • 저작권법의 적용을 받아야 한다 AI-generated content often requires significant investment and resources to create, and without copyright protection, creators may not have the incentive to invest in this field. 인공지능에 의해 만들어진 콘텐츠는 보통 제작을 위해 상당한 투자와 자원이 필요하며, 저작권 보호 없이는, 창작자들은 이 분야에 투자할 동기가 없을 수 있습니다. **Jack** ──── • 공공 영역이다 AI-generated content is often produced through the use of pre-existing data and information, making it less original and less deserving of copyright protection than works created from scratch. 인공지능에 의해 만들어진 콘텐츠는 이미 존재하던 데이터와 정보를 사용하여 제작되는 경우가 많기 때문에, 무에서 창조된 작품보다 독창성이 떨어지고 저작권 보호를 받을 가치가 더 적습니다.

브레인스토밍

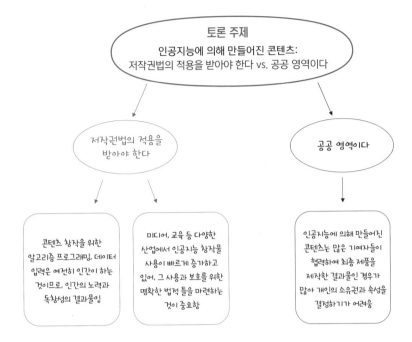

아웃라인

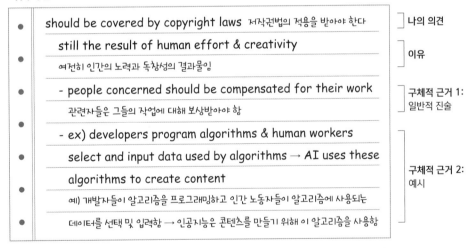

should be covered by copyright laws 저작권법의 적용을 받아야 한다 — 나의 의견

still the result of human effort & creativity — 이유
여전히 인간의 노력과 독창성의 결과물임

- people concerned should be compensated for their work — 구체적 근거 1: 일반적 진술
관련자들은 그들의 작업에 대해 보상받아야 함

- ex) developers program algorithms & human workers
select and input data used by algorithms → AI uses these
algorithms to create content — 구체적 근거 2: 예시
예) 개발자들이 알고리즘을 프로그래밍하고 인간 노동자들이 알고리즘에 사용되는
데이터를 선택 및 입력함 → 인공지능은 콘텐츠를 만들기 위해 이 알고리즘을 사용함

STEP 1 브레인스토밍을 통해 '인공지능의 콘텐츠는 저작권법의 적용을 받아야 한다 vs. 공공 영역이다'라는 토론의 두 선택지에 대해 제시할 수 있는 각각의 구체적인 이유를 떠올려 본다.

STEP 2 더 많은 아이디어가 떠오른 '저작권법의 적용을 받아야 한다' 쪽으로 자신의 의견을 정한다.

STEP 3 인공지능의 콘텐츠가 저작권법의 적용을 받아야 한다는 의견에 대해 떠올린 이유 중 한 가지를 선택해 정리한다. 그다음, 이유에 대한 구체적 근거를 정리하여 아웃라인을 완성한다.

HACKERS **PRACTICE**

다음 주어진 문제에 대한 답안의 아웃라인을 완성하시오.

01

교육

Professor Hong

The education system is built on the premise that students must be evaluated and assigned grades based on their academic performance. The importance of grades should not be underestimated as they often determine a student's future educational and professional opportunities. However, there has been much debate about the utility of this system. Let's discuss the following: Does grading students promote learning, or does it lead to excessive competition and a feeling of hopelessness?

Ralph

Providing grades to students is essential to encourage learning. Grades serve as an incentive for student achievement. To be honest, many students are not interested in certain subjects or classes, so they are unlikely to study unless they are graded on their performance.

Miranda

Grading can foster an overly competitive environment that is unhealthy for students. They feel pressured to perform better than their classmates and they may experience low self-esteem if they don't. When self-esteem is damaged during adolescence, it can have a significant impact on life as an adult.

Guideline

성적을 매기는 것이 과도한 경쟁과 절망감을 초래한다는 쪽으로 의견을 정하고, 그렇게 생각하는 주된 이유를 아웃라인으로 잡아 보자.

Outline

- 나의 의견 leads to excessive competition & feeling of hopelessness
- 이유 _____

02 Dr. Wilson

사회 Our world today is very different from the one our great-grandparents and their parents lived in. Imagine being a woman and not being allowed to vote. But it was only in the past 100 years that women gained the right to vote in many countries. What other cultural or social changes from the last 200 years, besides women's suffrage, would you choose as being one of the most important? Why?

Jeremy K.

For me, the abolition of slavery is the biggest one. I can't believe it used to be acceptable for people to be the "property" of their "owner." After slavery was abolished, lots of other movements followed, like the civil rights movement. We still have issues with equality and human rights, but things are better now than they were back then.

Saki M.

I was thinking of the Industrial Revolution. It totally changed the way people lived. They went from working on farms to working in factories, which led to the growth of cities. Industrialization also paved the way for capitalism and divided societies into a working class and an upper class—like, the owners of the factories.

Guideline

Jeremy가 제시한 노예제도 폐지, Saki가 제시한 산업혁명과는 다른 큰 사회적 변화인 '민주주의의 부상'으로 의견을 정한다. 주된 이유를 '민주주의가 대중에게 발언권과 권력을 주었다'로 정하고, 이유에 대한 일반적 진술 및 부연 설명을 아웃라인으로 잡아 보자.

Outline

- 나의 의견 rise of democracy
- 이유 gave voice & power to the masses
  - 일반적 진술 _____
  - 부연 설명 _____

Doctor Singh

In the next few weeks, we will examine the positive and negative impacts of social media on society. We use it to communicate with others and get information on various topics. But we've also seen how it can be used to spread misinformation. Before our next lecture, I would like you to discuss the following question: Should the government have a role in regulating social media platforms, or should users have complete freedom of speech?

Tim

Social media users should have freedom of speech in all circumstances. Social media is a great tool for sharing ideas and seeing how other people think, even if their opinions are different from our own. Without imposing regulations, the government should utilize social media as a platform to understand the unfiltered opinions of the citizens.

Layla

I disagree with Tim. First, it can be hard to tell the difference between what's real and what's fake on social media these days. Second, there's so much harassment and cyberbullying but no consequences for these behaviors. I think some level of government regulation is needed to protect people from misinformation and cyberbullying.

Guideline

정부가 소셜 미디어 플랫폼을 규제하는 역할을 해야 한다는 쪽으로 의견을 정한다. Layla가 말하는 주된 이유는 '사용자들이 진실과 거짓을 구별하는 것이 어려울 수 있고, 소셜 미디어에서 많은 폭력이 벌어진다'이므로, 이와 다르게 주된 이유를 '정부 규제가 플랫폼들이 공정하고 투명한 방식으로 운영하는 것을 보장할 수 있다'로 정하고, 이유에 대한 일반적 진술 및 예시를 아웃라인으로 잡아 보자.

Outline

- 나의 의견 government should regulate social media platforms

  이유 ensure platforms operate in fair & transparent manner

  – 일반적 진술 _____

- – 예시 _____

04

Doctor Evans

As we discussed in class, some countries have implemented a special tax on snacks and drinks that are high in sugar. The goal is to reduce sugar consumption, which is linked to health problems like obesity. But there is much debate about whether this type of tax is fair or even effective. What are your thoughts? Should governments implement this strategy to reduce sugar consumption, or should this type of tax be avoided?

Beth

Personally, I think that a sugar tax is a great idea because it encourages people to consume less sugar, which will lead to better health outcomes. It has been proven to work in other countries like Mexico, where there was a slight reduction in sugar-sweetened beverage consumption after the tax was implemented.

Greg

While I agree that something needs to be done to address the obesity epidemic, I don't feel that a sugar tax is the best solution. Independent businesses or mom-and-pop shops won't be able to absorb the tax and will have to pass the cost onto consumers.

Guideline

정부가 설탕세를 도입해야 한다는 쪽으로 의견을 정한다. Beth가 말하는 주된 이유는 '사람들이 더 적은 설탕을 소비하도록 장려한다'이므로, 이와 다르게 주된 이유를 '회사들이 설탕을 덜 함유한 제품을 새로 만들도록 장려한다'로 정하고, 이유에 대한 일반적 진술 및 부연 설명을 아웃라인으로 잡아 보자.

Outline

- 나의 의견 government should implement sugar tax
  - 이유 encourage companies to reformulate products to contain less sugar
    - 일반적 진술 _____
    - 부연 설명 _____

모범 답안·해석 p.432

* 다른 아웃라인 및 모범 답안은 부록 p.288, p.306, p.296, p.314에서 확인할 수 있습니다.

HACKERS **TEST**

다음 주어진 문제에 대한 답안의 아웃라인을 완성하시오.

01

사회

Professor Daniels

It seems that in modern times, people are paying more attention to their appearance than they did in the past. The fact that the beauty and fashion industries are worth billions of dollars and are experiencing international growth only supports this. Before next week's lecture, please give your thoughts on this question: What do you think is the biggest factor that has contributed to people caring so much about their appearance? Why?

Jan

There is no doubt that social media plays the biggest role. On platforms like Instagram and TikTok, people are constantly bombarded with images of "perfect" bodies and faces. It puts pressure on them to look a certain way, and that can lead to obsessive thoughts about appearance.

Kyle

I think people care a lot about how they look because it's one of the few things they can control in a society that's not always fair. This is why images related to fitness and personal appearance are so popular these days. Even though it's not easy to break down social barriers, improving one's appearance can yield results quickly.

Outline

- 나의 의견 enticing advertisements
    - 이유 _____
        - 일반적 진술 _____
        - 예시 _____

02 Doctor James

환경

As human beings, we are now facing the dual challenges of climate change and environmental degradation. Some people remain doubtful that the state of the environment will improve in the coming years, while others are hopeful that we can take action now to mitigate the damage. What do you think? Is the situation truly hopeless, or do you believe that we can make positive changes to protect the environment for future generations?

Suzy

I believe the situation is hopeless. Climate change is already having a devastating impact on our planet, and it is only going to get worse. Despite efforts to mitigate the damage, we have already caused irreparable harm to our environment. We must accept that we cannot undo the damage and focus on adapting to the changes that are coming.

Taehwan

While the challenges of climate change and environmental degradation are daunting, I remain hopeful that we can meet them. Some progress has already been made in reducing greenhouse gas emissions by increasing our use of renewable energy sources, like the sun and wind. If we continue to make sustainable choices, we can create a better future for generations to come.

Outline

- 나의 의견 *environmental situation is hopeless*

  이유 _____

  - 일반적 진술 _____

  - 예시 _____

INTEGRATED

ACADEMIC DISCUSSION 실전

Hackers TOEFL Writing

03

Professor Cohen

We have been discussing the use of product placement in movies and TV shows. As we learned in class, product placement is the practice of featuring branded products in a movie or TV show for promotional purposes. Before our upcoming class, I would like you to discuss the following question: Should companies be allowed to advertise their products this way, or is product placement too intrusive?

Tom

I feel that product placement is an effective way for advertisers to reach consumers. Usually, the product placement is integrated into the storyline, so it seems natural and unobtrusive. Plus, advertising fees offset the cost of production, which ultimately benefits viewers. So I think that product placement should not only be allowed but encouraged.

Sarah

I have to respectfully disagree with Tom on this one. I find product placement to be very intrusive, and it often takes me out of the viewing experience. For example, during an emotional scene in a drama, a character asked for a specific brand of juice. It was so obviously a marketing ploy that I no longer felt engaged with the show.

Outline

- 나의 의견 product placement should be allowed

  이유 _____

  　　－ 일반적 진술 _____

  　　－ 부연 설명 _____

04

문화

Dr. Renault

Nowadays, it's important to use politically correct language that doesn't offend people based on their gender, race, or physical condition. When celebrities fail to use the correct terms, there are often public protests to have them removed from movies or shows. This trend is referred to as cancel culture. But is cancel culture necessary to create a society that is free of discrimination, or is it a form of censorship? Why?

Olivia

We should be careful not to offend anyone, of course, but I think cancel culture goes too far. It's almost like celebrities are being forced to censor themselves. And if these people are scared to voice their opinions because of the chance they might be criticized, how are people supposed to have productive discussions?

Justin

Cancel culture is necessary to hold people accountable for their harmful actions and words. Sure, having to use politically correct terminology can be difficult at times. But it's the least we can do to respect our fellow humans. When people use hurtful language, others might feel excluded, and this can create a hostile environment.

Outline

- 나의 의견 *cancel culture is necessary*

    이유 _____

-     – 일반적 진술 _____

-     – 예시 _____

모범 답안·해석 p.434

* 다른 아웃라인 및 모범 답안은 부록 p.302, p.318, p.320, p.332에서 확인할 수 있습니다.

Ⅱ | 답안 쓰기 - 나의 의견

답안의 구조에 대해 배웠으니 이제 답안의 구조에 따라 직접 써 보기로 한다. 먼저 답안의 첫인상을 결정하는 나의 의견을 쓰는 방식에 대해 알아보자.

1. 내용과 구성

문제에 제시된 다른 학생의 의견을 언급하며 토픽에 대해 소개한 후, 나의 의견을 한 문장으로 제시한다.

- **도입**: 자신의 의견과 반대되는 학생의 의견을 소개하거나, 자신의 의견과 같은 학생의 의견에 동의하며 토픽에 대해 소개힌디. 학생의 의견올 답안에 언급하는 것이 필수는 이니지만, 토론 내용올 이해하며 참여하고 있다는 것을 보여 주기 위해 활용할 수 있다.
- **나의 의견**: 질문에 대한 구체적인 자신의 의견을 밝힌다. 이때 질문에서 제시된 표현을 그대로 사용하지 않고 일부 표현을 약간 다르게 재진술(paraphrase)한다.

구조 및 표현

도입	I understand why A[나와 의견이 반대되는 학생] thinks that + [A의 의견]. I agree with B[나와 의견이 같은 학생]'s perspective that + [B의 의견]. I see why A and B think that + [학생들의 의견 요약].
나의 의견	However, in my opinion, + [나의 의견]. Additionally, I think + [학생들이 제시한 것과는 다른 추가적인 의견이나 이유].

*두 학생의 의견을 언급하는 것이 필수는 아니므로, 'In my opinion, + [나의 의견].'을 활용해 단도직입적으로 답안을 시작할 수도 있다.

TIP

교수 및 학생의 말을 그대로 사용하지 않고 일부 표현을 재진술(paraphrase)함으로써 나의 의견을 더욱 효과적으로 작성할 수 있다.

- **단어나 구 paraphrase**
paraphrase하고자 하는 문장에 쓰인 단어/구와 유사한 의미를 가진 단어/구를 사용하여 paraphrase할 수 있다.

ex)

문제에 주어진 학생 Steven의 의견	Paraphrase하여 도입 쓰기
Knowledge should **take priority over** creativity.	I understand why Steven thinks that knowledge is **more important than** creativity.

- **문장 구조 paraphrase**
비슷한 의미를 갖지만 문장의 구조를 변화시키는 다른 연결어(접속사, 전치사)를 사용하거나, 문장 성분 간의 위치를 바꾸어 paraphrase할 수 있다.

ex)

교수의 질문	Paraphrase하여 나의 의견 쓰기
Which inventor would you choose as **being the greatest of all time**? Why?	In my opinion, **the greatest inventor ever is** Thomas Edison.

2. 나의 의견 쓰기의 예

Question

Doctor Lee

Public funding is limited, and policymakers must make difficult choices when allocating resources to different sectors. For example, they might be tasked with deciding whether to invest in the arts or technological advancement. In your opinion, if government policymakers were pushed to choose between spending money on supporting art museums and music performances or focusing on the development of renewable energy sources, which option should they pick and why?

Karen

Developing renewable energy should be a top priority, in my opinion. Although promoting creative expression is important, the decline of our planet demands immediate attention. We should focus on renewable energy in order to reduce greenhouse gas emissions.

Brad

While renewable energy is vital for the future, supporting art museums and music performances is essential for enriching our society. Art brings communities together while also promoting cultural awareness and providing educational opportunities. It also gives marginalized people a voice and helps them advocate for change. Without art, a lot of people are silenced.

자신의 의견과 반대되는 Brad의 의견을 활용해 도입 문장을 작성한 후, 재생 가능한 에너지에 투자해야 한다는 자신의 의견을 제시한다. 이때 질문에 제시된 표현을 재진술한다.

> Government policymakers should focus on the development of renewable energy sources.

Outline

- renewable energy
- energy projects = call for ↑ public investment
  - initial costs ↑ → private investors hesitant to take on risks
  - ex) requires new infrastructure such as wind farms & solar panels & energy storage facilities

나의 의견 쓰기 ✏️

도입

I understand why Brad thinks that supporting the arts is fundamental to the enrichment of our society.

나의 의견

However, in my opinion, [the government should invest funds in renewable energy sources instead of art programs.]

해석 p.271

HACKERS **PRACTICE**

주어진 가이드라인과 아웃라인을 참고하여 빈칸에 적절한 문장을 써서 나의 의견을 완성하시오.

01 Doctor Medina

교육

Let's delve into the topic of how university students can prepare for their careers during their university years. Participating in internship programs has become increasingly popular, with many students completing at least one prior to graduation. However, there is a great deal of debate regarding their effects. Some experts argue that pursuing internships while in school is crucial, while others believe it is unnecessary and even detrimental. What are your thoughts? Do internships offer more benefits or drawbacks for students?

Celeste

University students should participate in internships during their academic years. One notable advantage of internships is the chance to acquire hands-on experience in their chosen fields. Through internships, students can apply the knowledge they gain in the classroom to real-world situations, thereby enhancing their understanding of industry practices.

Adeline

Personally, I believe university students should not feel pressured to pursue internships during their academic years. Participating in internships can place additional demands on students, requiring them to balance their academic responsibilities with work commitments. This balancing act can be very challenging and may hurt their academic performance.

Guideline

Celeste처럼 인턴십에 참여하는 것이 이점을 제공한다는 쪽으로 의견을 정하고, 도입 문장은 생략 후 단도직입적으로 나의 의견을 작성해 보자.

Outline

- offer more benefits 더 많은 이점을 제공함

  give opportunities to build networks & connections
- 네트워크 및 인맥을 구축할 수 있는 기회를 제공함

나의 의견 쓰기 🖉

나의 의견

① _____

_____.

제 생각에는, 인턴십에 참여하는 것이 경력 측면에서 학생들에게 단점보다 장점을 더 많이 제공합니다.

02

정치

Doctor Ping

Starting from this unit, we will examine the issue of low birth rates, which is a significant concern in many countries. Developed nations in particular are facing the challenge of declining birth rates, which raises worries about the future of humanity. Now, let's shift our focus to the low birth rate problem in your own country. Please propose a potential solution to address this issue and explain why you consider it the most suitable approach.

Erica

In my view, the best solution for addressing our country's low birth rate problem is to implement comprehensive family-friendly policies. This approach involves removing barriers to parenthood and creating a supportive environment for families. For example, providing affordable and accessible childcare services would take pressure off working parents.

Timothy

I think the most suitable approach is to focus on improving work-life balance. Many people delay starting a family due to demanding work schedules. Therefore, we should reduce daily working hours and implement a four-day workweek. These policies will provide people with significantly more time for their personal lives.

Guideline

Erica와 Timothy가 말한 것과는 다른 아이디어를 떠올려 의견을 정하고, 도입 문장은 생략 후 단도직입적으로 나의 의견을 작성해 보자.

Outline

- affordable housing initiatives 저렴한 주택 정책

  alleviate the financial burden associated with raising a family
- 가정을 꾸리는 것과 관련된 경제적 부담을 경감시킴

나의 의견 쓰기 ✎

나의 의견

① _____

  _____ .

제 생각에는, 우리나라의 저출산 문제를 해결하기 위한 가장 효과적인 방안은 젊은 가정을 위한 저렴한 주택 정책을 시행하는 것일 겁니다.

03 Dr. Klein

Advances in technology have provided us with many benefits, but this has come at the expense of the environment. For instance, the increased extraction of natural resources, like minerals and rare earth elements, has led to widespread ecological destruction. But this is just one of the many environmental issues we are dealing with today. Apart from the damage caused by resource extraction, what is the most significant environmental problem that has been created due to technological advancement?

Xander

One major environmental problem caused by the advancement of technology is the growing amount of electronic waste. As technology evolves at an ever-increasing rate, people often upgrade their electronic devices like phones and computers to newer models. This results in the disposal of large amounts of electronic waste, leading to the release of hazardous chemicals into the environment.

Danielle

Another problem that has come with technological development is our increased consumption of fossil fuels like oil and gas. The transport of raw materials needed to manufacture technological devices and the distribution and delivery of electronic goods to the customer require significant amounts of fossil fuels. This contributes to increased greenhouse gas emissions and, ultimately, climate change.

Guideline

Xander와 Danielle이 말한 것과는 다른 아이디어를 떠올려 의견을 정하고, 두 학생의 의견을 제시하며 도입을 작성해 보자.

Outline

- destruction of natural habitats 자연 서식지 파괴

  uncontrolled construction activities harm ecosystems
- 무분별한 건축 활동이 생태계를 해치고 있음

나의 의견 쓰기 🖉

도입

① _____

_____ .

저는 왜 Xander와 Danielle이 전자 폐기물과 화석 연료 소비가 기술 발전에 의해 야기된 심각한 문제라고 생각하는지 이해합니다.

나의 의견

However, in my opinion, the most significant issue caused by technological development is the destruction of natural habitats.

하지만, 제 생각에는, 기술 발전에 의해 야기된 가장 큰 문제는 자연 서식지의 파괴입니다.

04

광고

Professor Reynolds

Fast-food advertisements are everywhere —on TV, billboards, and social media. Because people are frequently exposed to these food products, they tend to buy them often. The growing influence of fast-food advertisements has led to a great deal of debate about their influence on people's health. Before next class, I'd like you to answer this question: Should we blame fast-food advertisements for obesity, or is it solely the consequence of individual choices?

Maria

I believe that fast-food advertisements should be blamed. Fast food is often high in calories and contains unhealthy ingredients, which can cause obesity. These advertisements are now everywhere, and their constant presence pressures individuals to give in to their cravings. So, these advertisements are indirectly influencing our food choices and ultimately contributing to obesity.

Louis

I agree that fast-food advertisements can make people crave unhealthy foods, but I think obesity is fundamentally an individual issue. People have the choice to eat unhealthy foods or not. It is up to individuals to make these decisions and take responsibility for their own health. We cannot blame advertisements for our own choices.

Guideline

Maria처럼 패스트푸드 광고가 비만의 원인이 되었다는 쪽으로 의견을 정하고, 반대되는 Louis의 의견을 이용한 도입 문장에 이어 나의 의견을 작성해 보자.

Outline

- blame fast-food ads for obesity 비만을 패스트푸드 광고 탓으로 돌림

  strategically designed to target children
- 어린아이들을 목표로 하기 위해 전략적으로 제작됨

나의 의견 쓰기 ✏️

도입

I understand why Louis thinks that people should be responsible for what they choose to eat.

저는 왜 Louis가 사람들이 자신이 먹기로 선택한 것에 책임을 져야 한다고 생각하는지 이해합니다.

나의 의견

① _____

_____ .

하지만, 제 생각에는, 패스트푸드 광고들이 여전히 비만의 증가에 상당한 역할을 합니다.

모범 답안·해석 p.437

주어진 아웃라인을 참고하여 나의 의견을 완성하시오.

01 Doctor Tran

Experts are concerned about the phenomenon of rural depopulation, also known as the "rural exodus"—and for good reason. Many rural areas are currently facing challenges such as declining populations and low birth rates, as more and more young people migrate to urban centers in search of better opportunities. Given these circumstances, I want to ask you: Fifty years from now, will rural communities continue to decline? Why or why not?

Jasper

It is highly likely that rural communities will have fewer and fewer people in fifty years. With urban centers offering better prospects for education, health care, and entertainment, it is no surprise that young people are leaving rural regions. Unless something drastically changes, which I doubt, I do not see this trend reversing.

Felix

As I see it, rural towns will flourish in the future. While it is true that some rural areas are experiencing depopulation, most people recognize the inherent value and resilience of these small towns. They have a unique charm and offer a sense of community that many people still cherish.

Outline

- disagree 동의하지 않음
- high cost of living in cities & remote work technology
  → attract urban workers to rural areas
- 도시의 비싼 생활비와 원격 근무 기술이 도시 노동자들을 농촌 지역으로 끌어들임

나의 의견 쓰기 ✎

나의 의견

_____

_____.

02 Dr. Baker

교육

Today, I want to look at effective teaching methods. The approach used by teachers can significantly affect students' academic achievements. But which teaching method is the best? Is it the use of questioning and answering to encourage participation? Is it a problem-solving approach that enables students to resolve the challenges they face? Or is it an experimental method where students directly observe and verify outcomes? Which approach is the most effective, and why?

Eva

I would argue that the best teaching method is the use of questioning and answering to encourage participation. This approach promotes active engagement and critical thinking among students. Inspiring them to think deeply and articulate their thoughts through questioning stimulates learning and helps them develop problem-solving skills.

Toby

An experimental approach would potentially yield the best academic results. By actively participating in a scientific process, students gain firsthand experience in analyzing data. Students can use this process to develop a deeper conceptual understanding of the subject matter by directly observing cause-and-effect relationships and verifying outcomes.

Outline

- problem-solving approach 문제 해결 접근법
- students are required to think independently → foundation for self-directed learning
- 학생들은 독립적으로 생각하도록 요구되며 이는 자기 주도 학습의 토대가 됨

나의 의견 쓰기 ✏️

나의 의견

_____

_____ .

03

Doctor Miller

This week, we've explored the issue of the digital divide and its impact on society. Now, let's consider two potential methods that governments can use to bridge this gap. The first proposal is to invest in infrastructure development to expand access to high-speed Internet in underserved areas. The second proposal is to implement digital literacy programs and provide training opportunities to enhance digital skills in marginalized communities. Which approach do you believe would be more effective? Explain your reasoning.

Irene

Both proposals have their merits, but if I had to choose, I believe the second proposal holds more promise in reducing the digital divide. Infrastructure development is undoubtedly important, but it alone does not guarantee digital inclusion. By investing in digital literacy programs, we can ensure that everyone has the skills to leverage digital technologies effectively.

Winston

In my view, narrowing the digital divide requires investing in infrastructure development. Access to reliable and high-speed Internet is the foundation for digital inclusion. It addresses the root cause of the divide. Without reliable Internet access, digital literacy programs on their own may not be fully effective in bridging the gap.

Outline

- to invest in infrastructure development 사회 기반 시설 개발에 투자하는 것

- access to high-speed Internet → countless self-education programs on platforms like YouTube

- 초고속 인터넷에의 접근성이 유튜브와 같은 플랫폼의 수많은 독학 프로그램을 제공함

나의 의견 쓰기

도입

_____

_____.

나의 의견

_____

_____.

04 Professor Carter

경영/경제 In our textbook, we read that countries around the world are facing numerous economic problems. For the rest of this week, our focus will be on identifying the most pressing issues and then exploring different ways to address them. I'd like you to begin by considering a specific economic problem at the individual, corporate, or national level. Once you have identified an issue, present an effective solution and explain it in detail.

Mahesh

I believe one significant economic problem is high levels of national debt. High national debt can hinder economic growth, limiting the government's ability to respond to emergencies or invest in critical areas such as infrastructure and education. To address this issue, implementing responsible spending policies is necessary. This includes prioritizing essential expenditures and reducing wasteful spending.

Anh

An economic problem that is occurring throughout the world is high youth unemployment. University graduates spend months and even years competing for a limited number of positions. To address this problem, governments should encourage businesses to increase their hiring of young people. This can be done by providing companies that employ many recent graduates with wage subsidies and tax incentives.

Outline

- slowdown in private consumption ← policies to promote spending
  민간 소비 둔화가 문제이며 이를 해결하기 위해 지출 촉진 정책이 필요함

- private consumption weakens → directly impacts businesses

- 민간 소비가 둔화되면 직접적으로 기업에 영향을 줌

나의 의견 쓰기 🖉

도입

_____

_____ .

나의 의견

_____

_____

_____ .

모범 답안·해석 p.439

Ⅲ | 답안 쓰기 - 이유와 근거

앞서 제시한 자신의 의견을 설득력 있는 의견으로 만들기 위해 그것에 대한 이유와 근거는 필수적이다. 답안의 중심축인 이유와 근거를 쓰는 방식에 대해 알아보자.

1. 내용과 구성

- **이유**: 자신의 의견에 대한 이유를 설명하는 부분이다. 아웃라인에서 정리한 '이유'를 풀어쓰도록 한다.
- **구체적 근거**: 이유를 뒷받침하는 구체적인 근거를 드는 부분으로, 일반적 진술과 예시 혹은 부연 설명으로 구성하면 효과적이다. 일반적 진술 부분에서는 자유로운 방식으로 이유 문장에 대한 부가적인 설명을 덧붙인다. 그런 다음, 이유를 뒷받침하는 예시나 부연 설명으로 자신의 경험담, 연구 및 설문 조사 결과, 기사, 통계 자료 등을 소개한다.

구조 및 표현

이유	This is mainly because + [이유]. The main reason is that + [이유]. The primary reason is that + [이유].
구체적 근거 1: 일반적 진술	이유 문장에 대한 부가적 설명
구체적 근거 2: 예시 혹은 부연 설명	경험담, 연구 및 설문 조사 결과, 기사, 통계 자료 등 소개 - For example / For instance / According to / Studies have shown that / From my experience / Based on my experience / In my case 등

TIP

이유와 근거를 충분히 작성한 후 시간이 남는다면, 맺음말을 한 문장 덧붙여 답안을 마무리할 수 있다. 이때, 답안의 중심 내용에서 벗어나지 않도록 통일성 있게 정리하는 것이 중요하다. 또한, 이미 사용한 표현을 지나치게 반복하지 않도록, 다른 표현을 활용해서 재진술(paraphrase)한다.

- **맺음말을 쓸 때 사용할 수 있는 표현**

Overall, + [나의 의견]. In this regard, + [나의 의견]. Therefore, + [나의 의견].

2. 이유와 근거 쓰기의 예

Question

Doctor Lee
Public funding is limited, and policymakers must make difficult choices when allocating resources to different sectors. For example, they might be tasked with deciding whether to invest in the arts or technological advancement. In your opinion, if government policymakers were pushed to choose between spending money on supporting art museums and music performances or focusing on the development of renewable energy sources, which option should they pick and why?

Karen
Developing renewable energy should be a top priority, in my opinion. Although promoting creative expression is important, the decline of our planet demands immediate attention. We should focus on renewable energy in order to reduce greenhouse gas emissions.

Brad
While renewable energy is vital for the future, supporting art museums and music performances is essential for enriching our society. Art brings communities together while also promoting cultural awareness and providing educational opportunities. It also gives marginalized people a voice and helps them advocate for change. Without art, a lot of people are silenced.

에너지 프로젝트는 상당한 공공 투자를 요구한다는 이유를 밝힌 뒤, 자신의 이유에 대해 일반적인 관점에서 조금 더 구체적으로 설명하는 일반적 진술을 덧붙인다. 이를 예시 혹은 부연 설명으로 뒷받침한다.

Outline	이유와 근거 쓰기
• renewable energy	**이유** **This is mainly because** [renewable energy projects often call for significant public investment to get started.]
• energy projects = call for ↑ public investment	
• - initial costs ↑ → private investors hesitant to take on risks	**일반적 진술** [As the initial costs can be high, private investors may be hesitant to take on the risks] associated with developing new technologies.
• - ex) requires new infrastructure such as wind farms & solar panels & energy storage facilities	**예시** **For example,** the transition to renewable energy sources [requires the development of new infrastructure, such as wind farms, solar panels, and energy storage facilities.]

해석 p.271

주어진 가이드라인과 아웃라인을 참고하여 빈칸에 적절한 문장을 써서 이유와 근거를 완성하시오.

01 Dr. Nguyen

과학기술 Scientific discoveries are a cornerstone of human progress and have played a critical role in advancing our understanding of the world. For the next few weeks, we are going to look at some of the major scientific milestones over the past century. Before we proceed, however, I want to discuss this question: Should scientists be obligated to reveal their discoveries to the public, or should it be okay to keep them concealed in some cases?

Giselle

Some scientific discoveries may be harmful to society, and in those cases, they should be kept confidential to avoid any potential negative consequences. For example, if a new weapon of mass destruction is developed, scientists and researchers should be careful about publicly revealing the technology behind it.

Dante

I think scientific discoveries should be shared with the public as this will advance our collective knowledge and lead to greater innovations that can benefit society. We can also accelerate progress and ensure that everyone has access to these benefits. Scientists should not keep any discoveries secret unless there is a compelling reason to do so.

Guideline

과학적 발견을 숨겨도 괜찮다는 쪽으로 의견을 정하고, '발견자들은 지적 재산을 보호할 권리가 있다'라는 이유로 구체적 근거 및 맺음말을 정리해 보자.

Outline

- okay to keep discoveries concealed 발견을 숨겨도 괜찮음

- discoverers have the right to protect intellectual property

  발견자들은 지적 재산을 보호할 권리가 있음

- - private organizations invest ↑ resources & time

  민간단체들이 상당한 자원과 시간을 투자함

- - ex) company: develops new manufacturing process → keeps

  details secret to maintain competitive edge & reap benefits

  예) 회사가 새로운 제조 공정을 개발하면 경쟁 우위를 유지하고 이익을 거두기 위해

- 세부 사항을 비밀로 유지함

이유와 근거 쓰기

이유

① ____
____.

이는 주로 발견자들이 그들의 지적 재산을 보호할 권리가 있기 때문입니다.

구체적 근거 1: 일반적 진술

Some companies and private organizations invest significant resources and time in scientific discoveries. If scientific discoveries enter the public domain, these groups may lose motivation to do more research, hindering further scientific development.

몇몇 회사들과 민간단체들은 과학적 발견에 상당한 자원과 시간을 투자합니다. 만약 과학적 발견들이 공공 영역에 들어간다면, 이러한 집단들은 추가적인 연구를 할 동기를 잃게 될 것이고, 더 나아간 과학적 발전을 저해할 것입니다.

구체적 근거 2: 예시

For example, if a company develops a new manufacturing process that enables it to produce goods more cheaply and efficiently than its competitors, it may want to keep the details of the process secret to maintain its competitive edge. That way, it can reap the benefits of its investment in research and development.

예를 들어, 어떤 회사가 경쟁사들보다 더 저렴하고 효율적으로 상품을 생산할 수 있는 새로운 제조 공정을 개발하면, 그것은 경쟁 우위를 유지하기 위해 공정의 세부 사항을 비밀로 유지하고 싶을 것입니다. 그런 식으로, 그것은 연구 및 개발에 대한 투자의 이익을 거둘 수 있습니다.

맺음말

② ____
____.

전반적으로, 저는 과학적 발견의 지적 재산권을 존중하는 것이 합리적이라고 생각합니다.

02

문화

Professor Ortez

As we examine the impact of media on our lives, we must acknowledge the profound influence of platforms like YouTube. In recent years, YouTube has become an integral part of our lives, offering a vast array of videos ranging from entertainment to educational content. But before we explore the details of its influence, let's hear your thoughts. In what ways does YouTube affect people? And why do you think so?

Amir

In my view, the most striking change that YouTube has brought is fostering a sense of community and connection. Through comments, live chats, and other interactive features, viewers can engage with content creators and other viewers, creating a virtual space for discussion, collaboration, and shared experiences.

Carmen

YouTube can negatively affect people because it can be too time-consuming. With so much content available, it has become easy to scroll endlessly and spend hours watching videos. This can have negative consequences for productivity, mental health, and relationships.

Guideline

유튜브가 지식을 얻는 방식을 혁신하는 영향을 미쳤다는 쪽으로 의견을 정하고, '많은 교육 콘텐츠를 무료로 제공한다'라는 이유로 구체적 근거를 정리해 보자.

Outline

- revolutionize the way we acquire knowledge 지식을 얻는 방식을 혁신함

- offers ↑ educational content for free
  많은 교육 콘텐츠를 무료로 제공함

- unlike traditional education, learn at own pace & on own time
  전통적인 교육과 달리, 자신의 속도와 시간에 맞춰 배움

- ex) learned how to play guitar by watching videos on YouTube
  예) 유튜브 영상을 보면서 기타 치는 법을 배웠음

이유와 근거 쓰기 ✏️

이유

① _____
_____.

주된 이유는 유튜브가 요리와 집수리에 대한 튜토리얼부터 복잡한 과학 주제에 대한 강의에 이르기까지, 다양한 교육 콘텐츠를 무료로 제공한다는 것입니다.

구체적 근거 1: 일반적 진술

Unlike traditional forms of education, YouTube allows individuals to learn what they want at their own pace and on their own time, making education more accessible and flexible. ② _____
_____.

전통적인 교육 형태와 달리, 유튜브는 사람들이 자신의 속도와 시간에 맞춰 원하는 것을 배울 수 있게 하여, 교육을 더 접근하기 쉽고 융통성 있는 것으로 만듭니다. 게다가, 비용이 전혀 들지 않기 때문에, 그것은 누구에게나 동등한 교육 기회를 제공합니다.

구체적 근거 2: 예시

③ _____
_____.

The instructor was able to break down each technique into manageable steps, which helped me fully understand and master each one before moving on to the next. And since the videos were available 24/7, I could fit my guitar lessons into my busy schedule without having to commit to a set time each week. It proved to be an effective way for me to learn something new.

예를 들어, 저는 작년에 유튜브의 교육용 영상만 보면서 기타 치는 법을 배웠습니다. 강사는 각 기법을 감당하기 쉬운 단계들로 세분화할 수 있었고, 이는 제가 다음 단계로 넘어가기 전에 각 기술을 완전히 이해하고 숙달하도록 도왔습니다. 그리고 영상이 24시간 내내 이용 가능했기 때문에, 저는 매주 정해진 시간을 할당할 필요 없이 기타 수업을 제 바쁜 일정에 맞춰 넣을 수 있었습니다. 그것은 제가 새로운 것을 배울 수 있는 효과적인 방법으로 증명되었습니다.

03 Dr. Tanaka

경영/경제 Improving work efficiency is critical for a company's success. Doing so can lead to increased productivity, cost savings, enhanced competitiveness, and improved employee satisfaction. Therefore, many companies strive to enhance work efficiency through various strategies. Now, I would like to know your opinion on the following question. What is more important in terms of improving work efficiency: Upgrading computer equipment or creating a comfortable work environment?

Alice

I believe that it is more important to upgrade devices like computers to improve work efficiency. With all the rapid advances in technology, company support is essential to keep up with the pace of change. Having updated software and hardware can speed up work processes and significantly increase productivity.

Malik

While technology is important, I think a comfortable workplace is even more crucial for enhancing work efficiency. This includes having spacious workstations, good lighting, and access to amenities such as healthy snacks and relaxation areas. A positive and supportive working environment can lead to increased employee satisfaction, which, in turn, can lead to higher productivity levels.

Guideline

컴퓨터 장비를 업그레이드하는 것이 더 중요하다는 쪽으로 의견을 정하고, '지연을 유발할 수 있는 기술적 문제의 위험을 줄인다'라는 이유로 구체적 근거를 정리해 보자.

Outline

- upgrading computer equipment 컴퓨터 장비를 업그레이드하는 것
- reduce risk of technical issues that can cause delays
  지연을 유발할 수 있는 기술적 문제의 위험을 줄임
- - equipment outdated = prone to errors & work has to be halted
  장비가 구식이면 오류가 발생하기 쉽고 업무가 중단되어야 함
- - ex) brother: noticed those w/ older laptops slowed down
  예) 형은 오래된 노트북 컴퓨터를 가진 사람들이 느려지는 것을 발견했음

이유와 근거 쓰기 ✏️

이유

① _____
_____ .

주된 이유는 최신 장비가 노동자로 하여금 지연을 유발할 수 있는 기술적 문제의 위험을 줄일 수 있게 한다는 것입니다.

구체적 근거 1: 일반적 진술

② _____
_____ .

③ _____ .

컴퓨터와 같은 장비가 구식이 되면, 기술적인 오류가 발생하기 더 쉽고, 오류를 수정하기 위해 업무가 중단되어야 하기 때문에 생산성이 저하됩니다. 게다가, 최신 장치와의 호환성 문제가 발생합니다.

구체적 근거 2: 예시

For example, when my older brother worked for a company that provided laptops for its employees, he noticed that those with older laptops often experienced technical problems that slowed down their work. On the other hand, those with newer laptops enjoyed faster processing speeds and were less likely to experience technical difficulties, allowing them to complete tasks more efficiently. By providing regular upgrades to their workers' equipment, companies can ensure that their employees are working at optimal levels.

예를 들어, 저의 형이 직원들에게 노트북 컴퓨터를 제공하는 회사에서 근무했을 때, 그는 오래된 노트북 컴퓨터를 가지고 있는 사람들은 그들의 업무 속도를 늦추는 기술적인 문제를 종종 겪는다는 것을 발견했습니다. 반면, 최신 노트북 컴퓨터를 가지고 있는 사람들은 더 빠른 처리 속도를 누렸고 기술적인 문제를 겪을 가능성이 낮아, 그들이 작업을 보다 효율적으로 완수할 수 있게 했습니다. 직원들의 장비에 대해 정기적인 업그레이드를 제공함으로써, 기업은 직원들이 최적의 수준에서 일하고 있다는 것을 보장할 수 있습니다.

04

Professor Hernandez

In recent years, balancing tourism development with environmental and cultural preservation has become a crucial issue for local governments. On the one hand, tourism can create much-needed economic growth in an area. On the other hand, it can have negative impacts on the environment and the preservation of cultural heritage. So, the question arises: Should local governments prioritize protecting the environment and preserving cultural heritage over promoting tourism and economic growth?

Yejoon

From my point of view, local governments should focus more on tourism to promote economic growth. While environmental and cultural preservation is important, it should not come at the expense of economic opportunities for local communities. A thriving tourism industry can create jobs and generate income for the residents of a community, resulting in a higher standard of living.

Sita

I believe that governments should do more to preserve the environment and culture. Doing so is essential for maintaining a community's unique identity and fostering a sense of pride among its residents. While tourism may bring short-term economic benefits, preserving the community serves as a long-term investment for future generations.

Guideline

관광업과 경제 성장을 촉진해야 한다는 쪽으로 의견을 정하고, '생태 관광을 장려하면 더 나은 환경 보호로 이어진다'라는 이유로 구체적 근거를 정리해 보자.

Outline

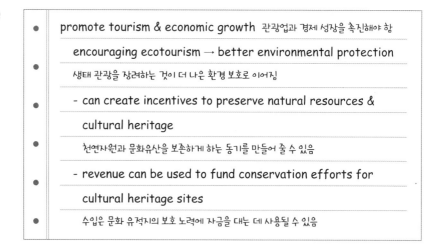

이유와 근거 쓰기 ✎

이유

① _____

_____ .

주된 이유는 관광, 특히 생태 관광을 장려하는 것이 실제로 더 나은 환경 보호로 이어질 수 있다는 것입니다.

구체적 근거1: 일반적 진술

Ecotourism, which emphasizes sustainable and responsible travel, can create incentives for local communities to preserve their natural resources and cultural heritage. This can benefit both the environment and local economies.

생태 관광은 지속 가능하고 책임감 있는 여행을 강조하는데, 이것은 지역 사회가 그들의 천연자원과 문화유산을 보존하게 하는 동기를 만들어 줄 수 있습니다. 이것은 환경과 지역 경제 모두에 이익이 될 수 있습니다.

구체적 근거 2: 부연 설명

② _____

_____ .

③ _____

_____ .

게다가, 관광업을 통해 창출된 수입은 문화 유적지의 보호 및 보존 노력에 자금을 대는 데 사용될 수 있습니다. 예를 들어, 관광 수입은 역사적인 주요 지형지물, 박물관, 그리고 문화 축제의 유지와 복원을 지원하는 데 도움을 줄 수 있는데, 이것이 지역 정체성을 활성화하고 더 많은 방문객을 끌어들일 수 있습니다.

모범 답안·해석 p.442

HACKERS **TEST**

주어진 아웃라인을 참고하여 이유와 근거를 완성하시오.

01

[문화]

Professor Tran

Professional athletes and entertainers are some of the world's highest-paid individuals. The more famous they are, the more astronomical amounts of money they earn, mostly by delighting their fans and viewers. This raises an interesting question for our class discussion: Do famous athletes and entertainers deserve the large amounts of money they are paid, considering the value they bring to their industries, or is it too much compensation for what they do?

Gabrielle

I think it's too much. While professional athletes and entertainers do bring value to their industries, I believe their salaries are excessive. There are so many other professions that are much more important and do not receive nearly as much compensation. For example, teachers play a crucial role in shaping the next generation, yet they are often underpaid and undervalued.

Jacob

I believe that their considerable pay is a fair reflection of their value. Many people idolize celebrities for their unique talents and skills, so they often generate significant revenue for their industries through ticket sales, merchandise, and advertising. In my view, they deserve to be compensated accordingly for the value they bring to their respective industries.

Outline

- deserve ↑ money 많은 돈을 받을 자격이 있음

- constantly under scrutiny of public = millions of bosses

  끊임없이 대중의 감시를 받고 있어, 수백만 명의 상사가 있는 것과 같음

- - considering the number of bosses to satisfy, high

  compensation is natural

  만족시켜야 할 상사의 수를 고려하면 고액의 보수가 당연함

- - under ↑ pressure to maintain reputation & personal lives are

  invaded

  명성을 유지해야 하는 엄청난 압력을 받고 사생활은 침해당함

이유와 근거 쓰기 ✎

이유

_____

_____.

구체적 근거 1: 일반적 진술

_____

_____

_____.

구체적 근거 2: 부연 설명

_____

_____

_____

_____.

맺음말

_____

_____.

02

Dr. Garcia

The COVID-19 pandemic has affected almost every aspect of our lives. From having significant impacts on the economy and on the operation of health-care systems to influencing our daily routines and personal relationships, the pandemic has caused plenty of widespread changes. People all over the world are still dealing with the consequences of these developments. For our discussion, I want to ask you: What has been the most significant societal impact of the pandemic?

Jihoon

I think the pandemic has highlighted the importance of health-care workers and the health-care system as a whole. We have witnessed these workers risking their lives to care for patients, and we now realize how crucial their role is. This has led to an increased appreciation for their efforts, and hopefully, it will result in long-term improvements in our health-care system.

Gwen

I believe that the pandemic has caused a significant shift in the way we work. We have had to adapt to digital communication technologies like video conferencing and instant messaging to stay connected. Many meetings are held remotely, and correspondence is often virtual. This transition has the potential to make our work culture more flexible and adaptable in the future.

Outline

- increase in socioeconomic inequality 사회경제적 불평등의 증가

- worst effects → poor & marginalized communities

  가장 나쁜 영향이 가난하고 소외된 지역 사회에 끼침

- - widened gap b/w rich & poor

  빈부 격차를 확대시킴

- - ex) daily wage earners → lose jobs vs. higher-income jobs

- → work from home

  예) 일용직 노동자들은 일자리를 잃은 반면 고소득 직종은 재택근무를 함

이유와 근거 쓰기 ✏️

이유

_____

_____.

구체적 근거 1: 일반적 진술

_____

_____

_____

_____.

구체적 근거 2: 예시

_____

_____

_____

_____.

맺음말

_____

_____.

03

Dr. Santos

교육

In recent decades, the invention of computers has revolutionized various fields, including education. Nowadays, many schools and universities use computers in classrooms, which has transformed the way teachers teach and students learn. Even at this moment, the learning process continues to change with advancements in computer technology. So, I'd like you to address this question: What do you think is the most significant impact of computers on education? And why do you think that?

Hannah

The biggest impact of computers on education is the increased accessibility of information. With the Internet, students and teachers have access to an enormous amount of information from all over the world, allowing them to move beyond the use of traditional textbooks.

Isaac

I think the negative impact of computers on education outweighs any positive benefits. To be specific, students have become too reliant on technology, which has led to a decrease in critical thinking skills. Instead of coming up with their own ideas, students simply look up answers and fail to learn as a result.

Outline

- computers increased student engagement 컴퓨터가 학생 참여를 증가시킴

- interactive & immersive learning → active student participation
  대화형 및 몰입형 학습이 적극적인 학생 참여를 가능하게 함

- software, simulations, games → learn through trial & error
  소프트웨어, 모의실험, 게임을 이용하여, 시행착오를 통해 배움

- ex) geography class: virtual field trips to different parts of world
  예) 지리 수업에서 세계의 다른 지역으로 가상의 현장 학습을 감

이유와 근거 쓰기 ✏️

이유

_____

_____ .

구체적 근거 1: 일반적 진술

_____

_____

_____ .

구체적 근거 2: 예시

_____

_____

_____

_____ .

04

정치

Professor Karros

As we know, the government has limited resources and must allocate them efficiently. So, governments must make difficult choices when deciding where to invest resources. An example of this is the need to weigh the long-term benefits of promoting space science against the immediate gains from addressing societal problems. If you were a policy maker, which would you argue is more important: Contributing funds to space science or to another matter that society is dealing with? Why?

Jared

Although space science has the potential to benefit humanity in the long term, there is another issue that deserves immediate attention. In many countries, there is a large wealth gap that's increasing, resulting in social instability, crime, and unrest. Therefore, the government should invest in programs that provide equal opportunities for everyone, such as those related to education and social welfare.

Chloe

I think investing in space science has many advantages including giving us a better understanding of how the universe functions. With the decline of our planet, knowing more about its origins and the laws that govern the universe is essential. It can help us solve global problems such as climate change and energy shortages.

Outline

- contributing funds to space science 우주 과학에 자금을 대는 것

- leads to new developments that can have practical applications
  실제적인 응용을 할 수 있는 새로운 개발로 이어짐

- NASA's investment has resulted in ↑ technological advances
  미국 항공 우주국(NASA)의 투자는 많은 기술적 발전을 야기했음

- ex) GPS, scratch-resistant lenses, water filters
  예) GPS, 긁힘 방지 렌즈, 여과기

이유와 근거 쓰기 ✎

이유

_____
_____.

구체적 근거 1: 일반적 진술

_____
_____
_____.

구체적 근거 2: 예시

_____
_____
_____
_____.

맺음말

_____
_____.

모범 답안·해석 p.445

실제 STEP별 샘플

Question

Directions Your professor is teaching a class on political science. You must post a written response to your professor's question. In your response, make sure to:

- state your opinion and support it
- contribute meaningfully to the discussion

A minimum of 100 words is required for a response to be effective.

Doctor Lee

Public funding is limited, and policymakers must make difficult choices when allocating resources to different sectors. For example, they might be tasked with deciding whether to invest in the arts or technological advancement. In your opinion, if government policymakers were pushed to choose between spending money on supporting art museums and music performances or focusing on the development of renewable energy sources, which option should they pick and why?

Karen

Developing renewable energy should be a top priority, in my opinion. Although promoting creative expression is important, the decline of our planet demands immediate attention. We should focus on renewable energy in order to reduce greenhouse gas emissions.

Brad

While renewable energy is vital for the future, supporting art museums and music performances is essential for enriching our society. Art brings communities together while also promoting cultural awareness and providing educational opportunities. It also gives marginalized people a voice and helps them advocate for change. Without art, a lot of people are silenced.

Step 1 문제 파악 및 아웃라인 잡기

- 토론 주제가 정치 분야 중 '예술과 재생 가능한 에너지 중 어떤 것에 우선 투자해야 할 것인지'에 대한 것임을 파악한 뒤, 재생 가능한 에너지에 대한 투자 쪽으로 의견을 정한다.
- 재생 가능한 에너지의 투자가 우선시되어야 하는 이유 및 구체적 근거를 아웃라인으로 정리한다.

- renewable energy

    - energy projects = call for ↑ public investment
    - initial costs ↑ → private investors hesitant to take on risks
    - ex) requires new infrastructure such as wind farms & solar panels &
      energy storage facilities

Step 2 답안 작성하기

작성한 아웃라인을 바탕으로 나의 의견, 이유와 근거를 각각 작성하여 하나의 답안을 완성한다. 시간이 여유 있는 경우 맺음말을 추가로 작성할 수 있다.

[도입] **I understand why Brad thinks that** supporting the arts is fundamental to the enrichment of our society. [나의 의견] **However, in my opinion,** the government should invest funds in renewable energy sources instead of art programs. [이유] **This is mainly because** renewable energy projects often call for significant public investment to get started. [일반적 진술] As the initial costs can be high, private investors may be hesitant to take on the risks associated with developing new technologies. [예시] **For example,** the transition to renewable energy sources requires the development of new infrastructure, such as wind farms, solar panels, and energy storage facilities. Building this infrastructure can be costly, and only the government can provide funding for infrastructure development. [맺음말] **Overall,** investment in renewable energy sources by the government can serve as a cornerstone that drives activities in the private sector.

Step 3 답안 검토 및 수정하기

답안을 완성한 후에도 시간이 남는다면 다음의 사항에 유의하여 작성한 글을 다시 한번 검토하고 틀린 부분은 수정한다. 감점 요소를 최소화하도록 각각의 유의사항을 염두에 두고 답안을 쓰도록 한다.

Organization (구성)

나의 의견	질문에 적절한 대답과 의견을 보여주고 있는가?	Yes / No
이유와 근거	이유는 나의 의견을 뒷받침하고 있는가?	Yes / No
	이유를 뒷받침하는 예시나 부연 설명이 충분한가?	Yes / No
	이유에서 벗어난 예시나 부연 설명은 없는가?	Yes / No
	다양한 표현과 연결어가 사용되고 있는가?	Yes / No
맺음말 (작성할 경우)	앞서 서술한 내용과의 통일성이 지켜지는가?	Yes / No
	지나치게 내용이 반복적이지는 않은가?	Yes / No

Sentence Structure & Grammar (문장 구조와 문법)

전체	문장에 주어와 동사가 포함되어 있는가?	Yes / No
	주어와 동사의 수가 일치하는가?	Yes / No
	동사의 시제가 올바로 사용되어 있는가?	Yes / No
	지시어나 소유격이 명사와 일치하는가?	Yes / No
	의미가 모호한 문장은 없는가?	Yes / No

해석

문제 해석

지시문 당신의 교수는 정치학 수업을 하고 있습니다. 교수의 질문에 대한 답안을 서면으로 게시해야 합니다. 답안에서 다음 사항을 확인하세요:

- 당신의 의견을 진술하고 그것을 뒷받침합니다.
- 토론에 의미 있는 기여를 합니다.

답안을 유효하게 하려면 최소 100단어가 요구됩니다.

Lee 박사

공공 자금은 제한적이며, 정책 입안자들은 서로 다른 부문에 자원을 배분할 때 어려운 선택을 해야 합니다. 예를 들어, 그들은 예술에 투자할지 아니면 기술 발전에 투자할지를 결정하는 임무를 맡을 수 있습니다. 여러분의 생각에, 만약 정부 정책 입안자들이 미술관과 음악 공연을 지원하는 데 돈을 쓰는 것과 재생 가능한 에너지원의 개발에 집중하는 것 중 하나를 선택해야 한다면, 그들은 어떤 선택을 해야 하고 그 이유는 무엇입니까?

Karen

제 생각에는, 재생 가능한 에너지를 개발하는 것이 최우선 순위가 되어야 합니다. 창의적인 표현을 장려하는 것은 중요하지만, 지구의 쇠퇴는 즉각적인 주의를 요합니다. 우리는 온실가스 배출을 줄이기 위해 재생 가능한 에너지에 집중해야 합니다.

Brad

재생 가능한 에너지가 미래를 위해 매우 중요하지만, 미술관과 음악 공연을 지원하는 것은 우리 사회를 풍요롭게 하는 데 필수적입니다. 예술은 문화적 인식을 증진하고 교육 기회를 제공하는 동시에 지역 공동체들을 화합시킵니다. 그것은 또한 소외된 사람들에게 발언권을 주고 그들이 변화를 옹호하도록 돕습니다. 예술이 없다면, 많은 사람들이 침묵하게 됩니다.

---

renewable[rinúːəbəl] 재생 가능한 **decline**[dikláin] 쇠퇴 **enrich**[inrítʃ] 풍요롭게 하다 **awareness**[əwérnəs] 인식 **advocate**[ǽdvəkət] 옹호하다

아웃라인 해석

> 재생 가능한 에너지
>
> 에너지 프로젝트는 상당한 공공 투자를 요구함
> - 초기 비용이 높아 개인 투자자들은 위험을 감수하는 것을 주저함
> - 예) 풍력 발전소, 태양 전지판, 에너지 저장 시설과 같은 새로운 기반 시설을 필요로 함

답안 해석

저는 왜 Brad가 예술을 지원하는 것이 우리 사회를 풍요롭게 하는 데 필수적이라고 생각하는지 이해합니다. 하지만, 제 생각에는, 정부는 예술 프로그램 대신 재생 가능한 에너지원에 자금을 투자해야 합니다. 이는 주로 재생 가능 에너지 프로젝트가 시작되기 위해서는 대개 상당한 공공 투자를 요구하기 때문입니다. 초기 비용이 높을 수 있기 때문에, 개인 투자자들은 신기술 개발과 관련된 위험을 감수하는 것을 주저할 수 있습니다. 예를 들어, 재생 가능한 에너지원으로의 전환은 풍력 발전소, 태양 전지판, 그리고 에너지 저장 시설과 같은 새로운 기반 시설의 개발을 필요로 합니다. 이러한 기반 시설을 구축하는 것은 비용이 많이 들 수 있으며, 오직 정부만이 기반 시설 개발을 위한 자금을 제공할 수 있습니다. 전반적으로, 정부에 의한 재생 가능한 에너지원에 대한 투자는 민간 부문의 활동을 추진하는 초석이 될 수 있습니다.

---

hesitant[hézətənt] 주저하는 **transition**[trænzíʃən] 전환 **infrastructure**[ìnfrəstrʌ́ktʃər] (사회) 기반 시설
costly[kɔ́ːstli] 비용이 많이 드는 **cornerstone**[kɔ́ːrnərstoun] 초석

POWER TEST 1

Directions   Your professor is teaching a class on business administration. You must post a written response to your professor's question. In your response, make sure to:

- state your opinion and support it
- contribute meaningfully to the discussion

A minimum of 100 words is required for a response to be effective.

Professor Layton

In a professional context, team members must be able to work well together. If they cannot do this, there is no chance that a project will be successful. Obviously, the ability to come up with new ideas is important. But there are many other qualities that contribute to the effectiveness of a team. Today, I'd like to discuss these. Which attribute do you think is the most important for successful teamwork in a business setting?

Kelly

In my view, adaptability is the most important attribute of team members in a business setting. Companies often face unexpected challenges, and team members who can adapt to changing circumstances are valuable assets. They can help their team pivot quickly, find new solutions, and ensure that the company stays on track to achieve its goals.

Ho Seok

I believe that an outgoing personality is an indispensable characteristic for people in the business world. Without it, successful teamwork is impossible. When team members get along, they are more likely to communicate, share ideas, and collaborate effectively. This creates a positive work environment, which leads to increased productivity and better results overall.

Outline

모범 답안·해석 p.449

POWER TEST 2

Directions Your professor is teaching a class on sociology. You must post a written response to your professor's question. In your response, make sure to:

- state your opinion and support it
- contribute meaningfully to the discussion

A minimum of 100 words is required for a response to be effective.

Dr. Schulz

In today's world, we rely heavily on our mobile phones. Thanks to their many helpful features and the various mobile applications available now, we can accomplish tasks more quickly and easily than in the past. However, there is some concern regarding our dependence on our phones. Before our next class, please answer the following question: Do you believe that mobile phones have given us more freedom, or have they limited our freedom in some ways?

Jennifer

I believe that mobile phones have given us more freedom. We can now search for information online and call friends or family members at any time and from anywhere. Before these devices were available, people were dependent on computers and landlines. That meant they could only communicate with others from their home or workplace.

Tanya

Mobile phones have limited people's freedom in some ways. People are often disturbed by the noise of cell phones in public spaces. According to a survey, over 80 percent of the people who were polled responded that they frequently experienced discomfort in public places due to rampant cell phone activity.

Outline

모범 답안·해석 p.450

무료 토플자료 · 유학정보 제공
goHackers.com

Hackers **TOEFL** WRITING

ACTUAL
TEST

ACTUAL TEST 1
ACTUAL TEST 2

Directions You have 20 minutes to plan and write your response. Your response will be judged on the basis of the quality of your writing and on how well your response presents the points in the lecture and the relationship to the reading passage. Typically, an effective response will be 150 to 225 words.

Sauropods are the largest dinosaurs to have ever lived, and they all had extremely long necks. The neck posture of this type of dinosaur has become a topic of great debate among scientists in recent years, but it was almost certainly held in a horizontal position.

One reason for believing that a sauropod's neck was held horizontally is the unusual position of its tail. Despite its great size and weight, fossilized tracks clearly show that a sauropod's tail was almost never dragged on the ground, which means that it must have extended outward from the body parallel to the ground. To maintain its balance, a sauropod would have had to keep its neck in a similar position to act as a counterweight.

The fact that a sauropod's diet consisted primarily of marine vegetation is further evidence that its neck was held horizontally. Sauropod fossils are usually found in regions that were once coastal ecosystems and have even been discovered together with the remains of marine organisms, indicating that a sauropod ate plants near the water's surface. In such habitats, it would extend its neck outwards to reach the low-lying plants, and a horizontal neck posture would make it easier to feed.

Additionally, a sauropod's muscles were incapable of raising the neck vertically, indicating that it was kept in a horizontal position. Due to the long length and heavy weight of the neck, very large neck muscles would have been required to lift the structure and maintain it in an upright posture. However, analyses of sauropod fossils have led experts to conclude that the dinosaur's neck muscles were not strong enough to perform such a feat.

Now listen to part of a lecture on the topic you just read about. ◯ **Track 45**

VOLUME HELP NEXT

HIDE TIME 20:00

Question Summarize the points made in the lecture, being sure to explain how they oppose the specific points made in the reading passage.

Cut   Paste   Undo   Redo   Hide Word Count   0

Directions Your professor is teaching a class on sociology. You must post a written response to your professor's question. In your response, make sure to:

- state your opinion and support it
- contribute meaningfully to the discussion

A minimum of 100 words is required for a response to be effective.

Doctor Novak

Celebrities such as movie stars and singers can have a big influence on their large and dedicated fan bases. Sometimes, they express their political views to the public, either on television or through their social media accounts. Some argue that it is generally good for people to be exposed to the opinions of celebrities, while others believe that famous people should avoid speaking up about politics. What are your thoughts on the matter?

Aidan

It is important to remember that celebrities are not necessarily experts on the topics they speak about, and their opinions can be based on personal biases or limited information. Some celebrities may even promote radical ideas that are not based on facts. However, millions of fans can be easily influenced by them, and I find that concerning.

Sally

I think that everyone, including celebrities, should be able to express their political opinions. After all, they are citizens of society, too. Besides, most people have the ability to make reasonable judgments. That's why I don't share Aidan's opinion that the public can be swayed by famous people's biased views.

| Cut | Paste | Undo | Redo | | Hide Word Count | 0 |

ACTUAL TEST 2

> **Directions** You have 20 minutes to plan and write your response. Your response will be judged on the basis of the quality of your writing and on how well your response presents the points in the lecture and the relationship to the reading passage. Typically, an effective response will be 150 to 225 words.

When the Dutch explorer Jacob Roggeveen first landed on Easter Island in the 1700s, he encountered a shoreline covered with large, monolithic stone statues carved in the shape of human figures. These impressive masonry works are called moai, and the reason why these statues were built can be explained by three different theories.

A moai may have been built each year as a trophy for an annual competition between rival chiefs. Every year, chiefs would gather their followers to compete in a test of endurance and strength. Whoever won the competition would then have a moai built to celebrate his victory. As a moai was a permanent monument in honor of the winning chief, it would have been a symbol of prestige for the entire clan.

Another plausible explanation is that the moai served as intermediary beings that helped facilitate communication between humans on the ground and the gods in the heavens. At least one archaeologist has pointed out the notable fact that the heads of the statues are reclined so as to focus their gaze above the horizon, as if looking into the sky. Also, one large cluster of moai stands near three sacred mounds, which supports the idea that they may have been used in religious ceremonies and rituals.

A third possible theory is that the moai were built to honor the ancestors of the island's residents. That the original inhabitants came from the west has been demonstrated through DNA analysis of direct descendants. Many of the statues face directly west, which is the direction the original colonizers of the island would have come from, and the moai may be paying homage to these people's first journey to Easter Island.

Now listen to part of a lecture on the topic you just read about. Track 46

VOLUME   HELP   NEXT

HIDE TIME   20:00

Question   Summarize the points made in the lecture, being sure to explain how they oppose the specific points made in the reading passage.

| Cut | Paste | Undo | Redo | | Hide Word Count | 0 |

Directions   Your professor is teaching a class on political science. You must post a written response to your professor's question. In your response, make sure to:

- state your opinion and support it
- contribute meaningfully to the discussion

A minimum of 100 words is required for a response to be effective.

Doctor Nelson

The concept of individual freedom is fundamental to a democratic society, but it's also a complex topic. At times, there may be a clash between individual freedoms and the greater good of society. Before our next class, I request that you have a conversation about the following topic: Is it ever acceptable to infringe upon personal freedom in certain situations, or is taking away individual liberties abhorrent?

Benny

I think there are some circumstances when individuals' liberties can be violated. For example, doctors, pilots, and firefighters are responsible for people's lives. If they are under the influence of alcohol or drugs, they will not be able to perform their tasks safely and could seriously endanger others. So, limiting their personal freedom to protect public safety may be necessary.

Joseph

Limiting freedom should not be justified. Any attempt to restrict personal liberties is a violation of our basic human rights. The government would begin to control the media and limit access to information. Citizens need to be able to express themselves and be able to challenge authority in order for society to progress.

| Cut | Paste | Undo | Redo | Hide Word Count | 0 |

모범 답안·스크립트·해석 p.456

실전모의고사
프로그램

이로써 교재 학습이 모두 끝났습니다.
실전모의고사 프로그램에서 추가 2회분의 TEST가 제공되니, 실전 환경에서 최종 마무리 연습을 해보시기 바랍니다.

* 해커스인강(HackersIngang.com)에서 이용할 수 있습니다.

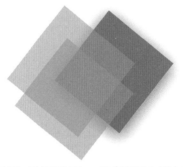

무료 토플자료 · 유학정보 제공
goHackers.com

Hackers TOEFL WRITING

30일 완성
토론형
Model
Response

토론형 Model Response 구성

Question
iBT TOEFL 라이팅의 최신 출제 경향을 철저하게 반영한 출제 예상 문제로, 토픽 순서에 따라 매일 한 문제씩 총 30문제를 학습할 수 있도록 구성하였다.
(토픽 순서: 교육 – 정치 – 사회 – 건강 – 환경 – 광고 – 문화 – 과학기술 – 경영/경제)

Outline
질문에 대해 서로 다른 의견으로 작성된 두 가지 모범 아웃라인을 제공한다.

Model Response
두 가지 아웃라인 중 하나를 선택하여 작성한 모범 답안으로, 본문에서 학습한 답안 구조 및 여러 표현을 이용하여 답안의 구조와 사고의 흐름을 쉽게 익힐 수 있도록 하였다.

→ 교수가 무엇을 물어보고 있는지 정확히 파악한 뒤, 두 학생의 의견을 참고하여 나의 의견을 무엇으로 정할지 생각해 본다.

Question

Professor Hong

The education system is built on the premise that students must be evaluated and assigned grades based on their academic performance. The importance of grades should not be underestimated as they often determine a student's future educational and professional opportunities. However, there has been much debate about the utility of this system. Let's discuss the following: Does grading students promote learning, or does it lead to excessive competition and a feeling of hopelessness?

교육 체계는 학생들이 학업 성취도에 따라 평가되고 성적을 받아야 한다는 것을 전제로 하여 구축됩니다. 성적의 중요성이 과소평가되어서는 안 되는데 이는 그것이 종종 학생의 교육적, 직업적인 장래의 기회를 결정하기 때문입니다. 하지만, 이 체계의 유용성에 대해 많은 논쟁이 있어 왔습니다. 다음 사항에 대해 논의해 보죠. 학생들의 성적을 매기는 것이 학습을 촉진하나요, 아니면 그것은 과도한 경쟁과 절망감을 초래하나요?

Ralph

Providing grades to students is essential to encourage learning. Grades serve as an incentive for student achievement. To be honest, many students are not interested in certain subjects or classes, so they are unlikely to study unless they are graded on their performance.

학생들에게 성적을 제공하는 것은 학습을 장려하기 위해 필수적입니다. 성적은 학생의 성취를 장려하는 역할을 합니다. 솔직히 말하자면, 많은 학생은 특정 과목이나 수업에 관심이 없기 때문에, 그들은 자신의 성과에 대한 성적이 매겨지지 않으면 공부할 것 같지 않습니다.

Miranda

Grading can foster an overly competitive environment that is unhealthy for students. They feel pressured to perform better than their classmates and they may experience low self-esteem if they don't. When self-esteem is damaged during adolescence, it can have a significant impact on life as an adult.

성적을 매기는 것은 학생들에게 유해한 과도하게 경쟁적인 환경을 조성할 수 있습니다. 그들은 반 친구들보다 더 잘해야 한다는 압박감을 느끼고 만약 그렇게 하지 못하면 낮은 자존감을 경험할 수도 있습니다. 청소년기에 자존감에 손상을 입으면, 그것은 성인으로서의 삶에 중대한 영향을 끼칠 수 있습니다.

Outline

→ 나의 의견에 대한 아웃라인을 예상해 보고, 주어진 모범 아웃라인과 비교해 본다.
내가 선택하지 않은 의견에 대한 아이디어도 다른 문제에서 응용하여 사용할 수 있도록 다양하게 익혀 둔다.

→ 제시된 모범 답안의 기본 구조가 되므로 사고의 전개를 미리 파악해 본다.
별표(*) 표시된 아웃라인에 대해서는 모범 답안이 제공된다.

promotes learning*

provide students w/ concrete evidence of academic progress
학생들에게 학업 진전도에 대한 구체적인 증거를 제공함

– can get clear indication of how much further they need to go to fully grasp material
내용을 확실히 이해하기 위해 얼마나 더 해야 하는지에 대한 명확한 표시를 얻음

– ex) research: teachers give feedback → students develop comprehensive understanding
예) 연구에 따르면 교사들이 피드백을 줌으로써 학생들은 포괄적인 이해를 증진시킴

leads to excessive competition & feeling of hopelessness

discourages creativity & motivation → makes students focus only on achieving high grades
창의력과 의욕을 꺾고 학생들이 높은 성적을 받는 것에만 집중하게 함

- X explore interests & engage in learning for its own sake
학습 자체를 위한 관심사를 탐구하거나 배움에 참여하지 않음

- ex) standardized tests require students to spend ↑ time just memorizing info.
예) 표준화된 시험은 학생들이 정보를 그저 암기하는 데 많은 시간을 보내도록 요구함

Model Response

답안 전체 내용을 읽으며 글의 구조와 사고의 흐름을 익힌다.
- 굵게 처리된 표현: 답안을 구성하는 기본 표현이므로 반복적으로 익혀 자신의 것으로 만든다.
- 밑줄 친 표현: 다른 답안을 작성할 때도 쓸 수 있는 유용한 표현이므로 특히 유의하여 읽는다.

도입 **I agree with Ralph's perspective that** grading acts as a motivator to make students study certain subjects even when they don't have an interest in them. 나의 의견 + 이유 **Additionally, I think that** assessing students improves the <u>learning process</u> **because** grades provide students with concrete evidence of their <u>academic progress</u>. 일반적 진술 Thanks to grades, students can get a clear indication of how much further they need to go to fully grasp the material being taught in a particular course. 예시 **According to research,** grades assist teachers in conveying specific information about their students' performance. By giving <u>regular feedback</u> on the work of students in the form of grades, teachers can help them identify areas for which they may need to <u>seek additional support</u> and adjust their study habits. This ongoing feedback aids students in developing a more <u>comprehensive understanding</u> of the subject matter, leading to enhanced learning. Without grades, students would not know for sure which areas of their education require more effort, and they could lose sight of their goals.

해석 저는 성적을 매기는 것이 학생들이 특정 과목들에 흥미가 없을 때도 그것들을 공부하게 하는 동기 부여 요소로 작용한다는 Ralph의 견해에 동의합니다. 추가적으로, 저는 성적이 학생들에게 그들의 학업 진전도에 대한 구체적인 증거를 제공하기 때문에 학생들을 평가하는 것이 학습 과정을 개선시킨다고 생각합니다. 성적 덕분에, 학생들은 각각의 수업에서 배우는 내용을 확실히 이해하기 위해 얼마나 더 해야 하는지에 대한 명확한 표시를 얻을 수 있습니다. 연구에 따르면, 성적은 교사들이 학생들의 수행에 대한 구체적인 정보를 전달하는 데 도움을 줍니다. 성적의 형태로 학생들의 학업에 대해 주기적인 피드백을 줌으로써, 교사들은 학생들이 추가적인 지원을 구할 필요가 있을 수 있는 영역을 확인하고 그들의 공부 습관을 조정하도록 도울 수 있습니다. 이러한 지속적인 피드백은 학생들이 과목에 대한 보다 포괄적인 이해를 증진시키도록 도와서, 향상된 학습으로 이어집니다. 성적이 없다면, 학생들은 그들 교육의 어떤 분야가 더 많은 노력을 필요로 하는지 확실히 알지 못할 것이고, 그들은 목표를 잃을 수 있습니다.

어휘 concrete[ká:nkri:t] 구체적인 evidence[évədəns] 증거, 근거 indication[ìndikéiʃən] 표시, 조짐
grasp[græsp] 이해하다, 파악하다 convey[kənvéi] 전달하다 comprehensive[kà:mprihénsiv] 포괄적인 lose sight of ~을 잃다

Question

Doctor Elliot

Education authorities are tasked with the difficult challenge of allocating limited resources, and two areas that often compete for funding are libraries and physical education programs. While libraries play a crucial role in promoting literacy and providing access to knowledge, physical education programs are important for encouraging healthy lifestyles. In the face of limited resources, should university administrators prioritize funding for libraries or physical education programs? Why?

교육 당국은 제한된 자원을 배분해야 하는 어려운 과제를 안고 있으며, 종종 재정 지원을 두고 경쟁하는 두 가지 영역은 도서관과 체육 프로그램입니다. 도서관이 문해력을 증진하고 지식에 대한 접근을 제공하는 데 중요한 역할을 하는 한편, 체육 프로그램은 건강한 생활 방식을 장려하는 데 중요합니다. 제한된 자원에 직면하여, 대학 행정가들은 도서관에 대한 재정 지원을 우선시해야 할까요, 아니면 체육 프로그램에 대한 재정 지원을 우선시해야 할까요? 그 이유는 무엇이죠?

Amy

In my view, education authorities should invest more in physical education programs. These programs teach practical life skills that students cannot acquire through reading books. They help students develop social skills and learn about teamwork and sportsmanship, which I think are essential in workplaces and social settings.

제 생각에, 교육 당국은 체육 프로그램에 더 많은 투자를 해야 합니다. 이러한 프로그램들은 학생들이 책을 읽음으로써 습득할 수 없는 실용적인 삶의 기술을 가르칩니다. 그것들은 학생들이 사회적 능력을 발달시키고 팀워크와 스포츠맨 정신에 대해 배우는 데 도움을 주는데, 저는 이것들이 직장과 사회생활에서 필수적이라고 생각합니다.

Maxwell

Libraries offer a wide range of resources for students to develop their critical thinking skills. Investing in libraries can benefit students who may not have access to resources outside of school, thus leveling the playing field and promoting equality in education. On the other hand, there are plenty of opportunities to participate in physical education programs outside of college.

도서관은 학생들이 비판적인 사고 능력을 발달시킬 수 있는 다양한 자원을 제공합니다. 도서관에 투자하는 것은 학교 밖에서 자원에 접근할 수 없을지 모르는 학생들에게 도움이 될 수 있으며, 그럼으로써 경쟁의 장을 평준화하고 교육의 평등을 도모할 수 있습니다. 반면에, 대학 밖에서 체육 교육 프로그램에 참여할 기회는 많이 있습니다.

Outline

libraries*

offer calm & undisturbed setting → enables students to focus on studies
학생들이 학업에 집중할 수 있게 하는 차분하고 방해받지 않는 환경을 제공함

– students who live in dorms X have ideal environment for concentration
기숙사에 사는 학생들은 집중을 위한 이상적인 환경을 갖추고 있지 못함

– ex) research: students who study in quiet environ. = more capable of retaining info.
예) 연구에 따르면 조용한 환경에서 공부하는 학생들이 정보를 더 잘 기억할 수 있음

physical education programs

encourage students to interact w/ each other
학생들이 서로 상호 작용하도록 장려함

– require cooperation → students practice & hang out together
협동을 요구하므로 학생들은 함께 연습하며 많은 시간을 보냄

– ex) joined soccer club → had new group of friends
예) 축구부에 가입해서 새로운 무리의 친구들을 사귀었음

Model Response

[도입] **I understand why Amy thinks that** investing in physical education programs is important, given that it can facilitate the development of crucial life skills. [나의 의견] **However, in my opinion,** libraries should receive more funding than programs that focus on physical activities. [이유] **This is mainly because** libraries offer a calm and undisturbed setting that enables students to focus on their studies, leading to improved academic results. [일반적 진술] Since students who live in shared dormitories may not have an ideal environment for concentration, it is crucial for universities, as institutions of higher education where advanced research is conducted, to provide a distraction-free atmosphere for optimal learning. [예시] **Research has shown that** students who study in a quiet environment are more capable of retaining information than those who study in a noisy environment as the brain is better able to process and store information in a tranquil setting. [맺음말] **Therefore,** investing in libraries as learning and research institutions should be considered a top priority.

해석 체육 프로그램에 투자하는 것이 중요한 삶의 기술의 발달을 촉진할 수 있다는 것을 고려할 때, 저는 왜 Amy가 체육 프로그램에 투자하는 것이 중요하다고 생각하는지 이해합니다. 하지만, 제 생각에는, 도서관이 신체 활동에 초점을 맞춘 프로그램보다 더 많은 재정 지원을 받아야 합니다. 이는 주로 도서관이 학생들이 학업에 집중할 수 있게 하는 차분하고 방해받지 않는 환경을 제공하여, 향상된 학업적인 결과를 가져오기 때문입니다. 공유 기숙사에 사는 학생들은 집중을 위한 이상적인 환경을 갖추고 있지 못할 수도 있기 때문에, 수준 높은 연구가 수행되는 고등 교육 기관으로서 대학이 최적의 학습을 위해 산만함이 없는 분위기를 제공하는 것은 중요합니다. 연구는 조용한 환경에서 공부하는 학생들이 시끄러운 환경에서 공부하는 학생들보다 정보를 더 잘 기억할 수 있다는 것을 보여주었는데 이는 뇌가 조용한 환경에서 정보를 더 잘 처리하고 저장할 수 있기 때문입니다. 따라서, 학습 및 연구 기관으로 도서관에 투자하는 것이 최우선 과제로 고려되어야 합니다.

어휘 undisturbed[ʌ̀ndístəːrbd] 방해받지 않는 institution[ìnstitúːʃən] 기관 conduct[kəndʌ́kt] 수행하다
distraction[distrǽkʃən] 산만함 optimal[áptəməl] 최적의 retain[ritéin] 기억하다, 보유하다 tranquil[trǽŋkwil] 조용한

Question

Professor Lopez

As we discussed earlier, speech classes provide students with the opportunity to improve their public-speaking skills. Consequently, some people believe that all university students should be obligated to take a speech class before they graduate. So, I would like to have a discussion about the following question: Do you agree that a speech class should be mandatory for all university students? Why or why not?

우리가 이전에 논의했듯이, 발표 수업은 학생들에게 사람들 앞에서 발표하는 능력을 향상시킬 수 있는 기회를 제공합니다. 따라서, 어떤 사람들은 모든 대학생이 졸업하기 전에 발표 수업을 들어야 한다고 생각합니다. 그래서 저는 다음 질문에 대해 논의하고 싶습니다. 여러분은 발표 수업이 모든 대학생에게 의무적이어야 한다는 것에 동의하나요? 그렇게 생각하는, 혹은 그렇게 생각하지 않는 이유는 무엇인가요?

Samara

I agree that a speech class should be mandatory in university as it can help students build confidence. Feeling anxious about public speaking is common, but this fear can be reduced with proper guidancc. Being confident in this type of situation is useful in any career students choose to pursue.

발표 수업은 학생들이 자신감을 형성하는 데 도움을 줄 수 있기 때문에 저는 그것이 대학에서 의무적이어야 한다는 것에 동의합니다. 사람들 앞에서 발표하는 것에 대해 불안해하는 것은 흔하지만, 이 두려움은 적절한 지도를 통해 경감될 수 있습니다. 이러한 상황에서 자신감을 가지는 것은 학생들이 추구하려고 선택하는 어떤 진로에서도 유용합니다.

Julia

While public-speaking skills can be helpful, not every major requires them. For example, programmers rarely need to present their work to an audience. Encouraging computer majors to focus on developing their technical abilities would be more beneficial than forcing them to take a speech class. Universities should equip students with skills that are relevant to their career paths.

사람들 앞에서 발표하는 능력이 유용할 수 있지만, 모든 전공이 그것을 필요로 하는 것은 아닙니다. 예를 들어, 프로그래머들은 청중에게 그들의 작업물을 발표할 필요가 거의 없습니다. 컴퓨터 전공자들이 자신의 기술적 능력을 발전시키는 데 집중하도록 장려하는 것이 그들이 발표 수업을 듣도록 강제하는 것보다 유익합니다. 대학들은 학생들이 그들의 진로와 관련된 능력을 갖추게 해야 합니다.

Outline

agree*

college = gateway to employment, X secure job w/o undergoing interview
대학은 취업으로 가는 관문이고 면접을 거치지 않고 일자리를 얻을 수 없음

– need good speaking skills to be successful in interview as companies require presentation
회사들이 발표를 요구하기 때문에 면접에서 성공하기 위해서는 우수한 발표 능력이 필요함

– ex) mentor: worried about poor speaking skills → took speech class & improved → got dream job
예) 멘토는 부족한 발표 능력에 대해 걱정했으나 발표 수업을 듣고 향상시켜 꿈꾸던 직업을 얻었음

disagree

can cause tremendous stress
엄청난 스트레스를 유발할 수 있음

– for some people, speech anxiety cannot be overcome
일부 사람들의 경우, 발표 불안은 극복될 수 없음

– ex) friend: forced to give presentation → intensified speech anxiety
예) 친구는 발표를 하도록 강요받았는데, 이는 발표 불안을 심화시켰음

Model Response

나의 의견 **In my opinion,** university students should be required to take a speech class, regardless of their major. 이유 **This is mainly because** college is a gateway to employment, and it is rare to secure a job without undergoing an interview. 일반적 진술 It is widely recognized that students need to possess good speaking skills to be successful in an interview as some companies require a presentation as part of their candidate selection process. 예시 **For instance,** one of my mentors in my career club succeeded in getting a position in one of the leading companies in Korea. He had been worried that he would never get hired because of his poor speaking skills, but he challenged himself to take a speech class and eventually improved his skills. As a result, he was able to give a great presentation during the interview process and got his dream job. 맺음말 **In this regard,** it is reasonable for universities to make public speaking classes a prerequisite for graduation.

해석 제 생각에는, 대학생들은 전공에 상관없이 발표 수업을 수강하도록 요구받아야 합니다. 이는 주로 대학이 취업으로 가는 관문인 데다, 면접을 거치지 않고 일자리를 얻는 경우가 드물기 때문입니다. 몇몇 회사들은 지원자 선발 과정의 일부로서 발표를 요구하기 때문에 면접에서 성공하기 위해서 학생들이 우수한 발표 능력을 가질 필요가 있다는 것은 널리 알려져 있습니다. 예를 들어, 저의 취업 준비 동호회의 멘토들 중 한 명은 한국의 일류 기업들 중 한 곳에서 일자리를 얻는 것에 성공했습니다. 부족한 발표 능력 때문에 절대 고용되지 못할 것이라고 걱정했었지만, 그는 발표 수업을 듣는 것에 도전했고 결국 자신의 능력을 향상시켰습니다. 그 결과, 그는 면접 과정에서 훌륭한 발표를 할 수 있었고 그가 꿈꾸던 직업을 얻었습니다. 이러한 점에서, 대학들이 발표 수업을 졸업을 위한 필요조건으로 만드는 것은 타당합니다.

어휘 employment[implɔ́imənt] 취업, 고용 secure[sikjúər] 얻다 undergo[ʌ̀ndərgóu] 거치다, 겪다 leading[líːdiŋ] 일류의, 선도적인
reasonable[ríːzənəbəl] 타당한 prerequisite[prìːrékwəzit] 필요조건, 전제 조건

Question

Doctor Haddad

Over the next few weeks, we are going to explore ways to improve the education system. But before moving on, please let me know your opinion on this topic. Which measure do you think is more important for improving the quality of education: providing more training opportunities for existing teachers or hiring more teachers? And why do you think that?

앞으로 몇 주 동안, 우리는 교육 체계를 개선할 방법을 탐구할 것입니다. 하지만 다음으로 넘어가기 전에, 이 주제에 대한 여러분의 의견을 알려 주시기 바랍니다. 교육의 질을 향상시키기 위해 기존 교사들에게 더 많은 훈련 기회를 제공하는 것과 더 많은 교사들을 고용하는 것 중 여러분은 어떤 방법이 더 중요하다고 생각하나요? 그리고 왜 그렇게 생각하죠?

Winston

I believe that providing more training opportunities for existing teachers is the key to improving the education system. Teachers need to stay up to date with the latest teaching techniques to provide their students with the best possible education. With proper training, teachers can learn how to effectively manage their classes and make the most of limited resources.

저는 기존 교사들에게 더 많은 훈련 기회를 제공하는 것이 교육 체계를 향상시키는 핵심이라고 생각합니다. 교사들은 학생들에게 가능한 최고의 교육을 제공하기 위해 최신 교육 기법에 대한 최신 정보를 알고 있을 필요가 있습니다. 적절한 훈련을 통해, 교사들은 학급을 효과적으로 관리하고 제한된 자원을 최대한 활용하는 방법을 배울 수 있습니다.

Nia

Training is important, but I think that hiring more teachers is the most effective way to improve the quality of education. Hiring more teachers can help to address the problem of schools not having enough teachers, particularly in subjects such as math and science. Furthermore, it becomes possible to have more specialized education.

훈련은 중요하지만, 교사를 더 많이 고용하는 것이 교육의 질을 향상시키는 가장 효과적인 방법이라고 생각합니다. 더 많은 교사들을 고용하는 것은 특히 수학 및 과학과 같은 과목에서 충분한 교사가 없는 학교들의 문제를 해결하는 데 도움이 될 수 있습니다. 게다가, 더 전문화된 교육을 받는 것이 가능해집니다.

Outline

providing more training opportunities for existing teachers

cost-effective in the long term
장기적으로 비용 효율적임

– teachers w/ training feel supported by school → reduce turnover
훈련을 받은 교사들은 학교에 의해 지원받는다는 느낌을 받고 이는 이직률을 낮춤

– cost of recruiting, hiring & training new teachers = cost ↑ than providing ongoing support
새로운 교사를 구인, 채용, 교육하는 것이 지속적인 지원을 제공하는 것보다 비용이 더 많이 듦

hiring more teachers*

lead to reduced class sizes → alleviate workload of each teacher
축소된 학급 규모로 이어져서, 교사 한 명당의 업무량을 줄임

- focus on improving education & optimize classroom management and discipline
교육을 향상시키는 데 집중하고 학급 관리와 훈육을 최적화함

- ex) research: smaller classes provide individual attention → elevated academic performance
예) 연구에 따르면 더 작은 규모의 학급에서는 개인적인 관심을 제공하므로 향상된 학업 성취도를 낳음

Model Response

나의 의견 **In my opinion,** employing additional teachers should be prioritized over training to upgrade the education system. 이유 **The main reason is that** it would lead to reduced class sizes and alleviate the workload of each teacher. 일반적 진술 This would allow teachers to focus on improving the overall quality of education instead of becoming overwhelmed and fatigued, which can adversely affect student learning outcomes. Moreover, reducing class sizes can also optimize classroom management and discipline. With fewer students to supervise, teachers can more easily monitor student behavior and intervene in problematic situations. 예시 **For example, research has shown that** teachers with smaller classes are better able to provide individual attention to each student, which has been demonstrated to yield elevated academic performance. This is a natural consequence of students taking part in more engaging lessons within smaller-sized classes.

해석 제 생각에는, 교육 체계를 개선하기 위해서 훈련보다 추가적인 교사를 채용하는 것이 우선시되어야 합니다. 주된 이유는 그것이 축소된 학급 규모로 이어져서 교사 한 명당의 업무량을 줄인다는 것입니다. 이것은 교사들이 압도되고 피곤해 학생들의 학습 성과에 부정적으로 영향을 미칠 수 있게 되는 대신에, 그들이 전반적인 교육의 질을 향상시키는 데 집중할 수 있게 할 것입니다. 게다가, 학급 규모를 줄이는 것은 또한 학급 관리와 훈육을 최적화할 수 있습니다. 지도할 학생이 더 적어지면서, 교사들은 학생의 행동을 더 쉽게 관찰하고 문제적 상황에 더 쉽게 개입할 수 있습니다. 예를 들어, 연구는 더 작은 규모의 학급을 가진 교사들이 각 학생에게 개인적인 관심을 더 잘 제공할 수 있다는 것을 보여주어 왔는데, 이것은 향상된 학업 성취도를 낳는다는 것이 증명되어 왔습니다. 이것은 소규모 학급 내에서 더 참여적인 수업을 듣는 학생들로부터 도출되는 자연스러운 결과입니다.

어휘 alleviate[əlíːvièit] 줄이다, 완화하다 overwhelmed[òuvərhwélmd] 압도된 fatigued[fətíːgd] 피곤한
adversely[ædvə́ːrsli] 부정적으로 optimize[ɑ́ːptəmàiz] 최적화하다 discipline[dísəplin] 훈육 supervise[súːpərvàiz] 지도하다
intervene[ìntərvíːn] 개입하다

Question

Doctor Singh

In the next few weeks, we will examine the positive and negative impacts of social media on society. We use it to communicate with others and get information on various topics. But we've also seen how it can be used to spread misinformation. Before our next lecture, I would like you to discuss the following question: Should the government have a role in regulating social media platforms, or should users have complete freedom of speech?

다음 몇 주 동안, 우리는 소셜 미디어가 사회에 미치는 긍정적, 부정적 영향을 살펴볼 겁니다. 우리는 그것을 다른 사람들과 소통하고 다양한 주제에 대한 정보를 얻기 위해 사용합니다. 하지만 우리는 또한 그것이 어떻게 잘못된 정보를 퍼뜨리는 데 사용될 수 있는지를 목격해 왔습니다. 다음 강의 전에, 다음 질문을 토론해 보기 바랍니다. 정부가 소셜 미디어 플랫폼을 규제하는 역할을 해야 할까요, 아니면 이용자들이 완전한 언론의 자유를 가져야 할까요?

Tim

Social media users should have freedom of speech in all circumstances. Social media is a great tool for sharing ideas and seeing how other people think, even if their opinions are different from our own. Without imposing regulations, the government should utilize social media as a platform to understand the unfiltered opinions of the citizens.

소셜 미디어 이용자들은 모든 상황에서 언론의 자유를 가져야 합니다. 소셜 미디어는 아이디어를 공유하고, 다른 사람들의 의견이 우리의 것과 다를지라도, 그들이 어떻게 생각하는지를 알 수 있는 훌륭한 도구입니다. 규제를 가하지 말고, 정부는 시민들의 여과되지 않은 의견을 이해하는 플랫폼으로 소셜 미디어를 활용해야 합니다.

Layla

I disagree with Tim. First, it can be hard to tell the difference between what's real and what's fake on social media these days. Second, there's so much harassment and cyberbullying but no consequences for these behaviors. I think some level of government regulation is needed to protect people from misinformation and cyberbullying.

저는 Tim의 의견에 동의하지 않습니다. 우선, 요즘 소셜 미디어에서 진실과 거짓을 구별하는 것은 어려울 수 있습니다. 둘째로, 요즘 괴롭힘과 사이버 폭력이 너무 많지만 이러한 행동에 대한 결과는 없습니다. 저는 잘못된 정보와 사이버 폭력으로부터 사람들을 보호하기 위해 어느 정도의 정부 규제가 필요하다고 생각합니다.

Outline

government should regulate social media platforms

ensure platforms operate in fair & transparent manner
플랫폼들이 공정하고 투명한 방식으로 운영하는 것을 보장함

– social media shapes public opinion: some voices are heard & some are silenced
소셜 미디어는 여론을 형성하는데, 어떤 의견은 청취되고, 어떤 것은 묵살됨

– ex) govern. should require platforms to disclose how algorithms work → not biased
예) 정부가 플랫폼들에 알고리즘이 어떻게 작용하는지 공개하도록 요구하면 편향되지 않음

users should have complete freedom of speech*

govern. may abuse power to suppress free speech
정부가 언론의 자유를 억압하기 위해 권력을 남용할 수 있음

– only allow content that is in its favor
자신에게 유리한 콘텐츠만을 허용함

– ex) law prohibiting hate speech → broad discretion to suppress speech & remove content
예) 혐오 발언을 금지하는 법은 발언을 억압하고 콘텐츠를 지울 광범위한 재량권을 줌

Model Response

[도입] **I understand why Layla thinks that** separating fact from fiction and protecting people from bullying can be difficult with unrestricted freedom of speech on social media. [나의 의견] **However, in my opinion,** social media should not <u>be subject to</u> government regulation. [이유] **This is mainly because** the government may <u>abuse its power</u> and use regulations to suppress free speech. [일반적 진술] **In other words,** it may only allow content that is <u>in its favor.</u> [예시] **For example,** a government could pass a law prohibiting "hate speech" on social media without clearly defining what constitutes hate speech. This lack of clarity could give the government <u>broad discretion</u> to suppress any speech it deems critical of those in power. Similarly, a government can remove content that it believes is "offensive" or "dangerous," which could be used to limit dissenting voices or unpopular opinions online. This could <u>result in</u> unintended consequences like impeding innovation and social progress.

해석 저는 왜 Layla가 허구로부터 사실을 구별하는 것과 사람들을 폭력으로부터 보호하는 것이 소셜 미디어에서의 제한받지 않는 언론의 자유로 인해 어려울 수 있다고 생각하는지 이해합니다. 하지만, 제 생각에는, 소셜 미디어가 정부 규제의 대상이 되어서는 안 됩니다. 이는 주로 정부가 언론의 자유를 억압하기 위해 권력을 남용하고 규제를 사용할 수 있기 때문입니다. 다시 말해서, 그것은 자신에게 유리한 콘텐츠만을 허용할 수 있습니다. 예를 들어, 정부는 무엇이 '혐오 발언'을 구성하는지 명확하게 정의하지 않고 소셜 미디어상의 혐오 발언을 금지하는 법을 통과시킬 수 있습니다. 이러한 명확성의 부족은 정부가 권력자들을 비판한다고 간주하는 어떤 발언도 억압할 수 있는 광범위한 재량권을 줄 수 있습니다. 마찬가지로, 정부는 그것이 생각하기에 '공격적'이거나 '위험한' 콘텐츠를 지울 수 있는데, 이는 온라인상의 반대 의견이나 인기 없는 의견을 제한하는 데 사용될 수 있습니다. 이것은 혁신과 사회 발전을 저해하는 것과 같은 의도하지 않은 결과를 초래할 수 있습니다.

어휘 separate[sépərèit] 구별하다 unrestricted[ʌ̀nristríktid] 제한받지 않은 be subject to ~의 대상이다 regulation[règjuléiʃən] 규제 abuse[əbjúːz] 남용하다 suppress[səprés] 억압하다 in one's favor ~에 유리한 constitute[kɑ́nstətjùːt] 구성하다 clarity[klǽrəti] 명확성 discretion[diskréʃən] 재량권 offensive[əfénsiv] 공격적인 dissenting[diséntiŋ] 반대하는 impede[impíːd] 저해하다

Question

Doctor O'Hara

In this unit of our textbook, we will explore the topic of national development. A country's progress is important because it provides a better standard of living for citizens and maintains social stability. But it is a complex process that involves many different factors, and an effective strategy is required. So I hope you think of the following: For a country to progress, what is the best strategy that the government can choose? Why?

교과서의 본 단원에서, 우리는 국가 발전에 관한 주제에 대해 살펴볼 겁니다. 한 국가의 발전은 시민들에게 더 나은 생활 수준을 제공하고 사회적 안정을 유지시키기 때문에 중요합니다. 하지만 그것은 많은 다른 요소들을 포함하는 복잡한 과정이고, 효과적인 전략이 요구됩니다. 따라서 저는 여러분이 다음에 대해 생각해 보기를 바랍니다. 국가가 발전하기 위해서, 정부가 선택할 수 있는 가장 좋은 전략은 무엇인가요? 왜 그렇게 생각하죠?

Minji

From my perspective, investing in renewable energy is most effective. The world is running out of fossil fuels, and these will only get more expensive. However, if a country invests in renewable energy, it can save a significant amount of money in the long run. This money can be used in other areas that will help advance a nation.

저의 견해로는, 재생 가능한 에너지에 투자하는 것이 가장 효과적입니다. 세계는 화석 연료가 고갈되고 있고, 그것은 더 비싸지기만 할 것입니다. 하지만, 만약 국가가 재생 가능한 에너지에 투자한다면, 그것은 장기적으로 많은 돈을 절약할 수 있습니다. 이 돈은 국가 발전에 도움이 될 다른 분야에 사용될 수 있습니다.

Gaspard

I'm thinking of boosting technological development. The modern world is based on technology. Every job and field relies on technology. So for a nation to progress, it needs to develop better technology. In fact, the most advanced nations right now are the ones that have the best technology.

저는 기술 개발을 북돋우는 것을 생각하고 있습니다. 현대의 세계는 기술에 기반을 두고 있습니다. 모든 직업과 분야는 기술에 의존하고 있습니다. 그래서 국가가 발전하려면, 그것은 더 나은 기술을 개발할 필요가 있습니다. 실제로, 현재 가장 선진적인 나라들은 최고의 기술을 보유하고 있는 나라들입니다.

Outline

maintaining political stability

creates a sense of security for citizens
시민들에게 안전감을 조성함

– citizens can be assured that govern. will protect rights & maintain law and order
시민들은 정부가 권리를 보호하고 법과 질서를 유지할 것이라고 안심할 수 있음

– encourage greater social cohesion & trust in institutions
더 큰 사회적 화합과 기관들에 대한 신뢰를 조성함

enhancing education*

cultivates citizens who can actively contribute to society
사회에 적극적으로 기여할 수 있는 시민들을 양성함

– human capital = most valuable resource
인적 자본이 가장 귀중한 자원임

– ex) Germany: emphasis on education → yielded skilled workforce → resulted in strong economy
예) 독일은 교육의 강조를 통해 숙련된 노동력을 산출하여 튼튼한 경제를 낳았음

Model Response

도입 **I see why Minji and Gaspard think that** investing in renewable energy and advancing technology are helpful for a country's development. 나의 의견 **However, in my opinion,** the optimal approach for advancing a nation's progress is enhancing education. 이유 **This is mainly because** investing in the educational system cultivates citizens who can actively contribute to society. 일반적 진술 After all, the development of new energy sources or technologies relies on human involvement, making human capital the most valuable resource. By prioritizing education, a country can empower individuals to realize their full potential. 예시 **For example,** Germany has achieved notable success through its emphasis on education. The nation has established a strong dual education system that combines classroom learning with practical apprenticeships, which provides students with hands-on experience and useful skills. Germany's commitment to education has yielded a highly skilled workforce, resulting in a strong economy, particularly in its manufacturing and engineering sectors. 맺음말 **In this regard,** I believe that operating an exceptional education system generates citizens who ultimately benefit society, thereby advancing the nation as a whole.

해석 저는 왜 Minji와 Gaspard가 재생 에너지에 투자하고 기술을 발전시키는 것이 국가의 발전에 도움이 된다고 생각하는지 이해합니다. 하지만, 제 생각에는, 국가의 진보를 촉진하기 위한 최적의 접근법은 교육을 향상시키는 것입니다. 이는 주로 교육 체계에 투자하는 것이 사회에 적극적으로 기여할 수 있는 시민들을 양성하기 때문입니다. 결국, 새로운 에너지원이나 기술의 개발은 인간의 개입에 달려 있으며, 이는 인적 자본을 가장 귀중한 자원으로 만듭니다. 교육을 우선시함으로써, 국가는 개인들이 그들의 잠재력을 충분히 발휘할 수 있도록 힘을 부여할 수 있습니다. 예를 들어, 독일은 교육의 강조를 통해 주목할 만한 성공을 거두어 왔습니다. 이 국가는 교실에서의 학습과 실제적인 견습을 결합한 강력한 이중 교육 체계를 구축해 왔는데, 이것은 학생들에게 실제의 경험과 유용한 기술을 제공합니다. 교육에 대한 독일의 헌신은 고도로 숙련된 노동력을 산출하여, 특히 제조 및 공학 기술 부문에서 튼튼한 경제를 낳았습니다. 이러한 점에서, 저는 우수한 교육 체계를 운영하는 것이 궁극적으로 사회를 이롭게 하는 시민들을 만들어 내고, 그에 따라 국가 전체를 발전시킨다고 생각합니다.

어휘 **optimal**[áptəməl] 최적의 **cultivate**[kʌ́ltəvèit] 양성하다 **rely on** ~에 달려 있다 **involvement**[invá:lvmənt] 개입 **valuable**[vǽljuəbəl] 귀중한 **empower**[impáuər] 힘을 부여하다 **emphasis**[émfəsis] 강조 **apprenticeship**[əpréntəsʃip] 견습 **hands-on** 실제의, 직접 하는 **commitment**[kəmítmənt] 헌신 **exceptional**[iksépʃənəl] (이례적일 정도로) 우수한

Question

Doctor Spencer

In many major cities, traffic congestion has gotten worse over the years due to population growth, increased urbanization, and a rise in car ownership. In an attempt to solve this problem, some cities charge congestion fees for driving in certain areas during rush hour. Let's discuss the following: Do you agree that congestion fees should be charged as a way to reduce traffic volume? Why or why not?

많은 주요 도시에서, 교통 체증은 인구 증가, 확대된 도시화, 그리고 자동차 소유의 증가로 인해 수년간 더 악화되어 왔습니다. 이 문제를 해결하기 위한 시도로, 일부 도시들은 출퇴근 시간에 특정 지역에서 운전하는 것에 대해 혼잡 통행료를 부과합니다. 다음 사항에 대해 논의해 보죠. 여러분은 교통량을 줄이기 위한 방법으로 혼잡 통행료가 부과되어야 한다는 것에 동의하시나요? 왜 그런가요, 혹은 왜 그렇지 않은가요?

Jane

I disagree with the idea of congestion fees because they may not be a practical solution in areas where alternative transportation options are limited. For example, a friend of mine works in a city where this policy is in place, and she has no other option but to pay the fee due to a lack of adequate public transportation.

혼잡 통행료는 대체 교통수단이 제한적인 지역에서 실질적인 해결책이 될 수 없기 때문에 저는 그 아이디어에 반대합니다. 예를 들어, 제 친구는 그 정책이 시행 중인 도시에서 일하는데, 적절한 대중교통의 부족으로 인해 요금을 지불하는 것밖에 다른 방법이 없습니다.

Andrew

It is imperative to reduce traffic during rush hour, and charging congestion fees is a possible strategy. Roads are so congested during morning and evening commutes, and this drastically increases commute times, thereby lowering the overall quality of life. Furthermore, drivers are more likely to carpool or find alternative transportation methods so that they do not have to pay.

출퇴근 시간에 교통량을 줄이는 것이 시급하고, 혼잡 통행료를 부과하는 것은 가능성 있는 전략입니다. 아침저녁의 출퇴근 시간 동안에 도로가 너무 막히고, 이는 출퇴근 시간을 대폭 늘리며, 따라서 전반적인 삶의 질을 저하시킵니다. 게다가, 운전자들은 요금을 내지 않아도 되기 위해 카풀을 하거나 대체 교통수단을 찾을 가능성이 더 높습니다.

Outline

agree*

urgently need to control urban air pollution
도시 대기 오염을 시급하게 억제할 필요가 있음

– much of pollution comes from automobiles: emissions go into air → lower air quality
오염 대부분이 자동차에서 비롯되는데, 배기가스가 공기 중으로 배출되어 공기 질을 저하시킴

– ex) studies: idling vehicles produce more emissions → traffic jams generate ↑ pollution
예) 연구에 의하면 공회전하는 차량이 더 많은 배기가스를 생성하므로 교통 체증은 더 많은 오염 물질을 발생시킴

disagree

low-income individuals X afford to live close to workplace
저소득층 사람들은 직장 가까이 살 여유가 없음

– commute from outside city → X alternative
도시 바깥에서 통근하므로 대안이 없음

– ex) cousin lives in suburbs but works downtown → pays fee each day
예) 사촌은 근교에 살지만 시내에서 일하는데 매일 요금을 냄

Model Response

[도입] **I understand why Jane thinks that** introducing congestion fees is impractical because driving one's car would be the only option when public transportation is not <u>readily available</u>. [나의 의견] **However, in my opinion,** congestion fees should be charged in crowded cities. [이유] **This is mainly because** we <u>urgently need to</u> control urban air pollution. [일반적 진술] It is <u>evident that</u> much of the pollution in cities comes from automobiles. Large amounts of vehicle emissions go directly into the air, reducing visibility and lowering air quality. These emissions <u>are also linked to</u> various health problems, such as respiratory illnesses and heart disease. [예시] **Studies have shown that** idling vehicles produce more emissions than moving ones. This means that traffic jams during peak hours generate especially large amounts of pollution, causing great harm to the environment and human health. [맺음말] **Overall,** charging a congestion fee would deter people from driving, and that could help improve <u>urban air quality</u>.

해석 저는 왜 Jane이 혼잡 통행료를 도입하는 것이 비현실적이라고 생각하는지 이해하는데 이는 대중교통이 쉽게 이용 가능하지 않을 때는 자차를 운전하는 것이 유일한 선택지일 것이기 때문입니다. 하지만, 제 생각에는, 혼잡한 도시에서는 혼잡 통행료가 부과되어야 합니다. 이는 주로 우리가 도시 대기 오염을 시급하게 억제할 필요가 있기 때문입니다. 도시의 오염 대부분이 자동차에서 비롯된다는 것은 명백합니다. 다량의 차량 배기가스가 공기 중으로 직접 배출되어, 가시성을 낮추고 공기 질을 저하시킵니다. 이러한 배기가스는 또한 호흡기 질병 및 심장 질환과 같은 여러 건강 문제외 관련이 있습니다. 연구는 공회전하는 차량이 움직이는 차량보다 더 많은 배기가스를 생성한다는 것을 보여 주었습니다. 이것은 혼잡 시간대의 교통 체증이 특히 많은 양의 오염 물질을 발생시켜, 환경과 인간 건강에 엄청난 해를 끼친다는 것을 의미합니다. 전반적으로, 혼잡 통행료를 부과하는 것은 사람들이 운전하는 것을 단념하게 할 것이고, 이것이 도시의 대기질을 개선하는 데 도움이 될 수 있습니다.

어휘 congestion[kəndʒéstʃən] 혼잡 urgently[ə́:rdʒəntli] 시급하게 emission[imíʃən] 배기가스, 배출 visibility[vìzəbíləti] 가시성 respiratory[réspərətɔ:ri] 호흡기의 idle[áidl] 공회전하다 traffic jam 교통 체증 peak hours 혼잡 시간대 deter[ditə́:r] 단념하게 하다, 막다

Question

Professor Daniels

It seems that in modern times, people are paying more attention to their appearance than they did in the past. The fact that the beauty and fashion industries are worth billions of dollars and are experiencing international growth only supports this. Before next week's lecture, please give your thoughts on this question: What do you think is the biggest factor that has contributed to people caring so much about their appearance? Why?

현대에, 사람들은 과거에 그랬던 것보다 외모에 더 많은 관심을 기울이고 있는 것 같습니다. 미용과 패션 산업이 수십억 달러의 가치가 있고 국제적인 성장을 경험하고 있다는 사실은 이를 뒷받침할 뿐입니다. 다음 주 강의 전에, 이 질문에 대한 여러분의 의견을 알려 주시기 바랍니다. 여러분은 사람들이 자신의 외모에 대해 그렇게 많이 신경을 쓰도록 기여한 가장 큰 요인이 무엇이라고 생각합니까? 그 이유는 무엇이죠?

Jan

There is no doubt that social media plays the biggest role. On platforms like Instagram and TikTok, people are constantly bombarded with images of "perfect" bodies and faces. It puts pressure on them to look a certain way, and that can lead to obsessive thoughts about appearance.

소셜 미디어가 가장 큰 역할을 한다는 것에는 의심의 여지가 없습니다. 인스타그램과 틱톡과 같은 플랫폼에서, 사람들에게 끊임없이 '완벽한' 몸매와 얼굴의 이미지들이 퍼부어지고 있습니다. 그것은 그들에게 특정한 방식으로 보여야 한다는 압박감을 주고, 그것이 외모에 대한 강박적인 생각으로 이어질 수 있습니다.

Kyle

I think people care a lot about how they look because it's one of the few things they can control in a society that's not always fair. This is why images related to fitness and personal appearance are so popular these days. Even though it's not easy to break down social barriers, improving one's appearance can yield results quickly.

저는 항상 공정하지만은 않은 사회에서 통제할 수 있는 몇 안 되는 것들 중 하나이기 때문에 사람들이 자신의 외모에 대해 많이 신경을 쓴다고 생각합니다. 이것이 요즘 운동과 외모와 관련된 사진이 매우 인기 있는 이유입니다. 비록 사회적 장벽을 무너뜨리는 것은 쉽지 않지만, 외모를 개선하는 것은 빠르게 결과를 낳을 수 있습니다.

Outline

enticing advertisements

feature idealized bodies & faces → create unrealistic standard of beauty
이상화된 몸과 얼굴을 등장시켜 비현실적인 미의 기준을 만듦

– make people feel inadequate → desire to change appearance to fit ideal
사람들이 부족하게 느끼게 만들어 이상적인 것에 맞추기 위해 외모를 바꾸기를 바라게 함

– ex) ads of weight loss product: show before & after photos, implying weight loss is better
예) 다이어트 식품 광고는 전후 사진을 보여주면서, 체중 감량이 더 낫다고 암시함

societal values*

attractive people are perceived as being more successful
매력적인 사람이 더 성공적이라고 인식됨

– modern entertainment industry rewards people based on appearance
현대 연예 산업은 외모에 따라 사람들에게 보상을 줌

– ex) physically desirable singers make ↑ dollars than musical geniuses
예) 외적으로 호감이 가는 가수들은 음악 천재들보다 더 많은 달러를 범

Model Response

나의 의견 **In my opinion,** societal values play the most significant role in promoting the importance of physical appearance nowadays. 이유 **This is mainly because** attractive and stylish people typically receive more attention and are generally perceived by society as being more successful. 일반적 진술 To illustrate this point, the modern entertainment industry tends to reward people based on their appearance rather than their ability. This gives good-looking people a competitive advantage over those who may be more talented but less attractive. 예시 **For example,** in the music industry, singers who are seen as physically desirable can make millions of dollars, while musical geniuses with modest looks may remain in obscurity. When people see such real-life examples every day on TV, it is imprinted in their minds that looks are valued above all else. 맺음말 **Overall,** this system of rewarding the beautiful is what makes people much more focused on their own appearance.

해석 제 생각에는, 오늘날 신체적 외모에 대한 중요성을 고취하는 데 사회의 가치관이 가장 큰 역할을 합니다. 이는 주로 매력적이고 멋진 사람들이 보통 더 많은 주목을 받고 사회에 의해 일반적으로 더 성공적이라고 인식되기 때문입니다. 이것을 증명하자면, 현대 연예 산업은 능력보다는 외모에 따라 사람들에게 보상을 주는 경향이 있습니다. 이것은 훌륭한 외모를 가진 사람들에게 더 재능이 있지만 덜 매력적인 사람들에 대한 경쟁 우위를 제공합니다. 예를 들어, 음악 산업에서, 외적으로 호감이 간다고 여겨지는 가수들은 수백만 달러를 벌 수 있는 반면, 보통의 외모를 가진 음악 천재들은 무명으로 남을 수 있습니다. 사람들이 텔레비전에서 그러한 실제 사례를 매일 볼 때, 외모가 무엇보다 중요하다는 것은 그들의 마음속에 각인됩니다. 전반적으로, 아름다운 사람들에게 보상을 주는 이 시스템이 사람들이 자신의 외모에 훨씬 더 치중하게 만드는 요인입니다.

어휘 **societal**[səsáiətəl] 사회의 **reward**[riwɔ́ːrd] 보상을 주다 **advantage**[ədvǽntidʒ] 우위, 이점
physically[fízikəli] 외적으로, 신체적으로 **desirable**[dizáiərəbəl] 호감이 가는, 바람직한 **modest**[mɑ́ːdist] 보통의, 수수한
obscurity[əbskjúrəti] 무명 **imprint**[ímprint] 각인시키다

Question

Doctor Jenkins

As we discussed during our lecture earlier today, the younger generation encounters distinct challenges and problems in contemporary society. Many issues are unique to the members of this generation, and these are shaping their experiences and opportunities. So, before our next class, I would like your input on the following question. What are some of the most pressing problems that the younger generation faces today, aside from the well-known issue of student loans?

앞선 오늘 강연에서 논의했듯이, 젊은 세대는 현대 사회에서 뚜렷한 도전과 문제에 직면합니다. 많은 문제들이 이 세대의 구성원들에게 고유하며, 이러한 것들이 그들의 경험과 기회를 형성하고 있습니다. 그래서, 다음 수업 전에, 다음 질문에 대한 여러분의 의견을 듣고 싶습니다. 잘 알려진 학자금 대출 문제 외에, 오늘날 젊은 세대가 직면한 가장 시급한 문제에는 어떤 것들이 있습니까?

Sienna

I think mental health is a huge problem for young people today. Many of us struggle with anxiety and depression. This can be attributed to numerous factors, such as academic pressure, social media use, and financial stress. Additionally, mental health problems can also lead to physical health issues, as well as problems with relationships and daily functioning.

저는 오늘날 젊은이들에게 정신 건강이 큰 문제라고 생각합니다. 우리 중 많은 사람들이 불안과 우울증으로 고생합니다. 이것은 학업의 압박, 소셜 미디어 사용, 그리고 재정적인 스트레스와 같은 많은 요인들에 기인할 수 있습니다. 게다가, 정신 건강 문제는 인간관계 및 일상적인 기능의 문제뿐만 아니라, 신체적인 건강 문제로도 이어질 수 있습니다.

Ryan

The lack of affordable housing is a major issue. Many young people cannot afford a place to live on their starting salaries, which can cause stress and financial difficulties. In many cities, the cost of living has risen faster than wages, making it nearly impossible for young people to set aside money to purchase a house.

감당할 수 있는 가격의 주택 부족이 주요한 문제입니다. 많은 젊은이들이 초봉으로는 거주할 집을 마련하지 못하는데, 이것이 스트레스와 경제적 어려움을 초래할 수 있습니다. 많은 도시에서, 생활비가 임금보다 더 빠르게 상승하여, 젊은이들이 집을 살 돈을 저축하는 것을 거의 불가능하게 만들었습니다.

Outline

unemployment*

have a harder time finding jobs despite having qualifications
자격을 갖추고 있음에도 불구하고 일자리를 구하는 데 어려움을 겪음

- job market has become competitive w/ increasing number of graduates
취업 시장은 졸업생의 수가 증가함에 따라 경쟁적이게 됨

- ex) friend: after graduating with marketing degree, X success
예) 친구는 마케팅 학위를 받고 졸업한 후 취업에 성공하지 못함

rising cost of living expenses

can lead to financial hardship and affect quality of life
경제적 어려움으로 이어져 삶의 질에 영향을 미칠 수 있음

– at the beginning of careers → often earn lower wages → X cope with inflation
커리어의 시작점에서 종종 더 낮은 임금을 받으므로 물가 상승을 감당할 수 없음

– ex) friend: spends most of monthly salary on basic living expenses
예) 친구는 월급 대부분을 기초 생활비로 씀

Model Response

나의 의견 **In my opinion,** unemployment is a significant challenge for many younger individuals. 이유 **This is mainly because** young people are having a harder time finding jobs despite having the necessary qualifications. 일반적 진술 The job market has become more competitive in recent years with the increasing number of graduates and job seekers, and many entry-level positions require years of experience. Therefore, even graduates with advanced degrees are struggling to find jobs that pay enough to cover their basic expenses. 예시 **For instance,** after graduating from university with a marketing degree, my friend spent months searching for a job in his field with no success. Many of the job postings called for several years of experience. After applying to dozens of positions, he only received a handful of responses, most of which were for low-paying internships. 맺음말 **In this regard,** one of the biggest challenges faced by young people is the difficulty in securing employment and the uncertainty that comes with this.

해석 제 생각에는, 실업이 많은 젊은 사람들에게 중대한 문제입니다. 이는 주로 젊은이들이 필요한 자격을 갖추고 있음에도 불구하고 일자리를 구하는 데 어려움을 겪고 있기 때문입니다. 취업 시장은 최근 몇 년 동안 졸업생과 구직자의 수가 증가함에 따라 더 경쟁적이게 되었고, 많은 신입직은 수년간의 경험을 요구합니다. 따라서, 석박사 학위를 가진 졸업생들조차도 그들의 기본적인 비용을 감당할 만큼 충분한 돈을 주는 직업을 찾기 위해 고군분투하고 있습니다. 예를 들어, 대학에서 마케팅 학위를 받고 졸업한 후, 제 친구는 몇 달 동안 그의 분야에서 일자리를 찾는 데 수개월을 보냈지만 성공하지 못했습니다. 많은 채용 공고들이 몇 년의 경력을 요구했습니다. 수십 개의 일자리에 지원한 후, 그는 소수의 응답만 받았는데, 대부분은 저임금 인턴십에 대한 응답이었습니다. 이러한 점에서, 젊은이들이 직면한 가장 큰 문제들 중 하나는 직장을 얻는 것의 어려움과 이에 따른 불확실성입니다.

어휘 unemployment[ʌ̀nimplɔ́imənt] 실업 qualification[kwàːləfikéiʃən] 자격 call for ~을 요구하다 a handful of 소수의
uncertainty[ʌnsə́ːrtnti] 불확실성

DAY 10　사회

Question

Dr. Wilson

Our world today is very different from the one our great-grandparents and their parents lived in. Imagine being a woman and not being allowed to vote. But it was only in the past 100 years that women gained the right to vote in many countries. What other cultural or social changes from the last 200 years, besides women's suffrage, would you choose as being one of the most important? Why?

오늘날 우리의 세상은 우리의 증조부모와 그들의 부모가 살았던 세상과는 매우 다릅니다. 여성이 되어 투표가 허용되지 않는다고 상상해 보세요. 하지만 많은 나라에서 여성들이 투표권을 얻은 것은 단지 100년밖에 되지 않았습니다. 여성의 참정권 외에, 여러분은 지난 200년간의 문화적, 사회적 변화 중 어떤 것을 가장 중요한 것으로 고르겠습니까? 그 이유는 무엇이죠?

Jeremy K.

For me, the abolition of slavery is the biggest one. I can't believe it used to be acceptable for people to be the "property" of their "owner." After slavery was abolished, lots of other movements followed, like the civil rights movement. We still have issues with equality and human rights, but things are better now than they were back then.

저에게는, 노예제도 폐지가 가장 큰 것입니다. 저는 사람들이 그들의 '주인'의 '재산'이 되는 것이 용인되곤 했다는 것을 믿을 수 없습니다. 노예제도가 폐지된 후, 민권 운동과 같은 많은 다른 운동들이 뒤따랐습니다. 우리에게는 여전히 평등과 인권 관련 문제가 있지만, 지금은 그 당시보다는 상황이 더 좋습니다.

Saki M.

I was thinking of the Industrial Revolution. It totally changed the way people lived. They went from working on farms to working in factories, which led to the growth of cities. Industrialization also paved the way for capitalism and divided societies into a working class and an upper class—like, the owners of the factories.

저는 산업혁명을 생각하고 있었습니다. 그것은 사람들이 사는 방식을 완전히 바꾸어 놓았습니다. 그들은 농장에서 일하다가 공장에서 일하게 되었고, 이것이 도시의 성장을 이끌었습니다. 산업화는 또한 자본주의를 위한 길을 열었고 사회를 노동자 계급과 상류 계층으로 나누었습니다. 상류 계층은 예를 들면 공장주들이죠.

Outline

rise of democracy

gave voice & power to the masses
대중에게 발언권과 권력을 주었음

– allowed people to participate in government and promote social & economic justice
사람들이 정부에 참여하고 사회적, 정치적인 정의를 추구할 수 있게 하였음

– result: spurred economic development by providing stable environment for investors
결과적으로 투자자들에게 안정적인 환경을 제공함으로써 경제 발전을 촉진하였음

globalization*

profound impacts on entire world: changed the way we do business, communicate, consume goods
우리가 사업, 소통, 상품 소비를 하는 방식을 바꾸는 등 전 세계에 심대한 영향을 미쳤음

- technological advancements & opening of borders → created opportunities
  기술 발전과 국경 개방은 기회를 만들어 냈음

- ex) small jewelry shop in India: can sell products all over the world through Amazon
  예) 인도의 작은 보석 가게는 아마존을 통해 전 세계에 제품을 판매할 수 있음

Model Response

[도입] **I see why Jeremy and Saki think that** the abolition of slavery and the Industrial Revolution were important <u>societal changes</u> because, without an awareness of these events, it is difficult to understand the present. [나의 의견] **However, in my opinion,** globalization is the most significant transformation in the past two centuries. [이유] **This is mainly because** it has <u>had profound impacts on</u> the entire world, changing the way we do business, communicate, and consume goods. [일반적 진술] With technological advancements and <u>the opening of borders</u>, the global market has become more inclusive, creating opportunities for people worldwide. [예시] **For instance,** a small artisanal jewelry shop in a remote village in India can now sell its products to customers all over the world through online marketplaces such as Amazon. As a result, the shop can expand its customer base, <u>increase its revenue</u>, and grow its business in ways that were previously <u>out of reach</u>. [맺음말] **Overall,** globalization has generated new possibilities for all.

해석 저는 왜 Jeremy와 Saki가 노예제도 폐지와 산업혁명이 중요한 사회 변화였다고 생각하는지 이해하는데 이는 이러한 사건들에 대한 인식 없이는 현재를 이해하기 어렵기 때문입니다. 하지만, 제 생각에는, 세계화가 지난 2세기 동안의 가장 중대한 변화입니다. 이는 주로 그것이 우리가 사업을 하고, 소통하고, 상품을 소비하는 방식을 바꾸면서, 전 세계에 심대한 영향을 미쳤기 때문입니다. 기술 발전과 국경 개방으로, 세계 시장은 더욱 포용적으로 변하였고, 전 세계 사람들을 위한 기회를 만들어 냈습니다. 예를 들어, 인도의 외딴 마을에 있는 작은 장인의 보석 가게는 이제 아마존과 같은 온라인 장터를 통해 전 세계 고객들에게 그것의 제품을 판매할 수 있습니다. 그 결과, 그 가게는 고객 기반을 확장하고, 수입을 증대하며, 이전에는 손이 닿지 않았던 경로로 사업을 성장시킬 수 있습니다. 전반적으로, 세계화는 모두를 위한 새로운 기회들을 생성했습니다.

어휘 **abolition**[æ̀bəlíʃən] 폐지 **awareness**[əwérnəs] 인식 **globalization**[glòubəlizéiʃən] 세계화 **transformation**[træ̀nsfərméiʃən] 변화 **profound**[prəfáund] 심대한 **consume**[kənsúːm] 소비하다 **inclusive**[inklúːsiv] 포용적인 **artisanal**[á:rtəzənəl] 장인의, 공예가의 **remote**[rimóut] 외딴 **revenue**[révənjùː] 수입 **out of reach** 손이 닿지 않는

Question

Professor Davis

When we think about the many serious global problems we are facing, climate change is certainly one that comes to mind. While it is obviously important for this to be addressed, there are a number of other pressing issues that require our attention. So before the next class, I'd like for you to discuss the following question: Aside from climate change, what do you believe is the most serious global problem of the 21st century?

우리가 직면하고 있는 많은 심각한 세계적인 문제들에 대해 생각할 때, 기후 변화는 확실히 마음에 떠오르는 한 가지입니다. 이것이 해결되는 것이 분명히 중요하지만, 우리의 관심을 필요로 하는 다른 시급한 문제들이 많이 있습니다. 그래서 다음 수업 전에, 여러분이 다음 질문을 논의해 주었으면 합니다. 기후 변화 외에, 21세기의 가장 심각한 세계적인 문제는 무엇이라고 생각합니까?

Kumar

I would argue that a lack of access to quality education is the most pressing global problem of the 21st century. Education is the foundation of human development. Without it, people are much more likely to experience poverty, social inequality, and a host of other difficulties. We must address this issue so that everyone has the opportunity to succeed.

저는 양질의 교육에 대한 접근 기회의 부족이 21세기의 가장 시급한 세계적인 문제라고 주장하고 싶습니다. 교육은 인간 발전의 토대입니다. 그것이 없다면, 사람들은 가난, 사회적 불평등, 그리고 많은 다른 어려움들을 경험할 가능성이 훨씬 더 높습니다. 우리는 모두가 성공할 수 있는 기회를 가질 수 있도록 이 문제를 해결해야 합니다.

Anne

The refugee crisis is the most serious global problem we're facing today. There are millions of people who have been forced to flee their homes due to conflicts and natural disasters. They live in dangerous conditions and suffer from violence, disease, and poverty. It's a complex issue that requires urgent attention and action.

난민 위기가 오늘날 우리가 직면하고 있는 가장 심각한 세계적 문제입니다. 분쟁과 자연재해로 인해 집을 떠날 수밖에 없었던 수백만 명의 사람들이 있습니다. 그들은 위험한 환경에서 살며 폭력, 질병, 그리고 가난으로 고통받습니다. 이것은 시급한 관심과 조치를 요하는 복잡한 문제입니다.

Outline

population aging*

    contributes to economic instability
    경제적 불안정에 기여함

    – fewer working-age individuals → reduced economic growth & increased govern. debt
      노동 연령 인구가 감소함에 따라 둔화된 경제 성장과 증가된 정부 부채를 초래함

    – ex) France: concern that pension will run out of money → led to social unrest
      예) 프랑스에는 연금의 재원이 고갈될 것이라는 우려가 있으며 이것이 사회 불안으로 이어졌음

global health issues

pandemic spread rapidly worldwide
유행병이 전 세계적으로 빠르게 퍼졌음

– devastating consequences for public health, global economy & international relations
공공 건강, 국제 경제, 국제 관계에 대단히 파괴적인 영향을 미침

– ex) COVID-19 pandemic: infected hundreds of millions → deaths & significant economic disruption
예) 코로나19 유행병은 수억 명을 감염시켜 사망과 심각한 경제적 혼란을 야기함

Model Response

나의 의견 **In my opinion,** population aging is the most pressing issue that affects societies around the world in the 21st century. 이유 **The primary reason is that** it significantly contributes to economic instability. 일반적 진술 As populations age, there are fewer working-age individuals to support retirees through social security and other public programs. This can result in reduced economic growth and increased government debt as governments struggle to meet the needs of their countries' aging populations. 예시 **For example,** in France, there is a growing concern that the pension system will run out of money due to the increasing number of elderly people, which has led to social unrest. The situation in France highlights the urgent need for countries to find sustainable solutions to the economic challenges posed by aging populations. However, this is not just a problem unique to France. In countries where the retirement age is low but the population is aging, younger people must bear the burden of providing for a growing population of older individuals.

해석 제 생각에는, 인구 노령화가 전 세계의 사회에 영향을 미치는 21세기의 가장 시급한 문제입니다. 주된 이유는 그것이 경제적 불안정에 크게 기여한다는 것입니다. 인구가 노령화됨에 따라, 사회 보장 및 기타 공공 프로그램을 통해 은퇴자를 지원할 노동 연령 인구가 감소하고 있습니다. 이는 정부가 그 나라의 노령 인구의 요구를 충족시키기 위해 고군분투함에 따라 둔화된 경제 성장과 증가된 정부 부채를 초래할 수 있습니다. 예를 들어, 프랑스에서는, 증가하는 노인의 수로 인해 연금 제도의 재원이 고갈될 것이라는 우려가 커지고 있고, 이는 사회 불안으로 이어졌습니다. 프랑스의 이 상황은 국가들이 노령화되는 인구로 인해 초래되는 경제적 문제에 대한 지속 가능한 해결책을 찾아야 할 시급한 필요성을 강조합니다. 하지만, 이것은 프랑스에만 고유한 문제가 아닙니다. 정년은 낮지만 인구가 노령화되고 있는 나라들에서, 젊은 사람들은 증가하는 노인 인구를 부양할 부담을 져야만 합니다.

어휘 instability[ìnstəbíləti] 불안정 retiree[ritàiərí:] 은퇴자 security[sikjúərəti] 보장, 보안 pension[pénʃən] 연금
run out of ~이 고갈되다 unrest[ʌnrést] 불안 bear[ber] (부담을) 지다, 견디다 provide[prəváid] 부양하다

Question

Professor Yoon

As we discussed in class, the Internet has become an integral part of our lives, with over 5 billion active users worldwide. And with the rise of online communication, the issue of anonymity has become an important but controversial topic. So let's talk about the following: Do you think anonymity is necessary for social progress, or does it just allow for online harassment and the spread of hate speech?

우리가 수업 시간에 논의했듯이, 인터넷은 우리 삶의 필수적인 부분이 되어 왔으며, 전 세계에 활성 사용자는 50억 명 이상입니다. 그리고 온라인 커뮤니케이션의 증가와 함께, 익명성의 문제는 중요하면서도 논란의 여지가 있는 주제가 되었습니다. 그래서 다음에 대해 이야기해 봅시다. 여러분은 익명성이 사회 발전을 위해 필요하다고 생각하나요, 아니면 그것이 단지 온라인 괴롭힘과 혐오 발언의 확산을 허용할 뿐이라고 생각하나요?

Arjun

Anonymity is crucial for building a better society because it allows everyone's voices to be heard. I mean, as human beings, we are inherently biased no matter how hard we try not to be. When people's identities remain hidden, every viewpoint carries equal weight and can be assessed without any kind of prejudice or discrimination.

익명성은 모든 사람들의 목소리가 청취될 수 있게 해 주기 때문에 더 나은 사회를 만드는 데 있어 중요합니다. 제 말은, 인간으로서, 우리가 아무리 그렇게 되지 않으려고 노력해도 우리는 본질적으로 편향됩니다. 사람들의 정체가 숨겨져 있을 때, 모든 관점은 동등한 무게를 가지며 어떤 종류의 편견이나 차별 없이 평가될 수 있습니다.

Louis

A major problem with anonymity is that it lets people hide behind their screens. They might say things on the Internet that they would never say in person, which is why cyberbullying has increased. Anonymity is a shield for people to engage in this toxic behavior. So anonymity makes it difficult to identify and stop the bullies.

익명성의 주요 문제는 그것이 사람들을 화면 뒤에 숨게 한다는 것입니다. 그들은 직접 만나서는 절대 하지 않을 말을 인터넷상에서 할 수도 있는데, 이것이 사이버 폭력이 증가해 온 이유입니다. 익명성은 이러한 유해 행동에 관여하는 사람들을 위한 방패입니다. 그래서 익명성은 괴롭히는 사람들을 식별하여 중단시키는 것을 어렵게 만듭니다.

Outline

anonymity is necessary*

> creates environment where whistleblowers can come forward
> 내부 고발자가 나설 수 있는 환경을 조성함

> – corrupt practices are exposed → cornerstone of social development
> 부패 관행이 드러나서 사회 발전의 초석이 됨

> – ex) low-level employee can report misconduct anonymously → company can be held accountable
> 예) 하급 직원이 익명으로 부정행위를 보고할 수 있으면 회사가 책임을 질 수 있음

anonymity allows for online harassment & hate speech

creates multiple fake accounts → easy to harass others
여러 개의 가짜 계정을 만들면 다른 사람들을 괴롭히기 쉬움

- no way for victims to know how many people are harassing them
  피해자는 얼마나 많은 사람들이 자신을 괴롭히고 있는지 알 방법이 없음
- ex) individuals created multiple accounts to bully other players in game communities
  예) 사람들이 게임 커뮤니티에서 다른 플레이어들을 괴롭히기 위해 여러 개의 계정을 만들었음

Model Response

나의 의견 **In my opinion,** the benefits of preserving online anonymity far outweigh the downsides. 이유 **The main reason is that** anonymity creates a virtual environment where whistleblowers can come forward. 일반적 진술 When such conditions exist, corrupt practices within organizations can be exposed. In that way, protecting peoples' identities online is actually a cornerstone of social development. 예시 **For example,** imagine a scenario where a low-level employee at a company knows about unethical practices being carried out by senior management but fears retaliation for speaking up. If the employee can report the misconduct anonymously, the information will be brought to light and the company can be held accountable for its actions, which plays a pivotal role in driving social progress by fostering trust among individuals and institutions. 맺음말 **Therefore,** while measures to address the problems with anonymity need to be implemented, anonymity is essential for exposing immoral conduct and moving society forward.

해석 제 생각에는, 온라인 익명성을 보호하는 것의 이점은 단점보다 훨씬 더 큽니다. 주된 이유는 익명성이 내부 고발자가 나설 수 있는 가상의 환경을 조성한다는 것입니다. 이러한 환경이 존재할 때, 조직 내의 부패 관행이 드러날 수 있습니다. 이렇게, 온라인에서 사람들의 정체를 보호하는 것은 사실 사회 발전의 초석입니다. 예를 들어, 한 회사의 하급 직원이 고위 경영진에 의해 행해지는 비윤리적인 관행에 대해 알고 있지만 목소리를 내는 것으로 인한 보복을 두려워하는 시나리오를 상상해 보십시오. 그 직원이 익명으로 부정행위를 보고할 수 있다면, 그 정보가 드러날 것이고 회사가 그것의 행동에 대해 책임을 질 수 있을 것인데, 이것은 개인과 기관 간의 신뢰를 조성함으로써 사회 발전을 촉진하는 데 중추적인 역할을 합니다. 따라서, 익명성의 문제점을 해결하기 위한 조치가 시행되어야 하지만, 익명성은 부도덕한 행위를 폭로하고 사회를 나아가게 하는 데 있어 필수적입니다.

어휘 outweigh[àutwéi] ~보다 더 크다 whistleblower[wíslblòuər] 내부 고발자 come forward 나서다 corrupt[kərʌ́pt] 부패한
cornerstone[kɔ́ːrnərstoun] 초석 unethical[ʌnéθikəl] 비윤리적인 retaliation[ritæ̀liéiʃən] 보복
misconduct[mìskáːndʌkt] 부정행위 bring to light 드러내다 be held accountable 책임을 지다 immoral[imɔ́ːrəl] 부도덕한

Question

Professor Park

Good health is important for a happy and fulfilling life. And when it comes to personal health and well-being, various internal and external factors play a crucial role. A healthy diet is one of the most important factors, but there are also other lifestyle choices that can contribute to overall health. Other than having a healthy diet, what do you believe is the most important lifestyle factor for good health? Why?

좋은 건강은 행복하고 만족스러운 삶을 위해 중요합니다. 그리고 개인의 건강과 행복에 관한 한, 다양한 내부 및 외부적 요인들이 중요한 역할을 하죠. 건강한 식단은 가장 중요한 요소들 중 하나이지만, 전반적인 건강에 기여할 수 있는 다른 생활 방식 선택지들도 있습니다. 건강한 식단을 갖는 것 외에, 여러분은 건강을 위한 가장 중요한 생활 방식 요소가 무엇이라고 생각합니까? 왜 그렇죠?

Mario

Adequate sleep is one of the most important factors for overall health. Sleep is crucial because it plays a vital role in many bodily functions. Sleep also helps us to maintain a healthy weight. Research has shown that sleep deprivation can disrupt the hormones that regulate appetite, leading to increased hunger and a greater likelihood of overeating.

충분한 수면은 전반적인 건강을 위한 가장 중요한 요소들 중 하나입니다. 수면은 많은 신체 기능에서 핵심적인 역할을 하기 때문에 중요합니다. 수면은 또한 우리가 건강한 체중을 유지하도록 도와줍니다. 연구는 수면 부족이 식욕을 조절하는 호르몬을 방해하여, 증대된 공복감과 더 큰 과식 가능성으로 이어진다는 것을 보여주었습니다.

Gemma

Having a positive attitude can help reduce stress and promote physical and mental well-being. Stress is a contributing factor to various health issues, including heart disease, high blood pressure, and digestive issues. By maintaining a positive attitude, we can lower our stress levels and alleviate the effects of stress on our bodies.

긍정적인 태도를 갖는 것은 스트레스를 줄이고 신체적, 정신적 행복을 증진시키는 데 도움이 될 수 있습니다. 스트레스는 심장병, 고혈압, 그리고 소화기 질환을 포함한 많은 건강 문제에 대한 기여 요인입니다. 긍정적인 태도를 유지함으로써, 우리는 스트레스 수준을 낮추고 우리 몸에 미치는 스트레스의 영향을 완화할 수 있습니다.

Outline

daily exercise*

strengthens immune system
면역 체계를 강화함

– defense system is strong → less susceptible to illnesses
방어 체계가 강하면 질병에 덜 취약함

– ex) inactive lifestyle → suffered from colds often, but exercised each day → X gotten ill
예) 비활동적인 생활을 했을 때는 자주 감기에 걸렸지만 매일 운동하고 병에 걸린 적 없음

regular health checkups

detect potential health issues early
가능성 있는 건강 문제들을 빠르게 발견함

– able to receive prompt treatment → prevent more serious problems
즉각적인 치료를 받을 수 있어 더 심각한 문제들을 방지함

– ex) grandmother: caught cancer early during routine checkup & made full recovery
예) 할머니는 정기 건강검진 중에 암을 초기에 발견했고 완전히 회복했음

Model Response

[도입] **I see why Mario and Gemma think that** adequate sleep and a positive attitude are essential for good health. [나의 의견] **However, in my opinion,** daily exercise is the best way to improve one's health. [이유] **This is mainly because** regular exercise strengthens the immune system, making it better able to fight off harmful germs. [일반적 진술] When our body's defense system is strong, we are less susceptible to illnesses such as the common cold and can recover more quickly when we do get sick. [예시] **For instance,** I previously led an inactive lifestyle. Even though I slept eight hours per day and had an optimistic mindset, I found myself suffering from severe colds multiple times each year. Two years ago, however, I began exercising for 30 minutes each day. Since then, I have never gotten ill, and I attribute this largely to the strengthening of my immune system through regular exercise.

해석 저는 왜 Mario와 Gemma가 충분한 수면과 긍정적인 태도가 좋은 건강을 위해 필수적이라고 생각하는지 이해합니다. 하지만, 제 생각에는, 매일 운동하는 것이 건강을 증진시키는 가장 좋은 방법입니다. 이는 주로 규칙적인 운동이 면역 체계를 강화하여, 그것이 해로운 병균을 더 잘 퇴치하도록 만들기 때문입니다. 우리 몸의 방어 체계가 강할 때, 우리는 감기와 같은 질병에 덜 취약하고 아플 때 더 빨리 회복할 수 있습니다. 예를 들어, 저는 이전에 비활동적인 생활을 했습니다. 하루에 8시간을 자고 낙관적인 사고방식을 가졌지만, 저는 매년 여러 번 심한 감기에 걸리는 저 자신을 발견했습니다. 하지만, 2년 전에, 저는 매일 30분씩 운동을 하기 시작했습니다. 그 이후로, 단 한 번도 병에 걸린 적이 없는데, 저는 이것을 주로 규칙적인 운동을 통한 저의 면역 체계의 강화 덕분으로 봅니다.

어휘 strengthen[stréŋkθən] 강화하다 fight off ~을 퇴치하다 germ[dʒəːrm] 세균 defense[diféns] 방어
susceptible[səséptəbəl] 취약한 inactive[inǽktiv] 비활동적인 optimistic[ὰːptəmístik] 낙관적인 mindset[máindset] 사고방식
attribute ~ to ~을 –의 덕분으로 보다

Question

Doctor Evans

As we discussed in class, some countries have implemented a special tax on snacks and drinks that are high in sugar. The goal is to reduce sugar consumption, which is linked to health problems like obesity. But there is much debate about whether this type of tax is fair or even effective. What are your thoughts? Should governments implement this strategy to reduce sugar consumption, or should this type of tax be avoided?

우리가 수업에서 논의했듯이, 일부 국가들은 설탕이 많이 든 과자와 음료에 특별세를 도입했습니다. 그 목표는 설탕 소비를 줄이는 것인데, 이것은 비만과 같은 건강 문제와 관련이 있습니다. 하지만 이런 유형의 세금이 공정한지 아니면 심지어 효과적인지에 대해서는 많은 논쟁이 있습니다. 여러분의 생각은 어떻습니까? 정부는 설탕 소비를 줄이기 위해 이 전략을 도입해야 합니까, 아니면 이런 유형의 세금은 지양되어야 합니까?

Beth

Personally, I think that a sugar tax is a great idea because it encourages people to consume less sugar, which will lead to better health outcomes. It has been proven to work in other countries like Mexico, where there was a slight reduction in sugar-sweetened beverage consumption after the tax was implemented.

개인적으로, 저는 설탕세가 사람들이 더 적은 설탕을 소비하도록 장려하고, 이것이 더 나은 건강의 결과로 이어지기 때문에 좋은 아이디어라고 생각합니다. 그것은 멕시코와 같은 다른 나라에서 효과가 있는 것으로 입증되었는데, 그곳에서 세금이 도입된 후 가당 음료 소비가 소폭 감소했습니다.

Greg

While I agree that something needs to be done to address the obesity epidemic, I don't feel that a sugar tax is the best solution. Independent businesses or mom-and-pop shops won't be able to absorb the tax and will have to pass the cost onto consumers.

저는 만연한 비만을 해결하기 위해 어떤 조치가 필요하다는 것에는 동의하지만, 설탕세가 최선의 해결책이라고는 생각하지 않습니다. 자영업이나 구멍가게들은 세금을 부담할 수 없을 것이고 그 비용을 소비자들에게 전가해야 할 것입니다.

Outline

government should implement sugar tax

encourage companies to reformulate products to contain less sugar
회사들이 설탕을 덜 함유한 제품을 새로 만들도록 장려함

– companies will develop healthier options to avoid higher tax
회사들은 높은 세금을 피하기 위해 더 건강한 선택지를 개발할 것임

– revenue generated from sugar tax → used to fund health initiatives
설탕세로부터 벌어들인 세입이 건강 계획에 자금을 대는 데 사용됨

sugar tax should be avoided*

unfairly targets lower-income individuals
부당하게도 저소득층 개인들을 겨냥함

- – cost of sugary foods rises → find it difficult to cover food expenses
  설탕이 든 음식 가격이 상승함에 따라 식비를 감당하는 것을 힘들게 느낌
- – further exacerbate health issues prevalent among disadvantaged communities
  가난한 지역 사회에 만연한 건강 문제를 더욱 악화시킴

Model Response

도입 **I understand why Beth thinks that** a sugar tax could discourage the consumption of sugary products and ultimately lead to improved health outcomes. 나의 의견 **However, in my opinion,** a sugar tax would be a poor policy. 이유 **The main reason is that** it unfairly targets lower-income individuals. 일반적 진술 As the cost of sugary beverages and foods rises due to the introduction of a sugar tax, lower-income individuals may find it difficult to cover their food expenses. While the intention of the sugar tax is to encourage healthier choices, the immediate impact on those with limited resources could be a strain on their food budget, making it challenging for them to allocate sufficient funds for a well-rounded and nutritious diet. 부연 설명 This situation can further exacerbate existing health issues prevalent among economically disadvantaged communities, as individuals may be forced to prioritize affordability over healthier food options. 맺음말 **Therefore,** instead of relying on a sugar tax, promoting education and public health campaigns would be a better approach for reducing sugar consumption in the long term.

해석　저는 왜 Beth가 설탕세가 설탕이 든 제품의 소비를 억제하고 궁극적으로 향상된 건강 결과로 이어질 수 있다고 생각하는지 이해합니다. 하지만, 제 생각에는, 설탕세는 좋지 않은 정책이 될 것입니다. 주된 이유는 그것이 부당하게도 저소득층 개인들을 겨냥한다는 것입니다. 설탕세의 도입 때문에 설탕이 든 음료와 음식의 가격이 상승함에 따라, 저소득층 사람들은 그들의 식비를 감당하는 것을 힘들게 느낄 수 있습니다. 설탕세의 의도는 더 건강한 선택을 장려하는 것이지만, 제한된 자원을 가진 사람들에게 미치는 즉각적인 영향은 식비 예산에 대한 부담일 수 있으며, 이것은 그들이 균형 잡힌 영양가 있는 식단을 위해 충분한 자금을 할당하는 것을 어렵게 만듭니다. 이러한 상황은 경제적으로 가난한 지역 사회에 만연한 기존의 건강 문제를 더욱 악화시킬 수 있는데, 이는 사람들이 더 건강한 음식 선택보다 저렴한 가격을 우선시하도록 강제될 수 있기 때문입니다. 따라서, 설탕세에 의존하는 대신에, 교육과 공중 보건 캠페인을 촉진하는 것이 장기적으로 설탕 소비를 줄이기 위한 더 나은 접근법일 것입니다.

어휘　discourage[diskə́:ridʒ] 억제하다　unfairly[ʌ̀nfɛ́rli] 부당하게　strain[strein] 부담　allocate[ǽləkèit] 할당하다
well-rounded 균형 잡힌　exacerbate[igzǽsərbèit] 악화시키다　prevalent[prévələnt] 만연한
disadvantaged[dìsədvǽntidʒd] 가난한　affordability[əfɔ̀rdəbíləti] 저렴한 가격, 감당할 수 있는 비용

Question

Professor McLeod

Over the past couple of weeks, we have been engaged in extensive discussions regarding the multitude of urgent environmental challenges that our world is currently facing. As we approach the conclusion of this unit, I would like each of you to carefully reflect upon the topics we have covered and select one environmental problem that you perceive as particularly severe. Furthermore, I encourage you to propose an effective solution to the problem.

지난 몇 주 동안, 우리는 세계가 현재 직면하고 있는 수많은 시급한 환경 문제들에 대한 광범위한 논의에 열중해 왔습니다. 본 단원의 결론에 가까워짐에 따라, 저는 여러분 각자가 우리가 다룬 주제에 대해 곰곰이 생각해 보고 여러분이 특히 심각하다고 생각하는 환경 문제를 하나 선택했으면 합니다. 또한, 저는 여러분이 그 문제에 대한 효과적인 해결책을 제안하기를 권합니다.

Chen

I think deforestation is the most severe environmental problem, and using reusable products would help. The more disposable products we use, the more will be made, and this can have disastrous effects on the environment. For instance, millions of trees are cut down every year in China to make disposable chopsticks.

저는 삼림 벌채가 가장 심각한 환경 문제라고 생각하며, 재사용 가능한 제품들을 사용하는 것이 도움이 될 것입니다. 우리가 일회용품을 더 많이 사용할수록, 더 많이 만들어질 것이고, 이것은 환경에 파괴적인 영향을 미칠 수 있습니다. 예를 들어, 중국에서는 매년 수백만 그루의 나무들이 일회용 젓가락을 만들기 위해 베어집니다.

Clara

Too much waste is the most pressing issue. One of the best solutions to the problem is reducing plastic waste. Plastic does not degrade easily, so it can eventually enter the ocean and kill marine animals. I watched a documentary that showed how sea turtles consume plastic bags because they look like jellyfish. The plastic blocks the turtles' intestines.

너무 많은 쓰레기가 가장 시급한 문제입니다. 이 문제에 대한 가장 좋은 해결책들 중 하나는 플라스틱 쓰레기를 줄이는 것입니다. 플라스틱은 쉽게 분해되지 않기 때문에, 결국 바다로 들어가 해양 동물들을 죽일 수 있습니다. 저는 바다거북이 비닐봉지가 해파리처럼 보여서 그것을 섭취하는 것을 보여주는 다큐멘터리를 봤습니다. 플라스틱은 거북이의 창자를 막습니다.

Outline

energy consumption*

directly linked to utilization of natural resources
천연자원의 이용과 직결됨

– extraction & use of resources leads to environmental destruction
자원의 추출과 이용은 환경 파괴를 초래함

– solutions in daily lives: turn off lights, improve insulation
일상생활에 해결책들이 있는데, 그것은 전등을 끄고 단열재를 개선하는 것임

huge carbon footprint

carbon dioxide released into atmosphere contribute to climate change
대기에 배출된 이산화 탄소가 기후 변화의 원인이 됨

- chemical waste from industrial processes releases ↑ greenhouse gases → increases carbon footprint
  산업 공정에서 발생한 화학적 폐기물이 많은 온실가스를 배출해서 탄소 발자국을 증가시킴

- slow fashion: decreases turnover of clothing items → reduce production & waste
  슬로우 패션은 의복 제품의 교체율을 낮춰서 생산과 폐기물을 줄임

Model Response

나의 의견 **In my opinion,** one of the most severe environmental problems is <u>energy consumption.</u> 이유 **The main reason is that** energy consumption <u>is directly linked to</u> the utilization of natural resources like oil, gas, and coal. 일반적 진술 The extraction and use of these resources lead to <u>environmental destruction</u>, including air and water pollution, deforestation, and wildlife habitat loss. 부연 설명 The effective solutions to <u>this problem</u> lie in our daily lives. We should turn off lights and appliances when they are not in use, use energy-efficient light bulbs and devices, and improve insulation in homes to reduce heating and cooling needs. 맺음말 **In this regard,** while reducing energy consumption alone may not solve all of our environmental problems, it is <u>an essential step toward</u> sustainable living and the protection of our planet for future generations.

해석 제 생각에는, 가장 심각한 환경 문제 중 하나는 에너지 소비입니다. 주된 이유는 에너지 소비가 석유, 가스, 그리고 석탄과 같은 천연자원의 이용과 직결된다는 것입니다. 이러한 자원들의 추출과 이용은 대기 및 수질 오염, 삼림 벌채, 그리고 야생 동물 서식지 상실을 비롯한 환경 파괴를 초래합니다. 이 문제에 대한 효과적인 해결책들은 우리의 일상생활에 있습니다. 우리는 전등과 가전제품을 사용하지 않을 때는 꺼야 하고, 에너지 효율적인 전구와 장치를 사용해야 하며, 난방과 냉방의 필요를 줄이기 위해 집의 단열재를 개선해야 합니다. 이러한 점에서, 에너지 소비를 줄이는 것만으로는 우리의 모든 환경 문제를 해결할 수 없을지도 모르지만, 그것은 미래 세대를 위한 지속 가능한 삶과 우리 지구의 보호를 위한 필수적인 단계입니다.

어휘 consumption[kənsʌ́mpʃən] 소비 utilization[jùːtəlizéiʃən] 이용 extraction[ikstrǽkʃən] 추출 destruction[distrʌ́kʃən] 파괴
deforestation[diːfɔ̀ːristéiʃən] 삼림 벌채 appliance[əpláiəns] 가전제품 insulation[ìnsəléiʃən] 단열재

Question

Doctor James

As human beings, we are now facing the dual challenges of climate change and environmental degradation. Some people remain doubtful that the state of the environment will improve in the coming years, while others are hopeful that we can take action now to mitigate the damage. What do you think? Is the situation truly hopeless, or do you believe that we can make positive changes to protect the environment for future generations?

인간으로서, 오늘날 우리는 기후 변화와 환경 악화라는 이중의 도전에 직면하고 있습니다. 일부 사람들은 향후 몇 년 동안 환경 상태가 개선될 것이라는 것에 대해 의심하고 있지만, 다른 사람들은 현재 우리가 피해를 줄이기 위한 행동을 취할 수 있다는 희망을 가집니다. 여러분은 어떻게 생각하나요? 이 상황은 정말로 절망적인가요, 아니면 여러분은 미래 세대를 위해서 환경을 보호하기 위하여 우리가 긍정적인 변화를 만들 수 있다고 믿나요?

Suzy

I believe the situation is hopeless. Climate change is already having a devastating impact on our planet, and it is only going to get worse. Despite efforts to mitigate the damage, we have already caused irreparable harm to our environment. We must accept that we cannot undo the damage and focus on adapting to the changes that are coming.

저는 이 상황이 절망적이라고 믿습니다. 기후 변화는 이미 지구에 파괴적인 영향을 미치고 있으며, 더 악화되기만 할 것입니다. 피해를 줄이기 위한 노력에도 불구하고, 우리는 이미 우리의 환경에 돌이킬 수 없는 해를 끼쳤습니다. 우리는 피해를 되돌릴 수 없다는 것을 인정하고 다가오고 있는 변화에 적응하는 데 집중해야 합니다.

Taehwan

While the challenges of climate change and environmental degradation are daunting, I remain hopeful that we can meet them. Some progress has already been made in reducing greenhouse gas emissions by increasing our use of renewable energy sources, like the sun and wind. If we continue to make sustainable choices, we can create a better future for generations to come.

기후 변화와 환경 악화의 문제가 다루기 벅차지만, 저는 우리가 그것들에 대응할 수 있다는 희망을 가지고 있습니다. 태양 및 바람과 같은 재생 가능한 에너지원의 사용을 늘림으로써 온실가스 배출을 줄이는 데 있어 이미 약간의 진전이 이루어져 왔습니다. 우리가 지속 가능한 선택을 계속한다면, 우리는 다음 세대를 위해 더 나은 미래를 만들 수 있습니다.

Outline

environmental situation is hopeless

companies are reluctant to invest in environmentally friendly technologies
기업들은 환경친화적인 기술에 투자하는 것을 꺼림

– these technologies are expensive & time-consuming to develop
이러한 기술은 개발하는 데 비용이 많이 들고 많은 시간이 걸림

– ex) solar power: requires lots of time & money to make practical
예) 태양 에너지는 실용화하는 데 많은 시간과 돈을 필요로 함

can make changes to protect the environment*

governments are implementing measures to protect the planet
정부들이 지구를 보호하기 위한 조치들을 시행하고 있음

– if companies X comply, face fines & criminal charges
만약 기업들이 지키지 못하면 벌금과 형사 고발에 직면함

– ex) South Korea: law banning plastic straws → decrease in plastic waste production
예) 한국의 플라스틱 빨대 금지법은 플라스틱 폐기물 생산의 감소로 이어짐

Model Response

나의 의견 **In my opinion,** humans have the potential to improve the state of the environment by taking decisive action. 이유 **The main reason is that** governments worldwide are implementing concrete measures to protect the planet by imposing new regulations on companies. 일반적 진술 Some of these policies include limiting the use of toxic chemicals, restricting harmful emissions that contribute to air pollution, and promoting sustainable resource management practices. If companies fail to comply with these regulations, they face steep fines and even criminal charges. As a result, companies now have a powerful incentive to take proactive measures to prevent environmental damage. 예시 **For example,** in South Korea, a law has recently been introduced banning large café franchises from providing plastic straws to customers. Those who do not conform are subject to hefty fines, and this is expected to lead to a significant decrease in plastic waste production. If this trend continues, the amount of plastic pollution will decline.

해석 　제 생각에는, 인간은 결단력 있는 행동을 함으로써 환경의 상태를 개선할 수 있는 잠재력을 가지고 있습니다. 주된 이유는 전 세계의 정부들이 기업들에 새로운 규제를 가함으로써 지구를 보호하기 위한 구체적인 조치들을 시행하고 있다는 것입니다. 이러한 정책들 중 일부는 독성 화학물질의 사용을 제한하고, 대기 오염의 원인이 되는 유해 배기가스를 통제하며, 지속 가능한 자원 관리 관행을 장려하는 것을 포함합니다. 만약 기업들이 이러한 규정들을 지키지 못한다면, 그것들은 너무 비싼 벌금과 심지어 형사 고발에 직면합니다. 결과적으로, 기업은 이제 환경 피해를 방지하기 위한 사전 예방적 조치를 취할 강력한 동인을 갖게 되었습니다. 예를 들어, 한국에서는, 최근 대형 카페 프랜차이즈가 고객들에게 플라스틱 빨대를 제공하는 것을 금지하는 법이 도입되었습니다. 이에 따르지 않는 프랜차이즈들은 막대한 벌금을 물게 되는데, 이는 플라스틱 폐기물 생산의 큰 감소로 이어질 것으로 예상됩니다. 이 추세가 계속되면, 플라스틱 오염의 양은 감소할 것입니다.

어휘 　decisive[disáisiv] 결단력 있는　impose[impóuz] 가하다　regulation[règjuléiʃən] 규제　restrict[ristríkt] 통제하다
comply[kəmplái] 지키다, 따르다　steep[stiːp] 너무 비싼　criminal charge 형사 고발
proactive[pròuǽktiv] 사전 예방적인, 사전 대책을 강구하는　conform[kənfɔ́ːrm] 따르다, 순응하다　hefty[héfti] 막대한

DAY 17   광고

Question

Professor Cohen

We have been discussing the use of product placement in movies and TV shows. As we learned in class, product placement is the practice of featuring branded products in a movie or TV show for promotional purposes. Before our upcoming class, I would like you to discuss the following question: Should companies be allowed to advertise their products this way, or is product placement too intrusive?

우리는 영화와 텔레비전 프로그램에서의 제품 간접 광고 사용에 대해 논의해 오고 있습니다. 수업에서 배웠듯이, 제품 간접 광고는 홍보 목적으로 영화나 텔레비전 프로그램에 브랜드의 제품을 출연시키는 행위입니다. 다음 수업 전에, 다음 질문에 대해 토론해 봤으면 합니다. 기업들이 그들의 제품을 이런 식으로 광고하는 것이 허용되어야 할까요, 아니면 제품 간접 광고는 너무 거슬리는 것인가요?

Tom

I feel that product placement is an effective way for advertisers to reach consumers. Usually, the product placement is integrated into the storyline, so it seems natural and unobtrusive. Plus, advertising fees offset the cost of production, which ultimately benefits viewers. So I think that product placement should not only be allowed but encouraged.

저는 제품 간접 광고가 광고주들이 소비자들에게 다가갈 수 있는 효과적인 방법이라고 생각합니다. 보통, 제품 간접 광고는 줄거리에 융화되어, 자연스럽고 눈에 띄지 않는 것 같습니다. 게다가, 광고료는 제작비를 상쇄하는데, 이는 결국 시청자들에게 이익이 됩니다. 그래서 저는 제품 간접 광고가 허용될 뿐만 아니라 장려되어야 한다고 생각합니다.

Sarah

I have to respectfully disagree with Tom on this one. I find product placement to be very intrusive, and it often takes me out of the viewing experience. For example, during an emotional scene in a drama, a character asked for a specific brand of juice. It was so obviously a marketing ploy that I no longer felt engaged with the show.

저는 이것에 대해 정중하게 Tom에게 동의하지 않습니다. 저는 제품 간접 광고가 매우 방해가 된다고 생각하며, 그것은 종종 저를 관람 경험에서 벗어나게 합니다. 예를 들어, 드라마에서 감정적인 장면이 나올 때, 한 등장인물이 특정 브랜드의 주스를 요청했습니다. 그것은 너무 명백한 마케팅 전략이었으므로 저는 더 이상 그 프로그램에 몰두하지 못했습니다.

Outline

product placement should be allowed

additional revenue for media producers
미디어 제작자들에게 추가적인 수입이 됨

– producers & staff receive lower pay than actors despite challenging labor conditions
제작자와 스태프는 힘든 노동 환경에도 불구하고 배우에 비해 낮은 보수를 받음

– additional income = incentive for their creative drive, leading to the production of better works
추가적인 수입은 창작 욕구에 대한 동기 부여가 되어 더 나은 작품의 제작으로 이어짐

product placement is intrusive*

can compromise artistic integrity of creator
제작자의 예술가적 진실성을 손상시킴

– focus shifts from creative vision to commercial interests
초점이 창의적 시각에서 상업적 이익으로 옮겨감

– can contribute to lack of diversification ← relying on select brands for partnerships
고급 브랜드에 대한 제휴에 의존함으로써 다양성 부족의 원인이 될 수 있음

Model Response

도입 **I understand why Tom thinks that** product placement can benefit viewers as the revenue generated from advertising can be used for production expenses. 나의 의견 **However, in my opinion,** product placement will have the opposite effect overall. 이유 **This is mainly because** product placement can compromise the artistic integrity of the creator of a TV show or movie. 일반적 진술 When products are inserted into the storyline, the focus often shifts from the creative vision of the director or writer to the commercial interests of the advertiser. This results in a dilution of the original message, which weakens the TV show or movie. 부연 설명 What's worse, product placement can contribute to a lack of diversification in the media. When it becomes a prominent source of revenue for TV shows or movies, there is a risk of heavily relying on a few select brands for partnerships. Filmmakers may prioritize securing deals with well-known or financially lucrative brands, which can restrict the representation of diverse brands and limit the variety of consumer products portrayed on screen.

해석　저는 왜 Tom이 제품 간접 광고가 시청자들에게 이익이 될 수 있다고 생각하는지 이해하는데 이는 광고에서 창출된 수익이 제작비로 사용될 수 있기 때문입니다. 하지만, 제 생각에는, 제품 간접 광고가 전반적으로 역효과를 가져올 것입니다. 이는 주로 제품 간접 광고가 텔레비전 프로그램 또는 영화 제작자의 예술가적 진실성을 손상시킬 수 있기 때문입니다. 줄거리에 제품이 삽입되면, 초점은 보통 감독이나 작가의 창의적 시각에서 광고주의 상업적 이익으로 옮겨갑니다. 이로 인해 원래의 메시지가 희석되어, 텔레비전 프로그램이나 영화를 무력화시킵니다. 설상가상으로, 제품 간접 광고는 미디어에서의 다양성 부족의 원인이 될 수 있습니다. 그것이 텔레비전 프로그램이나 영화의 주요 수입원이 될 경우, 몇몇 고급 브랜드에 대한 제휴에 크게 의존할 위험성이 있습니다. 영화 제작자들은 유명하거나 재정적으로 수익성이 좋은 브랜드와의 거래를 확보하는 것을 우선시할 수 있는데, 이는 다양한 브랜드를 내보이는 것을 막고 텔레비전에 묘사되는 소비재의 다양성을 제한할 수 있습니다.

어휘　**revenue**[révənjùː] 수익, 수입　**compromise**[kɑ́:mprəmaiz] 손상시키다　**integrity**[intégrəti] 진실성
commercial[kəmə́:rʃəl] 상업적인; 광고　**dilution**[dilúːʃən] 희석　**weaken**[wíːkən] 무력화시키다
diversification[divə̀:rsəfikéiʃən] 다양성, 다양화　**select**[silékt] 고급의　**secure**[sikjúər] 확보하다, 얻다
lucrative[lúːkrətiv] 수익성이 좋은

Question

Dr. Patel

As we discussed in class, advertising is everywhere, and it's becoming more prevalent because of technology. Advertisements show up in our mobile games and online videos constantly. But while some advertisements are simply an annoyance, others may be more problematic. In particular, the advertising of alcohol is quite contentious. What do you think? Should advertising of alcohol be prohibited, or should companies be free to promote this type of product?

우리가 수업 시간에 논의했듯이, 광고는 어디에나 있고, 기술 때문에 점점 더 보편화되고 있습니다. 모바일 게임과 온라인 영상에 광고가 끊임없이 나타납니다. 하지만 일부 광고들이 단순히 성가신 반면, 다른 광고들은 더 문제가 될 수 있습니다. 특히, 술 광고는 상당히 논란이 많습니다. 여러분은 어떻게 생각하시나요? 술 광고는 금지되어야 할까요, 아니면 기업들이 이런 종류의 제품을 홍보할 자유가 있어야 할까요?

Lucy

I don't think alcohol should be advertised at all. The negative health effects of alcohol consumption are well-documented, and allowing companies to advertise this type of product only makes things worse. The government outlawed smoking commercials because tobacco is bad for our health, and the same should be done with alcohol advertisements.

저는 술을 절대 광고해서는 안 된다고 생각합니다. 알코올 섭취의 부정적인 건강상의 영향은 문서에 의해 충분히 입증되었고, 기업들이 이런 종류의 제품을 광고하도록 허용하는 것은 상황을 더 악화시킬 뿐입니다. 정부는 담배가 우리 건강에 나쁘기 때문에 흡연 광고를 금지했고, 술 광고도 마찬가지여야 합니다.

Arthur

All companies have the right to advertise their products. Allowing some ads but not others is no different from allowing some people to have freedom of speech but not others. Alcohol is not illegal, and manufacturers even remind people to drink responsibly. After that, it's the consumer's decision whether to drink or not.

모든 기업은 제품을 광고할 권리가 있습니다. 일부 광고만 허용하고 다른 광고는 허용하지 않는 것은 일부 사람들에게만 언론의 자유를 허용하고 다른 사람들에게는 허용하지 않는 것과 다를 바 없습니다. 술은 불법이 아니며, 제조업자들은 심지어 사람들에게 책임감 있게 술을 마시라고 상기시킵니다. 그 후에, 마실지 말지는 소비자의 결정입니다.

Outline

advertising of alcohol should be prohibited*

causes social harm by normalizing culture of drinking
음주 문화를 정상화함으로써 사회적 손해를 야기함

– people continue to see ads → perceive alcohol as harmless → particularly dangerous for teenagers
사람들이 광고를 계속 보면 술을 무해하게 인식하고 이는 특히 청소년들에게 위험함

– ex) research: exposed to alcohol ads → start drinking at earlier age & associated with risky behaviors
예) 연구에 따르면 술 광고에 노출되면 더 이른 나이에 술을 마시기 시작하며 위험한 행동과 관련이 있음

companies should be free to promote alcohol

burden of alcohol-related harm: X solely placed on companies
술과 관련된 피해의 부담이 기업들에만 지워져서는 안 됨

– most individuals can control alcohol consumption & know their limits
대부분의 사람들은 알코올 섭취를 조절할 수 있고 자신의 주량을 알고 있음

– for some people who can't, other solutions: alcohol programs, education
조절할 수 없는 소수의 사람들에게는 알코올 프로그램이나 교육과 같은 다른 해결책들이 있음

Model Response

도입 **I agree with Lucy's perspective that** governments should ban alcohol commercials because of the potential health problems. 나의 의견 + 이유 **Additionally, I think** products containing alcohol should not be advertised **because** this causes social harm by normalizing a culture of drinking. 일반적 진술 When people continue to see ads for alcohol, they may start to perceive alcohol as a relatively harmless product, similar to soda. This misconception can be particularly dangerous for teenagers, who are more vulnerable to the negative effects of alcohol consumption. 예시 **Research has shown that** teenagers who are exposed to alcohol advertising are more likely to start drinking at an earlier age and to drink more frequently and in larger quantities. And most people know that underage drinking is associated with a range of risky behaviors. Perhaps the most harmful of these is driving. Thousands of people are injured or even die because of drunk drivers every year. 맺음말 **In this regard,** prohibiting alcohol advertising can reduce alcohol-related harm and promote a safer society.

해석　저는 잠재적인 건강 문제 때문에 정부가 술 광고를 금지해야 한다는 Lucy의 견해에 동의합니다. 추가적으로, 저는 알코올을 함유한 제품이 광고되어서는 안 된다고 생각하는데 이는 그것이 음주 문화를 정상화함으로써 사회적 손해를 야기하기 때문입니다. 사람들이 술에 대한 광고를 계속 보면, 그들은 술을 탄산음료와 같이 상대적으로 무해한 제품으로 인식하기 시작할 수 있습니다. 이러한 오인은 청소년들에게 특히 위험할 수 있는데, 그들은 알코올 섭취의 부정적인 영향에 더욱 취약합니다. 연구는 술 광고에 노출된 청소년들이 더 이른 나이에 술을 마시기 시작하고 더 자주 그리고 더 많은 양의 술을 마실 가능성이 더 크다는 것을 보여줬습니다. 그리고 대부분의 사람들은 미성년자 음주가 다양한 위험한 행동과 관련이 있다는 것을 알고 있습니다. 아마 이것들 중 가장 위험한 것은 운전입니다. 매년 수천 명의 사람들이 음주 운전자 때문에 다치거나 심지어 사망합니다. 이러한 점에서, 술 광고를 금지하는 것은 술과 관련된 피해를 줄이고 더 안전한 사회를 도모할 수 있습니다.

어휘　**normalize**[nɔ́ːrməlàiz] 정상화하다　**perceive**[pərsíːv] 인식하다　**misconception**[mìskənsépʃən] 오인
particularly[pərtíkjulərli] 특히　**vulnerable**[vʌ́lnərəbəl] 취약한　**underage**[ʌ́ndəreidʒ] 미성년자의

Question

Doctor Petrovsky

Social media use has exploded in popularity over the past two decades. And for many people, it has become their primary means of socially interacting with others. But there is a lot of disagreement about whether this is a positive or negative trend. I want to know what you think. Does social media help connect people and foster relationships, or does it contribute to loneliness and isolation?

소셜 미디어 사용은 지난 20년 동안 폭발적인 인기를 얻었습니다. 그리고 많은 사람들에게, 그것은 다른 사람들과 사회적으로 상호 작용하는 주요한 수단이 되었습니다. 하지만 이것이 긍정적인 추세인지 부정적인 추세인지에 대해서는 많은 의견 충돌이 있습니다. 저는 여러분이 어떻게 생각하는지를 알고 싶습니다. 소셜 미디어가 사람들을 연결하고 관계를 형성하는 것을 돕습니까, 아니면 그것은 외로움과 고립감의 원인이 됩니까?

Katie

I'm active on social media, and I think it is a great way to meet and stay in touch with others. My cousin has a rare health condition, and she was able to find a support group through social media. Plus, I can see what my friends are doing just by looking at their photos.

저는 소셜 미디어에서 활동하고 있으며, 그것은 다른 사람들을 만나고 그들과 연락을 유지하는 좋은 방법이라고 생각합니다. 제 사촌은 희귀한 건강 질환을 가지고 있고, 그녀는 소셜 미디어를 통해 지원 단체를 찾을 수 있었습니다. 게다가, 저는 그저 친구들의 사진을 봄으로써 그들이 무엇을 하고 있는지 알 수 있습니다.

Mateo

Katie's points are good, but we can't ignore the negative effects of social media. People often spend more time on their phones than socializing in real life. And this can make them feel isolated because virtual relationships tend to be much less fulfilling than real-life ones.

Katie의 주장은 좋지만, 우리는 소셜 미디어의 부정적인 영향을 무시할 수 없습니다. 사람들은 종종 실제 생활에서 사교 활동을 하는 것보다 그들의 휴대폰에 더 많은 시간을 씁니다. 그리고 이것은 그들이 고립감을 느끼게 할 수 있는데 이는 가상의 관계는 실제의 관계보다 훨씬 덜 만족스러운 경향이 있기 때문입니다.

Outline

helps connect people and foster relationships

eliminates geographical barriers → makes it easier to connect with people who live far away
지리적 장벽을 제거하여 멀리 사는 사람들과 연락하는 것을 더 쉽게 만듦

– revolutionize the way we communicate by offering ↑ features
많은 기능을 제공함으로써 우리가 소통하는 방식을 혁신함

– ex) video calls, chat rooms, group messaging: enable people to communicate in real time
예) 영상 통화, 채팅방, 그룹 메시지 등은 사람들이 실시간으로 소통하는 것을 가능하게 함

contributes to loneliness and isolation*

compare with others even when what they see is X real
그들이 보는 것이 현실이 아닐 때도 다른 사람들과 비교함

- posts on social media = idealized versions → misleading
  소셜 미디어의 게시물들은 이상화된 버전이며 사실과 다름
- see only positive posts → feelings of inadequacy & low self-esteem
  긍정적인 게시물만 보는 것은 무능감과 낮은 자존감으로 이어짐

Model Response

[도입] **I understand why Katie thinks that** social media is an effective means of connecting individuals with one another based on her personal experience. [나의 의견] **However, in my opinion,** social media can lead us to feel disconnected from others. [이유] **This is mainly because** people have a tendency to compare themselves with others on social media, even when what they see is not real. [일반적 진술] The posts that people share on social media, with pictures and descriptions of their vacations and fun nights out with friends, often depict idealized or curated versions of their lives that are misleading. Most people rarely post about the bad things that happen to them. [부연 설명] If we see only positive posts, we may start to believe that everyone but us has a perfect life. Comparing our lives to these unrealistic portrayals of others' lives leads to feelings of inadequacy and low self-esteem. This makes us reluctant to hang out with other people, resulting in increased social isolation. [맺음말] **Overall,** social media tends to isolate people rather than connect them.

해석 저는 왜 Katie가 그녀의 개인적인 경험에 기반해 소셜 미디어가 사람들을 서로 연결하는 효과적인 수단이라고 생각하는지 이해합니다. 하지만, 제 생각에는, 소셜 미디어는 우리가 다른 사람들로부터의 단절감을 느끼게 할 수 있습니다. 이는 주로 심지어 그들이 보는 것이 현실이 아닐 때도, 사람들은 소셜 미디어에서 자신들을 다른 사람들과 비교하는 경향이 있기 때문입니다. 소셜 미디어에서 사람들이 공유하는 게시물은 그들의 휴가와 친구들과의 즐거운 밤에 대한 사진 및 묘사와 함께, 보통 사실과 다른 이상화되거나 선별된 그들의 삶의 버전을 보여줍니다. 대부분의 사람들은 그들에게 일어나는 나쁜 일들에 대해 거의 게시하지 않습니다. 만약 우리가 긍정적인 게시물만 본다면, 우리는 우리를 제외한 모든 사람들이 완벽한 삶을 살고 있다고 믿기 시작할지도 모릅니다. 우리의 삶을 다른 사람들의 이러한 비현실적인 삶의 묘사와 비교하는 것은 무능감과 낮은 자존감으로 이어집니다. 이것은 우리가 다른 사람들과 어울리는 것을 꺼리게 만들고, 결과적으로 사회적 고립을 증가시킵니다. 전반적으로, 소셜 미디어는 사람들을 연결하기보다는 고립시키는 경향이 있습니다.

어휘 disconnected[dìskənéktid] 단절된 description[diskrípʃən] 묘사, 서술 misleading[mislíːdiŋ] 사실과 다른
portrayal[pɔːrtréiəl] 묘사 inadequacy[inǽdikwəsi] 무능함 self-esteem 자존감 reluctant[rilʌ́ktənt] 꺼리는
hang out with ~와 어울리다, 놀다 isolation[àisəléiʃən] 고립

Question

Professor Kraus

Sports were once played by amateur athletes for recreation. But nowadays, professional sports have become more competitive, and as a result, issues and incidents that go against the spirit of sportsmanship can arise. So I would like for you to discuss this question: Do you think that intense competition contributes to the development of professional sports, or does it just contradict the true spirit of sports? Why do you hold that opinion?

스포츠는 한때 아마추어 선수들에 의해 취미로 행해졌습니다. 하지만 요즘, 프로 스포츠는 더욱 경쟁적으로 변했고, 그 결과로, 스포츠맨 정신에 반하는 많은 이슈와 사건들이 발생할 수 있습니다. 그래서 저는 여러분이 이 질문에 대해 논의했으면 합니다. 여러분은 치열한 경쟁이 프로 스포츠의 발전에 기여한다고 생각하나요, 아니면 그것은 그저 진정한 스포츠 정신에 반한다고 생각하나요? 왜 그런 의견을 가지고 있나요?

Meghan

Competition isn't detrimental to sports. It actually improves the spirit of sportsmanship. When we watch the Olympics, we often see great moments where the first-place winner congratulates the second-place winner after the event. So competition can create a sense of camaraderie and sportsmanship between opponents.

경쟁은 스포츠에 해롭지 않습니다. 그것은 실제로 스포츠맨 정신을 향상시킵니다. 올림픽을 볼 때, 우리는 경기가 끝난 후에 1등을 한 사람이 2등에게 축하의 말을 하는 멋진 순간들을 종종 봅니다. 그래서 경쟁은 상대편 간의 동지애와 스포츠맨 정신을 만들어 낼 수 있습니다.

Raj

I think competition in professional sports can be bad for both the athletes and the industry. The reason is that there's a lot of money involved. As competition gets more intense, big companies that sponsor sports events have more power in the sports world. So now, sports are really just a way for these companies to advertise their products.

저는 프로 스포츠에서의 경쟁이 선수들과 산업 모두에 나쁠 수 있다고 생각합니다. 그 이유는 많은 돈이 관련되어 있다는 것입니다. 경쟁이 치열해질수록, 스포츠 대회를 후원하는 대기업들이 스포츠계에서 더 많은 힘을 갖게 됩니다. 그래서 이제, 스포츠는 그저 이런 회사들이 그들의 제품을 광고하기 위한 하나의 방법일 뿐입니다.

Outline

contributes to development of sports

motivates athletes to develop skills & fitness
운동선수들이 기술과 체력을 증진시키도록 동기 부여함

– athletes push themselves to their limits → development by achieving better physical results
운동선수들이 한계를 향해 자신들을 몰아붙임으로써, 더 좋은 신체적 결과를 얻어 발전을 이룸

– success of pro. athletes inspires others to pursue sports as a career or hobby
프로 운동선수들의 성공은 다른 사람들이 스포츠를 직업이나 취미로 추구하도록 고무함

contradicts true spirit of sports*

can lead to a win-at-all-costs mentality
승리지상주의로 이어질 수 있음

– some athletes use any means to win
일부 운동선수들은 이기기 위해 어떤 수단이라도 사용함

– ex) use of performance-enhancing drugs & match-fixing
예) 경기력 향상 약물의 사용과 승부 조작

Model Response

[도입] **I understand why Meghan thinks that** competition does not reduce sportsmanship as demonstrated by the Olympic Games. [나의 의견] **However, in my opinion,** excessive competition in professional sports can have a negative effect on sports. [이유] **This is mainly because** the pressure to perform at a high level can lead to a win-at-all-costs mentality. [일반적 진술] As this pressure becomes overwhelming, some athletes may use any means necessary to win. [예시] **For instance,** the use of performance-enhancing drugs is always controversial in international competitions, as it not only puts athletes' health at risk but also undermines the integrity of the sport. There have even been cases where countries have covered up their athletes' drug use. Another example is match-fixing. There once was a controversy in short-track speed skating where some players deliberately interfered with others to help their teammates win first place. All of these cases stem from a culture of cutthroat competition, with athletes prioritizing winning over sportsmanship.

해석   저는 왜 Meghan이 올림픽 경기에서 증명되듯이 경쟁이 스포츠맨 정신을 낮추지 않는다고 생각하는지 이해합니다. 하지만, 제 생각에는, 프로 스포츠에서의 지나친 경쟁은 스포츠에 부정적인 영향을 끼칠 수 있습니다. 이는 주로 높은 수준의 성과를 내야 한다는 압박감이 승리 지상주의로 이어질 수 있기 때문입니다. 이 압박감이 극심해짐에 따라, 일부 운동선수들은 이기기 위해 필요한 어떤 수단이라도 사용할 수 있습니다. 예를 들어, 경기력 향상 약물의 사용은 운동선수들의 건강을 위험에 빠뜨릴 뿐만 아니라 스포츠의 진실성을 훼손하기 때문에, 국제 대회에서 항상 논란이 되고 있습니다. 심지어 국가들이 운동선수들의 약물 사용을 은폐한 사례도 있었습니다. 또 다른 예는 승부 조작입니다. 한 번은 쇼트트랙 스피드 스케이팅에서 일부 선수들이 그들의 팀 동료가 1등을 하도록 돕기 위해 일부러 다른 선수들을 방해한 논란이 있었습니다. 이 모든 사례는 운동선수들이 스포츠맨 정신보다 승리를 우선시하는 치열한 경쟁 문화에서 비롯됩니다.

어휘   excessive[iksésiv] 지나친   win-at-all-costs mentality 승리지상주의   overwhelming[òuvərwélmiŋ] 극심한, 압도적인
undermine[ʌ̀ndərmáin] 훼손하다   integrity[intégrəti] 진실성   cover up 은폐하다   match-fixing 승부 조작
deliberately[dilíbərətli] 일부러, 고의적으로   stem from ~에서 비롯되다   cutthroat[kʌ́tθròut] 치열한

Question

Dr. Choi

One of the biggest consequences of technological advancement in the modern world is globalization. The Internet, social media, and new methods of international travel have made it easier than ever before for people around the world to connect and share with one another. Thus, we now find ourselves living in a global society. In such an environment, do you think cultures are becoming too similar, or will each culture continue to have qualities that make it unique?

현대 세계에서 기술 발전의 가장 큰 결과들 중 하나는 세계화입니다. 인터넷, 소셜 미디어, 그리고 새로운 세계 여행 방법은 전 세계 사람들이 서로 연결하고 공유하는 것을 그 어느 때보다 더 쉽게 만들었습니다. 그러므로, 우리는 이제 세계 사회에서 살고 있는 우리 자신을 발견합니다. 이러한 환경에서, 여러분은 문화들이 너무 비슷해지고 있다고 생각하나요, 아니면 각각의 문화가 그것을 독특하게 만드는 특성들을 계속 가질 것이라고 생각하나요?

Alana

I think that globalization is making cultures more similar to one another. People nowadays watch the same movies and listen to the same songs. We talk about the same major issues online. Every country seems to have Starbucks and McDonald's. A lot of uniqueness is being lost because countries share so many of the same things.

저는 세계화가 문화들을 서로 더 유사하게 만들고 있다고 생각합니다. 요즘 사람들은 같은 영화를 보고 같은 노래를 듣습니다. 우리는 온라인에서 같은 주요 쟁점에 대해 이야기합니다. 모든 나라에는 스타벅스와 맥도날드가 있는 것 같습니다. 국가들이 같은 것들을 너무 많이 공유하기 때문에 많은 고유성이 사라지고 있습니다.

Mark

Alana's point may be valid in some ways. However, the technological advances that contribute to globalization will actually make it easier for cultures to maintain their distinctive features. This is because young people can easily find information about these cultural practices online. If the younger generation becomes interested in a tradition, it is less likely to disappear.

Alana의 주장은 어떤 면에서 타당할지도 모릅니다. 하지만, 세계화에 기여하는 기술적 발전은 실제로 문화가 독특한 특징을 유지하는 것을 더 쉽게 만들 것입니다. 이것은 젊은 사람들이 온라인에서 이러한 문화적 관습에 대한 정보를 쉽게 찾을 수 있기 때문입니다. 만약 젊은 세대들이 전통에 관심을 갖게 된다면, 그것은 사라질 가능성이 적습니다.

Outline

cultures are becoming too similar

international corporations use standardized marketing strategies
국제적 기업은 표준화된 마케팅 전략을 사용함

– local businesses cannot compete & maintain unique cultural identity
　지역 사업체들은 경쟁할 수 없고 독특한 문화적 정체성을 유지할 수 없음

– ex) growth of e-commerce: people access same goods & services → spread of same consumer trends
　예) 전자 상거래의 성장으로 사람들은 같은 제품과 서비스를 이용하므로 같은 소비자 유행이 퍼짐

continue to have qualities that make each culture unique*

have more opportunities to experience different cultures → choose those that are most appealing
다른 문화를 경험할 수 있는 더 많은 기회를 가지고 있어 가장 매력적인 것을 선택함

– past: limited to cultures that were presented through mainstream media → more homogeneous
과거에는 주류 매체를 통해 제시된 문화에 국한되었고 이는 더 동질적이었음

– ex) yoga: spread thanks to tourists, rising popularity → efforts to preserve & promote in India
예) 요가는 여행자들 덕분에 퍼졌고, 높아지는 인기 때문에 인도에서 보존하고 홍보하려는 노력이 있음

Model Response

도입 **I understand why Alana thinks that** cultures are becoming more alike. 나의 의견 **However, in my opinion,** globalization has actually fostered more vibrant cultural exchange, allowing diverse cultures around the world to receive greater recognition. 이유 **This is mainly because** people today have more opportunities to experience different cultures through travel, and they can choose to engage with those that they find most appealing. 일반적 진술 In the past, people were limited to the cultures that were presented to them through mainstream media like TV, which resulted in a more homogeneous cultural landscape. However, people nowadays have access to a wider range of cultural experiences. 예시 **For example,** yoga originated in India, but it has now spread all over the world, thanks to yoga classes and retreats that are available to tourists. With its rising popularity, there are ongoing efforts to preserve and promote traditional yoga practices in India, allowing yoga to thrive.

해석 저는 왜 Alana가 문화들이 더 비슷해지고 있다고 생각하는지 이해합니다. 하지만, 제 생각에는, 세계화가 실제로 더 활발한 문화 교류를 촉진했고, 전 세계의 다양한 문화들이 더 큰 인정을 받을 수 있도록 했습니다. 이는 주로 오늘날 사람들이 여행을 통해 다른 문화를 경험할 수 있는 더 많은 기회를 가지고 있고, 그들이 가장 매력적이라고 생각하는 것들에 참여하는 것을 선택할 수 있기 때문입니다. 과거에, 사람들은 텔레비전과 같은 주류 매체를 통해 그들에게 제시된 문화에 국한되었는데, 이것은 더 동질적인 문화 경관을 초래했습니다. 하지만, 요즘 사람들은 더 광범위한 문화적 경험에 접근할 수 있습니다. 예를 들어, 요가는 인도에서 시작되었지만, 관광객들이 이용할 수 있는 요가 수업과 수련회 덕분에 지금은 전 세계로 퍼졌습니다. 그것의 인기가 높아지면서, 인도에서 전통적인 요가 수행을 보존하고 홍보하기 위한 지속적인 노력이 있어, 요가가 번성하게 하고 있습니다.

어휘 vibrant[váibrənt] 활기찬 recognition[rèkəgníʃən] 인정 engage[ingéidʒ] 참여하다 mainstream[méinstriːm] 주류
homogeneous[hòuməːdʒíːniəs] 동질적인 originate[ərídʒəneit] 시작되다, 유래하다 retreat[ritríːt] 수련회
preserve[prizə́ːrv] 보존하다 thrive[θraiv] 번성하다

DAY 22 문화

Question

Doctor Blanchet

The specific cultural practices of a society play an important role in shaping its distinctive identity. At the same time, the recognition of values that promote human dignity and respect for human rights is crucial for the advancement of civilization overall. I would like to propose a question for the class discussion board: Should we respect all cultural practices, or should we reject those that conflict with human rights? Why?

한 사회의 특정한 문화적 관행들은 그것의 독특한 정체성을 형성하는 데 중요한 역할을 합니다. 동시에, 인간의 존엄성과 인권 존중을 증진하는 가치의 인식은 전반적으로 문명의 발전을 위해 매우 중요합니다. 수업 토론 게시판에 질문을 제시하고 싶습니다. 우리는 모든 문화적 관행들을 존중해야 할까요, 아니면 인권과 충돌하는 것들은 거부해야 할까요? 왜 그렇죠?

Mei

I believe that we should accept the customs and traditions of other cultures. What may seem like a violation of human rights from an outsider's perspective may actually hold a deeper meaning or purpose within a culture. We can't demand that a culture change just because a practice makes us uncomfortable.

저는 우리가 다른 문화의 관습과 전통을 받아들여야 한다고 생각합니다. 외부인의 관점에서 인권 침해처럼 보일 수 있는 것이 실제로는 문화 내에서 더 깊은 의미나 목적을 가질 수 있습니다. 우리는 관행이 그저 우리를 불편하게 만든다고 해서 문화가 변화해야 한다고 요구할 수는 없습니다.

Alex

I disagree. We shouldn't just blindly accept and respect all cultural practices. While it is important to appreciate cultural differences, we should not condone practices that violate basic human rights. For example, some cultures have traditions of arranged marriages, which may be seen as a violation of individual freedom and autonomy.

저는 동의하지 않습니다. 우리는 모든 문화적 관행을 맹목적으로 받아들이고 존중해서는 안 됩니다. 문화적 차이를 인정하는 것은 중요하지만, 우리는 기본적인 인권을 침해하는 관행을 용납해서는 안 됩니다. 예를 들어, 일부 문화권은 중매결혼의 전통을 가지고 있는데, 이것은 개인의 자유와 자율성의 침해로 여겨질 수 있습니다.

Outline

respect all cultural practices

notion of universal culture = shaped by Western, industrialized nations
보편적 문화의 개념은 서구의 산업화된 국가에 의해 형성되었음

- X reflect diversity & complexity of cultures around the world
  전 세계 문화의 다양성과 복잡성을 반영하지 못함

- ex) US: unjustly suppress cultural practices of Native American communities
  예) 미국은 부당하게 원주민 사회의 문화적 관습을 억압함

reject cultural practices that conflict with human rights*

most nations signed international treaties to respect human rights
대부분의 국가들은 인권을 존중하는 국제 조약에 서명했음

– citizens of these countries = responsibility to honor the agreements
이러한 국가의 시민은 그 협정을 준수할 책임이 있음

– ex) UN: economic sanctions → fail to adhere → cause hardship to those affected
예) 국제 연합은 경제 제재를 가하는데, 준수하지 않으면 피해를 당한 이들에게 어려움을 초래함

Model Response

도입 **I understand why Mei thinks that** we should practice tolerance when it comes to the values and customs of other cultures. 나의 의견 **However, in my opinion,** we have a legal obligation to oppose cultural practices that conflict with human rights. 이유 **This is mainly because** most nations have signed international treaties to respect and protect human rights. 일반적 진술 It is our responsibility as citizens of these countries to ensure that our governments honor the agreements and take action when human rights are violated at home or abroad. 예시 **For example,** if a cultural practice in a particular country is found to violate human rights, the United Nations may impose economic sanctions to force changes. In this scenario, it is the duty of all member states to adhere to and enforce these sanctions until the situation is resolved. A failure to do so by even one country will likely result in human rights violations continuing, causing significant hardship to those individuals affected.

해석 저는 왜 Mei가 다른 문화의 가치와 관습에 있어 관용을 실천해야 한다고 생각하는지 이해합니다. 하지만, 제 생각에는, 우리는 인권과 충돌하는 문화적 관행을 반대할 법률상의 의무가 있습니다. 이는 주로 대부분의 국가는 인권을 존중하고 보호하는 국제 조약에 서명했기 때문입니다. 우리 정부가 그 협정을 준수하고 국내외에서 인권이 침해되었을 때 조치를 취하도록 보장하는 것은 이러한 국가들의 시민으로서 우리의 책임입니다. 예를 들어, 특정 국가의 문화적 관행이 인권을 침해하는 것으로 판명될 경우, 국제 연합은 변화를 강요하기 위해 경제 제재를 가할 수 있습니다. 이 시나리오에서는, 그 사태가 해결될 때까지 이러한 제재를 준수하고 집행하는 것이 모든 회원국의 의무입니다. 단한 나라도 그렇게 하지 않으면 인권 침해가 계속되어, 피해를 당한 사람들에게 상당한 어려움을 초래할 가능성이 높습니다.

어휘 tolerance[tά:lərəns] 관용 obligation[ὰ:bləɡéiʃən] 의무 treaty[trí:ti] 조약 agreement[əɡrí:mənt] 협정
sanction[sǽŋkʃən] 제재 resolve[rizά:lv] 해결하다 hardship[hά:rdʃip] 어려움

Question

Dr. Renault

Nowadays, it's important to use politically correct language that doesn't offend people based on their gender, race, or physical condition. When celebrities fail to use the correct terms, there are often public protests to have them removed from movies or shows. This trend is referred to as cancel culture. But is cancel culture necessary to create a society that is free of discrimination, or is it a form of censorship? Why?

요즘, 성별, 인종, 혹은 신체적 조건에 기반하여 사람들의 기분을 불쾌하게 하지 않는 정치적으로 올바른 언어를 사용하는 것이 중요합니다. 유명 인사들이 올바른 용어를 사용하지 못할 때, 영화나 프로그램에서 그들을 하차시키라는 대중의 항의가 종종 있습니다. 이러한 추세를 취소 문화라고 합니다. 하지만 취소 문화는 차별이 없는 사회를 만들기 위해 필수적인가요, 아니면 이것은 검열의 한 형태인가요? 그 이유는 무엇인가요?

Olivia

We should be careful not to offend anyone, of course, but I think cancel culture goes too far. It's almost like celebrities are being forced to censor themselves. And if these people are scared to voice their opinions because of the chance they might be criticized, how are people supposed to have productive discussions?

물론, 우리는 누구의 기분도 불쾌하게 하지 않도록 조심해야 하지만, 제 생각에 취소 문화는 너무 지나칩니다. 그것은 마치 유명 인사들이 스스로 검열하도록 강요받는 것과 같습니다. 그리고 만약 이 사람들이 비판받을 가능성 때문에 그들의 의견을 말하는 것을 두려워한다면, 사람들은 어떻게 생산적인 토론을 하게 될 수 있을까요?

Justin

Cancel culture is necessary to hold people accountable for their harmful actions and words. Sure, having to use politically correct terminology can be difficult at times. But it's the least we can do to respect our fellow humans. When people use hurtful language, others might feel excluded, and this can create a hostile environment.

취소 문화는 해로운 행동과 말에 대해 사람들의 책임을 묻기 위해 필요합니다. 물론, 정치적으로 올바른 용어를 사용하는 것이 가끔 어려울 수 있습니다. 하지만 이것은 우리가 동료인 인간들을 존중하기 위해 할 수 있는 최소한의 일입니다. 사람들이 마음을 상하게 하는 언어를 사용할 때, 다른 사람들은 소외감을 느낄 수 있고, 이것은 적대적인 환경을 조성할 수 있습니다.

Outline

cancel culture is necessary

empowers people who have been marginalized in the past
과거에 소외되었던 사람들에게 힘을 부여함

– allows their voices to be heard & their issues to be addressed
그들의 목소리가 경청되고 문제가 해결되게 함

– ex) TV host criticized immigrants → online criticism led to her losing her job
예) 텔레비전 진행자가 이민자들을 비난했는데 온라인 비판이 그녀가 직업을 잃게 만들었음

form of censorship*

can be unfair in that it assumes guilt w/o trial or investigation
재판이나 수사 없이 유죄를 추정한다는 점에서 불공평할 수 있음

– based on rumors → innocent people being wrongly accused
소문에 기반을 두고 있어 무고한 사람들이 잘못 기소됨

– can be used as manipulative tactic to harm individuals who hold opposing views
반대 의견을 가진 사람들을 해치는 조작적인 전술로 사용될 수 있음

Model Response

나의 의견 **In my opinion,** cancel culture is a form of public censorship that undermines democratic values. 이유 **The main reason is that** cancel culture can be unfair in that it assumes guilt without a trial or investigation. 일반적 진술 This phenomenon is often based on rumors and gossip, rather than facts and evidence, which can lead to innocent people being wrongly accused. In fact, in many cases, cancel culture resembles a modern-day witch hunt and fails to bring about positive change. 부연 설명 Furthermore, cancel culture can be used as a manipulative tactic to harm individuals who hold opposing views. When a rumor spreads rapidly on social media, those affected may face harsh public criticism and lose their reputation before a fair investigation can be conducted to determine the truth. 맺음말 **In this regard,** I believe that cancel culture is oppressive, so we should try to eliminate it.

해석 제 생각에는, 취소 문화는 민주주의의 가치를 훼손하는 공공 검열의 한 형태입니다. 주된 이유는 이 문화가 재판이나 수사 없이 유죄를 추정한다는 점에서 불공평할 수 있다는 것입니다. 이 현상은 종종 사실과 증거가 아닌, 소문과 험담에 기반을 두고 있는데, 이것은 무고한 사람들이 잘못 기소되는 것을 초래할 수 있습니다. 실제로, 많은 경우에, 취소 문화는 현대판 마녀사냥을 닮아 있고 긍정적인 변화를 가져오지 못합니다. 게다가, 취소 문화는 반대 의견을 가진 사람들을 해치는 조작적인 전술로 사용될 수 있습니다. 소셜 미디어에서 소문이 빠르게 퍼지면, 피해를 입은 사람들은 진실을 밝히기 위해 공정한 조사가 이루어지기까지 가혹한 대중의 비판에 직면하고 명성을 잃을 수 있습니다. 이러한 점에서, 저는 취소 문화가 억압적이며, 따라서 우리는 그것을 없애려고 노력해야 한다고 생각합니다.

어휘 undermine[ʌ̀ndərmáin] 훼손하다 guilt[gilt] 유죄 investigation[invèstəgéiʃən] 수사, 조사 accuse[əkjú:z] 기소하다
manipulative[mənípjulèitiv] 조작적인 tactic[tǽktik] 전술 opposing[əpóuziŋ] 반대의 harsh[hɑːrʃ] 가혹한
determine[ditə́ːrmin] 밝히다 oppressive[əprésiv] 억압적인

Question

Dr. Billings

We live in the age of big data. To increase efficiency and gain a competitive edge, more organizations are turning to tools like data analytics—the collection of data and the use of statistics to find trends and solve problems. It's being used in industries like finance, retail, and health care. But there are many concerns about it. Is data analytics beneficial to people, or does it threaten individual privacy and contribute to a surveillance state? Why?

우리는 빅데이터의 시대에 살고 있습니다. 효율성을 높이고 경쟁 우위를 확보하고자, 더 많은 조직이 추세를 찾고 문제를 해결하기 위해 데이터를 수집하여 통계를 이용하는 데이터 분석과 같은 도구에 의존하고 있습니다. 그것은 금융, 소매, 그리고 의료와 같은 산업에서 사용되고 있습니다. 하지만 그것에 대해 많은 우려가 있습니다. 데이터 분석은 사람들에게 유익한가요, 아니면 그것은 개인의 사생활을 위협하고 감시 상태를 야기하나요? 왜 그렇죠?

Edward

I see how it can be beneficial, but I think it's right to be worried. Companies collect so much of our personal information, and I don't trust them to keep it private. They're driven by profits, so there's definitely a possibility that they could share or sell our information.

그게 어떻게 도움이 될 수 있는지는 알지만, 저는 그것이 걱정될 법 하다고 생각합니다. 회사들은 우리의 개인 정보를 너무 많이 수집하고, 저는 그들이 그것을 비공개로 유지하리라고 믿지 않습니다. 그들은 이익에 의해 움직이기 때문에, 그들이 우리의 정보를 공유 혹은 판매할 가능성이 분명히 있습니다.

Sameer

I think the pros of data analytics outweigh the cons. The world is changing, and this technology can improve our lives in so many ways. For example, data analytics can help businesses make better decisions by identifying patterns and trends in consumer behavior. This can lead to more personalized and efficient services for customers.

저는 데이터 분석의 장점이 단점을 능가한다고 생각합니다. 세상은 변하고 있고, 이 기술은 정말 많은 면에서 우리의 삶을 향상시킬 수 있습니다. 예를 들어, 데이터 분석은 기업이 소비자 행동 양식과 동향을 파악하여 더 나은 의사 결정을 내리도록 도울 수 있습니다. 이는 고객을 위한 보다 개인화되고 효율적인 서비스로 이어질 수 있습니다.

Outline

beneficial to people

can perform repetitive tasks easily → can reduce work hours
반복적인 업무를 쉽게 수행하여 근무 시간을 줄일 수 있음

– benefits both the business and its employees
기업과 근로자 모두에게 이득이 됨

– ex) logistics: optimize delivery routes & reduce transit times → work-life balance of employees
예) 물류 업계에서 배달 경로를 최적화하고 이동 시간을 줄이면 근로자의 일과 삶의 균형으로 이어짐

threatens individual privacy*

can result in indiscriminate collection of sensitive information
민감한 정보를 무분별하게 수집하는 결과를 초래할 수 있음

– data has been used to treat individuals unfairly when they obtain employment or housing
데이터가 사람들이 일자리나 주택을 얻을 때 그들을 부당하게 대하는 데 사용되어 왔음

– ex) employer: investigates employees' Internet activity → discriminate
예) 고용주가 직원들의 인터넷 활동을 조사하여 차별함

Model Response

도입 **I agree with Edward's perspective that** companies might fail to keep our data confidential. 나의 의견 + 이유 **Additionally, I think** data analytics <u>poses a significant threat</u> to individual privacy **because** it can result in the indiscriminate collection of sensitive information, such as one's <u>political views</u>. 일반적 진술 In some cases, this data is obtained through illegal monitoring of social media activities or Internet search records and has been used to <u>treat individuals unfairly</u> when they are seeking to obtain employment or housing. 예시 **For example,** if an employer were to use data analytics to investigate employees' Internet activity and discovered that some individuals were visiting websites about labor rights, this information could be used to <u>discriminate against</u> those employees. What's even more concerning is that employees might not have any knowledge of being <u>under surveillance</u>. This could result in a toxic work environment and a violation of individual rights.

해석 저는 기업이 우리의 정보를 기밀로 유지하지 못할 수도 있다는 Edward의 견해에 동의합니다. 추가적으로, 저는 데이터 분석이 한 사람의 정치적 견해와 같은 민감한 정보를 무분별하게 수집하는 결과를 초래할 수 있기 때문에 개인의 사생활에 상당한 위협을 가한다고 생각합니다. 몇몇 경우에, 이 데이터는 소셜 미디어 활동이나 인터넷 검색 기록의 불법적인 추적을 통해 얻어지고 사람들이 일자리나 주택을 얻으려고 시도할 때 그들을 부당하게 대하는 데 사용되어 왔습니다. 예를 들어, 고용주가 데이터 분석을 사용하여 직원들의 인터넷 활동을 조사하고 일부 사람들이 노동권과 관련된 웹사이트를 방문하고 있다는 것을 발견하면, 이 정보는 그러한 직원들을 차별하는 데 사용될 수 있습니다. 더욱 우려되는 점은 직원들은 감시하에 있다는 사실도 모르고 있을 수 있다는 것입니다. 이것은 해로운 근무 환경과 개인의 권리를 침해하는 결과를 초래할 수 있습니다.

어휘 confidential[kà:nfədénʃəl] 기밀의 analytics[ænəlítiks] 분석 indiscriminate[ìndiskrímənət] 무분별한
sensitive[sénsətiv] 민감한 illegal[ilí:gəl] 불법적인 investigate[invéstəgèit] 조사하다 surveillance[səːrvéiləns] 감시
toxic[tá:ksik] 해로운

Question

Professor Stanley

Well, since the birth of artificial intelligence (AI) in the mid-20th century, it has been developing at a rapid pace. There have been significant advances in machine learning and other areas. Progress will accelerate as each year goes by, and this technology is sure to change how we live. So do you think AI will benefit society, or will it become a threat to us and our jobs? Why?

자, 20세기 중반 인공지능의 탄생 이후, 그것은 빠른 속도로 발전해 오고 있습니다. 기계 학습 및 기타 분야에서 큰 발전이 있었습니다. 진보는 해가 갈수록 가속화될 것이고, 이 기술은 우리가 사는 방식을 확실히 바꿀 것입니다. 그렇다면 여러분은 인공지능이 사회에 이득을 줄 것이라고 생각하나요, 아니면 그것이 우리와 우리의 직업에 위협이 될 것이라고 생각하나요? 왜 그렇죠?

Vanessa

I don't think we can deny that AI will make our lives a lot better overall. The primary reason is that companies will be able to boost productivity. AI can work 24/7 without any need for breaks or food. It can also perform many tasks, especially repetitive ones, much more quickly than humans.

저는 인공지능이 우리의 삶을 전반적으로 훨씬 더 좋게 만들 것이라는 것을 부인할 수 없다고 생각합니다. 주된 이유는 기업들이 생산성을 높일 수 있을 것이라는 사실입니다. 인공지능은 휴식이나 먹을 것 없이 24시간 내내 일할 수 있습니다. 그것은 또한 특히 반복적인 작업을 인간보다 훨씬 더 빨리 수행할 수 있습니다.

William

AI is definitely a threat to us. It is no different than Big Brother because it will be able to watch us all the time and control everything that we do. Essentially, it means the end of privacy for people, and we will no longer be free to do what we want.

인공지능은 확실히 우리에게 위협입니다. 그것은 항상 우리를 지켜보고 우리가 하는 모든 것을 통제할 수 있을 것이기 때문에 독재자와 다를 바가 없습니다. 본질적으로, 그것은 사람들에게 사생활의 종말을 의미하며, 우리는 더 이상 우리가 원하는 것을 자유롭게 할 수 없을 것입니다.

Outline

benefit society*

can make correct decisions faster than humans
인간보다 더 빠르게 올바른 결정을 내릴 수 있음

– have ability to process ↑ amounts of data at incredible speed w/o the cognitive biases
인지적 편향 없이 엄청난 속도로 대량의 데이터를 처리하는 능력이 있음

– ex) field of health care: effective at detecting diseases & recommending treatments
예) 의료 분야에서 질병을 발견하고 치료를 권장하는 데 효과적임

threat to us & our jobs

AI performs tasks remotely → human workers X need to be physically present
인공지능은 원격으로 업무를 수행하므로 사람 직원이 물리적으로 있을 필요가 없음

– people will face job loss → threat to existence of humanity itself
사람들은 실업에 직면할 것이고 인류의 존재 자체에 위협이 됨

– ex) manufacturing: AI-powered robots are already doing jobs such as assembly & packaging
예) 제조업에서 인공지능에 의해 작동되는 로봇이 조립과 포장 같은 업무를 이미 수행하고 있음

Model Response

나의 의견 **In my opinion,** the use of AI has the potential to improve our society. 이유 **This is mainly because** AI can make correct decisions much faster than humans. 일반적 진술 AI systems have the ability to process and analyze large amounts of data at an incredible speed and without the cognitive biases that often affect human decision-making. This capability enables them to reach quick and accurate conclusions, and this would be extremely helpful in emergency situations. 예시 **For instance,** in the field of health care, AI systems can be highly effective at detecting early signs of diseases and recommending appropriate treatments. Sometimes it can take doctors a long time to diagnose a patient. However, an AI program can look through millions of books, articles, and reports and immediately find answers, which will save a lot of lives. 맺음말 **Overall,** the aptitude of AI systems for speedy and precise decision making will benefit society by revolutionizing the medical field.

해석 제 생각에는, 인공지능의 사용은 우리 사회를 발전시킬 수 있는 잠재력을 가지고 있습니다. 이는 주로 인공지능이 인간보다 훨씬 더 빠르게 올바른 결정을 내릴 수 있기 때문입니다. 인공지능 시스템은 인간의 의사 결정에 종종 영향을 미치는 인지적 편향 없이 엄청난 속도로 대량의 데이터를 처리하고 분석할 수 있는 능력이 있습니다. 이 능력은 그것들이 신속하고 정확한 판단에 이를 수 있게 하고, 이것은 비상 상황에서 엄청나게 도움이 될 것입니다. 예를 들어, 의료 분야에서, 인공지능 시스템은 질병의 초기 징후를 발견하고 적절한 치료를 권장하는 데 매우 효과적일 수 있습니다. 때때로 의사가 환자를 진단하는 데는 오랜 시간이 걸릴 수 있습니다. 하지만, 인공지능 프로그램은 수백만 권의 책, 기사, 보고서를 훑어보고 즉시 답을 찾을 수 있으며, 이것은 많은 생명을 구할 것입니다. 전반적으로, 인공지능 시스템의 빠르고 정확한 의사 결정 능력은 의료 분야에 혁명을 일으킴으로써 사회에 이득을 줄 것입니다.

어휘 potential[pəténʃəl] 잠재력　process[prɑ́:ses] 처리하다　incredible[inkrédəbəl] 엄청난, 믿을 수 없을 정도의
cognitive[kɑ́:gnətiv] 인지적인　bias[báiəs] 편향, 편견　conclusion[kənklú:ʒən] 판단　treatment[trí:tmənt] 치료
diagnose[dáiəgnòus] 진단하다　revolutionize[rèvəlú:ʃənàiz] ~에 혁명을 일으키다

Question

Dr. Williams

When asked about the future of transportation, people have different ideas about what we'll eventually see on our roads. Some believe electric and hydrogen-powered cars will soon fill the streets. But others imagine a world where the majority of drivers continue to use vehicles that run on fossil fuels. What do you think the future of transportation is? Will we continue to rely on fossil fuels, or will another type of vehicle take over? Please explain why you think so.

교통수단의 미래에 대해 질문을 받을 때, 사람들은 우리가 결국 도로에서 보게 될 것에 대해 다른 생각을 가지고 있습니다. 어떤 사람들은 전기 자동차와 수소 자동차가 곧 거리를 가득 채울 것이라고 믿습니다. 하지만 다른 사람들은 대다수의 운전자들이 계속해서 화석 연료로 달리는 차량을 사용하는 세상을 상상합니다. 여러분이 생각하는 교통수단의 미래는 무엇인가요? 우리는 계속해서 화석 연료에 의존할까요, 아니면 다른 종류의 차량이 우세해질까요? 여러분이 왜 그렇게 생각하는지 설명해 주세요.

David

We'll be driving fossil-fuel vehicles for many years to come. Despite the large number of electric models available today, 92 percent of cars on the road rely on fossil fuels. Fossil fuels are relatively cheap, making them the most economical choice for many people. So people are hesitant to purchase another type of vehicle because of concerns about increased costs.

우리는 앞으로 수년간 화석 연료 차량을 운전할 것입니다. 오늘날 이용 가능한 많은 개수의 전기 모델에도 불구하고, 도로 위의 자동차의 92퍼센트는 화석 연료에 의존합니다. 화석 연료는 상대적으로 저렴하여, 많은 사람들에게 가장 경제적인 선택이 됩니다. 그래서 사람들은 비용 증가에 대한 우려 때문에 다른 종류의 차량을 구입하는 것을 주저합니다.

Cara

I think that fossil-fuel vehicles will disappear, whether people want them to or not. Many countries have pledged to phase out the sale of these cars by 2035 or 2040. People will have no choice but to purchase alternative vehicles. Plus, we're running out of oil, so we need to find other options.

저는 사람들이 원하든 원하지 않든, 화석 연료 차량이 사라질 것이라고 생각합니다. 많은 나라들이 2035년이나 2040년까지 이 차들의 판매를 단계적으로 중단하겠다고 약속했습니다. 사람들은 대체 차량을 구매할 수밖에 없을 것입니다. 게다가, 우리는 석유가 고갈되고 있기 때문에, 대안을 찾아야 합니다.

Outline

will continue to rely on fossil fuels

industries & businesses invested heavily in fossil-fuel infrastructure → difficult to switch
산업과 기업들이 화석 연료 기반 시설에 크게 투자했기 때문에 바꾸기 힘듦

– lack of sufficient infra. for alternative energy sources
대체 에너지원에 대한 충분한 기반 시설이 부족함

– ex) difficult to find electric charging stations or hydrogen fueling stations
예) 전기차 충전소나 수소 연료 충전소를 찾기 힘듦

another type of vehicle will take over*

technology is advancing & price of vehicles continues to drop
기술이 발전하고 있고 차량의 가격이 계속해서 하락하고 있음

– electric vehicles: introduce new models & improve tech. to be more efficient and affordable
전기 자동차: 새로운 모델을 도입하고 더 효율적이고 저렴하도록 기술을 개선함

– higher upfront cost but lower fuel & maintenance cost → cost savings over time
높은 초기 비용을 가지지만 더 낮은 연료 및 유지비가 시간이 지남에 따라 비용 절감 효과를 가져옴

Model Response

[도입] **I agree with Cara's perspective that** fossil-fuel vehicles are destined to become obsolete. [나의 의견 + 이유] **Additionally, I think** electric cars will inevitably take over **because** the technology is advancing so quickly while the price of these vehicles continues to drop. [일반적 진술] In recent years, we have seen significant progress in the development of electric vehicles, with major automakers such as Tesla introducing new models and improving the technology to make them more efficient and affordable. [부연 설명] Furthermore, while electric cars may have a higher upfront cost, they are less expensive in the long run due to lower fuel and maintenance costs. Specifically, electric cars do not require oil changes or tune-ups like gasoline cars do, which can result in significant cost savings over time. It is also a well-known fact that electricity is cheaper than gasoline, given that the price of gasoline can fluctuate depending on various factors such as oil prices and geopolitical events. [맺음말] **Overall,** improved technology and lower prices will persuade more people to purchase them.

해석 저는 화석 연료 차량이 더 이상 쓸모가 없게 될 운명에 처해 있다는 Cara의 견해에 동의합니다. 추가적으로, 저는 전기 자동차가 필연적으로 우세해질 것이라고 생각하는데 이는 이 차량들의 가격이 계속 하락하는 가운데 기술은 굉장히 빠르게 발전하고 있기 때문입니다. 최근 몇 년간, 테슬라와 같은 주요 자동차 회사들이 새로운 모델을 도입하고 그것들을 더 효율적이고 저렴하게 만들기 위해 기술을 개선하는 등, 우리는 전기 자동차의 개발에서 상당한 진전을 보았습니다. 게다가, 전기 자동차는 더 높은 초기 비용을 가질 수 있지만, 더 낮은 연료 및 유지비 때문에 장기적으로 덜 비쌉니다. 구체적으로, 전기 자동차는 휘발유 자동차처럼 엔진 오일 교환이나 조정이 필요하지 않은데, 이것은 시간이 지남에 따라 상당한 비용 절감 효과를 가져올 수 있습니다. 유가와 지정학적 사건과 같은 여러 요인에 따라 휘발유 가격이 요동칠 수 있다는 점에서, 전기가 휘발유보다 싸다는 것도 주지의 사실입니다. 전반적으로, 발전된 기술과 낮은 가격은 더 많은 사람들이 그것들을 구매하게 할 것입니다.

어휘 obsolete[ὰːbsəlíːt] 더 이상 쓸모가 없는 inevitably[inévitəbli] 필연적으로, 불가피하게 take over 우세해지다
upfront cost 초기 비용, 선급금 maintenance[méintənəns] 유지, 유지보수 tune-up (자동차 모터 등의) 조정
fluctuate[flʌ́ktʃuèit] 요동치다 geopolitical[dʒìòupəlitíkəl] 지정학적인

Question

Professor Lee

In the next few weeks, we will discuss social ethics. Thanks to advances in medicine, our quality of life has improved vastly over time. This would not have been possible without the use of animal testing in research. But according to animal rights groups, animals should not have to suffer for the benefit of humans. Do you agree that animal testing should be prohibited for moral reasons? Why or why not?

다음 몇 주 동안, 우리는 사회적 윤리에 대해 논의할 겁니다. 의학의 발전 덕분에, 우리의 삶의 질은 시간이 지남에 따라 크게 향상되어 왔습니다. 이것은 연구에서의 동물 실험 사용 없이는 불가능했을 것입니다. 하지만 동물 보호 단체들에 따르면, 동물들은 인간의 이익을 위해 고통을 겪어서는 안 됩니다. 여러분은 동물 실험이 도덕적인 이유로 금지되어야 한다는 것에 동의하나요? 왜 그런가요, 혹은 왜 그렇지 않은가요?

Chloe

Animal testing should be banned, especially for testing cosmetics, which are not essential for our survival. Animals should not be required to live in labs and be covered with chemicals just because we want to look nice. These poor animals can't speak up for themselves, so we have to stand up for them. I feel very strongly about this issue.

동물 실험은, 특히 우리의 생존에 필수적이지 않은 화장품 실험을 위해서라면 금지되어야 합니다. 동물들은 우리가 멋져 보이고 싶다는 이유만으로 실험실에서 살고 화학물질로 뒤덮여 있도록 요구되어서는 안 됩니다. 이 불쌍한 동물들은 스스로 옹호할 수 없으므로, 우리가 그것들을 대변해야 합니다. 저는 이 문제에 대해 매우 강한 감정을 느낍니다.

Jason

Well, animal research has given us lots of life-saving medicines and treatments. Like, my little sister has diabetes, so she needs insulin shots—and the discovery of insulin involved studies on dogs. I don't think animal research should be banned, but I do think it's really important that researchers follow ethical guidelines so that animals do not suffer too much.

음, 동물 연구는 우리에게 많은 생명을 구하는 약과 치료법을 제공해 왔습니다. 그, 제 여동생은 당뇨병이 있어서, 인슐린 주사가 필요한데, 인슐린의 발견은 개에 대한 연구를 수반했습니다. 저는 동물 연구가 금지되어야 한다고 생각하지 않지만, 동물들이 너무 고통받지 않도록 연구원들이 윤리적인 지침을 따르는 것이 정말 중요하다고 생각합니다.

Outline

agree*

alternative research methods are now available
대체 연구 방법이 현재 이용 가능함

– alternative methods are humane & accurate vs. animal testing X accurately reflect effects of treatment
대체 방법들은 인도적이고 정확한 반면, 동물 실험은 약물의 영향을 정확하게 반영하지 못함

– sophisticated computer models: simulate complex biological systems
정교한 컴퓨터 모델은 복잡한 생물학적 체계를 실험함

disagree

not ideal, but best option for now
이상적이지는 않지만, 지금으로선 최선의 선택지임

– by using animals, can avoid putting people at risk
동물을 사용함으로써, 인간을 위험에 빠뜨리는 것을 피할 수 있음

– ex) crucial role in development of vaccines for polio, smallpox, measles
예) 소아마비, 천연두, 홍역의 백신 개발에 있어 중요한 역할을 함

Model Response

도입 **I understand why Jason thinks that** animal testing is acceptable under certain circumstances, such as in the development of medical treatments. 나의 의견 **However, in my opinion,** animal testing should be discontinued. 이유 **The main reason is that** alternative research methods with the capacity to replace animal testing are now available, thanks to advances in technology. 일반적 진술 These methods are not only more humane, but they can also be more accurate and reliable. Many animals used in testing do not naturally carry the diseases being studied, so the tests conducted on them may not accurately reflect the effects of a treatment on a natural carrier. In fact, using animals in testing may produce erroneous results that can harm human health. 부연 설명 On the other hand, sophisticated computer models can simulate complex biological systems without subjecting animals to unnecessary suffering. In addition, other substitute methods, such as tissue cultures, can be used.

해석 저는 왜 Jason이 동물 실험은 의학적 치료법의 개발과 같은 특정한 상황에서 허용 가능하다고 생각하는지 이해합니다. 하지만, 제 생각에 는, 동물 실험은 중단되어야 합니다. 주된 이유는 기술의 발전 덕분에, 동물 실험을 대체할 능력을 갖춘 대체 연구 방법이 현재 이용 가능하 다는 것입니다. 이러한 방법들은 더 인도적일 뿐만 아니라, 더 정확하고 믿을 수 있습니다. 실험에 사용되는 많은 동물들은 연구 중인 질병을 자연적으로 가지고 있지 않기 때문에, 그것들에게 수행된 실험은 자연적인 보균자에게 미치는 약물의 영향을 정확하게 반영하지 못할 수도 있습니다. 실제로, 실험에 동물을 사용하는 것은 사람의 건강에 해를 가할 수 있는 잘못된 결과를 초래할 수 있습니다. 반면에, 정교한 컴퓨 터 모델은 동물들이 불필요한 고통을 겪게 하지 않으면서 복잡한 생물학적 체계를 실험할 수 있습니다. 게다가, 조직 배양과 같은 다른 대체 방법도 사용될 수 있습니다.

어휘 circumstance[sə́ːrkəmstæ̀ns] 상황 discontinue[dìskəntínjuː] 중단하다 humane[hjuːméin] 인도적인
carry[kǽri] (병을) 가지고 있다, 옮기다 reflect[riflékt] 반영하다 carrier[kǽriər] 보균자 sophisticated[səfístəkèitid] 정교한
subject[səbdʒékt] 겪게 하다 substitute[sʌ́bstətjùːt] 대체(물)

Question

Doctor Chan

In many developing countries, millions of workers labor in textile factories known as sweatshops. Sweatshop labor is a cost-effective and profitable solution for businesses, but the workers are expected to work long hours in poor conditions for very low wages. I want you to think about the following question: Is it ever acceptable for businesses to use sweatshop labor, or should they be held to higher ethical standards?

많은 개발 도상국에서, 수백만 명의 노동자들이 저임금 노동 현장으로 알려진 섬유 공장에서 일합니다. 저임금 노동은 기업들에 비용 효율적이고 수익성이 높은 해결책이지만, 노동자들은 매우 낮은 임금으로 열악한 환경에서 장시간 일하도록 요구됩니다. 저는 여러분이 다음과 같은 질문에 대해 생각해 보기를 바랍니다. 기업들이 저임금 노동을 사용하는 것이 허용 가능한 것일까요, 아니면 기업들에 더 높은 윤리적 기준이 적용되어야 할까요?

Ellen

I think businesses should definitely be held to higher ethical standards. I don't buy clothing from brands that are known to use sweatshop labor. It's a terrible practice, and nothing will change for the better if we continue to support it. I would much rather support companies that treat workers fairly and offer them decent pay.

저는 기업들에 확실히 더 높은 윤리적 기준이 적용되어야 한다고 생각합니다. 저는 저임금 노동을 사용하는 것으로 알려진 브랜드의 옷은 사지 않습니다. 그것은 끔찍한 관행이고, 우리가 그것을 계속해서 지지한다면 어떤 것도 더 좋게 변하지 않을 것입니다. 저는 노동자들을 공정하게 대우하고 그들에게 적절한 임금을 제공하는 회사들을 훨씬 더 지지하고 싶습니다.

Michael

I know sweatshops are bad, but I don't see how they can be avoided. After all, they provide economic opportunities to people who may not have many other employment options, particularly in developing countries. The working conditions in sweatshops may actually be better than in other jobs like farm work.

저는 저임금 노동 현장이 나쁘다는 것을 알지만, 어떻게 그것이 피해질 수 있는지 모르겠습니다. 결국, 그것은 특히 개발 도상국에서, 다른 고용 선택지가 많지 않을 수 있는 사람들에게 경제적 기회를 제공합니다. 저임금 노동 현장의 노동 환경은 실제로 농사일과 같은 다른 직업보다 더 나을 수 있습니다.

Outline

acceptable for businesses to use

necessary step in a country's development
국가의 발전에 필수적인 조치임

– country develops → benefits will eventually trickle down to the general population
국가가 발전하면 이익은 결국 일반 대중에게 흘러갈 것임

– ex) South Korea: from war-torn country to economic powerhouse, wealth spread to the general public
예) 한국은 전쟁으로 피폐해진 나라에서 경제 강국으로 진전하면서, 부가 일반 대중에게 퍼졌음

should be held to higher ethical standards*

only contribute to cycle of poverty & keep workers trapped in lower-paying jobs
빈곤의 순환에 기여할 뿐이고 노동자들을 저임금 일자리에 계속 갇혀 있게 함

– violates basic human rights → makes it difficult for workers to improve economic situation
  기본 인권을 침해하여 노동자들이 경제 상황을 개선하는 것을 어렵게 만듦

– ex) children in third-world countries: forced into labor → deprives them of educational opportunities
  예) 제3세계 어린이들은 노동을 강요당하는데 이는 교육 기회를 박탈함

Model Response

도입 **I understand why Michael thinks that** sweatshop labor is a necessary evil in some countries, given the lack of other employment options available. 나의 의견 **However, in my opinion,** this practice should never be tolerated, and we should work towards eliminating it. 이유 **This is mainly because** sweatshops only contribute to the cycle of poverty by keeping workers trapped in low-paying jobs with little opportunity for advancement. 일반적 진술 Sweatshop labor violates basic human rights, including the right to fair wages and safe working conditions. This makes it difficult for workers to improve their economic situation. 예시 **For example,** many children in third-world countries are forced into labor by their parents to increase household income. This deprives them of educational opportunities that could have helped them pursue better job opportunities. 맺음말 **Therefore,** companies should create employment policies based on moral principles rather than use labor practices that widen the gap between the rich and the poor.

해석 저는 왜 Michael이 다른 가능한 고용 선택지의 부족을 고려할 때, 일부 국가에서 저임금 노동이 필요악이라고 생각하는지 이해합니다. 하지만, 제 생각에는, 이러한 관행은 결코 용인되어서는 안 되며, 우리는 그것을 없애기 위해 노력해야 합니다. 이는 주로 저임금 노동이 노동자들을 발전의 기회가 거의 없는 저임금 일자리에 계속 갇혀 있게 함으로써 빈곤의 순환에 기여할 뿐이기 때문입니다. 저임금 노동은 공정한 임금과 안전한 노동 환경에 대한 권리를 포함하여, 기본 인권을 침해합니다. 이것은 노동자들이 그들의 경제 상황을 개선하는 것을 어렵게 만듭니다. 예를 들어, 제3세계의 많은 어린이들은 가계 소득을 증가시키기 위해 부모에 의해 노동을 강요당합니다. 이것은 그들이 더 나은 직업 기회를 추구하는 데 도움을 주었을 수도 있을 교육 기회를 박탈합니다. 따라서, 기업들은 빈부격차를 증대시키는 노동 관행을 사용하기보다는 도덕적 원칙에 기반한 고용 정책을 만들어야 합니다.

어휘 **sweatshop**[swétʃɑːp] 저임금 노동 (현장)   **tolerate**[tɑ́ːlərèit] 용인하다   **eliminate**[ilímənèit] 없애다
household[háushòuld] 가계의, 가정의   **deprive**[dipráiv] 박탈하다

Question

Dr. Sanchez

Over the next few weeks, we will be discussing human resource management strategies. First, job rotation has become a popular practice in many companies in recent years. It is a management strategy in which employees are moved from one job to another within the same company. Before our next class, I would like for you to discuss this question: Does job rotation have a positive impact on efficiency, or does it lead to decreased productivity? Why?

다음 몇 주간, 우리는 인적 자원 관리 전략에 대해 논의할 겁니다. 먼저, 직무 순환은 최근 몇 년 동안 많은 회사에서 인기 있는 관행이 되었습니다. 이것은 같은 회사 내에서 직원들이 한 직무에서 다른 직무로 이동되는 관리 전략입니다. 다음 수업 전에, 저는 여러분이 이 질문에 대해 논의했으면 합니다. 직무 순환이 효율성에 긍정적인 영향을 미치나요, 아니면 그것은 생산성 저하로 이어지나요? 왜 그렇죠?

Donovan

Job rotation can be a good thing. When employees are given the opportunity to work in different roles, they can gain new skills and experiences, making them feel more valued by the organization. In addition, by having diverse skills, they are better prepared to take on new opportunities that they wouldn't have been cut out for before.

직무 순환은 좋은 것이 될 수 있습니다. 직원들에게 다양한 역할을 수행할 수 있는 기회가 주어지면, 그들은 새로운 기술과 경험을 얻을 수 있으며, 이는 그들이 조직에 의해 더 가치 있게 평가된다고 느끼게 합니다. 게다가, 다양한 기술을 가짐으로써, 그들은 자신이 전에는 적합하지 않았을 새로운 기회를 잡을 준비가 더 잘 됩니다.

Elsa

I understand Donovan's argument, but I think job rotation can negatively affect productivity. When employees are moved to different departments, they may lack the skills or knowledge to perform the job effectively, so they need some time to adjust. During this period of adjustment, they are not making a contribution to the company.

Donovan의 주장을 이해하지만, 저는 직무 순환이 생산성에 부정적으로 영향을 미칠 수 있다고 생각합니다. 직원들이 다른 부서로 이동될 때, 그들은 그 업무를 효과적으로 수행하기 위한 기술이나 지식이 부족할 수 있으므로, 적응할 시간이 조금 필요합니다. 이 적응 기간 동안, 그들은 회사에 기여하지 못할 것입니다.

Outline

has a positive impact on efficiency

gain better understanding of connection to other parts of organization
조직의 다른 부서와의 연결성에 대한 더 나은 이해를 얻음

– grasp overall goals & direction of organization → contribute to overall performance
조직의 전체적인 목표와 지시 사항을 파악하여 전체 성과에 기여함

– ex) marketing specialist → sales role: develop better sales strategies
예) 마케팅 전문가가 영업직으로 전환되면 더 나은 영업 전략을 개발함

leads to decreased productivity*

decline in professional expertise due to demand to be all-around players
만능 플레이어가 될 것을 요구하기 때문에 직업적인 전문성이 저하됨

– need to constantly learn new skills & X time to utilize previously acquired expertise
끊임없이 새로운 기술을 습득해야 해서 이전에 습득된 전문 지식을 활용할 시간이 없음

– ex) CS representative → strategic planning role: CS proficiency becomes useless
예) 고객 서비스 담당자가 전략 기획 직무로 전환되면 고객 서비스 능숙도는 쓸모없어짐

Model Response

나의 의견 **In my opinion,** job rotation is not an ideal management strategy and can result in lower productivity. 이유 **The primary reason is that** job rotation can lead to a decline in professional expertise due to the demand for employees to be <u>all-around players</u>. 일반적 진술 In a job rotation system, employees need to constantly learn new skills to <u>adapt to</u> new roles and responsibilities, leaving them with little time to utilize their previously acquired expertise. If all employees are always in a state similar to that of new hires, work efficiency may consequently drop. 예시 **For example,** a customer service representative who <u>is used to</u> handling complaints and <u>resolving issues</u> may be transferred to a strategic planning role, where there are different skill requirements and performance metrics. The customer service experience and proficiency that have already been accumulated become useless, and the employee is in a situation in which it is necessary to <u>build knowledge</u> in planning. 맺음말 **In this regard,** I believe letting employees focus on mastering a particular role is better than having them rotate.

해석 제 생각에는, 직무 순환은 이상적인 관리 전략이 아니며 생산성 저하를 초래할 수 있습니다. 주된 이유는 직무 순환이 직원들에게 만능 플레이어가 될 것을 요구하기 때문에 직업적인 전문성의 저하로 이어질 수 있다는 것입니다. 직무 순환 체계에서는, 직원들은 새로운 역할과 책임에 적응하기 위해 끊임없이 새로운 기술을 습득해야 하므로, 그들에게 이전에 습득된 전문 지식을 활용할 시간을 거의 주지 않습니다. 만약 항상 모든 직원이 신입 사원과 비슷한 상태에 있으면, 업무 효율성은 결국 떨어질 수 있습니다. 예를 들어, 불만 사항을 처리하고 문제를 해결하는 데 익숙한 고객 서비스 담당자가 전략 계획 직무로 전환될 수 있는데, 거기에는 다른 기술적 요구와 성과 지표가 있습니다. 이전에 축적되어 온 고객 서비스 경험과 능숙도가 쓸모없어지고, 그 직원은 기획에 대한 지식을 쌓아야 하는 상황에 놓이게 됩니다. 이러한 점에서, 저는 직원들이 특정한 역할을 숙달하는 데 집중하도록 하는 것이 그들이 순환 근무를 하도록 하는 것보다 더 낫다고 생각합니다.

어휘 **professional**[prəféʃənəl] 직업적인, 전문적인 **expertise**[èkspərtíːz] 전문성, 전문 지식 **all-around** 만능의, 다재다능한
acquire[əkwáiər] 습득하다 **new hire** 신입 사원 **efficiency**[ifíʃənsi] 효율성 **representative**[rèprizéntətiv] 담당자, 대표자
transfer[trænsfɚːr] 전환하다, 옮기다 **metric**[métrik] 지표 **proficiency**[prəfíʃənsi] 능숙도, 숙달
accumulate[əkjúːmjulèit] 축적하다 **rotate**[róuteit] 순환 근무를 하다

Question

Professor Powell

Flexible and fixed work schedules are two ways in which employers can structure their employees' work hours. A fixed work schedule requires employees to work the same hours each day, while a flexible work schedule allows them to adjust their working hours to fit their personal needs. Which work schedule do you believe is more helpful in improving employees' productivity: a flexible work schedule or a fixed work schedule? Why?

탄력 근무제와 고정 근무제는 고용주가 직원들의 근무 시간을 구성할 수 있는 두 가지 방법입니다. 고정 근무제는 직원들이 매일 동일한 시간대에 일하도록 요구하는 반면, 탄력 근무제는 직원들이 개인적인 필요에 맞게 근무 시간을 조정할 수 있도록 합니다. 여러분은 탄력 근무제와 고정 근무제 중 어떤 근무제가 직원들의 생산성 향상에 더 도움이 된다고 생각하나요? 왜 그렇죠?

Hannah

I would give them the option to choose their own hours. These days, a lot of people value a work-life balance. Flexible working hours give them that, and employers end up with happier workers as a result. That's why I think letting them set their own schedules would actually lead to an increase in overall productivity.

저는 그들에게 시간을 선택할 수 있는 선택권을 줄 것입니다. 요즘, 많은 사람들이 일과 삶의 균형을 중요시합니다. 탄력 근무제는 그들에게 그것을 주고, 결과적으로 고용주들은 더 행복한 노동자들과 함께하게 됩니다. 이게 제가 그들이 자신의 일정을 짜도록 하는 것이 실제로 전체적인 생산성 향상으로 이어질 것이라고 생각하는 이유입니다.

Damian

I think it would be hard for employees to collaborate and get to know one another if they were all working different hours. Also, the work process could become less efficient because it would take longer to get answers to questions and solve problems. Furthermore, it would be difficult to have emergency group meetings if some people were not present.

직원들이 모두 서로 다른 시간대에 근무한다면 협업하고 서로 알아가기 힘들 것 같습니다. 또한, 질문에 대한 답을 얻고 문제를 해결하는 데 시간이 더 오래 걸릴 것이기 때문에 업무 과정이 덜 효율적이 될 수 있습니다. 게다가, 몇몇 사람들이 부재하면 긴급 단체 회의를 열기가 어려울 것입니다.

Outline

a flexible work schedule*

workers appreciate privilege & are more loyal to company
직원들은 특권을 고맙게 생각하고 회사에 대한 충성도가 더 높음

– dedicated to organization → more likely to work harder
조직에 헌신적이면 더 열심히 일할 가능성이 더 높음

– ex) aunt: drops children off at 9 a.m. → grateful & works more diligently
예) 이모는 오전 9시에 아이들을 데려다줄 수 있다는 것에 감사하고 더 근면하게 일함

a fixed work schedule

easier for managers to supervise employees
관리자가 직원들을 감독하기 더 쉬움

– difficult to check work progress if employees work irregular hours
직원들이 불규칙적인 시간대에 일하면 업무 진전도를 확인하기 어려움

– ex) brother: manages team with flexible schedules → did not realize one member was performing poorly
예) 형이 탄력 근무제로 팀을 운영하는데 한 팀원의 성과가 좋지 않은 것을 깨닫지 못했음

Model Response

도입 **I understand why Damian thinks that** collaboration between employees with a flexible work schedule can be difficult. 나의 의견 **However, in my opinion,** it is better to let employees enjoy the flexibility of selecting their own work hours. 이유 **The primary reason is that** workers who set their own schedule tend to appreciate this privilege and are more loyal to the company. 일반적 진술 When employees are dedicated to their organization, they are more likely to work harder. 예시 **For example,** my aunt has two children in kindergarten. Every weekday, she has to drop them off at 9 a.m., but this is not a problem because she has the freedom to determine her own hours. She says she works more diligently because she is grateful for this benefit, and she can also focus more on her work because she does not have to worry about her kids. Her boss is impressed with her performance. In her case, a flexible work schedule is actually a win-win situation for her and the company.

해석 저는 왜 Damian이 탄력 근무제로는 직원 간 협업이 어려울 수 있다고 생각하는지 이해합니다. 하지만, 제 생각에는, 직원들이 자신의 근무 시간을 선택하는 유연성을 누리도록 하는 것이 더 낫습니다. 주된 이유는 자신의 일정을 짜는 근로자들이 이러한 특권을 고맙게 생각하는 경향이 있고 회사에 대한 충성도가 더 높다는 것입니다. 직원들이 그들의 조직에 헌신적일 때, 그들은 더 열심히 일할 가능성이 더 높습니다. 예를 들어, 저의 이모는 유치원에 다니는 두 명의 아이가 있습니다. 평일마다, 그녀는 오전 9시에 그들을 데려다줘야 하지만, 그녀는 자신의 시간을 결정할 자유가 있기 때문에 이것은 문제가 되지 않습니다. 그녀는 이 혜택에 감사하기 때문에 더 근면하게 일하며, 또한 아이들을 걱정할 필요가 없기 때문에 일에 더 집중할 수 있다고 말합니다. 그녀의 상사는 그녀의 성과에 감명받습니다. 그녀의 경우, 탄력 근무제는 정말 그녀와 회사에 모두 득이 되는 상황입니다.

어휘 flexibility[flèksəbíləti] 유연성, 융통성 appreciate[əpríːʃièit] 고맙게 생각하다 privilege[prívəlidʒ] 특권
dedicated[dédikèitid] 헌신적인 diligently[díləʤəntli] 근면하게 grateful[gréitfəl] 감사한 impressed[imprést] 감명받은

MEMO

기본에서 실전까지 iBT 토플 라이팅 완벽 대비

|H|A|C|K|E|R|S| TOEFL
WRITING

개정 5판 3쇄 발행 2025년 1월 20일
개정 5판 1쇄 발행 2023년 6월 30일

지은이	David Cho | 언어학 박사, 前 UCLA 교수
펴낸곳	㈜해커스 어학연구소
펴낸이	해커스 어학연구소 출판팀

주소	서울특별시 서초구 강남대로61길 23 ㈜해커스 어학연구소
고객센터	02-537-5000
교재 관련 문의	publishing@hackers.com
동영상강의	HackersIngang.com

ISBN	978-89-6542-601-1 (13740)
Serial Number	05-03-01

**외국어인강 1위,
해커스인강(HackersIngang.com)**

ⓗ 해커스인강

- 실전 감각을 극대화하는 **iBT 라이팅 실전모의고사**
- 효과적인 라이팅 학습을 돕는 **통합형 문제학습 MP3**
- 해커스 토플 스타강사의 **본 교재 인강**

**전세계 유학정보의 중심,
고우해커스(goHackers.com)**

ⓗ 고우해커스

- **토플 스피킹/라이팅 첨삭 게시판** 등 무료 학습 콘텐츠
- 고득점을 위한 **토플 공부전략 강의**
- **국가별 대학 및 전공별 정보, 유학 Q&A 게시판** 등 다양한 유학 정보

[외국어인강 1위] 헤럴드 선정 2018 대학생 선호브랜드 대상 '대학생이 선정한 외국어인강' 부문 1위

전세계 유학정보의 중심
고우해커스

goHackers.com

HACKERS

TOEFL

WRITING

David Cho

모범 답안 · 스크립트 · 해석

TOEFL iBT
최신출제경향
반영

해커스 어학연구소

HACKERS
TOEFL
WRITING

모범 답안 · 스크립트 · 해석

해커스 어학연구소

01. 방금 들은 강의의 논점들을 요약하되, 이 논점들이 읽기 지문의 구체적 논점들을 어떻게 반박하고 있는지 설명하시오.

Note-taking

읽기 노트

- domestication of dogs: unders. 개이 가축화는 이해되고 있음

    1. evolved from wolves trained by humans 인간에 의해 훈련받은 늑대로부터 진화함
       - ppl. took in & trained to assist hunting 사람들이 데려와 사냥을 돕도록 훈련함
       - developed domesticated traits 가축화된 특성을 발달시킴
    2. domesticated 16,000 years ago 만 6천 년 전에 가축화됨
       - researchers calculated rate DNA mutates
         연구자들은 DNA가 변형되는 속도를 계산함
       - determine length of time evolving 진화해온 기간을 알아냄
    3. domesticated in China & spread 중국에서 가축화되고 퍼져 나감
       - ↑ genetic diversity in China 중국에서 높은 유전적 다양성
       - ↑ variation in places of origin 발생지에서 높은 변이

듣기 노트

- X unders. origins 기원을 이해하지 못함

    1. X adopted wolf to help hunting 사냥을 돕도록 늑대를 데려온 것이 아님
       - hunters set traps & hid, but wolves chase prey
         수렵인들은 덫을 놓고 잠복했지만 늑대는 사냥감을 쫓음
       - wolves become aggressive as older 늑대는 자라면서 공격적이 됨
    2. earlier than 16,000 years ago 만 6천 년보다 이전
       - footprints by boy & dog in French cave 프랑스 동굴 속 소년과 개의 발자국
       - analysis proved at least 26,000 years old
         분석은 적어도 2만 6천 년은 된 것임을 증명함
    3. multi. places, X just China 중국뿐 아니라 다양한 장소
       - oldest fossils in China, Eur., N. A. & M. E.
         중국, 유럽, 북미, 중동의 가장 오래된 화석들
       - DNA: 4 ancestors from differ. locations
         DNA는 다양한 장소에서 온 네 가지 종의 조상을 나타냄

Summary

The lecturer argues that we still do not know the origin of dogs. This contradicts the reading passage's claim that dog domestication can be explained.

First, the lecturer contends that people would not have adopted wolves as hunting partners. Ancient people set traps and hid nearby, but wolves chase after their prey. This means that hunting with wolves would have been more difficult for people. Also, it would have been too challenging to teach wolves because they become more aggressive as they age. This casts doubt on the reading passage's claim that dogs descended from wolves that were trained by people.

Next, the lecturer asserts that the domestication of dogs happened much earlier than 16,000 years ago. Footprints of a boy and a dog were recently found in a cave in France. An analysis showed that they are at least 26,000 years old. This counters the reading passage's claim that the domestication of dogs took place about 16,000 years ago.

Finally, the lecturer claims that dogs were domesticated in more than one place, not only in China. The oldest dog fossils were found in Europe, North America, and the Middle East, in addition to China. Moreover, the DNA of dogs shows that they had four ancestors from different locations. This refutes the reading passage's claim that dogs spread around the world after being domesticated in China.

해석 강의자는 우리가 여전히 개의 기원을 알지 못한다고 주장한다. 이는 개 가축화가 설명될 수 있다는 읽기 지문의 주장을 반박한다.
첫째로, 강의자는 사람들이 늑대를 사냥 파트너로서 데려오지 않았을 것이라고 주장한다. 고대인들은 덫을 놓고 근처에 잠복했지만, 늑대들은 사냥감을 쫓는다. 이는 늑대들과 함께 사냥하는 것이 사람들에게 더욱 어려웠을 것임을 의미한다. 또한, 늑대들은 자라면서 더욱 공격적이 되기 때문에 늑대들을 훈련하는 것은 너무 힘들었을 것이다. 이는 개가 인간에 의해 훈련받은 늑대의 자손이라는 읽기 지문의 주장에 의구심을 제기한다.
다음으로, 강의자는 개의 가축화가 만 6천 년보다 훨씬 더 이전에 일어났다고 주장한다. 한 소년과 개의 발자국이 최근에 프랑스의 한 동굴에서 발견되었다. 분석은 그것들이 적어도 2만 6천 년은 된 것임을 보여주었다. 이는 개의 가축화가 약 만 6천 년 전에 일어났다는 읽기 지문의 주장에 반대한다.
마지막으로, 강의자는 개가 중국에서뿐만 아니라 한 곳 이상에서 가축화되었다고 주장한다. 가장 오래된 개의 화석들은 중국 외에도 유럽, 북미, 그리고 중동에서 발견되었다. 게다가, 개의 DNA는 다양한 장소에서 온 네 가지 종의 조상들이 있었다는 것을 보여준다. 이는 개가 중국에서 가축화된 후에 전 세계적으로 퍼져 나갔다는 읽기 지문의 주장을 반박한다.

어휘 challenging [tʃǽlindʒiŋ] 힘든 take place 일어나다

스크립트 및 해석

Reading

개는 인간과 특별하고 고유한 유대를 가진 가축으로, 이는 그들이 흔히 '인간의 가장 친한 벗'이라고 불리는 이유이다. 개의 가축화에 대해 늘 많은 관심이 있었고, 그 주제에 관한 수년간의 연구 끝에 오늘날에는 어떻게, 언제, 그리고 어디에서 개가 가축화되었는지가 이해되고 있다. 개는 인간에 의해 사냥 동지로 훈련받은 늑대로부터 진화했다. 고대 사람들이 어미를 잃은 새끼 늑대들을 데려온 다음 사냥을 돕도록 훈련했다고 믿어진다. 수세대에 걸쳐, 이러한 늑대들은 인간을 향한 충성심과 우정 같은 가축화된 특성을 발달시켰다. 이 과정이 계속되면서 늑대들은 서서히 인간 사회에 흡수되었고, 마침내 현재 모습의 개가 되었다.

과학자들은 또한 개가 대략 만 6천 년 전에 가축화되었다는 것을 발견했다. 언제 가축화가 일어났는지를 알아내기 위해, 연구자들은 현대의 개들 사이에서 DNA의 차이를 측정하고 개의 DNA가 변형되는 속도를 계산했다. 이러한 값을 이용해서, 그들은 개가 최초의 조상으로부터 진화해온 기간을 알아낼 수 있었다. 이는 최초의 개의 연대를 약 만 6천 년 전으로 추정한다.

마지막으로, 유력한 증거는 개가 중국에서 가축화된 후 전 세계 다른 지역들로 퍼져 나갔다는 것을 입증한다. 전문가들은 전 세계적으로 현대 개들의 유전 정보를 비교함으로써 최초의 개의 위치를 정확히 찾아냈다. 그 자료는 가장 높은 유전적 다양성이 중국 남부 지역의 개에 존재한다는 것을 보여주었다. 종은 발생지에서 가장 높은 수준의 유전적 변이를 지니는 경향이 있기 때문에, 개는 중국에서 처음 출현한 것으로 보인다.

domesticated animal 가축 bond[bɑ:nd] 유대 domesticate[dəméstikèit] 가축화하다 evolve[ivɑ́:lv] 진화하다

orphan[ɔ́:rfən] 어미를 잃게 하다 pup[pʌp] 새끼 trait[treit] 특성 loyalty[lɔ́iəlti] 충성심 absorb[æbsɔ́:rb] 흡수하다

mutate[mjú:teit] 변형되다 compelling[kəmpéliŋ] 유력한 pinpoint[pínpɔ̀int] 정확히 찾아내다

genetic[dʒənétik] 유전의, 유전적인 variation[vὲəriéiʃən] 변이 place of origin 발생지 emerge[imɔ́:rdʒ] 출현하다

Listening 🔘 Track 1

Let's get back to the, uh, domestication of dogs. Prior to today's lecture, you read about the circumstances surrounding this process. However, we aren't really any closer to understanding their origins.

Let's start with the wolf theory. You know, it's pretty hard to believe that humans would have adopted wolf pups to help with hunting. Ancient hunters set traps and hid quietly nearby, but wolves typically chase down their prey. These differences in hunting styles meant that having a wolf around would have actually made hunting more difficult for humans. Moreover, people would have found it extremely difficult to train wolves, because they usually become very aggressive as they get older. So it's extremely doubtful that ancient people managed to tame such a dangerous predator as the wolf.

The next point is that, um, the latest archaeological evidence suggests that the domestication of dogs occurred much earlier than 16,000 years ago. Recently, archaeologists found a pair of footprints made by a young boy and a dog walking side by side in a French cave. A detailed analysis of the footprints proved that they are at least 26,000 years old. So, earlier estimates of only 16,000 years are now in doubt.

I should also mention that, dogs were domesticated in multiple places, not just in China. That's because the oldest dog fossils are found scattered around the world . . . Some are in China, but other ancient dog bones have been found in Europe, North America, and the Middle East. And this is consistent with the most recent DNA analysis of dogs, which shows that they actually come from four distinct ancestors from different locations.

어, 개의 가축화로 돌아가 봅시다. 오늘 강의에 앞서, 여러분은 이 과정을 둘러싼 정황에 대해 읽었죠. 하지만 우리는 그것의 기원에 대해 조금도 이해하지 못하고 있어요.

늑대 이론으로 시작해보죠. 있잖아요, 인간이 사냥을 돕도록 늑대 새끼를 데려왔을 것이라는 점은 상당히 믿기 어렵습니다. 고대 수렵인들은 덫을 놓고 근처에 조용히 잠복했지만, 늑대들은 일반적으로 사냥감을 쫓습니다. 사냥 방식에 있어서 이러한 차이는 늑대를 데리고 다니는 것이 사실은 인간들에게 사냥을 더 어렵게 만들었을 것임을 의미했어요. 게다가 사람들은 늑대를 훈련하기가 매우 어려웠을 것인데, 그것들은 보통 자라면서 매우 공격적으로 되기 때문이에요. 그러니까 고대인들이 늑대 같은 그런 위험한 포식 동물을 길들일 수 있었다는 것은 매우 의심스럽습니다.

다음 요점은, 음, 최신 고고학적 증거는 개의 가축화가 만 6천 년보다 훨씬 이전에 일어났음을 시사한다는 것입니다. 최근에 고고학자들은 한 프랑스 동굴에서 어린 소년과 개가 나란히 걸어서 생긴 발자국 한 쌍을 발견했어요. 그 발자국의 상세한 분석은 그것들이 적어도 2만 6천 년은 된 것임을 증명했습니다. 그러니까 불과 만 6천 년이라는 이전의 추정치는 현재 의심스러워요.

개는 중국에서뿐만 아니라 다양한 장소에서 가축화되었다는 것도 언급해야겠네요. 왜냐하면 가장 오래된 개의 화석이 전 세계에 흩어져 있는 것이 발견되었기 때문이죠... 일부는 중국에 있지만, 다른 오래된 개의 유해는 유럽, 북미, 그리고 중동에서 발견되었어요. 그리고 이것은

개의 최신 DNA 분석과 일치하는데, 이는 개가 실제로 다양한 장소에서 온 네 가지 종의 다른 조상들로부터 유래했다는 것을 보여줍니다.

circumstance[sə́:rkəmstæ̀ns] 정황 origin[ɔ́:rədʒin] 기원 trap[træp] 덫 chase[tʃeis] 쫓다 aggressive[əgrésiv] 공격적인
doubtful[dáutfəl] 의심스러운 tame[teim] 길들이다 predator[prédətər] 포식 동물 archaeological[àːrkiəládʒikəl] 고고학적인
footprint[fútprìnt] 발자국 in doubt 의심스러운, 불확실한 fossil[fáːsəl] 화석 scatter[skǽter] 흩어지다
consistent[kənsístənt] 일치하는 distinct[distíŋkt] 다른

02. 교수의 질문에 대해, 자신의 의견과 근거를 포함하여 토론에 기여하는 답안을 작성하시오.

Stewart 박사
우리는 다양한 형태의 세계 각국의 매체에 접근할 기회가 있습니다. 온라인에 접속하는 것만으로도, 우리는 전 세계의 뉴스 프로그램과 영화를 시청할 수 있습니다. 이것은 다른 나라들에 대해 배우는 것을 그 어느 때보다 더 쉽게 만듭니다. 하지만 가장 신뢰할 수 있는 정보의 원천에 대한 많은 논쟁이 있습니다. 여러분은 어떤 것이 한 나라에 대한 더 나은 이해를 제공한다고 생각하나요? 뉴스 프로그램인가요, 아니면 영화인가요?

Derek
저는 뉴스 프로그램이 최고의 정보원이라고 생각합니다. 영화는 종종 현실을 낭만적으로 묘사합니다. 비록 그것들이 실제 사건을 바탕으로 한 것으로 추정되더라도, 흥미로운 줄거리와 기억에 남는 등장인물을 만들기 위해 세부 사항들이 바뀝니다. 결과적으로, 영화는 실제로 일어난 일과 거의 관련이 없습니다.

Anika
저는 Derek의 의견에 동의하지 않습니다. 영화가 한 나라에 대해 배우는 더 좋은 방법입니다. 뉴스 프로그램은 자연재해, 정치적 스캔들, 그리고 범죄 이야기와 같은 사건들을 주로 다루는데, 이것은 한 국가에 대한 왜곡된 이미지를 만들 수 있습니다. 이는 극히 예외적인 사건들에 초점을 맞추는 것이 사람들의 삶의 평범한 측면과 국가 정체성의 다른 요소들을 간과하기 때문입니다.

access[ǽkses] 접근할 기회 reliable[riláiəbəl] 신뢰할 수 있는 romanticize[roumǽntisaiz] 낭만적으로 묘사하다
supposedly[səpóuzidli] 추정상 distorted[distɔ́:rtid] 왜곡된 exceptional[iksépʃənəl] 극히 예외적인
ignore[ignɔ́:r] 간과하다, 무시하다

Outline

- movies 영화
  help understand social structure of country
- 나라의 사회 구조를 이해하는 데 도움을 줌
  - explore various aspects of society → provide insight into collective psyche
    사회의 다양한 측면들을 탐구하여 집단 의식에 대한 통찰력을 제공함
  - ex) Indian movies show hierarchy among castes ← news covers up
    예) 인도 영화는 카스트 사이의 위계를 보여주는데 뉴스는 은폐함

Model Response

I understand why Derek thinks that movies do not always reflect reality as people's lives in movies can look like a fantasy. However, in my opinion, movies reveal more about a country than news programs. This is mainly because movies can help us understand the social structure of a country. They explore various aspects of society, such as social hierarchies and class division, as well as cultural norms and values, providing a deeper insight into the collective psyche of a nation. For instance, movies from India show arranged marriages, the challenges faced by housewives, and the very pronounced hierarchy among the different castes and tribes. These social issues are rarely covered in Indian news programs, and sometimes they are intentionally ignored or covered up. Therefore, I believe that movies provide important information that isn't available on news programs.

해석 저는 왜 Derek이 영화가 항상 현실을 반영하는 것은 아니라고 생각하는지를 이해하는데 이는 영화 속 사람들의 삶이 환상처럼 보일 수 있기 때문입니다. 하지만, 제 생각에는, 영화는 뉴스 프로그램보다 한 나라에 대해 더 많은 것을 드러냅니다. 이는 주로 영화는 우리가 한 나라의 사회 구조를 이해하는 데 도움을 주기 때문입니다. 그것들은 문화적 규범과 가치뿐만 아니라 사회 위계와 계급 구분과 같은 사회의 다양한 측면들을 탐구하여, 한 국가의 집단 의식에 대한 더 깊은 통찰력을 제공합니다. 예를 들어, 인도의 영화들은 중매 결혼, 주부들이 직면하는 어려움, 그리고 서로 다른 카스트와 부족들 사이의 매우 뚜렷한 위계를 보여줍니다. 이러한 사회적 문제들은 인도의 뉴스 프로그램에서는 거의 다뤄지지 않으며, 때로는 의도적으로 무시되거나 은폐되기도 합니다. 따라서, 저는 영화가 뉴스 프로그램에서 입수할 수 없는 중요한 정보를 제공한다고 생각합니다.

어휘 reflect[riflékt] 반영하다 reveal[riví:l] 드러내다 structure[strʌ́ktʃər] 구조 explore[ikspló:r] 탐구하다 hierarchy[háiərà:rki] 위계, 계층 collective[kəléktiv] 집단의 psyche[sáiki] 의식, 정신 arranged marriage 중매 결혼 pronounced[prənáunst] 뚜렷한 tribe[traib] 부족 intentionally[inténʃənəli] 의도적으로 cover up 은폐하다

INTEGRATED SECTION

기본다지기

Ⅰ | 노트테이킹 연습

1. 읽고 노트테이킹하기

CHECK-UP p.47

01.

- dine in residence halls: adv. 기숙사에서 식사하는 것은 이로움
  - 1. X waste time cooking & cleaning up 요리하고 정리하는 데 시간을 낭비하지 않음
    - → ↑ time for studies 공부할 시간이 더 많음
  - 2. socialize & enjoy eating together 어울리고 함께 식사하는 것을 즐김

해석 많은 대학생들은 자신의 기숙사에서 식사한다. 이는 매우 이롭다. 학생들은 음식을 요리하고 그 후에 정리하는 데 시간을 낭비하지 않아도 된다. 따라서, 그들에게는 공부할 시간이 더 많다. 게다가, 그들은 다른 학생들과 어울리고 함께 식사하는 것을 즐길 수 있다.

어휘 dine[dain] 식사하다 residence hall 기숙사 advantageous[ӕdvəntéidʒəs] 이로운, 유리한 clean up 정리하다, 청소하다
afterwards[ӕftərwərdz] 그 후에 what's more 게다가 socialize with ~ ~와 어울리다, 교제하다

02.

- travel w/ young children: X recommended 어린 자녀들과 여행하는 것은 권장되지 않음
  - 1. young children 어린 자녀들
    - – physical hardships 육체적 고충
    - – X have good time/remember 유쾌한 시간을 보내지 못하거나 기억하지 못함
  - 2. parents 부모들
    - – X fully enjoy 만끽하지 못함
    - – have to attend to kids 아이들을 돌봐야 함

해석 많은 부모들이 어린 자녀들과 같이 여행하기를 택하지만, 그것은 권장되지 않는다. 어린 자녀들은 종종 여행에 따르는 육체적 고충에 압도되고, 유쾌한 시간을 보내지 못하거나 심지어는 경험을 기억하지조차 못한다. 반면에, 부모들은 종종 그냥 호텔로 돌아가서 텔레비전을 보고 싶어 하는 아이들을 돌봐야 하기 때문에 여행을 만끽하지 못한다.

어휘 recommend[rèkəménd] 권장하다 overwhelm[òuvərhwélm] 압도하다, 질리게 하다 hardship[háːrdʃìp] 고충, 곤란
on the other hand 반면에 attend to ~ ~을 돌보다, 처리하다

03.

- processed foods: should avoid 가공 식품은 피해야 함
  1. dangerous to health 건강에 해로움
     - cause diseases ← additives & preservatives 첨가물과 방부제가 질병을 유발함
  2. make ppl. overweight 사람들이 과체중이 되게 함
     - calories & fat → obesity: # 1 cause of death
       칼로리와 지방이 최고 사망 원인인 비만 초래함

해석 비록 가공 식품이 값싸고, 편리하고, 맛있기는 하지만, 사람들은 이러한 식품의 섭취를 피해야 한다. 가공식품은 사람들의 건강에 매우 해롭다. 그것들은 수많은 첨가물과 방부제 때문에 많은 질병을 유발한다. 그뿐 아니라, 가공식품은 사람들이 과체중이 되게 한다. 그것들은 영양가 없는 칼로리와 고지방 함량을 함유하고 있는데, 이는 미국의 최고 사망 원인인 비만을 초래한다.

어휘 processed food 가공식품 tasty[téisti] 맛있는 additive[ǽdətiv] 첨가물 preservative[prizə́ːrvətiv] 방부제
overweight[óuvərwèit] 과체중의, 비만의 content[kántent] 성분 obesity[oubíːsəti] 비만

04.

- countries host sporting events: benefit 스포츠 행사를 개최하는 국가의 혜택
  1. revenues from ticket, hotels & restaurants: boost economy
     입장권, 호텔과 레스토랑의 수익은 경제를 부양함
  2. media attention: promote tourism & boost public image
     언론의 집중 보도는 관광업을 촉진하고 대외 이미지를 선전함

해석 월드컵이나 올림픽과 같은 주요 스포츠 행사를 개최하는 국가들은 두 가지 주요 측면에서 혜택을 받는다. 첫째로, 스포츠 입장권 판매, 호텔, 레스토랑으로 벌어들인 수익은 개최국의 경제를 직접적으로 부양한다. 게다가, 개최국에 대한 언론의 집중 보도는 관광업을 촉진하고 대외 이미지를 선전하는데, 이는 그 나라가 세계 무대에서 두각을 나타내도록 도울 것이다.

어휘 host[hóust] 개최하다, 주최하다 such as ~ ~과 같은 revenue[révənjùː] 수익, 세입 boost[buːst] (경기를) 부양하다, 고양시키다
host nation 개최국 media attention 언론의 집중 보도 tourism[túərizm] 관광업 public image 대외 이미지
prominence[prάːmənəns] 두각, 두드러짐 world scene 세계 무대

05.

- clean surroundings: beneficial 깔끔한 환경은 유익함
  1. easier to study b/c easily find materials 도구를 쉽게 찾으므로 학습이 더욱 용이함
  2. help feel org., clear & ready to learn 정돈되고 맑아지며 공부할 준비가 되도록 도움

해석 부모들은 종종 자녀들을 꾸짖으며 그들의 방을 정리하라고 말한다. 비록 이것이 아이들에게는 불필요하고 귀찮게 느껴질 수도 있지만, 깔끔한 환경은 여러 유익한 효과를 지닌다. 우선, 깔끔한 방에서는 연필과 책 같은 도구들을 쉽게 찾을 수 있기 때문에 학습이 더욱 용이하다. 또한, 정돈된 환경을 갖추는 것은 마음이 정돈되고, 맑아지며, 공부할 준비가 되도록 도울 것이다.

어휘 scold[skóuld] 꾸짖다, 잔소리하다 unnecessary[ʌ̀nnésəsèri] 불필요한 burdensome[bə́ːrdnsəm] 귀찮은, 부담되는
surrounding[səráundiŋ] 환경, 주변 neat[niːt] 깔끔한, 단정한 organized[ɔ́ːrgənàizd] 정돈된

06.

- radar detectors: harmful 레이더 탐시기는 해로움
  - 1. allow ppl. to speed: dangerous 사람들이 과속하게 두는 것은 위험함
  - 2. encourage cheating mentality: OK as long as X caught
    걸리지만 않으면 괜찮다는 **부정행위** 심리를 조장함

해석　많은 사람들은 속도가 측정되고 있을 때 그들에게 알리는 레이더 탐지기를 차에 단다. 이러한 장치들은 몇 가지 이유로 해롭다. 그것들은 사람들이 과속하게 두는데, 이는 도로상의 다른 사람들에게 위험하다. 다음으로, 그것들은 일단 걸리지만 않으면 불법적인 일을 해도 괜찮다는 부정행위 심리를 조장한다.

어휘　radar detector 레이더 탐지기　notify[nóutəfài] 알리다, 통지하다　device[diváis] 장치　cheating[tʃíːtiŋ] 부정행위
mentality[mentǽləti] 심리, 사고방식　as long as ~ ~하기만 하면

07.

- cross-cultural relationships: rewarding 서로 다른 문화 간 관계는 보람이 있음
  - 1. minds become ↑ open 더 포용력이 생김
  - 2. experience new things 색다른 것들을 경험함
    – ex) new foods, games, traditions & holidays 예) 새로운 음식, 놀이, 전통과 명절

해석　공유된 가치관과 언어 때문에 같은 문화권의 사람들과 사귀는 것이 더 수월할 수도 있지만, 서로 다른 문화 간의 관계를 형성하는 것은 보람이 있다. 사람들은 다른 문화권의 친구들을 사귈 때 더 포용력이 생긴다. 게다가, 그들은 보통은 경험할 수 없는 색다른 것들을 경험하게 된다. 예를 들어, 그들은 인생에 즐거움을 더해주는 새로운 음식, 놀이, 전통, 그리고 명절을 접한다.

어휘　rewarding[riwɔ́ːrdiŋ] 보람이 있는, 가치가 있는　cross-cultural[krɔ́ːskʌ̀ltʃərəl] 서로 다른 문화 간의　get to ~ ~하게 되다
normally[nɔ́ːrməli] 보통은

08.

- grounding: effec. 외출 금지는 효과적임
  - 1. painful → reflect on actions 괴로워서 행동을 반성함
  - 2. prevents ↑ trouble 또 다른 잘못을 방지함

해석　어떤 부모들은 '외출 금지'로 자녀들을 벌하는데, 이는 일정 기간 동안 그들이 집 밖으로 나가지 못하도록 하는 것을 뜻한다. 이것은 효과적인 처벌인데, 아이들은 친구들과 어울려 놀지 못하고, 그것은 아이들에게 매우 괴롭기 때문이다. 그렇게 되면 아이들은 자신의 행동의 결과를 반성할 것이다. 게다가, 아이를 집 안에만 있도록 제한하는 것은 그들이 자신의 실수를 깨우치기도 전에 밖에 나가 또 다른 잘못을 저지르는 것을 방지한다.

어휘　discipline[dísəplin] 벌하다　grounding[gráundiŋ] 외출 금지　punishment[pʌ́niʃmənt] 처벌　painful[péinfəl] 괴로운
reflect[riflékt] 반성하다, 곰곰이 생각하다　consequence[káːnsəkwèns] 결과　furthermore[fə́ːrðərmɔ̀ːr] 게다가
restriction[ristríkʃən] 제한, 구속　get into trouble 잘못을 저지르다　error of one's ways ~의 실수, ~가 잘못한 일

09.

> ● arranged marriages: ↑ rate of success 중매 결혼은 성공 확률이 더 높음
>
>   1. families 가족들
> ●   – involved in selecting mates 배우자를 택하는 데 관여함
>   – provide support 후원을 해줌
> ●   2. couples 연인들
>   – go w/ idea they must make them work 유지해야 한다고 생각하며 결혼함
> ●   – X divorce/look for Mr./Ms. Right 이혼하거나 천생연분을 찾지 않음

해석   많은 사회가 연애 결혼을 지향하면서, 중매 결혼의 입지는 좁아져 왔다. 그러나, 최근의 연구 결과는 중매 결혼이 훨씬 더 높은 성공 확률을 가지고 있다는 것을 보여준다. 첫째로, 가족들은 어울리는 배우자를 택하고 결혼을 성사시키는 데 깊이 관여한다. 따라서, 그들은 이러한 경우에 많은 형태로 후원을 해준다. 또한, 연인들은 결혼 생활을 반드시 유지해야 한다는 생각을 가지고 중매 결혼을 하며, 실제로 그렇게 한다! 그들은 이혼하거나 어디에서도 찾기 힘든 선생연분을 찾는 데 시간을 낭비하지 않는다.

어휘   love marriage 연애 결혼   status[stéitəs] 입지   arranged marriage 중매 결혼   suitable[súːtəbl] 어울리는
elusive[ilúːsiv] 찾기 힘든   Mr. or Ms. Right 천생연분

10.

> ● space exploration: ppl. X regard as priority 우주 탐험은 사람들이 최우선 순위로 여기지 않음
>
>   1. X interested 관심 없음
> ●   – X care about discoveries 발견에 신경 쓰지 않음
>   2. think money should be spent on Earth 돈이 지구상에서 쓰여야 한다고 생각함
>   – want jobs, education, health care & sustainable planet
> ●   일자리, 교육, 의료 서비스와 지속 가능한 지구를 원함

해석   매년 우주 탐험에 몇백만 달러가 할당된다. 하지만, 설문조사는 사람들이 우주 탐험을 최우선 순위로 여기지 않는다는 것을 보여준다. 대부분의 사람들은 솔직히 우주 공간을 탐험하는 것에는 관심이 없고, 달이나 다른 행성에 관한 최신의 발견에도 신경 쓰지 않는다고 말한다. 게다가, 많은 응답자들은 그 돈이 지구상의 문제를 해결하는 데 쓰여야 한다고 생각한다. 그들은 계속 살아갈 수 있는 지속 가능한 지구뿐만 아니라, 양질의 일자리와 교육, 그리고 의료 서비스를 원한다.

어휘   allot[əláːt] 할당하다   space exploration 우주 탐험   high priority 최우선 순위   outer space 우주 공간
respondent[rispáːndənt] 응답자   health care 의료 서비스   sustainable[səstéinəbl] 지속 가능한   live on 계속 살아가다

2. 듣고 노트테이킹하기

CHECK-UP p.53

01. 🎧 Track 2

> ● gardening: benefits 정원 가꾸기의 이점들
>
>   1. emotionally stabilizing & calming 정서적으로 안정시키고 차분하게 함
> ●   2. eat healthful, nourishing food 몸에 좋고 영양가 있는 음식을 섭취함

script   Let me suggest gardening as a wonderful activity with many benefits. First, it's, you know, emotionally stabilizing and calming to work in nature. In addition, growing your own vegetables ensures that you eat, um, healthful, nourishing food.

해석   저는 정원 가꾸기가 많은 이점들을 가지고 있는 훌륭한 활동이라고 제안합니다. 첫째로, 있잖아요, 자연 속에서 일하는 것은 정서적으

로 안성시키고 차분하게 해요. 게다가, 직접 채소를 재배하는 것은, 음, 몸에 좋고 영양가 있는 음식을 섭취하는 것을 보장해줍니다.

어휘　gardening[ɡáːrdniŋ] 정원 가꾸기　emotionally[imóuʃənəli] 정서적으로　stabilize[stéibəlàiz] 안정시키다
nourishing[nə́ːriʃiŋ] 영양가 있는

02. ◯ Track 3

> ● parents should give children allowances 부모는 자녀들에게 용돈을 주어야 함
>
> 　1. learn how to save 저축하는 법을 배움
>
> ● 　2. become respon. in spending 소비에 책임감을 가지게 됨

script　Uh, some people believe that kids should not get money unless they work, but I really believe that parents should give their children allowances. This helps children learn how to save. Kids also become responsible in their spending habits.

해석　어, 어떤 사람들은 아이들이 일을 하지 않는다면 용돈을 받지 말아야 한다고 생각하지만, 저는 부모가 자녀들에게 용돈을 주어야 한다고 확신합니다. 이것은 자녀들이 저축하는 법을 배우게 도와주죠. 아이들은 또한 자신의 소비 습관에 책임감을 가지게 됩니다.

어휘　allowance[əláuəns] 용돈　responsible[rispáːnsəbl] 책임감 있는　spending habit 소비 습관

03. ◯ Track 4

> ● take-home exams: X good 재택 시험은 바람직하지 못함
>
> 　1. students goof off & cram 1 night 학생들은 빈둥거리고 하룻밤 벼락치기 공부를 함
>
> 　2. easy to cheat ← call each other/work together
> ● 　　서로 연락을 취하거나 같이 문제를 풀어서 부정행위를 하기 쉬움

script　Hmm, I really don't think take-home exams are a good idea. They allow students to goof off all semester and then cram one night to answer questions. These exams also make it very easy to cheat, as students can call each other up for answers or, you know, work together.

해석　흠, 저는 재택 시험은 정말 바람직하지 못하다고 생각합니다. 그것은 학생들이 학기 내내 빈둥거리다가 문제를 풀기 위해 하룻밤 벼락치기 공부를 할 수 있게 해줍니다. 이러한 시험들은 또한 부정행위를 하는 것을 아주 쉽게 만드는데, 학생들이 서로에게 연락을 취하여 답을 얻거나 혹은, 그러니까, 같이 문제를 풀 수도 있기 때문이죠.

어휘　take-home[téikhòum] 재택의, 집에서 하는　goof off 빈둥거리다, 게으름 피우다　cram[kræm] 벼락치기 공부하다
cheat[tʃiːt] 부정행위를 하다

04. ◯ Track 5

> ● internships: valuable 인턴십은 가치가 있음
>
> 　1. provide practical training & exp. 실용적인 교육과 경험을 제공함
> ● 　2. allows students to gain confidence 학생들이 자신감을 얻게 함
>
> ● 　3. allows to decide if pursue career/not 학생들이 직업에 종사할지 말지를 결정하게 함

script　OK, internships are valuable for several reasons. They provide practical, hands-on training and experience in a field of study. This allows students to, let's just say, gain confidence in their abilities as well as decide if they, um, want to pursue a career in this field further or not.

해석　자, 인턴십은 여러 가지 이유로 가치가 있습니다. 그것은 어떤 학문 분야에서 실용적이고 실습 위주인 교육과 경험을 제공합니다. 이

는 말하자면 학생들이 자신이, 음, 더 나아가 이 분야의 직업에 종사하고 싶은지 아닌지를 결정할 뿐만 아니라, 자신의 능력에 대해 자신감을 얻게 해주죠.

어휘　**practical**[prǽktikəl] 실용적인　**hands-on**[hǽndzɑ̀:n] 실습 위주의　**confidence**[kɑ́:nfədəns] 자신감　**pursue**[pərsú:] 종사하다

05. ◉ Track 6

> ● overpopulation: X prob. 인구 과잉은 문제가 아님
>
> 　1. plenty of resources & food: just X distributed well
> ● 　　풍족한 자원과 식량이 제대로 분배되지 않고 있을 뿐임
>
> 　2. many suffer from low birth rate & encourage ↑ children
> ● 　　다수가 낮은 출생률로 고생하고 더 많은 자녀를 장려함

script　Despite popular belief, overpopulation is not a problem in the world. One, there are plenty of resources and food for everyone, which are just not being distributed well. Two, many countries actually suffer from too low a birth rate, and are encouraging couples to have more children!

해석　일반적인 믿음에도 불구하고, 현 세계에서 인구 과잉은 문제가 되지 않습니다. 첫째로, 모든 사람을 위한 풍족한 자원과 식량이 있는데, 그것들이 제대로 분배되지 않고 있을 뿐이에요. 둘째로, 많은 국가들은 사실 지나치게 낮은 출생률로 고생하고 있고, 부부들로 하여금 더 많은 자녀를 가지도록 장려하고 있어요!

어휘　**overpopulation**[òuvərpɑpjuléiʃən] 인구 과잉　**distribute**[distríbju:t] 분배하다　**suffer from ~** ~으로 고생하다
　　　birth rate 출생률

06. ◉ Track 7

> ● carpooling: great 자가용 합승은 훌륭함
>
> 　1. save costs & environ. 비용을 절약하고 환경을 보전함
> ● 　2. fun to hang out w/ other ppl. 다른 사람들과 어울리는 즐거움

script　Hmm, carpooling is a great activity. For one, it allows you to save costs on gasoline and save the environment by riding together in one automobile. Not only that, it's a fun way to, you know, hang out with other people by spending time commuting together.

해석　흠, 자가용 합승은 훌륭한 활동이에요. 첫째로, 그것은 한 대의 자동차를 같이 탐으로써 휘발유에 드는 비용을 절약하고 환경을 보전할 수 있도록 하죠. 그뿐 아니라 그것은, 그러니까, 함께 통근하며 시간을 보냄으로써 다른 사람들과 어울릴 수 있는 즐거운 방법입니다.

어휘　**carpool**[kɑ́:rpù:l] 합승하다, 카풀하다　**not only that** 그뿐 아니라　**hang out with ~** ~와 어울리다, 친분을 쌓다
　　　commute[kəmjú:t] 통근하다, 통학하다

07. ◉ Track 8

> ● resident assis. in dorm.: pros 기숙사 상주 조교의 이점
>
> 　1. get to know students & help 학생들을 알게 되고 도와줌
> ●
> 　2. gain confidence in leadership & prob.-solving abilities
> ● 　　지도력과 문제 해결 능력에 자신감을 얻음

script　So, today, let's examine the pros of becoming a resident assistant in a dormitory. It allows you to, um, get to know a batch of students well and help them with any concerns. Oh, in addition, you gain confidence in your leadership and problem-solving abilities.

해석 자, 오늘은, 기숙사의 상주 조교가 되는 것의 이점에 대해서 알아보도록 합시다. 그것은, 음, 많은 학생들을 잘 알게 하고 모든 문제에 대해 그들을 도와줄 수 있게 합니다. 오, 게다가, 지도력과 문제 해결 능력에 자신감을 얻을 수 있지요.

어휘 pro[prou] 이점 resident assistant 상주 조교 a batch of 많은 problem-solving[prá:bləmsà:lviŋ] 문제 해결

08. ⌒ Track 9

> - T-F exams: X effec. 진위형 시험은 효과적이지 않음
>   1. guess & have 50% chance of being right 추측해도 맞을 확률이 50퍼센트임
> - 2. X test reading/writing 독해나 작문을 평가하는 것이 아님

script All right, true-false exams are often students' favorites. This is not surprising, given how easy they are. For this reason, they are not an effective testing tool because students can guess and still have a 50 percent chance of being right. In addition, they don't test students' reading comprehension or writing abilities, and are thus not good markers of educational achievement.

해석 좋아요, 진위형 시험은 흔히 학생들이 가장 선호하는 것이죠. 그것이 얼마나 쉬운지를 감안한다면 이는 놀라운 일도 아닙니다. 이러한 이유 때문에, 그것은 효과적인 시험 수단이 아닌데, 왜냐하면 학생들이 추측만 해도 맞을 확률이 50퍼센트나 되거든요. 게다가, 그것은 학생들의 독해나 작문 능력을 평가하는 것이 아니고, 따라서 교육적 성취에 대한 좋은 지표는 아닙니다.

어휘 true-false exam 진위형 시험, OX 테스트 effective[iféktiv] 효과적인 comprehension[kà:mprihénʃən] 이해
marker[má:rkər] 지표, 표시

09. ⌒ Track 10

> - min. age of driver's license: 16 → 18 운전면허 최저 연령은 16세에서 18세로 높아져야 함
>   1. protect everyone's safety 모든 사람들의 안전을 보호함
> - 2. insurance rates ↓ 보험료가 인하됨

script Now, I know you're going to disagree, but I think the minimum age of getting your driver's license should be raised from sixteen to eighteen. Young people have the highest accident rates. They are reckless, careless, and simply bad drivers! Getting them off the road will protect everyone's safety. Furthermore, insurance rates will go down for everybody if these dangerous young drivers are not allowed on the road.

해석 자, 여러분이 반대하리라는 것을 알지만, 저는 운전면허를 취득할 수 있는 최저 연령이 16세에서 18세로 높아져야 한다고 생각합니다. 젊은이들은 가장 높은 사고율을 보유하고 있습니다. 그들은 무모하고, 부주의하며, 정말 형편없는 운전자예요! 그들을 도로에서 몰아내는 것은 모든 사람들의 안전을 보호할 것입니다. 더욱이, 이런 위험한 젊은 운전자들이 운전을 못 하게 된다면 모든 사람들의 보험료가 인하될 것입니다.

어휘 driver's license 운전면허 accident rate 사고율 reckless[réklis] 무모한 insurance rate 보험료

10. ⌒ Track 11

> - take medicine for every ailment 모든 병에 약을 복용함
>   1. weakens immune systems → ↑ susceptible
>   면역체계를 약화시켜서 병에 걸리기가 더 쉬움
> - 2. expen.: body naturally cures w/ time & rest
>   비용이 많이 드는데 몸은 시간과 휴식을 통해 자연적으로 치유함

You know, we live in a pill-popping society that encourages people to take medicine for any and every small ailment. However, this behavior . . . Let's just say it weakens people's immune systems and makes them more susceptible to getting sick again. Not only that, buying medicine for illnesses that the body could naturally cure with time and rest is, well, expensive. The price people pay for their medicine is, hmm, too high for their bodies and pocketbook.

해석 있잖아요, 우리는 사람들이 모든 가벼운 병에도 약을 복용하도록 권장하는, 약에 의존하는 사회에 살고 있어요. 그렇지만, 이런 습관은... 말하자면 면역체계를 약화시키고 다시 병에 걸리기가 더 쉽게 만들어요. 그뿐 아니라, 시간이 지나고 휴식을 취하면 몸이 자연적으로 치유할 수 있는 병 때문에 약을 구입하는 것은, 글쎄요, 비용이 많이 들죠. 사람들이 약을 위해 지불하는 대가는, 흠, 신체적으로도 재정적으로도 너무 높아요.

어휘 **pill-popping**[pílpàːpiŋ] 약에 의존하는 **take medicine** 약을 복용하다 **ailment**[éilmənt] 병 **immune system** 면역체계
susceptible to ~ ~하기 쉬운 **get sick** 병에 걸리다 **pay for ~** ~을 위해 지불하다 **pocketbook**[pάːkitbùk] 재정, 지갑

Ⅱ | 요약 연습

1. 읽고 질문에 답하기

CHECK-UP
p.59

01.

> - coffee: X good 커피는 좋지 않음
>   - 1. irritates digestive system → cramping & pain
>   소화기 계통을 자극해서 심한 복통과 통증
>   - 2. addictive & irritated if X drink 중독성이 있고 못 마시면 초조해짐

First, coffee ① upsets your digestive system. It can cause pain and cramping in one's stomach. In addition, ② coffee is addictive. People can easily feel unstable if they cannot drink it.

해석 많은 사람들은 커피를 마시며 아침 시간을 시작한다. 유감스럽게도, 커피는 사람들의 신체적, 정신적 건강에 좋지 않다. 첫째로, 커피는 소화기 계통에 자극을 주는데, 이는 심한 복통과 통증을 야기한다. 다음으로, 커피는 중독성이 아주 강하고 사람들이 커피를 마시지 못하면 초조해지도록 만든다.

질문: 지문에 의하면, 커피를 마시는 것이 왜 권장되지 않는가?
답안: 첫째로, 커피는 소화기 계통을 상하게 한다. 그것은 위에 통증과 복통을 일으킬 수 있다. 게다가, 커피는 중독성이 강하다. 사람들은 커피를 마시지 못하면 쉽게 불안정함을 느낄 수 있다.

어휘 **physical**[fízikəl] 신체적인 **psychological**[sàikəláːdʒikəl] 정신적인 **irritate**[írətèit] 초조하게 하다, 자극을 주다
digestive system 소화기 계통 **cramp**[kræmp] 심한 복통 **addictive**[ədíktiv] 중독성이 있는
recommend[rèkəménd] 권장하다 **unstable**[ʌnstéibl] 불안정한

02.

> - chocolate: beneficial 초콜릿은 이로움
>   - 1. nutri. & contains vitamins 영양가가 높고 비타민을 함유함
>   - 2. stimulates chem. in brain → feel happy 두뇌에서 화학 물질을 촉진해서 행복을 느낌

Chocolate is very nutritious and ① contains important vitamins. Also, it makes the brain ② release chemicals that cause happy feelings.

해석 초콜릿은 여러 가지로 건강에 이로운 맛있는 식품이다. 첫째로, 그것은 영양가가 아주 높고 비타민 B, D, E와 같은 중요한 비타민을 함유하고 있다. 게다가, 초콜릿은 두뇌에서 행복감을 유발하는 화학 물질의 분비를 촉진한다.

질문: 지문에 의하면, 초콜릿은 왜 이로운가?
답안: 초콜릿은 영양가가 매우 높고 중요한 비타민을 함유하고 있다. 게다가, 그것은 두뇌가 행복감을 유발하는 화학 물질을 분비하도록 한다.

어휘 beneficial[bènəfíʃəl] 이로운, 유익한 nutritious[njuːtríʃəs] 영양가가 높은 stimulate[stímjulèit] 촉진하다
secretion[sikríːʃən] 분비 chemical[kémikəl] 화학 물질

03.

> - children learn languages early: fluent 조기에 언어를 학습한 아이들은 유창함
> - 1. observe speakers & imitate 말하는 사람들을 관찰하고 흉내 냄
> - 2. have natural mental prog. → learn grammar quick & easy
>   타고난 지능 프로그램으로 문법을 빠르고 쉽게 배움

First, children watch other speakers and ① mimic the sounds they make. Secondly, kids have ② a natural ability to learn grammar easily.

해석 연구는 조기에 언어를 학습하는 아이들이 언어를 유창하게 구사할 수 있는 능력을 획득하고 평생 유지할 수 있는 가능성이 더 높다는 것을 보여주었다. 이것은 아이들이 주변에서 말하는 사람들을 면밀히 관찰하고, 그들을 자유로이 흉내 내기 때문이다. 동시에, 아이들은 문법을 빠르고 쉽게 배울 수 있게 해주는 어떤 타고난 지능 프로그램을 지니고 있는 것처럼 보인다.

질문: 조기에 언어를 학습하는 아이들은 왜 유창해지는가?
답안: 첫째로, 아이들은 다른 말하는 사람들을 관찰하고 그들이 내는 소리를 모방한다. 둘째로, 아이들은 문법을 쉽게 배울 수 있는 타고난 능력을 지니고 있다.

어휘 attain[ətéin] 획득하다 retain[ritéin] 유지하다, 보유하다 observe[əbzə́ːrv] 관찰하다 imitate[ímətèit] 흉내내다, 모방하다

04.

> - wine: beneficial 포도주는 이로움
> - 1. relaxant, ↓ anxiety & tension 이완제이고 불안과 긴장을 낮춤
> - 2. provides energy, aid digestion 에너지를 공급하고 소화를 도움
> - 3. ↓ heart disease & cancer 심장 질환과 암을 줄여줌

Wine helps you by ① reducing anxiety and tension. It also ② provides energy and aids digestion. In addition, ③ it lowers the risk of heart disease and cancer.

해석 포도주는 사람들의 건강에 매우 이롭다. 우선, 그것은 자극성이 적은 이완제이고 불안과 긴장을 완화한다. 일상 식단의 일부로서, 포도주는 소화를 돕는 물질과 함께 신체에 에너지를 공급한다. 게다가, 그것은 심장 질환과 암의 발병률을 낮춘다고 알려져 있다.

질문: 지문에 의하면, 포도주를 마시는 것의 이점은 무엇인가?
답안: 포도주는 불안과 긴장을 완화하도록 도와준다. 그것은 또한 에너지를 공급하고 소화를 돕는다. 게다가, 그것은 심장 질환과 암의 발병률을 낮춘다.

어휘 relaxant[rilǽksənt] 이완제, 완화제 anxiety[æŋzáiəti] 불안 tension[ténʃən] 긴장 normal diet 일상 식단
substance[sʌ́bstəns] 물질 digestion[didʒéstʃən] 소화 (작용) heart disease 심장 질환

05.

- standardized test should be minimized 표준화 시험은 최소화되어야 함

  1. measure narrow aspect 한정된 부분을 측정함
  2. some X perform well on tests → X predict performance/success
     일부는 시험을 잘 치르지 못해서 성과나 성공을 예측할 수 없음

These tests only measure ① a small portion of a person's analytical ability. Also, some students ② just do not do well on tests. Therefore, test scores do not indicate how successful a student will be in college and life.

해석　표준화 시험 성적은 대학 입시에 반영되어야 하지만, 그 중요성은 최소화되어야 한다. 이러한 시험들은 한 사람의 논리력과 사고력의 한정된 부분만을 측정한다. 게다가, 어떤 사람들은 단순히 시험을 잘 치르지 못하기도 한다. 결과적으로, 시험 성적은 대학과 인생에서 학생의 성과나 성공을 예측할 수 없다.

질문: 지문에서는 왜 표준화 시험 성적이 대학 입시에서 많은 비중을 차지해서는 안 된다고 하는가?

답안: 이러한 시험들은 한 사람의 분석력 중 작은 부분만을 측정한다. 또한, 일부 학생들은 단순히 시험을 잘 치르지 못한다. 따라서, 시험 성적은 학생이 대학과 인생에서 얼마나 성공할지를 보여주지 않는다.

어휘　standardize[sténdərdàiz] 표준화하다, 규격화하다　minimize[mínəmàiz] 최소화하다　measure[méʒər] 측정하다
narrow[nǽrou] 한정된, 제한된　reasoning[ríːzəniŋ] 논리력　thinking ability 사고력　predict[pridíkt] 예측하다
portion[pɔ́ːrʃən] 부분, 일부　analytical[æ̀nəlítikəl] 분석의　indicate[índikèit] 보여주다, 표시하다

06.

- extended families: adv. 대가족은 이로움

  1. spreads parenting respon. → X solely burden parents
     자녀 양육의 책임을 분담해서 부모에게 전적으로 부담을 주지 않음
  2. kids benefit from relaxed atmosph. & ↑ sources of love
     아이들은 편안한 분위기로부터 이익을 얻고 사랑을 받을 사람들이 더 많음

Firstly, ① parenting responsibilities are shared by many relatives, so parents do not carry the whole burden. Secondly, kids benefit from ② relaxed surroundings and more people around to give them love.

해석　많은 사람들이 더는 조부모, 부모, 자녀, 그리고 다른 친척들과 같이 살지 않지만, 대가족 생활을 하는 것은 이롭다. 많은 친척들과 사는 것은 자녀 양육의 책임을 분담해주고, 이는 핵가족에서와 같이 부모에게 전적으로 부담을 주지 않는다. 게다가, 아이들은 보다 편안한 분위기로부터 이익을 얻고 사랑을 받을 사람들이 더 많다.

질문: 지문에 의하면, 대가족 생활을 하는 것의 장점은 무엇인가?

답안: 첫째로, 자녀 양육의 책임이 많은 친척들과 분담되어, 부모들이 모든 짐을 지지 않아도 된다. 둘째로, 아이들은 편안한 분위기와 사랑을 주는 더 많은 주변 사람들로 인해 이익을 얻는다.

어휘　extended family 대가족　parenting[péərəntiŋ] 양육, 육아　solely[sóulli] 전적으로　burden[bə́ːrdn] 부담을 주다
nuclear family 핵가족　benefit from ~ ~으로부터 이익을 얻다　atmosphere[ǽtməsfìər] 분위기, 환경

07.

> - Esperanto: good as universal language 에스페란토는 세계 공동어로 적합함
> - 1. neutral: equal b/c no one's mother tongue
>   중립적이고 어떤 국가의 모국어도 아니어서 동등함
> - 2. easy to learn b/c simple struct. 간단한 구조 때문에 배우기 쉬움

First, ① Esperanto is a good choice as a universal language because of its neutrality. It makes everyone equal because it is no one's first language. Second, ② you can learn Esperanto easily because it has a simple structure.

해석   에스페란토는 어떤 국가나 문화권에도 속하지 않는 인공어이다. 전 세계의 사람들이 공통어의 결핍으로 좌절감을 느끼고 있는데, 에스페란토는 몇 가지 이유로 제2 세계 공통어로 선택되기에 적합하다. 첫째로, 그것은 어떤 국가의 모국어도 아니기 때문에 모든 사람들을 동등하게 하는 중립적인 언어이다. 게다가, 그것은 간단한 구조 때문에 배우기가 아주 쉽다.

질문: 지문에 의하면, 에스페란토는 왜 제2 세계 공통어로 적합한가?
답안: 첫째로, 에스페란토는 중립성 때문에 세계 공통어로서 좋은 선택이다. 그것은 어떤 국가의 모국어도 아니기 때문에 모든 사람들을 동등하게 한다. 둘째로, 에스페란토는 간단한 구조를 가지고 있어서 쉽게 배울 수 있다.

어휘   Esperanto[èspərǽːntou] 에스페란토(국제어)   belong to ~ ~에 속하다   frustrated[frʌ́streitid] 좌절감을 느끼는
universal language 세계 공통어   neutral[njúːtrəl] 중립적인   mother tongue 모국어

08.

> - vege. diet: good 채식은 바람직함
> - 1. healthful & ↓ fats 건강에 좋고 지방이 적음
> - 2. animals given growth hormones & toxic sub.
>   동물들에는 성장 호르몬과 유독 물질이 투여됨
> - 3. X harm animals, ↓ animal cruelty 동물들을 해치지 않고 동물 학대가 감소함

First, ① a vegetarian diet is healthful and low in fat. Secondly, ② meat often contains harmful substances like growth hormones. Lastly, ③ being vegetarian ensures that we are not harming or being cruel to animals.

해석   육류가 널리 인기 있는 것은 사실이지만, 채식이 많은 이유로 바람직하다. 첫째로, 채식은 건강에 좋고 포화 지방이 적다. 게다가, 오늘날 우리가 섭취하는 많은 동물들에는 사람이 섭취하면 유해한 많은 성장 호르몬과 기타 유독 물질들이 투여된다. 다음으로, 채식은 우리가 동물들을 해치지 않는다는 것을 보장한다. 수많은 닭과 소가 육류업계에 의해 무자비한 환경에서 사육된다. 따라서, 채식은 동물 학대를 감소시킨다.

질문: 지문에 의하면, 채식의 이점은 무엇인가?
답안: 첫째로, 채식은 건강에 좋고 지방이 적다. 둘째, 육류는 종종 성장 호르몬과 같은 해로운 물질을 함유하고 있다. 마지막으로, 채식주의자가 되는 것은 우리가 동물들에게 해를 끼치거나 학대하지 않는다는 것을 보장한다.

어휘   vegetarian diet 채식   saturated fat 포화 지방   growth hormone 성장 호르몬   toxic[tɑ́ksik] 유독한
substance[sʌ́bstəns] 물질   consumption[kənsʌ́mpʃən] 섭취, 소비   inhumane[ìnhjuːméin] 무자비한, 잔인한
animal cruelty 동물 학대

09.

> - group psych.: ppl. think & act diff. in groups → lose individuality
>   군중 심리는 사람들이 집단 내에서 다르게 생각하고 행동해서 개성을 잃는 것임
>   - 1. negative inclu. violent behavior: riots, X normal for individual
>   부정적인 것은 개인에게 비정상적인 폭동 같은 폭력 행위를 포함함
>   - 2. positive: infected by excitement/anticipation @ concert, party/election rally
>   긍정적인 것은 콘서트, 파티, 선거 운동에서 흥분이나 기대에 감화되는 것임

Negative effects of group psychology include ① <u>violent behavior, such as rioting, which would be abnormal for individuals acting alone</u>. Positive aspects, on the other hand, ② <u>are being influenced by a crowd's excitement at a concert or party</u>.

해석　군중 심리학은 사람들이 집단 내에서 혼자일 때와 다르게 생각하고 행동한다고 이론화한다. 즉, 군중 내의 개인이 집단을 위해 개성을 잃어버릴 수도 있다는 것이다. 종종, 군중 심리학의 부정적인 측면이 강조된다. 그러한 영향들은 어떤 한 개인이 하기에는 정상적인 행동이 아닐 수도 있는, 폭동과 같은 폭력 행위를 포함한다. 군중은 또한 긍정적 존재가 될 수도 있는데, 콘서트, 파티, 또는 선거 운동에서 한 개인이 군중의 흥분이나 기대에 감화될 수도 있는 경우가 그러하다.

질문: 군중 심리의 부정적인 측면과 긍정적인 측면은 무엇인가?

답안: 군중 심리의 부정적인 영향은 폭동과 같이 개인이 혼자서 행동하기에는 비정상적일 수 있는 난폭한 행동을 포함한다. 이에 반해, 긍정적인 측면은 콘서트나 파티에서 군중의 흥분에 감화되는 것이다.

어휘　group psychology 군중 심리　theorize[θíːəràiz] 이론화하다, 이론을 세우다　that is 즉, 말하자면
individuality[ìndəvìdʒuǽləti] 개성, 특성　in favor of ~ ~을 위해, ~에 찬성하여　aspect[ǽspekt] 측면
emphasize[émfəsàiz] 강조하다　riot[ráiət] 폭동, 소동　entity[éntəti] 존재, 실체　infect[infékt] 감화하다
anticipation[æntìsəpéiʃən] 기대, 희망

10.

> - mobile phones: detrimental　휴대 전화는 해로움
>   - 1. X privacy: X concent., interrupted　사생활이 없어서 집중하지 못하고 방해받음
>   - 2. ringing & convers. → noise pollution　벨소리와 대화는 소음 공해로 이어짐

① <u>People have no privacy and cannot fully concentrate because they are constantly interrupted.</u>
② <u>Also, in public places, mobile phones cause noise pollution when they ring or people have loud conversations.</u>

해석　휴대 전화는 몇 가지 이유로 사실상 해롭다. 첫째로, 그것은 사람들이 항상 연락이 되는 것으로부터 사생활을 전혀 허락하지 않는다. 이것은 사람들이 업무에 제대로 집중할 수 없지만 항상 방해를 받는다는 것을 뜻한다. 둘째로, 대중교통을 이용하거나 공연을 보러 갈 때, 사람들은 울려대는 전화와 크게 떠드는 사적인 대화로 인해 항상 방해를 받는다. 이것은 굉장히 짜증 나는 형태의 소음 공해이다.

질문: 지문에 의하면, 휴대 전화는 왜 해로운가?

답안: 사람들은 항상 방해를 받기 때문에 사생활이 없고 제대로 집중할 수 없다. 또한, 공공장소에서 전화벨이 울려대거나 사람들이 크게 대화를 할 경우 휴대 전화는 소음 공해를 유발한다.

어휘　detrimental[dètrəméntl] 해로운, 불리한　at all times 항상　interrupt[ìntərʎpt] 방해하다, 가로막다
public transportation 대중교통　annoying[ənɔ́iiŋ] 짜증 나는, 성가신　noise pollution 소음 공해

2. 듣고 질문에 답하기

CHECK-UP

p.65

01. 🎧 Track 12

> - importance of pets 애완동물의 중요성
>   1. provide companion & ↓ loneliness 동료애를 주고 외로움을 덜어줌
>   - 2. owners learn about respon. & caring 주인은 책임지고 보살피는 법에 대해 배움

Pets make their owners ① <u>less lonely and keep them company</u>. Pets also teach their owners ② <u>how to become responsible and take care of others</u>.

script Hmm, so let's explore the importance of pets in the modern world. You know, Westerners no longer live with their families or even with friends anymore. Pets therefore provide companionship and reduce people's loneliness. And you know what else? Pet owners learn about being responsible and caring for other living creatures.

해석 흠, 그러면 현대 사회에서 애완동물의 중요성을 알아보도록 합시다. 있잖아요, 서양 사람들은 더 이상 가족이나 심지어 친구들과도 같이 살지 않아요. 따라서 애완동물은 동료애를 주고 사람들의 외로움을 덜어주죠. 그리고 또 어떤지 아세요? 애완동물의 주인은 다른 생물들을 책임지고 보살피는 법에 대해 배워요.

질문: 교수에 의하면, 애완동물은 주인에게 어떤 도움을 주는가?
답안: 애완동물은 주인을 덜 외롭게 하고 그들의 친구가 되어준다. 애완동물은 또한 주인들에게 다른 생물들에 대해 책임을 지고 돌보는 방법을 가르쳐 준다.

어휘 companionship[kəmpǽnjənʃip] 동료애 living creature 생물

02. 🎧 Track 13

> - cold: cold weather has indirect influence 감기는 추운 날씨가 간접적인 영향을 끼침
>   - 1. cause stay indoors → ↑ catch virus from infected
>   실내에 머무르게 해서 전염된 사람으로부터 바이러스 감염이 더 잘 됨
>   - 2. weaken body → ↓ resistant 몸을 약하게 해서 저항력을 낮춤

Cold weather can make us catch colds indirectly by forcing us to ① <u>stay indoors and be close to infected people</u>. It also makes us ② <u>weaker and less resistant to viruses</u>.

script You might think that cold or wet weather gives us colds. This isn't exactly true; cold or wet weather doesn't make us sick; viruses do. But cold weather often has indirect influences. It causes people to stay indoors more, where they're more likely to catch a virus from someone infected. And cold weather can weaken the body, making us less resistant to diseases.

해석 여러분은 춥거나 비 오는 날씨 때문에 우리가 감기에 걸린다고 생각할지도 모르겠습니다. 이는 정확히 맞는 것은 아닙니다. 춥거나 비 오는 날씨가 우리를 아프게 만드는 것은 아니에요. 그것은 바이러스가 하는 것이죠. 그렇지만 추운 날씨는 종종 간접적인 영향을 끼칩니다. 그것은 사람들이 실내에 더 많이 머물게 하는데, 실내에 있으면 전염된 사람으로부터 바이러스가 감염될 가능성이 더 높습니다. 그리고 추운 날씨는 몸을 약하게 하는데, 이는 질병에 대한 저항력이 낮아지게 합니다.

질문: 강의에 의하면, 추운 날씨와 감기에 걸리는 것은 어떻게 관계되어 있는가?
답안: 추운 날씨는 사람들이 실내에 머물게 하고 전염된 사람들과 가까이 있도록 만듦으로써 간접적으로 감기에 걸리게 할 수 있다.

그것은 또한 몸을 약하게 하고 바이러스에 대한 저항력이 낮아지게 한다.

어휘 **indirect**[ìndərékt] (결과, 관계 등이) 간접적인, 이차적인 **catch a virus** 바이러스가 감염되다
infect[infékt] (사람에게 병을) 전염시키다, 감염시키다 **resistant**[rizístənt] 저항력이 있는

03. 🎧 Track 14

● ‖ drinking moderately: benefits 적당히 술을 마시는 것의 이점

● ‖ 1. improve memory b/c cells grow in brain
‖ 두뇌에 세포를 자라게 하기 때문에 기억력을 향상시킴

● ‖ 2. strengthen bones 뼈를 강화함

Drinking moderately helps you ① <u>improve memory by growing new cells in the brain</u>. In addition, ② <u>it makes bones stronger</u>.

script Everyone knows that heavy drinking is unhealthy, but studies have shown that drinking moderately has its benefits! First, drinking a glass or two of wine a day may help to improve memory because drinking causes new nerve cells to grow in the brain. Also, it's been observed that drinking may help strengthen bones.

해석 과음이 건강에 해롭다는 사실은 모두들 알고 있지만, 연구에 의하면 적당히 술을 마시는 것에는 이점이 있다고 합니다! 첫째로, 하루에 한두 잔 정도의 포도주를 마시는 것은 기억력을 향상시킬 수 있는데, 술을 마시는 것은 두뇌에 새로운 신경 세포가 자라도록 하기 때문이죠. 또한, 술을 마시는 것이 뼈를 강화하는 데 도움이 될 수 있다는 사실도 알려져 있습니다.

질문: 강의에 의하면, 적당한 음주의 이점은 무엇인가?
답안: 술을 적당히 마시는 것은 두뇌에 새로운 세포를 자라게 함으로써 기억력을 향상시키도록 돕는다. 게다가, 그것은 뼈를 더 강하게 만든다.

어휘 **heavy drinking** 과음, 폭음 **moderately**[má:dərətli] 적당히, 알맞게 **nerve cell** 신경 세포 **observe**[əbzə́:rv] 알다, 깨닫다

04. 🎧 Track 15

● ‖ adv. of digital media: 디지털 매체의 장점

‖ 1. easy to store & find info. 정보를 저장하고 찾기 쉬움

● ‖ 2. clear & superior quality mat. 선명하고 우수한 품질의 자료

It is easy to ① <u>store and find information</u> in digital media. In addition, digital media provides ② <u>clear and good quality material</u>.

script So, uh, today let's explore the advantages of digital media. One, it's very easy to store information in this form. This also means that, you know, it's easy to find what you want. Last, digital media boasts very clear and, um, superior quality material.

해석 자, 어, 오늘은 디지털 매체의 장점에 대해 알아보도록 합시다. 첫째로, 이러한 형태로 정보를 저장하는 것은 매우 쉽습니다. 이것은 또한, 그러니까, 원하는 것을 찾기가 쉽다는 것을 의미하죠. 마지막으로, 디지털 매체는 매우 선명하고, 음, 우수한 품질의 자료를 자랑합니다.

질문: 강의자에 의하면, 디지털 매체의 장점은 무엇인가?
답안: 디지털 매체로는 정보를 저장하고 검색하기 쉽다. 게다가, 디지털 매체는 선명하고 우수한 품질의 자료를 제공한다.

어휘 **store**[stɔ:r] 저장하다, 축적하다 **boast**[boust] 자랑하다 **superior**[su:pí:əriər] 우수한, 뛰어난

> face-to-face commun. should be used than e-mail
> 대면하는 의사소통이 이메일보다 활용되어야 함
>
> 1. discussed in person → avoid misunders. 직접 논의해서 오해를 피함
>
> 2. get response & reaction right away, but e-mail takes time
> 즉시 대답과 반응을 얻을 수 있지만 이메일은 시간이 걸림

Discussing in person ① saves you from possible misunderstanding. Not only that, in person, ② you can get a response and reaction straight away while e-mail takes time.

script E-mailing is a standard means of communication in today's business world, but there are still some reasons why face-to-face communication should be used. Some business transactions may involve material that is best discussed in person to avoid misunderstandings. Also, it is possible to get a response and reaction right away in person, but e-mail takes time.

해석 이메일은 오늘날 업계에서 표준적인 의사소통 수단이지만, 아직까지 대면하는 의사소통이 활용되어야 하는 몇 가지 이유가 있습니다. 일부 사업 거래는 오해를 피하기 위해 직접 논의하는 것이 최선인 자료를 포함할 수 있어요. 또한, 직접 만나면 대답과 반응을 바로 얻을 수 있지만, 이메일은 시간이 걸려요.

질문: 강의에 의하면, 이메일과 비교했을 때 대면하는 의사소통의 장점은 무엇인가?

답안: 직접 논의하는 것은 오해의 소지를 없애준다. 뿐만 아니라, 이메일은 시간이 걸리는 반면, 직접 대면 시에는 곧바로 대답과 반응을 얻을 수 있다.

어휘 **means**[miːnz] 수단, 방법 **business world** 업계 **transaction**[trænsǽkʃən] 거래, 업무
misunderstanding[mìsʌndərstǽndiŋ] 오해

> single-sex schools: X beneficial 남녀분리 학교는 유익하지 않음
>
> 1. girls: X academic improv. over co-ed
> 여학생들은 남녀공학에 비해 학업적으로 향상되지 않음
>
> 2. learn to interact w/ opposite gender @ co-ed
> 남녀공학에서 이성과 상호 작용하는 법을 배움

A survey showed that ① girls in single-sex schools did not do better than girls in co-ed schools. Also, it showed co-ed schools helped students ② learn how to deal with the opposite sex.

script So, uh, you might've heard that single-sex schools are beneficial for some students. In particular, they say, girls thrive at single-sex schools. But a recent survey showed that girls from single-sex schools didn't actually show academic improvement over girls at co-ed institutions. On top of that, the survey indicated that boys and girls learn, um, to interact with the opposite gender which helps their social development.

해석 자, 어, 여러분은 남녀분리 학교가 일부 학생들에게 유익하다는 것을 들어봤을 것입니다. 특히 여학생들이 남녀분리 학교에 다닐 때 더 성공한다고들 합니다. 하지만 최근의 한 설문조사는 남녀분리 학교에 다니는 여학생들이 남녀공학에 다니는 여학생들에 비해 실제로 학업적 향상을 보여주지는 않았다는 점을 나타냈습니다. 게다가, 그 설문조사는 남학생과 여학생들이, 음, 사회적 발달을 돕는 이성과 상호 작용하는 법을 배운다는 것을 나타냈습니다.

질문: 강의에 의하면, 최근의 설문조사가 남녀분리 학교에 대해 무엇을 보여 주는가?

기본 INTEGRATED

Hackers TOEFL Writing

답안: 설문조사는 남녀분리 학교에 다니는 여학생들이 남녀공학에 다니는 여학생들보다 공부를 잘하는 것은 아님을 보여주었다. 또한, 남녀공학이 학생들로 하여금 이성을 대하는 방법을 배우는 데 도움을 준다는 사실을 보여주었다.

어휘 **single-sex school** 남녀분리 학교 **in particular** 특히, 그중에서도 **thrive**[θraiv] 성공하다, 번영하다
co-ed(= co-educational school)[kóuèd] 남녀공학 **interact**[ìntərǽkt] 상호 작용하다, 서로에게 영향을 끼치다
social development 사회적 발달

07. ⌒ Track 18

computerized testing: X best 컴퓨터를 이용한 시험은 최선이 아님

1. students unfamiliar with compu. / X proficient → stressful
   컴퓨터에 익숙하지 않거나 능숙하지 않은 학생들은 많은 스트레스를 받음
2. costly to devise & implement prog. 프로그램을 고안하고 실행하는 데 비용이 많이 듦
3. prob. in system ruin results 시스템상의 문제가 시험 결과를 망침

Students who ① are not familiar with computers find the test stressful, not to mention making and running programs is costly. Also, ② problems in the system can ruin results.

script Um, computerized testing is not the best way to test students. Students unfamiliar with computers, or, uh, simply not proficient in using them, find computerized test taking stressful. In addition, it's very costly to devise and implement computer testing programs. Finally, you know what? Problems in the computer system sometimes ruin results.

해석 음, 컴퓨터를 이용한 시험은 학생들을 평가하는 데 있어서 최선의 방법이 아닙니다. 컴퓨터에 익숙하지 않거나, 아니면, 어, 단지 그것을 사용하는 데 능숙하지 않은 학생들은 컴퓨터를 이용한 시험을 보는 것에 많은 스트레스를 받습니다. 게다가, 컴퓨터 시험 프로그램을 고안하고 실행하는 것은 비용이 매우 많이 듭니다. 마지막으로, 그거 아세요? 컴퓨터 시스템상의 문제가 때때로 시험 결과를 망쳐버리기도 합니다.

질문: 교수는 왜 컴퓨터를 이용한 시험에 의구심을 제기하는가?
답안: 프로그램을 제작하고 실행하는 데 비용이 많이 드는 것은 물론이고, 컴퓨터에 익숙하지 않은 학생들은 그 시험에 많은 스트레스를 받는다. 또한, 시스템상의 문제가 시험 결과를 망칠 수 있다.

어휘 **unfamiliar**[ʌ̀nfəmíljər] 익숙하지 않은, 경험이 없는 **proficient**[prəfíʃənt] 능숙한, 익숙한 **devise**[diváiz] 고안하다, 발명하다
implement[ímpləmènt] 실행하다, 이행하다 **ruin**[ru:in] 망치다 **not to mention ~** ~은 물론이고, 말할 것도 없이

08. ⌒ Track 19

lottery winners: X ↑ satisfied than non-winners
복권 당첨자들은 비당첨자들에 비해 더 만족하지 않음

1. thrill of winning dulls other exp. 당첨의 황홀감이 다른 경험을 시시하게 만듦
2. ↓ pleasure from ordinary events 일상적인 일들로부터 즐거움을 덜 느낌

Lottery winners were ① not happier than ordinary people because ② the excitement of winning makes ordinary experiences boring in comparison.

script Most of you are probably convinced that winning the lottery would make you truly happy, right? Well, you should know that research has shown . . . within a year or two of winning, lottery winners were no more satisfied than non-winners, and sometimes even less! This is partially because the thrill of winning the lottery dulls other experiences, by contrast. Lottery winners derived less pleasure from ordinary events that would make the rest of us smile . . . things like seeing a movie, eating out, or having coffee with friends.

해석 여러분들 중 대부분은 아마도 복권에 당첨되는 것이 여러분을 정말로 행복하게 만들어 줄 것이라고 확신할 겁니다, 그렇죠? 글쎄요, 연구에 의하면... 당첨된 지 1, 2년 이내에, 복권 당첨자들은 비당첨자들에 비해 더 만족하지 않았고, 때로는 심지어 그들보다 불만족스럽다고 했답니다! 이것은 부분적으로 복권 당첨의 황홀감이 다른 경험들을 대조적으로 시시하게 만들어버리기 때문이죠. 복권 당첨자들은 다른 사람들을 미소 짓게 하는 일상적인 일들에 대해 즐거움을 덜 얻었습니다... 영화를 관람하거나, 외식을 하거나, 친구들과 커피를 마시는 것 같은 일들 말입니다.

질문: 강의에 의하면, 복권 당첨은 사람들의 인생을 어떻게 바꾸는가?
답안: 복권 당첨자들은 평범한 사람들보다 더 행복하지 않았는데, 당첨의 흥분이 일상적인 경험들을 대조적으로 지루하게 만들기 때문이다.

어휘 convince[kənvíns] 확신시키다 win the lottery 복권에 당첨되다 partially[páːrʃəli] 부분적으로, 일부분은
dull[dʌl] 시시하게 하다, 둔하게 하다 by contrast 대조적으로 derive[diráiv] (이익, 즐거움 등을) 얻다, 끌어내다
ordinary[ɔ́ːrdənèri] 일상적인, 평범한 eat out 외식하다

09. ◯ Track 20

- order in public present.: best later 대중 앞에서의 발표 순서는 후반이 가장 좋음

  1. gives time to relax & focus 긴장감을 늦추고 집중할 시간을 줌
  2. watch other to develop competitive edge
     경쟁력을 발전시키기 위해 다른 사람들을 지켜봄

A performer should present ① later in a program in order to have time to relax and focus. This also allows him to ② see how other people do and develop his competitive edge.

script When performing, making a speech, or giving some other nerve-wracking public presentation, it's very important to know what order to go in. OK, many people like going first to get it out of the way and not get nervous watching other competitors. However, it's best to present later in the program. This gives you time to relax and focus. You can also, um, watch other participants to help you develop your competitive edge.

해석 공연을 하거나, 연설을 하거나, 대중 앞에서 매우 긴장되는 발표를 할 때, 어떤 순서로 할지를 아는 것은 매우 중요합니다. 자, 많은 사람들은 빨리 해치워버리고 다른 경쟁자들을 지켜보며 긴장하지 않기 위해 먼저 하는 것을 선호합니다. 하지만, 진행 순서 후반에 발표를 하는 것이 가장 좋습니다. 이것은 여러분에게 긴장을 늦추고 집중할 수 있는 시간을 줍니다. 여러분은 또한, 음, 경쟁력을 발전시키는 데 도움이 되도록 다른 참가자들을 지켜볼 수 있습니다.

질문: 교수에 의하면, 발표를 하는 사람은 어떤 순서로 발표해야 하고, 왜 그렇게 해야 하는가?
답안: 발표자는 긴장을 늦추고 집중할 시간을 갖기 위해 진행 순서 후반에 발표를 해야 한다. 이것은 또한 발표자로 하여금 다른 사람들은 어떻게 하는지를 보고 경쟁력을 발전시키도록 해준다.

어휘 make a speech 연설을 하다 nerve-wracking[nɔ́ːrvrækiŋ] 매우 긴장되는, 신경을 괴롭히는 nervous[nɔ́ːrvəs] 긴장한, 불안한
competitor[kəmpétətər] 경쟁자 present[prizént] 발표하다 participant[pɑːrtísəpənt] 참가자
competitive edge 경쟁력, 경쟁적 우위

10. ⌒ **Track 21**

> • ┃ air conditioning: worst 에어컨은 가장 해로움
>
> ┃   1. destroys environ. by toxic gases & contributes to global warming
> • ┃   유독 가스로 환경을 파괴하고 지구온난화에 일조함
>
> ┃   2. causes ppl. sick w/ lung infections, chills & flu
> • ┃   폐 감염, 오한과 독감으로 사람들을 병들게 함

Air conditioning ① emits toxic gases and adds to global warming. In addition, it causes ② lung infections and other sicknesses in humans.

script As temperatures soar in summer, people are inclined to turn on their, you know, air conditioning to cool off and get relief. I have some surprising news for you. Using air conditioning is one of the, um, worst things you could do to the planet. It destroys the environment by releasing toxic gases and actually contributes to global warming. Air conditioning also causes people to get sick with, uh, numerous lung infections as well as chills and the flu.

해석 여름에 기온이 급상승하면, 사람들은, 그러니까, 온도를 식히고 더위를 잊기 위해 에어컨을 켜는 경향이 있죠. 놀라운 소식이 있어요. 에어컨을 사용하는 것은 지구에 할 수 있는, 음, 가장 해로운 행위들 중 하나입니다. 그것은 유독 가스를 방출하여 환경을 파괴하고, 실제로 지구온난화에 일조합니다. 에어컨은 또한 사람들로 하여금, 어, 오한과 독감은 물론 수많은 폐 감염으로 병들게 합니다.

질문: 에어컨은 환경과 사람들에게 어떻게 영향을 미치는가?
답안: 에어컨은 유독 가스를 방출하고 지구온난화를 가중시킨다. 또한, 그것은 사람에게 폐 감염과 기타 질병을 유발한다.

어휘 soar[sɔːr] (온도 등이) 급상승하다 be inclined to ~ ~하는 경향이 있다 toxic gas 유독 가스 global warming 지구 온난화
lung infection 폐 감염 chill[tʃil] 오한, 한기 flu[fluː] 독감, 유행성 감기 emit[imít] 방출하다, (빛, 열, 향기 등을) 방사하다

Ⅰ | 읽고 듣고 내용 정리하기

HACKERS PRACTICE

p.78

01. Note-taking

읽기 노트

- photo neg.: Adams originals 사진 음화는 애덤스의 원작임
  - 1. unusual size 이례적인 크기
    - 6.5 x 8.5 format: rare, but Adams used
      가로 6.5인치에 세로 8.5인치의 판형은 드물지만 애덤스는 사용했음
  - 2. meteor. evid. 기상학적 증거
    - cloud identical to picture by Adams 구름이 애덤스의 다른 사진과 동일함

해석 2000년에, 사진 음화 한 상자의 발견이 전국적인 언론의 주목을 받았는데, 그것이 저명한 캘리포니아 출신 사진작가인 안셀 애덤스의 작품으로 생각되었기 때문이었다. 비록 일부 사람들은 요세미티 국립공원을 찍은 이 사진의 진위를 의심하지만, 그것은 실제로 애덤스의 원작이다.

그 사진이 애덤스에 의해 찍혔다고 믿는 한 가지 이유는 음화의 이례적인 크기이다. 가로 6.5인치에 세로 8.5인치의 판형은 상당히 드물지만, 애덤스는 1920년대와 1930년대에 요세미티에서 사진을 찍는 동안 보통 그것을 사용했다. 전문가들이 그 음화가 동일한 시기에 제작되었다는 것을 밝혀냈으므로, 이 사진은 아마 애덤스에 의해 찍혔을 것이다.

그러나 아마 가장 설득력 있는 논거는 그 음화를 애덤스가 찍은 다른 풍경 사진과 비교함으로써 발견된 기상학적 증거이다. 한 기상학자는 그 음화들 중 하나에 나타나는 구름의 형태를 연구했고 그것이 애덤스에 의해 찍힌 것으로 알려진 사진에 있는 것과 거의 동일하다는 것을 발견했다. 따라서, 기상학자는 그 두 사진이 같은 날 같은 장소에서 찍힌 것으로 결론지었다.

어휘 discovery[diskʌ́vəri] 발견 negative[négətiv] 음화, 원판 famed[feimd] 저명한 authenticity[ɔ̀ːθentísəti] 진위, 진짜임
original[ərídʒənl] 원작, 진본 작품 format[fɔ́ːrmæt] 판형, 양식 rare[rɛər] 드문
compelling[kəmpéliŋ] (주장 등이) 설득력 있는, 강력한 meteorological[mìːtiərəlɑ́ːdʒikəl] 기상학적인, 기상학의
landscape[lǽndskèip] 풍경 identical[aidéntikəl] 동일한, 똑같은

02. Note-taking

읽기 노트

- orb web: effec. 둥근 거미줄은 효과적임
  - 1. impossib. for insects to detect 곤충이 감지하는 것이 불가능함
    - thinner strands: invisib. → trap ↑ insects
      더 얇은 가닥은 눈에 보이지 않아서 더 많은 곤충을 잡음
  - 2. captured insects ↑ diffic. escaping 포획된 곤충이 탈출하는 데 더 어려움
    - radial threads absorb energy of collision → ↓ break
      방사실이 충돌 에너지를 흡수해서 덜 찢어짐

해석 곤충을 먹고 사는 다양한 거미 종들 중에서, 덫의 역할을 하는 거미줄을 치는 것은 가장 흔한 포식 방법이다. 여러 가지 서로 다른 종류의 거미줄이 존재하지만, 독특한 나선형 모양의 둥근 거미줄이 가장 효과적이다.

첫째로, 그것은 곤충이 감지하는 것이 거의 불가능하다. 둥근 거미줄은 다른 거미줄에서 쓰이는 것보다 더 얇은 실 가닥으로 지어지는데, 이는 그것이 사실상 눈에 보이지 않게 만든다. 그 결과, 둥근 거미줄은 다른 종류의 거미줄보다 훨씬 더 많은 수의 곤충을 잡는 경향이 있다.

다음으로, 거미줄의 효율적인 디자인으로 인해 포획된 곤충이 둥근 거미줄에서 탈출하는 데 더 큰 어려움을 겪는다. 다른 종류의 거미줄은 곤충이 그것과 충돌하면 보통 찢어진다. 그러나, 나선의 중앙에서 바깥쪽으로 일직선으로 뻗어 나가는 둥근 거미줄의 방사실은 곤충 충돌로 인한 에너지를 흡수한다. 따라서, 이러한 종류의 거미줄은 충격으로 찢어질 가능성이 더 낮고, 이는 곤충이 탈출할 가능성을 감소시킨다.

어휘 species[spíːʃiːz] 종 predation[pridéiʃən] 포식 distinctive[distíŋktiv] 독특한 spiral-shaped[spáiərəlʃèipt] 나선형 모양의 orb web 둥근 거미줄 detect[ditékt] 감지하다, 발견하다 construct[kənstrʌ́kt] 짓다, 건설하다 strand[strænd] 가닥, 올 practically[prǽktikəli] 사실상, 실질적으로 tend to ~ ~하는 경향이 있다 collide[kəláid] 충돌하다 radial thread 방사실 absorb[æbsɔ́ːrb] 흡수하다 impact[ímpækt] 충격, 영향 likelihood[láiklihùd] 가능성 get away 탈출하다

03. Note-taking

읽기 노트

- sailing stones: ideas about process 항해하는 돌의 과정에 대한 의견들
  1. ice & wind 얼음과 바람
    - ice grip stones, winds move ice → stones dragged
      얼음이 돌을 단단히 붙잡고 바람이 얼음을 움직여서 돌이 끌려감
    - parall. trails: multi. stones moved in unison
      평행한 자국은 많은 돌이 일제히 움직였다는 것임
  2. gravity 중력
    - ground: slanted slightly 땅은 약간 기울어져 있음
    - one side higher → grad. slide 한쪽이 더 높아서 서서히 미끄러짐

해석 모하비 사막에 있는 죽음의 계곡 중앙에는 사막 지면을 따라 저절로 움직이는 것처럼 보이는 '항해하는 돌'이 있다. 이 거대한 돌은 땅에 자국을 새겼는데, 이는 그것이 어떻게든 지형을 가로질러 이동해왔다는 증거이다. 오늘날, 연구자들은 무엇이 이 과정을 일으키는지에 대한 믿을 수 있는 몇 가지 의견들을 가지고 있다.

한 가지 이론은 얼음과 바람의 결합이 지면을 따라 돌을 이동시킨다고 주장한다. 동절기에는 땅 위의 물이 어는데, 이는 돌을 단단히 붙잡는 거대한 빙상을 만들어낸다. 매우 강한 바람이 이 빙상을 움직일 때, 돌은 자국을 만들면서 그것과 함께 끌려간다. 이 이론은 항해하는 돌의 평행한 자국들의 존재에 의해 뒷받침된다. 그것들은 하나의 빙상에 붙어있는 많은 돌이 일제히 움직여왔다는 것을 나타낸다.

또 다른 가능성은 돌의 이동이 중력에 의해 발생한다는 것이다. 돌 아래의 땅은 평평한 것처럼 보이지만, 실제로는 약간 기울어져 있다. 계곡의 한쪽이 다른 쪽보다 더 높기 때문에, 중력이 돌로 하여금 수천 년의 과정에 걸쳐 땅을 가로질러 서서히 미끄러지도록 만들 수 있었고, 이것이 독특한 자국을 만들어냈다.

어휘 etch[etʃ] 새기다 ice sheet 빙상 grip[grip] 단단히 붙잡다 drag[dræg] 끌다 parallel[pǽrəlèl] 평행한 trail[treil] 자국, 흔적 in unison 일제히 slanted[slǽntid] 기울어진

04. Note-taking

읽기 노트

- US X have enough doctors: X resolved 미국에 충분한 의사가 없는 것은 해결 안 됨

    1. lack of resid. positions 레지던트 자리의 부족
        – fund. X kept up w/ demand 재정 지원이 수요를 따라가지 못함
        – # of doctors entering system: limited 시스템에 진입하는 의사들의 수는 제한되어 있음
    2. ↑ Amer. seeking med. services 더 많은 미국인들이 의료 서비스를 찾고 있음
        – new legi. → free/inexpen. insurance 새로운 법률로 인해 무료이거나 저렴한 보험
        – ↑ demand & worsen shortage 수요를 증가시키고 부족을 악화시킴
    3. physicians leaving b/c dissatisfied 의사들이 만족하지 못해서 떠나고 있음
        – forced to see certain # of patients 일정 수의 환자를 진찰하도록 강요받음
        – pressure b/c X enough time 충분한 시간이 없어서 압박

해석　미국이 세계에서 가장 진보한 의료 체계 중 하나를 갖추고 있다는 사실에도 불구하고, 많은 국민들이 그로부터 혜택을 받지 못한다. 사실, 대부분의 전문가들은 미국에 현재의 보건 의료 수요를 충족시키기에 충분한 의사가 없다는 것에 동의한다. 이는 해결될 가능성이 낮은 심각한 문제이다.

의사의 부족은 부분적으로는 레지던트 자리의 부족 탓으로 볼 수 있는데, 이는 매년 신규 면허를 받는 의사들의 수를 심각하게 제한한다. 의사 면허를 얻기 위해서, 예비 의사들은 면허를 소지한 의사들의 감독하에서 일하는 것을 포함하는 레지던트 과정을 수료해야 한다. 그러나, 이러한 자리를 위한 재정 지원은 수요를 따라가지 못했고, 그 결과, 의료 시스템에 진입하는 의사들의 수는 제한되어 있다.

게다가, 현재 그 어느 때보다도 더 많은 미국인들이 의료 서비스를 찾고 있고, 이는 결과적으로 의사 한 명당 더 많은 수의 환자를 낳는다. 새로운 법률은 천4백만 명의 미국인들에게 무료이거나 저렴한 건강 보험을 이용할 권리를 제공했다. 이는 보건 의료를 더 이용 가능하게 만들었는데, 이것이 의료 서비스에 대한 수요를 증가시키고 의사 부족을 악화시켰다.

마지막으로, 많은 의사들이 자신의 직업에 만족하지 못하게 되어서 의료업계를 떠나고 있다. 현재, 미국 의사들은 매일 일정 수의 환자를 진찰하도록 강요받고, 이는 의사들에게 많은 압박을 주는데, 그들이 각 환자를 돌볼 충분한 시간을 가지지 못하기 때문이다. 그 결과, 상당수의 의사들이 의료계를 떠났고, 이것이 의사 부족을 더 심각하게 만들었다.

어휘　advanced[ædvǽnst] 진보한　resolve[rizá:lv] 해결하다　shortage[ʃɔ́:rtidʒ] 부족　attribute to ~ ~의 탓으로 보다
residency[rézədənsi] (수련의의) 레지던트　would-be[wúdbì:] 예비의, 지망의　supervision[sù:pərvíʒən] 감독, 관리
legislation[lèdʒisléiʃən] 법률, 법령　physician[fizíʃən] 의사

05. Note-taking

읽기 노트

- employers prefer grad. of regular univ. 고용주들은 정규 대학 졸업자를 선호함

    1. students in trad. prog.: ↑ motivated 전통 과정 학생들이 더 의욕 있음
        – go to classes, workshops & seminars 수업, 워크숍과 세미나에 감
        – commit ↑ time & effort: ↑ motivation
          더 많은 시간과 노력을 들이는 것은 더 높은 열의
    2. prefer hands-on learning 실습 위주 학습을 선호함
        – specific training: X over Internet 특정 교육은 인터넷을 통해 할 수 없음
        – ex) chemists need experi. in lab. 예) 화학자들은 실험실에서의 실험이 필요함
    3. online degrees lack credi. 온라인 학위는 신뢰가 부족함
        – fraud. instit.: sell degrees, X have proper certif.
          부정한 기관은 학위를 팔고 제대로 된 인증을 갖추고 있지 않음
        – employers X know legi. 고용주들은 합법적인지 알지 못함

해석 오늘날의 학생들 중 대다수는 원격 교육의 유연성과 편리함을 가치 있게 여기기 때문에, 점점 더 많은 학생들이 학위를 온라인으로 취득하고 있다. 이러한 추세에도 불구하고, 대부분의 고용주들은 여전히 정규 대학 과정 졸업자를 고용하는 것을 선호하고, 그들이 그렇게 하는 데에는 몇 가지 타당한 이유들이 있다.

이러한 선호의 한 가지 이유는 고용주들이 전통 대학 과정에 등록하는 학생들이 학업 목표를 성취하는 데 더 의욕이 있다고 생각하기 때문이다. 현장에서의 대학 과정에 참여하는 동안에, 학생들은 실제로 수업에 가고, 시간에 맞게 참석하고, 워크숍과 세미나에 참가하도록 요구받는다. 교육을 받기 위해 더 많은 시간과 노력을 들이고자 하는 이러한 의지는 이 학생들이 더 높은 수준의 열의를 가지고 있다는 것을 보여준다.

게다가, 고용주들은 전통 과정이 제공하는 유형의 실습 위주 학습 경험이 있는 지원자들을 선호한다. 이는 특히 인터넷을 통해서는 학생들에게 제공될 수 없는 특정한 종류의 교육을 필요로 하는 직업에 해당된다. 예를 들어, 화학자들은 소재를 완전히 이해하기 위해 실험실 환경에서 실험을 할 필요가 있다. 이러한 실질적인 경험은 가상의 교실 환경에서 흉내 내기에는 매우 어렵다.

마지막으로, 온라인 학위를 제공하는 기관들 중 다수는 고용주들로부터의 신뢰가 부족하다. 인터넷은 돈을 지불할 용의가 있는 누구에게나 학사 학위와 심지어 석사 학위까지도 파는 부정한 기관들로 가득하다. 이러한 기관들은 교육 당국의 제대로 된 인증을 갖추고 있지 않다. 고용주들은 종종 온라인 학위가 합법적인 기관에서 받은 것인지 아닌지를 알지 못하기 때문에, 전통 대학 과정 졸업자들을 선택하는 경향이 있다.

어휘 flexibility[flèksəbíləti] 유연성, 탄력성   degree[digríː] 학위   enroll[inróul] 등록하다   motivated[móutəvèitid] 의욕이 있는
on-site[áːnsàit] 현장에서의, 현장의   willingness[wíliŋnis] 의지   commit[kəmít] (돈, 시간 등을) 들이다
candidate[kǽndidèit] 지원자   hands-on[hǽndzàːn] 실습 위주의   simulate[símjulèit] 흉내 내다, 모의실험을 하다
virtual[və́ːrtʃuəl] 가상의   institution[ìnstətjúːʃən] 기관   credibility[krèdəbíləti] 신뢰, 신용
fraudulent[frɔ́ːdʒulənt] 부정한, 사기의

06. Note-taking

읽기 노트

- Grk. used mirrors to burn ships: myth
  그리스인이 배를 불태우기 위해 거울을 사용했다는 것은 미신임

- 1. discovery para. mirror focus light: X made
  포물면 거울이 빛을 모은다는 발견은 이루어지지 않았음
  - – curved mirrors X mentioned this period 곡면 거울은 이 시기에 언급되지 않음
  - – 1st refer.: decades after 첫 번째 언급은 수십 년 후

- 2. targeting w/ multi. mirrors: impossib. 많은 거울로 겨냥하는 것은 불가능함
  - – unable to aim simultan. 일제히 조준할 수 없음
  - – aim 1 by 1: X option ← ship moved
    배가 움직여서 하나씩 조준하는 것은 선택 사항이 아니었음

- 3. fires using mirrors: X big to burn ships 거울을 이용한 불은 배를 불태울 만큼 크지 않았음
  - – small size → easily extinguished 크기가 작아서 쉽게 꺼짐
  - – experi.: create small fire quickly burnt out
    실험은 금방 타서 없어진 작은 불을 만들어냈음

해석 기원전 2세기에, 그리스 병사들은 시라쿠사시를 공격하는 로마 해군 함정을 불태우기 위해 거울의 조합을 사용한 것으로 추정되었다. 그러나, 이 이야기는 그저 미신일 뿐이다.

우선, 이 일이 일어난 시기에는 포물면 거울이 반사된 빛을 목표물에 모으는 데 사용될 수 있다는 발견이 이루어지지 않았었다. 충분한 강도를 지닌 반사된 햇빛 광선을 만들어내기 위해서는, 곡면 거울이 사용되어야 한다. 그러나, 이러한 종류의 거울은 이 시기의 과학자에 의해 쓰여진 어떠한 저술에서도 언급되지 않았다. 사실, 포물면 거울에 대한 최초의 언급으로 알려진 것은 로마의 침략이 발생하고 수십 년 후에 쓰인 한 문서에 있다.

둘째로, 많은 거울로 배 한 척을 겨냥하는 것은 조정이 거의 불가능하다. 불을 지르기 위해서는 각각의 거울이 배의 정확히 같은 지점에 조준되어야 한다. 그러나, 각 개인이 목표물 주변의 수많은 반사된 빛들 중 어느 것이 자신의 것인지 단정할 수 없기 때문에 거울을 들고 있는 사람들이 일제히 조준할 수 없었을 것이다. 혼선을 피하기 위해 거울을 하나씩 차례로 조준하는 것은 선택 사항이 아니었는데, 이는 마지막 거울이 제대로 배치되었을 무렵에는 배가 움직여버렸을 것이기 때문이다.

셋째로, 거울을 이용해 만들어낸 불은 배를 불태울 만큼 크지 않았다. 불의 작은 크기는 선원들이 그것을 바닷물로 쉽게 끌 수 있었다

는 것을 의미한다. 이는 최근의 한 실험에서 입증되었다. 나무로 만든 배 위에 햇빛을 반사시키기 위해 큰 거울을 사용했을 때, 연구자들은 금방 타서 없어진 매우 작은 불을 만들 수 있었을 뿐이었다.

어휘   **combination**[kɑ̀:mbənéiʃən] 조합   **myth**[miθ] 미신   **parabolic mirror** 포물면 거울   **reflected**[rifléktid] 반사된
         beam[bi:m] 광선, 빛줄기   **intensity**[inténsəti] 강도   **reference**[réfərəns] 언급   **decade**[dékeid] 십 년
         coordinate[kouɔ́:rdənèit] 조정하다   **simultaneously**[sàiməltéiniəsli] 일제히, 동시에   **confusion**[kənfjú:ʒən] 혼선, 혼란
         position[pəzíʃən] (특정한 장소에) 배치하다, 두다   **extinguish**[ikstíŋgwiʃ] (불을) 끄다, 진화하다
         burn itself out (물건이) 타서 없어지다, 다 타버리다

07.   Note-taking   🎧 Track 22

듣기 노트

> neg. of Ansel Adams: X persuasive   안셀 애덤스의 음화는 설득력 없음
>
>   1. size: X mean his   크기는 그의 것이라는 의미 아님
>   – other photographers used   다른 사진작가들이 사용했음
>   – X conclusive proof   결정적인 증거 아님
>   2. meteor. similarities: X convincing   기상학적 유사성은 설득력 없음
>   – site popular & many visit   인기 있는 장소이고 다수가 방문함
>   – could taken by other at this location same day
>   같은 날 이 장소에 있던 다른 사람에 의해 찍혔을 수 있음

script   As you know, some negatives were found in California that are said to be the work of the legendary photographer Ansel Adams. It's a good story, isn't it? But the evidence presented in the reading is simply not persuasive.

      All right. So, um, what about the claim that the size of the negatives indicates that Adams took the photographs? It's true that Adams often used this type of film in his work, but that doesn't mean that these particular negatives are his. Although the 6.5 inch by 8.5 inch format is fairly rare, a few other photographers from this period are known to have used it. Thus, the size of the negatives is not conclusive proof that they were produced by Adams.

      The biggest issue was the meteorological similarities between one of the images and an actual Adams photograph. This doesn't seem very convincing though, since the main feature of those pictures was a large, bent tree. This site is popular with tourists, and many people visit it each year. So, photographs with similar meteorological features could have been taken by other people who happened to be at this location on the same day.

해석   여러분도 아시다시피, 전설적인 사진작가인 안셀 애덤스의 작품이라고 하는 어떤 음화가 캘리포니아에서 발견되었어요. 재밌는 이야기이긴 해요, 그렇죠? 하지만 읽기 자료에 제시된 증거는 그야말로 설득력이 없어요.

      좋아요. 그러니까, 음, 그 음화의 크기가 애덤스가 그 사진을 찍었다는 것을 나타낸다는 주장은 어떤가요? 애덤스가 그의 작품에서 종종 이러한 종류의 필름을 사용한 것은 사실이지만, 그것이 이 특정한 음화가 그의 것이라는 의미는 아니죠. 가로 6.5인치에 세로 8.5인치의 판형이 상당히 드물기는 하지만, 이 시기의 몇몇 다른 사진작가들이 그것을 사용한 것으로 알려져 있어요. 따라서 음화의 크기는 그것이 애덤스에 의해 제작되었다는 결정적인 증거가 아니죠.

      가장 큰 쟁점은 그 이미지들 중 하나와 실제 애덤스의 사진 간의 기상학적 유사성이었어요. 하지만 이것이 크게 설득력 있어 보이지는 않는데, 그 사진의 주요한 특징은 커다랗고 구부러진 나무였기 때문이에요. 이 장소는 관광객들에게 인기가 있고, 많은 사람들이 매년 그곳을 방문해요. 그러니까 유사한 기상학적 특징을 담은 사진이 우연히 같은 날 이 장소에 있었던 다른 사람들에 의해 찍혔을 수도 있죠.

어휘   **legendary**[lédʒəndèri] 전설적인, 아주 유명한   **present**[prizént] 제시하다   **persuasive**[pərswéisiv] 설득력이 있는
       particular[pərtíkjulər] 특정한, 특별한   **fairly**[féərli] 상당히, 꽤   **conclusive**[kənklú:siv] 결정적인, 확실한   **proof**[pru:f] 증거
       similarity[sìməlǽrəti] 유사성   **convincing**[kənvínsiŋ] 설득력 있는   **feature**[fí:tʃər] 특징   **bent**[bent] 구부러진
       happen to ~ 우연히 ~하다   **location**[loukéiʃən] 장소, 위치

08. Note-taking 🎧 Track 23

듣기 노트

- orb webs: X superior 둥근 거미줄은 우수하지 않음

    1. insects ↑ detect due to visib. pattern 뚜렷한 패턴 때문에 곤충이 더 잘 감지함
        – create conspicuous patterns 눈에 잘 띄는 패턴을 만들어냄
        – ex) S.A.C. spider: 2 lines near center → insects see & avoid
          예) 성 안드레아 십자가 거미는 중앙 부근에 두 개의 선이 있어서 곤충이 보고 피함
    2. X ↑ diffic. to get away 탈출하기 더 어렵지 않음
        – strands X strong if big insect struggles 가닥은 큰 곤충이 몸부림치면 강하지 않음
        – damage & break free before spider reach 거미가 닿기 전에 훼손하고 도망침

---

script The reading I assigned presented some arguments in favor of orb webs being better than other ones. But unfortunately, these types of webs aren't very superior.

Insects are more likely to detect an orb web due to its highly visible pattern. The important thing you should know is that, uh, orb-weaver spiders often create conspicuous patterns of silk known as *stabilimenta*. For example, the web of the St. Andrew's Cross spider has a stabilimenta that consists of two intersecting lines of banded silk near its center. Biologists believe that this enables insects to see and avoid the web.

And it's not accurate to say that it is more difficult for insects to get away from an orb web. Although the spiral design can effectively absorb the impact of a collision, the individual strands of silk are very thin, so they are not strong enough to remain intact if a big insect, um, struggles vigorously once captured. As a result, large insects are often able to damage the web and break free before the spider can reach them. So, I guess you could say that the orb web is not very efficient in terms of prey retention.

해석 제가 드린 읽기 자료는 둥근 거미줄이 다른 거미줄보다 더 좋다는 것에 찬성하는 몇 가지 주장들을 제시했죠. 하지만 유감스럽게도, 이러한 종류의 거미줄은 그다지 우수하지 않아요.

거미줄의 매우 뚜렷한 패턴 때문에 곤충은 둥근 거미줄을 감지할 가능성이 더 높아요. 여러분이 알아야 할 중요한 점은, 어, 둥근 거미줄을 짓는 거미는 'stabilimenta'로 알려진 눈에 잘 띄는 실 패턴을 종종 만들어낸다는 거예요. 예를 들어, 성 안드레아 십자가 거미의 거미줄은 중앙 부근에 두 개의 선이 교차하는 줄무늬 모양의 실로 구성된 stabilimenta를 가지고 있어요. 생물학자들은 이것이 곤충이 거미줄을 보고 피할 수 있게 한다고 생각해요.

그리고 곤충이 둥근 거미줄로부터 탈출하기 더 어렵다고 말하는 것은 정확하지 않아요. 나선형 디자인이 충돌의 충격을 효과적으로 흡수할 수 있기는 하지만, 각각의 실 가닥은 매우 가늘어서, 큰 곤충이, 음, 포획되었을 때 격렬하게 몸부림치면 온전하게 유지될 만큼 충분히 강하지는 않아요. 그 결과, 큰 곤충은 거미가 그것에 닿을 수 있기 전에 종종 거미줄을 훼손하고 도망칠 수 있어요. 그러니까 둥근 거미줄은 먹이 유지 면에서 그다지 효율적이지 않다고 말할 수 있을 것 같네요.

어휘 superior[səpíəriər] 우수한, 뛰어난 conspicuous[kənspíkjuəs] 눈에 잘 띄는 silk[silk] (거미의) 실
intersect[ìntərsékt] 교차하다 banded[bǽndid] 줄무늬 모양의 intact[intǽkt] 온전한 struggle[strʌ́ɡl] 몸부림치다
vigorously[víɡərəsli] 격렬하게, 힘차게 break free 도망치다 prey[prei] 먹이 retention[riténʃən] 유지, 보유

듣기 노트

- sailing stones: still eludes 항해하는 돌은 여전히 이해되지 않음

    1. ice & wind: disproven 얼음과 바람은 틀렸음이 입증됨
        - wind speeds required X recorded 필요한 풍속이 기록된 적 없음
        - digital map shows tracks X parall. 수치지형도는 자국들이 평행하지 않다는 것을 보여줌
    2. gravity: X plausible 중력은 그럴듯하지 않음
        - stones moved lower → higher 돌이 더 낮은 곳에서 더 높은 곳으로 이동함
        - gravity X move rocks uphill 중력은 돌을 언덕 위로 이동시키지 못함

script In the middle of the Mojave Desert, there are these stones called "sailing stones." They appear to have moved hundreds of meters across the ground on their own. Even though this phenomenon has been exhaustively studied, the way in which it occurs still eludes us.

Take the theory that ice and wind are responsible for moving the stones. You know, this explanation has been completely disproven. Researchers have determined that wind speeds of hundreds of miles per hour would be required to move an ice sheet of such weight and size. But, um, winds this powerful have never been recorded in the region. Furthermore, a digital map of the area shows that the tracks do not actually run parallel to each other . . . They go in slightly different directions. This suggests that the stones move independently.

OK, now what about gravity as the cause of this phenomenon? Well, this just isn't very plausible. Back in 2011, some researchers surveyed the area, and took very precise measurements. Although they were able to confirm that the ground is slanted, most of the stones had actually moved from a lower part of the slope to a higher one! Obviously, it would be impossible for gravity to move the rocks uphill.

해석 모하비 사막의 중앙에는, '항해하는 돌'이라고 불리는 이러한 돌이 있어요. 그것은 자력으로 수백 미터의 땅을 가로질러 움직여온 것처럼 보입니다. 이 현상은 철저하게 연구되어 왔지만, 그것이 일어나는 방법은 여전히 우리에게 이해되지 않아요.

얼음과 바람이 돌을 움직이는 원인이라는 이론을 보세요. 있잖아요, 이 설명은 완전히 틀렸음이 입증되었어요. 연구자들은 그 정도의 무게와 규모의 빙상을 움직이는 데에는 시간당 수백 마일의 풍속이 필요할 것이라고 밝혔습니다. 하지만, 음, 이 정도로 강한 바람은 그 지역에서 한 번도 기록된 적이 없어요. 게다가, 그 지역의 수치지형도는 그 자국들이 사실은 서로 평행하게 뻗어있지 않다는 것을 보여줍니다... 그것들은 약간 다른 방향으로 나아가죠. 이는 돌이 독립적으로 움직인다는 점을 시사합니다.

자, 그럼 이 현상의 원인으로 중력은 어떤가요? 글쎄요, 이것은 별로 그럴듯하지 않습니다. 지난 2011년에, 몇몇의 연구자들이 그 지역을 조사했고, 매우 정밀한 측정을 했습니다. 그들은 땅이 기울어져 있다는 것을 확인할 수 있기는 했지만, 대부분의 돌이 실제로는 경사지의 더 낮은 지역에서 더 높은 지역으로 이동했습니다! 분명히 중력이 돌을 언덕 위로 이동시키는 것은 불가능하겠죠.

어휘 exhaustively[igzɔ́:stivli] 철저하게 elude[ilú:d] ~에게 이해되지 않다 disprove[disprú:v] 틀렸음을 입증하다
wind speed 풍속 independently[ìndipéndəntli] 독립적으로 phenomenon[finá:mənən] 현상
measurement[méʒərmənt] 측정 confirm[kənfə́:rm] 확인하다 obviously[á:bviəsli] 분명히, 확실히 uphill[ʌ́phil] 언덕 위로

INTEGRATED 실전

Hackers TOEFL Writing

듣기 노트

● US doctor shortage: solutions 미국의 의사 부족에 대한 해결책

  1. expand resid. system 레지던트 제도를 확대함

    – govern. funding for 15,000 positions 만 5천 개의 자리를 위한 정부 재정 지원

    – ↑ doctors enter profession 더 많은 의사들이 의료계에 진입함

  2. ↑ # of foreign doctors 외국인 의사의 수를 증가시킴

    – X practice b/c licenses X recog. 면허가 인정되지 않아서 개업 못 함

    – establish system to verify quali. 자격을 입증할 제도를 확립함

  3. eliminate quota system & allow control time
    할당 제도를 없애고 시간을 조절하도록 허용함

    – ↑ doctor morale & quality of care 의사의 사기와 의료의 질을 높임

    – take this step → doctors ↑ satisfied 이 조치를 취하자 의사들이 더 만족함

---

script   By now, I am sure all of you have heard about the so-called doctor shortage in the US. Well, I think many of the reports we hear are a little, uh, over the top. It is a serious problem, but we have a lot of possible solutions.

Expanding the residency system so that more medical students can become doctors each year is one way to address this shortage. The US government has recently approved funding for the creation of an additional 15,000 residency positions nationwide. This means that more new doctors will be able to enter the profession.

Also, the rising demand for medical services can be managed by increasing the number of foreign doctors practicing in the US. There are thousands of foreign-trained doctors living in the US who are unable to practice medicine unless they undergo time-consuming training. This is because the medical licenses they received in their home countries are not recognized by American authorities. Establishing a system to verify their qualifications would increase the number of doctors available to work.

And yes, many doctors have become dissatisfied with their jobs, but this problem can easily be dealt with. Hospitals could simply eliminate the quota system and allow doctors to control the amount of time they spend with each patient. Not only would this increase doctor morale, but it would also lead to improvement in the quality of health care patients receive. Several hospitals in the US have taken this step, and the doctors they employ are more satisfied with their work and therefore less likely to quit.

해석   이제, 저는 여러분 모두가 소위 미국의 의사 부족에 대해 들어봤을 거라고 확신합니다. 글쎄요, 저는 우리가 듣는 많은 보도가 약간, 어, 과장되었다고 생각해요. 그것은 심각한 문제이기는 하지만, 우리에게는 가능한 해결책이 많이 있거든요.

매년 더 많은 의대생들이 의사가 될 수 있도록 레지던트 제도를 확대하는 것이 이러한 부족에 대처하는 한 가지 방법입니다. 미국 정부는 최근에 전국적으로 추가적인 만 5천 개의 레지던트 자리 창출을 위한 재정 지원을 승인했어요. 이는 더 많은 신규 의사들이 의료계에 진입할 수 있을 것이라는 의미예요.

또한, 의료 서비스의 증가하는 수요는 미국에서 개업하는 외국인 의사의 수를 증가시킴으로써 관리될 수 있어요. 미국에 거주하고 있는 외국에서 수련받은 의사가 수천 명인데, 그들은 많은 시간이 걸리는 교육을 받지 않으면 의료 개업을 할 수 없어요. 이는 그들이 고국에서 받은 의료 면허가 미국 정부 당국에 의해 인정되지 않기 때문이에요. 그들의 자격을 입증할 제도를 확립하는 것은 일할 수 있는 의사의 수를 증가시킬 거예요.

그리고 맞아요, 많은 의사들이 자신의 직업에 만족하지 못하게 되었지만, 이 문제는 쉽게 처리될 수 있어요. 병원은 그저 할당 제도를 없애고 의사가 각 환자와 보내는 시간의 양을 조절하도록 허용할 수 있죠. 이는 의사의 사기를 높일 뿐만 아니라, 환자들이 받는 보건 의료의 질의 향상으로도 이어질 수 있어요. 미국의 몇몇 병원들이 이러한 조치를 취했고, 그들이 고용한 의사들은 자신의 일에 더 만족하고 그래서 그만둘 가능성이 더 낮아요.

어휘   **over the top** 과장된, 지나친   **address**[ədrés] (일·문제에) 대처하다   **approve**[əprúːv] 승인하다, 허가하다
practice[prǽktis] (의사, 변호사 등으로) 개업을 하다   **time-consuming**[táimkənsùːmiŋ] 많은 시간이 걸리는
recognize[rékəgnàiz] 인정하다, 인식하다   **authority**[əθɔ́ːrəti] 정부 당국   **verify**[vérəfài] 입증하다, 확인하다
eliminate[ilímənèit] 없애다, 제거하다   **quota system** 할당 제도, 쿼터제   **morale**[mərǽl] 사기, 의욕

11. Note-taking 🎧 Track 26

듣기 노트

> - online degrees inferior: X reasonable 온라인 학위가 열등하다는 것은 타당하지 않음
>
>   1. ↓ motivated: X sense 의욕이 적다는 것은 말이 안 됨
>   - takes ↑ willpower & self-discipline 많은 의지력과 자제력이 필요함
>   - study: online students ↑ motivation 연구는 온라인 학생들이 더 높은 열의가 있다고 함
>   2. lack of hands-on training: X true 실습 위주 교육의 부족은 사실이 아님
>   - allow lab work & partici. in workshops 실험실 연구를 할 수 있고 워크숍에 참가함
>   - 3D virtual environ., operate equip. using computers
>   3D 가상 환경이 있고 컴퓨터를 사용해 장비를 작동함
>   3. credi. as on-site learning 현장 학습과 마찬가지로 신뢰할 수 있음
>   - online instit.: strictly regulated 온라인 기관들은 엄격히 규제됨
>   - info. avail. to employers → easy to verify
>   정보는 고용주들이 입수할 수 있어서 확인하기 쉬움

script So, you've read that many employers these days are reluctant to hire candidates with online degrees. They feel that these types of degrees are inferior to conventional ones. But this attitude isn't reasonable because it's based on outdated information.

Take the point in the reading about online students being less motivated than traditional ones . . . well, it makes no sense. It's true that online students have more freedom and flexibility to set their own schedules, but this can make it very tempting for them to procrastinate . . . It takes a lot of willpower and self-discipline to stay on task. So it's not surprising that a recent study showed online students have higher levels of motivation than conventional learners.

The reading passage also argues that there is a lack of hands-on training in online courses, but this isn't true. Many online programs allow students to do lab work at a local campus, as well as to participate in workshops. In addition, advances in technology have made it possible to recreate the laboratory experience with computers. Some online universities use software programs that have been developed to create 3D virtual environments. In some cases, students can remotely operate equipment using their home computers.

Lastly, online education has become just as credible as on-site learning. Online educational institutions are now strictly regulated to make certain that the degrees they grant are valid. To illustrate, the Distance Education and Training Council monitors online universities in the US to ensure that they meet strict standards of excellence. Information about which institutions are approved by this organization is available to employers, making it easy for them to verify the legitimacy of an applicant's degree.

해석 여러분은 요즘 많은 고용주들이 온라인 학위를 가진 지원자를 고용하기를 꺼린다는 내용을 읽었죠. 그들은 이러한 종류의 학위가 전통 학위보다 열등하다고 생각해요. 하지만 이러한 태도는 타당하지 않은데, 그것이 시대에 뒤처진 정보에 근거하고 있기 때문이에요. 온라인 학생들이 전통 학생들보다 의욕이 적다는 것에 대한 읽기 자료의 주장을 보세요... 글쎄요, 그것은 말이 되지 않아요. 온라인 학생들이 그들 자신의 일정을 세우는 데 더 많은 자유와 유연성을 가지고 있는 것이 사실이지만, 이것은 그들이 늑장을 부리도록 유혹할 수 있습니다... 학업을 지속하기 위해서는 강한 의지력과 자제력이 필요하죠. 그러니까 최근의 한 연구에서 온라인 학생들이 전통 학습자들보다 더 높은 수준의 열의를 가지고 있다고 나타난 것도 놀라운 일은 아닙니다.

읽기 지문은 또한 온라인 과정에 실습 위주의 교육이 부족하다고 주장하지만, 이것은 사실이 아니에요. 많은 온라인 과정들은 학생들이 워크숍에 참가할 뿐만 아니라, 현지 캠퍼스에서 실험실 연구를 할 수 있도록 허용합니다. 게다가 기술의 발달은 실험실 경험을 컴퓨터로 재현하는 것을 가능하게 만들었어요. 일부 온라인 대학은 3D 가상 환경을 만들어내기 위해 개발된 소프트웨어 프로그램을 사용합니다. 어떤 경우에는, 학생들이 가정용 컴퓨터를 사용해서 장비를 원격으로 작동할 수도 있어요.

마지막으로, 온라인 교육은 현장 학습과 마찬가지로 신뢰할 수 있게 되었어요. 온라인 교육 기관들은 그들이 수여하는 학위가 정당하다는 것을 확실히 하기 위해 오늘날 엄격히 규제되고 있습니다. 예를 들어 설명하자면, 원격교육훈련위원회는 미국의 온라인 대학들이 엄격한 심사 기준을 반드시 충족시키도록 하기 위해 감시하고 있어요. 어떤 기관들이 이 기구에 의해 승인되었는지에 대한 정보는 고용주들이 입수할 수 있고, 이는 그들이 지원자 학위의 적법성을 확인하기 쉽게 만듭니다.

어휘   reluctant[rilʌ́ktənt] 꺼리는 outdated[àutdéitid] 시대에 뒤처진, 구식의 tempting[témptiŋ] 유혹하는
procrastinate[proukrǽstənèit] 늑장 부리다 willpower[wílpàuər] 의지력 self-discipline[sélfdìsəplin] 자제력
remotely[rimóutli] 원격으로 grant[grænt] 수여하다 valid[vǽlid] 정당한, 유효한 meet[mi:t] 충족시키다
legitimacy[lidʒítəməsi] 적법성, 합법성

12. Note-taking ⏵ Track 27

듣기 노트

- Grk. used mirrors to destroy ships 그리스인은 함선을 파괴하기 위해 거울을 사용함

  1. using curved mirrors X discovered: X hold up
     곡면거울 사용이 알려지지 않았다는 것은 지지받을 수 없음
     – treatises lost when library destroyed 전문 서적들은 도서관이 소실되었을 때 없어짐
     – using para. mirrors: mentioned in 423 BC 포물면 거울 사용은 기원전 423년에 언급됨
  2. possib. to target ship w/ # of mirrors 많은 거울로 배를 겨냥하는 것이 가능함
     – highly disciplined personnel: act in concert 고도로 훈련된 병력은 협력하여 행동함
     – practice → target before moved 연습해서 움직이기 전에 겨냥함
  3. fire spread quickly → diffic. to extinguish 불이 빨리 번져서 끄기 힘듦
     – used sub. such as tar to waterproof → flammable
       방수를 위해 타르 같은 물질을 사용해 가연성 높음
     – fire rapidly become large → impossib. to put out
       불이 순식간에 커져 끄는 것이 불가능함

---

script There has been a lot of debate recently about whether Greek soldiers used a system of "burning mirrors" to destroy Roman ships. I realize that this seems improbable to you, but the Greeks may have actually used mirrors for this purpose.

The premise that using curved mirrors to focus light on a target hadn't been discovered when the Roman attack occurred just doesn't hold up. The fact that it isn't mentioned in any of the works written by scientists from this period isn't proof of their ignorance because many, uh, treatises were lost when the Library of Alexandria was destroyed. Furthermore, the idea of using parabolic mirrors to burn one's enemies was first mentioned in a play written in 423 BC–uh, this predates the battle by over a century.

Also, it would be possible to target a ship with a large number of mirrors if the people involved were adequately trained. The Greek army was composed of highly disciplined military personnel who were capable of acting in concert. With enough time to practice, the men could have developed the necessary skills to aim the mirrors accurately in a matter of minutes . . . so they could, uh, target ships before they moved away.

The last thing I want to point out is that any fires started on Roman naval ships would have spread very quickly, making them difficult to extinguish. Roman shipbuilders from this period used substances such as, uh, tar to waterproof wooden ships. These materials are highly flammable, so even a small fire would rapidly become a large one. It would have been almost impossible for even skilled sailors to put out such a fire before it engulfed the entire ship.

해석 그리스 병사들이 로마 함선을 파괴하기 위해 '불타는 거울' 장치를 사용했는지에 대해서 최근에 많은 논쟁이 있었어요. 여러분에게 이것이 사실 같지 않게 보인다는 것을 알지만, 그리스인들은 실제로 이러한 목적으로 거울을 이용했을 수도 있어요.
목표물에 빛을 모으는 데 곡면 거울을 사용하는 것이 로마의 침략이 발생한 시기에 알려지지 않았었다는 전제는 그야말로 지지받을 수 없어요. 그것이 이 시기의 과학자에 의해 쓰여진 어떠한 저술에서도 언급되지 않는다는 사실이 그들의 무지에 대한 증거는 아닌데, 많은, 어, 전문 서적들이 알렉산드리아 도서관이 소실되었을 때 없어졌기 때문이에요. 게다가, 적을 불태우기 위해 포물면 거울을 사용하는 발상은 기원전 423년에 쓰여진 희곡에서 처음으로 언급되었는데, 어, 이것은 그 전투보다 1세기 이상 앞서죠.
또한, 관련된 사람들이 충분히 훈련되어 있었다면 많은 거울로 배를 겨냥하는 것이 가능했을 거예요. 그리스 군대는 협력하여 행동할 수 있는 고도로 훈련된 군 병력으로 구성되어 있었어요. 연습하기 위한 충분한 시간이 있었다면, 그 사람들은 몇 분 만에 거울을 정

확하게 조준하는 데 필요한 기술을 발전시킬 수 있었을 거예요... 그러니까 그들은, 어, 배가 움직여버리기 전에 겨냥할 수 있었겠죠. 마지막으로 제가 지적하고 싶은 것은 로마 해군 함정에서 시작된 불이 매우 빠르게 번졌을 것이고, 이는 그것을 끄기 힘들게 만들었을 것이라는 점이에요. 이 시기의 로마 조선업자들은 나무로 만든 배에 방수 처리를 하기 위해, 어, 타르와 같은 물질을 사용했어요. 이 물질은 가연성이 높아서, 작은 불이라도 순식간에 큰불이 되었을 거예요. 숙련된 선원들조차도 그것이 배 전체를 휩싸기 전에 그런 불을 끄는 것은 거의 불가능했겠죠.

어휘 **improbable**[imprάːbəbl] 사실 같지 않은 **premise**[prémis] 전제 **ignorance**[ígnərəns] 무지 **treatise**[tríːtis] 전문 서적 **predate**[priːdéit] ~보다 (시기가) 앞서다 **be composed of ~** ~으로 구성되어 있다 **disciplined**[dísəplind] 훈련된 **shipbuilder**[ʃípbìldər] 조선업자 **substance**[sʌ́bstəns] 물질, 실체 **waterproof**[wɔ́ːtərprùːf] 방수 처리를 하다 **flammable**[flǽməbl] 가연성의, 타기 쉬운 **put out** (불을) 끄다 **engulf**[ingʌ́lf] 휩싸다, 집어삼키다

HACKERS TEST
p.90

01. Note-taking

읽기 노트

- forts built w/ stones vitrified: origin 유리화된 돌로 지어진 요새의 기원

  1. signal fires 봉화
     - continual heat melted rock → vitrifi. 지속된 열이 돌을 녹여 유리화됨
     - common on upper walls: location for signal fires 봉화 장소인 위쪽 벽에 흔함

  2. lightning 낙뢰
     - heat transform & repeated → large sections vitrifi.
       열이 변형시키고 반복되어 많은 부분이 유리화됨
     - uneven walls ← strike crack & break off
       울퉁불퉁한 벽은 타격이 금 가게 하고 떨어져 나가게 했기 때문임

  3. using volcanic rock 화산암 사용
     - lava over rocks on ground → melt & fuse
       땅에 있는 돌 위로 용암이 흘러서 녹고 융합함
     - used to build fortresses 요새를 짓는 데 사용됨

듣기 노트

- explanations: X confirmed 설명들은 사실로 드러나지 않음

  1. signal fires: X match 봉화는 부합하지 않음
     - fires lit 1/2 places & X changed 불은 한두 곳에서 점화되었고 달라지지 않았음
     - affect only few areas, but entire vitrifi.
       단지 몇몇 곳에만 영향을 주는데 전체가 유리화됨
  2. lightning: prob. 낙뢰는 문제가 있음
     - dozens strikes required for extensive vitrifi.
       광범위한 유리화에는 수십 차례의 낙뢰가 필요함
     - walls cracked: normal wear & tear ← old
       오래되었기 때문에 벽에 금이 간 것은 평범한 마모임
  3. using stones exposed to lava: unlikely 용암에 노출된 돌을 사용했을 가능성 낮음
     - X volcanic act. near → had to transp. stone
       근처에 화산 활동이 없어서 돌을 옮겨와야 했음
     - ppl. used local materials 사람들은 지역 자재를 사용했음

스크립트 및 해석

Reading

스코틀랜드 도처에는 유리화된 돌로 지어진 대략 70여 개의 철기 시대 요새들의 유적이 흩어져 있는데, 이는 그것들이 어떻게든 유리 같은 물질로 녹아서 서로 융합되었음을 의미한다. 독특한 돌담을 가진 이러한 요새들의 기원을 설명하기 위해 몇 가지 시도들이 이루어졌다. 유리화는 봉화에 의해 일어났을 수 있다. 불은 다른 지역사회와 통신하는 수단으로서 요새의 벽을 따라 점화되었다. 이러한 불로부터 지속된 열이 시간이 흐름에 따라 돌을 녹였고, 이것이 유리화된 표면을 야기했다. 이 이론은 유리화된 돌이 봉화에 적절한 장소인 벽의 윗부분에 가장 흔하다는 사실에 의해 뒷받침된다.

낙뢰는 이 유적의 돌이 어떻게 유리화되었는지에 대한 또 다른 그럴듯한 설명이다. 한 번의 낙뢰로 인해 발생한 강한 열은 돌을 유리 같은 물질로 즉시 변형시키기에 충분하고, 반복된 타격은 이 구조물의 많은 부분이 유리화되도록 했을 것이다. 게다가, 낙뢰는 벽의 울퉁불퉁한 겉모습의 이유가 되는데, 타격으로 발생한 물리력은 돌을 금 가게 하고 큰 덩어리가 떨어져 나가게 할 만큼 충분히 강력하기 때문이다.

마지막으로, 일부 연구자들은 요새가 화산암을 사용해서 지어졌다고 제안했는데, 이는 유리화 과정이 축조 전에 일어났음을 의미한다. 이 이론에 따르면, 화산 분출로부터 나온 용암이 땅의 표면에 있는 돌 위로 흘렀고, 그것은 돌이 부분적으로 녹아 서로 융합하게 했다. 스코틀랜드의 고대 주민들은 이러한 돌의 골재를 요새를 짓는 데 사용했다.

remains[riméinz] 유적, 나머지 fort[fɔːrt] 요새 vitrify[vítrəfài] 유리화하다 fuse[fjuːz] 융합하다, 녹다 signal fire 봉화
logical[láːʤikəl] 적절한, 타당한 intense[inténs] 강한 generate[ʤénərèit] 발생시키다, 만들어내다 instantly[ínstəntli] 즉시, 즉각
transform[trænsfɔ́ːrm] 변형시키다, 전환하다 substance[sʌ́bstəns] 물질 account for ~ ~의 이유가 되다
uneven[ʌníːvən] 울퉁불퉁한, 평평하지 않은 crack[kræk] 금 가게 하다 volcanic rock 화산암
construction[kənstrʌ́kʃən] 축조, 건설 lava[láːvə] 용암 aggregate[ǽɡriɡèit] (건설 자재용) 골재

Listening ◎ Track 28

If you did the supplementary reading for this week's unit, you are probably familiar with the, uh, vitrified forts of Scotland and the various explanations that have been proposed regarding their origin. But none of these have been confirmed.

So, what about the idea that, um, signal fires are the cause of the vitrified stones found at these sites? Well, this just doesn't match with what we know about the forts. Signal fires were lit in one or two places on the walls, and these spots were not changed over time. Therefore, the heat from signal fires would affect only a few areas, but the entire upper surfaces of the walls are vitrified.

The theory about lightning being responsible for the vitrification process is also problematic. You know, these structures are quite large . . . uh, over 100 meters long in some cases. Dozens of individual lightning strikes would have been required for extensive vitrification to occur. I mean, what are the chances of lightning striking over and over in the same place? And the fact that the walls are cracked can easily be attributed to normal wear and tear . . . Remember, these forts are incredibly old, so it's not surprising that they are in poor condition.

It is also highly unlikely that the forts were built using stones that had been, uh, exposed to lava previously. There is no evidence of past volcanic activity near any of these sites, which means that the builders would have had to transport the, uh, clumps of melted stone vast distances. However, people from this period typically used local materials for construction. This is because the lack of roads made it almost impossible to move large quantities of heavy materials over great distances.

이번 주 단원의 보충 자료를 읽었다면 여러분은 아마도, 어, 스코틀랜드의 유리화된 요새와 그것의 기원에 관해 제시된 여러 가지 설명들을 잘 알고 있을 거예요. 하지만 이것들 중 사실로 드러난 것은 아무것도 없어요.

자, 봉화가 이 유적에서 발견된 유리화된 돌의 원인이라는, 음, 그 의견은 어떤가요? 글쎄요, 이것은 우리가 요새에 대해 아는 바에 전혀 부합하지 않아요. 봉화는 벽의 한두 곳에서 점화되었고, 이 지점은 시간이 흘러도 달라지지 않았어요. 따라서 봉화로부터 생긴 열은 단지 몇몇 곳에만 영향을 주었을 것인데, 벽의 위쪽 표면 전체가 유리화되었어요.

낙뢰가 유리화 과정의 원인이라는 이론도 역시 문제가 있어요. 있잖아요, 이 구조물은 꽤 거대하거든요... 어, 어떤 경우에는 100미터 길이가 넘어요. 광범위한 유리화가 발생하는 데에는 수십 차례의 개별적인 낙뢰가 필요했을 거예요. 제 말은, 낙뢰가 같은 장소에 반복해서 떨어질 가능성이 얼마나 될까요? 그리고 벽에 금이 갔다는 사실은 평범한 마모 탓으로 쉽게 돌릴 수 있죠... 기억하세요, 이 요새들은 엄청나게 오래되어서, 그것들이 좋지 않은 상태에 있다고 해도 놀랍지 않아요.

요새가, 어, 이전에 용암에 노출되었던 돌을 사용해서 지어졌을 가능성 또한 매우 낮아요. 이 유적들 근처 어디에도 과거에 일어난 화산 활동의 증거는 없는데, 이는 건설자들이, 어, 용해된 돌무더기들을 멀리서 옮겨야 했다는 것을 의미해요. 하지만 이 시기의 사람들은 보통 건설 작업에 지역의 자재를 사용했어요. 이는 도로의 부족이 많은 양의 무거운 자재를 상당한 거리에 걸쳐서 옮기는 것을 거의 불가능하게 만들었기 때문이죠.

> entire[intáiər] 전체의 wear and tear 마모 exposed[ikspóuzd] 노출된 previously[príːviəsli] 이전에
> transport[trænspɔ́ːrt] 옮기다, 실어 나르다 clump[klʌmp] 무더기

02. Note-taking

읽기 노트

> - GM crops benefit humans 유전자 변형 작물은 사람들에게 이익을 줌
>   1. solve world hunger 세계 기아를 해결함
>   - ↑ crop yields 작물 수확량을 증가시킴
>   - GM rice produce 50% ↑ rice 유전자 변형 벼는 쌀을 50퍼센트 더 생산함
>   2. ↓ price of food 식량의 가격을 낮춤
>   - ↑ resistant to environ. prob. 환경 문제에 더 저항력 있음
>   - ↓ crops lost → stabilize supply 보다 적은 작물이 손실되어 공급을 안정시킴
>   3. produce vaccines ↑ widely avail. 더 널리 이용 가능한 백신을 만들어냄
>   - convent. vaccine: storage & transp. diffic. 전통적인 백신은 보관과 운송이 어려움
>   - vaccines by GM fruit: easy to store & ship
>   유전자 변형 과일 백신은 보관하고 운송하기 쉬움

듣기 노트

- benefits: overstated 혜택은 과장됨

  1. X solution to world hunger 세계 기아의 해결책 아님
     - food unequally distributed 식량이 불평등하게 분배됨
     - even produce ↑ food, X diminish global hunger
       더 많은 식량을 생산해도 세계 기아를 줄이지 않음
  2. X reduce price of food 식량의 가격을 낮추지 않음
     - ↑ costly ← comp. expect profit 회사가 이윤을 기대해서 더 비싸짐
     - ↑ seed prices & water costs 더 높은 씨앗의 가격과 물의 비용
  3. GM vaccines: same prob. as convent. 유전자 변형 백신은 전통적인 것과 같은 문제가 있음
     - using bananas/tomatoes → spoil quickly 바나나나 토마토를 이용해서 빨리 상함
     - have to be kept cool → diffic. to store & transp.
       서늘하게 유지되어야 해서 보관과 운송이 어려움

스크립트 및 해석

Reading

유전자 변형 작물은 유전 공학을 통해 개조된 농업 작물이다. 1980년대 초반에 최초로 도입된 유전자 변형 작물은 사람들에게 크게 이익을 준다.

한 가지 이점은 유전자 변형 작물이 세계 기아 문제를 해결하도록 도울 수 있다는 것이다. 지구상에는 식량이 충분하지 않은 사람들이 10억명 이상 있는 것으로 추정된다. 그러나, 농작물의 유전자 변형은 작물 수확량을 증가시킴으로써 그 문제를 완화할 수 있다. 좋은 예로, 과학자들은 벼가 햇빛을 더욱 효율적으로 이용할 수 있도록 현재 벼의 DNA를 변형시키고 있다. 그들은 그 결과로 만들어진 유전자 변형 벼가 일반 품종보다 쌀을 50퍼센트 더 생산할 것으로 추정한다.

유전자 변형 작물의 또 다른 혜택은 식량의 가격을 낮춘다는 점이다. 이는 작물이 환경적인 문제에 대해 더 저항력 있도록 유전적으로 변형될 수 있기 때문이다. 예를 들어, 감자는 영하의 온도를 더욱 잘 견디게 만들기 위해 개조되었고, 옥수수는 가뭄에 대해 더 회복력 있게 되도록 변형되었다. 이는 불리한 재배 환경에 의해 보다 적은 작물이 손실되고, 이것이 식량 공급을 안정시키고 따라서 식량 가격을 낮춘다는 것을 의미한다.

유전자 변형 작물은 이전의 것보다 더 널리 이용될 수 있는 백신 또한 만들어낼 수 있다. 전통적인 백신의 온도는 효능의 상실을 막기 위해 보관 및 운송 중에 조심스럽게 관리될 필요가 있다. 이것은 보통 빈곤한 개발도상국에서는 해내기 어렵고, 이는 그러한 곳에서 백신의 이용 가능성을 줄인다. 그 문제에 대응하여, 연구자들은 최근에 과일 작물을 유전적으로 변형시킴으로써 식용 백신을 개발했다. 이러한 생산품은 보관하고 운송하기가 비교적 쉽다.

genetically modified crop 유전자 변형 작물 agricultural[æ̀grikʌ́ltʃərəl] 농업의 alter[ɔ́:ltər] 개조하다, 바꾸다
yield[ji:ld] 수확량 resistant[rizístənt] 저항력 있는 tolerant of ~ ~을 견디는 resilient[rizíljənt] 회복력 있는
drought[draut] 가뭄 unfavorable[ʌ̀nféivərəbl] 불리한 stabilize[stéibəlàiz] 안정시키다
conventional[kənvénʃənl] 전통적인, 기존의 potency[póutənsi] 효능 availability[əvèiləbíləti] 이용 가능성
edible[édəbl] 식용의

Listening ◯ Track 29

The supposed wonders of genetically modified foods, have received lots of media attention, but we should be skeptical of these claims. In fact, the benefits of GM crops have been grossly overstated.

For starters, GM crops are not a realistic solution to the problem of world hunger. You see, the world already produces more than enough food to feed everyone on the planet. The real issue is that food around the world is unequally distributed. I mean, even if GM crops produce more food, poor people still wouldn't have access to it . . . So GM crops aren't going to diminish global hunger.

A second point is that GM crops do not reduce the price of food. In fact, they actually make it more costly. You know, billions of dollars are being spent by agricultural companies to invent new GM crops, and they aren't doing this out of charity . . . They expect a profit. This is why GM seeds are sold at steep prices—up to five times greater than the prices of regular, unmodified seeds. In addition, many genetically modified plants require more water to grow than regular crops. So, you've got higher seed prices and higher water costs, which leads to–you guessed it–more expensive food.

Lastly, GM vaccines have the same problems with availability as conventional ones. Most of these edible vaccines are made using bananas or tomatoes, which can spoil quickly, especially in warm weather. This means that the vaccines have to be kept cool continuously, making it difficult to store and transport them. The bottom line is, GM crops aren't going to make vaccines more widely available to people including those in developing countries.

유전자 변형 식품의 추정된 경이로움은 많은 언론의 주목을 받았지만, 우리는 이러한 주장들을 의심해봐야 합니다. 사실, 유전자 변형 작물의 혜택은 극도로 과장되었어요.

우선, 유전자 변형 작물은 세계 기아 문제의 현실적인 해결책이 아니에요. 있잖아요, 세계는 이미 지구상의 모든 사람들을 먹일 만큼 충분한 식량을 생산해요. 진짜 문제는 식량이 세계적으로 불평등하게 분배된다는 거예요. 제 말은, 유전자 변형 작물이 더 많은 식량을 생산한다 하더라도, 가난한 사람들은 여전히 식량에 접근하지 못할 거라는 말이죠... 그러니까 유전자 변형 작물은 세계 기아를 줄이지 않을 거예요.

두 번째 요점은 유전자 변형 작물이 식량의 가격을 낮추지 않는다는 것입니다. 사실은 유전자 변형 작물이 가격을 더 비싸게 만들어요. 있잖아요, 새로운 유전자 변형 작물을 만들어내기 위해 농업 회사들에 의해 수십억 달러가 쓰이고 있는데, 그들은 자선을 위해서 이런 일을 하는 게 아니에요... 그들은 이윤을 기대하고 있죠. 이것이 유전자 변형 씨앗이 터무니없는 가격에 팔리고 있는 이유인데, 보통의 변형되지 않은 씨앗의 가격보다 다섯 배까지 더 비싸죠. 게다가 많은 유전자 변형 작물은 재배하기 위해 보통의 작물보다 더 많은 물을 필요로 해요. 그래서 더 높은 씨앗의 가격과 더 높은 물의 비용을 가지게 되는 것인데, 이것은, 여러분이 짐작하는 것처럼, 더욱 비싼 식량으로 이어져요.

마지막으로, 유전자 변형 백신은 이용 가능성에 있어서 전통적인 백신과 같은 문제를 가지고 있어요. 이러한 식용 백신의 대부분은 바나나나 토마토를 이용해 만들어지는데, 이것들은 특히 따뜻한 날씨에 빨리 상할 수 있어요. 이는 백신이 계속해서 서늘하게 유지되어야 해서, 그것을 보관하고 운송하기 어렵게 만든다는 것을 의미해요. 결론은, 유전자 변형 작물은 개발도상국 사람들을 포함한 대중들에게 백신이 더 널리 이용 가능하도록 만들지 않을 거예요.

supposed[səpóuzd] 추정된 wonder[wʌ́ndər] 경이로움 skeptical[sképtikəl] 의심하는 grossly[gróusli] 극도로, 크게
overstate[òuvərstéit] 과장하다 unequally[ʌníːkwəli] 불평등하게 distribute[distríbjuːt] 분배하다
diminish[dəmíniʃ] 줄이다 costly[kɔ́ːstli] 비싼 steep[stiːp] 터무니없는 spoil[spɔil] 상하다

03. Note-taking

읽기 노트

- carbon sequest.: ways 탄소 격리의 방법들
  - 1. ↑ phyto. by adding iron to oceans 바다에 철분을 더함으로써 식물성 플랑크톤을 증가시킴
    - absorb CO_2 into bodies & when die, sink
      이산화탄소를 몸속으로 흡수하고 죽을 때 가라앉음
    - iron-rich dust → ↑ phyto., ↑ CO_2 stored
      철분이 풍부한 가루는 식물성 플랑크톤을 증가시키고 저장되는 이산화탄소를 늘림
  - 2. creating artificial wetlands 인공 습지 조성
    - forests: bacteria use O_2 → release CO_2
      숲에서는 박테리아가 산소를 이용해서 이산화탄소를 방출함
    - ground covered by water: prevents O_2 enter → CO_2 ↓
      물로 덮인 땅은 산소가 들어오는 것을 막아서 이산화탄소가 감소함
  - 3. store in coal mines 석탄 광산에 저장함
    - captured from power plants & pumped into coal mines
      발전소에서 잡아내고 석탄 광산에 주입됨
    - CO_2 molecules contact coal → attach & remain
      이산화탄소 분자가 석탄과 접촉해서 들러붙고 남아있음

듣기 노트

- methods: X work 방법들은 효과가 없음

  1. adding iron: X permanent ↑ in phyto.

     철분을 더하는 것은 식물성 플랑크톤의 영구적인 증가를 초래하지 않음

     – multiply → run out of N & population ↓ 증식해서 질소를 다 써버리고 개체 수가 감소함
     – little CO_2 stored, accord. to study: 3%
       이산화탄소는 거의 저장 안 되고 연구에 따르면 3퍼센트임

  2. creating wetlands: ineffec. 습지를 조성하는 것은 효과 없음

     – artificial: storage 23% ↓ than natural 인공은 천연보다 23퍼센트 적게 저장함
     – takes long to develop 개발되는 데 오래 걸림

  3. storing in coal mines: prob. 석탄 광산에 저장하는 것은 문제가 있음

     – methane extracted, burned → CO_2 emitted
       메탄이 추출되고 연소되면 이산화탄소가 방출됨
     – some leak into atmosph. 일부는 대기로 새어나감

스크립트 및 해석

Reading

지구온난화는 이산화탄소를 포함하여 대기에 있는 온실가스의 축적에 의해 발생한다. 따라서, 과학자들은 온난화 추세를 늦추기 위해 대기 중 이산화탄소의 수준을 낮추는 방법을 개발하고 있다. 한 가지 흥미로운 접근법은 탄소 격리라고 불리는데, 이는 이산화탄소를 땅이나 바닷속에 저장하는 것을 포함하고, 이것은 여러 가지 방법으로 달성될 수 있다.

많은 과학자들은 우리가 바다에 철분을 더함으로써 식물성 플랑크톤의 양을 증가시켜야 한다고 주장한다. 식물성 플랑크톤은 광합성 과정 중에 이산화탄소를 몸속으로 흡수하는 미세한 해양 생물이다. 식물성 플랑크톤이 죽을 때, 그것은 이산화탄소를 지닌 채 해저로 가라앉는다. 이 생물은 철분을 먹고 살기 때문에, 철분이 풍부한 가루를 바다에 더하는 것은 더욱 많은 식물성 플랑크톤이 자라도록 촉진할 것이고, 이는 바닷속에 저장되는 이산화탄소의 양을 증가시킬 것이다.

인공 습지를 조성하는 것은 이산화탄소를 격리하는 또 다른 훌륭한 방법이다. 숲과 같은 생태계에서, 박테리아는 토양에 있는 풍부한 산소를 이용하여 유기물을 빠르게 분해하는데, 이는 많은 이산화탄소를 공기 중으로 방출한다. 그러나, 습지 지역의 땅은 거의 완전히 물로 덮여 있고, 이것은 상당한 양의 산소가 토양에 들어가는 것을 막는다. 따라서, 습지에서 분해는 매우 느리게 일어나고, 대기로 들어가는 이산화탄소의 양이 크게 감소된다.

마지막으로, 이산화탄소는 버려진 석탄 광산에 저장될 수 있다. 이산화탄소가 대기 중으로 방출되는 것을 막기 위해, 그것은 화석 연료를 사용하는 발전소에서 굴뚝에 설치된 특수 여과 장치를 이용하여 잡아낼 수 있다. 그리고 나서 이산화탄소는 트럭이나 수송관에 의해 운송되고 오래된 석탄 광산에 주입된다. 이산화탄소 분자가 석탄과 접촉할 때, 그것은 표면에 들러붙어 수백 년 동안 석탄 광산에 남아있을 것이다.

accumulation[əkjù:mjuléiʃən] 축적 atmosphere[ǽtməsfìər] 대기 carbon dioxide 이산화탄소
sequestration[sì:kwestréiʃən] 격리 accomplish[əká:mpliʃ] 달성하다 phytoplankton[fàitouplǽŋktən] 식물성 플랑크톤
microscopic[màikrəská:pik] 미세한 marine[mərí:n] 해양의, 바다의 organism[ɔ́:rgənìzm] 생물, 유기체
photosynthesis[fòutousínθəsis] 광합성 artificial[ɑ̀:rtəfíʃəl] 인공의 wetland[wétlænd] 습지
decompose[dì:kəmpóuz] 분해하다 organic[ɔ:rgǽnik] 유기의 abandoned[əbǽndənd] 버려진, 유기된
emit[imít] 방출하다, 내뿜다 smokestack[smóukstæk] 굴뚝

Listening ◯ Track 30

Carbon sequestration has been identified as a possible way to reduce greenhouse gases in the atmosphere. While several, um, creative methods to store carbon in the ground or oceans have been proposed, there is no way these will actually work.

Adding iron to the oceans doesn't cause a permanent increase in the number of phytoplankton that can store CO_2. When these organisms multiply too quickly, they run out of nitrogen, which they need to survive, and the population decreases again. As a result, iron fertilization results in very little CO_2 being stored in the ocean.

According to a recent study, even if we dumped massive quantities of iron into the oceans, only a small amount of CO_2 would be sequestered–perhaps only 3 percent of all atmospheric CO_2!

Next, creating wetlands is an ineffective method of sequestering CO_2. It's true that naturally occurring wetlands contain a lot of CO_2, but unfortunately, the same can't be said of artificial ones. In fact, one study found that the storage capacity of these wetlands is 23 percent less than that of natural swamps and marshes. And what's more, it simply takes too long for artificial wetlands to fully develop–hundreds of years, in some cases. So by the time these ecosystems are fully functional, it may be too late.

The final point I'd like to make is that storing CO_2 in old coal mines is problematic. You see, when CO_2 bonds with coal, methane is released, and this gas is extracted because it is commonly used as fuel. The problem is that methane contains carbon as well, so CO_2 is emitted into the atmosphere when it is burned. And you should know that not all of the CO_2 in the coal mine adheres to the coal . . . Some of it can leak out into the atmosphere. In the end, the total amount of CO_2 in the atmosphere might not be reduced at all.

탄소 격리는 대기 중 온실가스를 줄이기 위한 하나의 가능한 방법으로 인정받아 왔어요. 땅이나 바닷속에 탄소를 저장하는 몇 가지, 음, 참신한 방법들이 제안되었지만, 이것들이 실제로 효과가 있을 수는 없어요.

바다에 철분을 더하는 것은 이산화탄소를 저장할 수 있는 식물성 플랑크톤 수의 영구적인 증가를 초래하지 않아요. 이 생물이 너무 빠르게 증식하면, 그것들은 생존에 필요한 질소를 다 써버리고, 개체 수는 다시 감소해요. 그 결과, 철 비옥화는 아주 적은 이산화탄소가 바다에 저장되는 것으로 끝나요. 최근의 한 연구에 따르면, 우리가 막대한 양의 철분을 바다에 쏟아붓는다고 해도, 오로지 적은 양의 이산화탄소만이 격리될 거예요. 아마 대기의 모든 이산화탄소 중에서 3퍼센트만요!

다음으로, 습지를 조성하는 것은 이산화탄소를 격리하는 데 효과가 없는 방법이에요. 자연적으로 발생하는 습지가 많은 이산화탄소를 함유하고 있다는 것은 사실이지만, 불행히도, 인공적인 습지도 그렇다고 말할 수 있는 건 아니에요. 사실, 한 연구는 이러한 습지의 저장 능력이 천연 늪과 습지보다 23퍼센트 더 적다는 점을 발견했어요. 게다가 인공 습지가 완전히 개발되는 데에는 그야말로 너무 오랜 시간이 걸려요. 어떤 경우에는 수백 년이나요. 그러니까 이러한 생태계가 완전히 기능을 할 때쯤엔, 너무 늦을지도 모르죠.

제가 말하고 싶은 마지막 요점은 오래된 석탄 광산에 이산화탄소를 저장하는 것은 문제가 있다는 거예요. 그러니까, 이산화탄소가 석탄과 결합하면 메탄이 방출되고, 이 가스는 흔히 연료로 사용되기 때문에 추출돼요. 문제는 메탄도 탄소를 포함하고 있어서, 그것이 연소될 때 이산화탄소가 대기 중으로 방출된다는 거예요. 그리고 여러분은 석탄 광산에 있는 모든 이산화탄소가 석탄에 들러붙지는 않는다는 걸 알아야 해요... 일부는 대기로 새어나갈 수 있죠. 결국, 대기에 있는 이산화탄소의 전체 양은 전혀 줄어들지 않을 수도 있어요.

permanent [pə́ːrmənənt] 영구적인 multiply [mʌ́ltəplài] 증식하다, 크게 증가하다 run out of ~ ~을 다 써버리다
nitrogen [náitrədʒən] 질소 fertilization [fə̀ːrtəlizéiʃən] 비옥화 massive [mǽsiv] 막대한 atmospheric [æ̀tməsférik] 대기의
ineffective [ìniféktiv] 효과가 없는 capacity [kəpǽsəti] 능력, 용량 swamp [swɑːmp] 늪 marsh [mɑːrʃ] 습지
functional [fʌ́ŋkʃənl] 기능을 하는, 가동되는 extract [ikstrǽkt] 추출하다, 뽑아내다 adhere [ædhíər] 들러붙다, 부착되다
leak out 새어나가다

04. Note-taking

읽기 노트

- reasons for whale strandings 고래 표류의 원인들
    1. wind patterns 바람 패턴
        - winds push water → food carried → whales follow
          바람이 물을 밀어내서 먹이가 운반되어 고래가 따라감
        - enter shallow & stranded when tide out 얕은 곳에 들어가고 조수가 빠질 때 표류함
    2. illness 질병
        - become weak & X swim well 약해지고 헤엄을 잘 못 침
        - pushed to shore by currents & waves 해류와 파도에 의해 해변으로 밀려남
    3. geological features 지질학적 특성
        - navigate by noises & echoes 소리와 메아리로 길을 찾음
        - gentle slope: X reflect sonar → swim close to shore
          완만한 경사면은 음파를 반사 못 해서 해안에 가깝게 헤엄침

듣기 노트

- assertions: wrong 주장들은 틀림
    1. wind patterns: X make sense 바람 패턴은 말이 안 됨
        - X account for places w/ variety of wind 다양한 바람이 있는 장소를 설명하지 못함
        - ex) whales come ashore where currents away from land
          예) 해류가 육지로부터 멀어지는 곳에서 고래가 해변으로 옴
    2. illness: unreliable 질병은 신뢰할 수 없음
        - healthy whales stranded as well 건강한 고래 역시 표류함
        - push into water → most swim to sea 물에 밀어 넣으면 대부분이 바다로 헤엄쳐감
    3. gentle slope: prob. 완만한 경사는 문제가 있음
        - only some stranded, but all use similar system
          오직 일부만 표류하지만 모든 고래가 유사한 시스템을 이용함
        - whales inhabit shallow waters rarely stranded
          얕은 해역에 서식하는 고래는 거의 표류하지 않음

스크립트 및 해석

Reading

해변에 무력하게 누워있는 고래의 애석한 발견은 세계 많은 지역에서 너무나도 흔한 사건이다. 왜 이러한 표류가 발생하는지에 대해 몇 가지 가능한 원인들이 있다.

고래는 바람 패턴 때문에 표류할 수 있다. 남빙양에서, 남쪽과 서쪽에서 불어오는 바람은 남극의 차가운 해수를 북동쪽으로 호주를 향해 밀어낸다. 물고기와 플랑크톤과 같은 먹이원은 해수의 흐름에 의해 운반되기 때문에, 고래는 먹이를 먹기 위해 이 해류를 따라간다. 고래가 호주에 점점 더 가깝게 헤엄치면서, 그것은 해변 근처의 얕은 물로 들어가 조수가 빠질 때 표류한다.

고래가 질병으로 인해 해안으로 오는 것 또한 가능하다. 일부 전문가들은 고래가 병이 든 결과 약해지고 헤엄을 잘 칠 수 없게 된다고 생각한다. 이러한 일이 발생할 때, 연약한 고래는 표류할 때까지 해류와 파도에 의해 해변에 더 가깝게 서서히 밀려난다. 더욱이, 해양 생물학자들은 해변으로 밀려 올라온 많은 고래들이 이미 질병으로 죽어있었다는 것에 주목했다. 이는 그들로 하여금 비슷한 질병이 살아있는 고래가 표류하는 것에 영향을 미치고 있다고 결론짓도록 했다.

게다가, 특정 해안 지대의 지질학적 특성이 고래가 방향 감각을 잃게 만들 수 있다. 고래는 딸깍하는 소리를 내고 메아리를 들음으로써 주위의 길을 찾는다. 이는 그것이 수중 절벽과 같은 가파른 각도를 지닌 지질학적 형태를 쉽게 탐지할 수 있다는 것을 의미한다. 그러나, 일부 해

변에 근접한 해저는 고래가 이용하는 수중 음파를 제대로 반사하지 못할 수도 있는 매우 완만한 경사면을 가지고 있나. 만약 고래가 해변 근처의 해안 지대를 탐지할 수 없으면, 그것은 해안에 너무 가깝게 헤엄쳐서 표류할 가능성이 훨씬 더 높다.

helplessly[hélplisli] 무력하게 occurrence[əkə́:rəns] 사건, 일 stranding[strǽndiŋ] 표류 Antarctica[æntá:rktikə] 남극
tide[taid] 조수 ashore[əʃɔ́:r] 해안으로, 물가로 coastline[kóustlàin] 해안 지대 disoriented[disɔ́:rièntid] 방향 감각을 잃은
adjacent[ədʒéisnt] 근접한 sonar beam 수중 음파

Listening 🎧 Track 31

At the end of last class I asked you to read the unit in your textbook that deals with whale strandings. As you probably remember, it provides an overview of the reasons for this phenomenon. But the assertions made in the reading passage are just wrong.

To begin with, the claim that whale strandings result from wind patterns is inaccurate. You see, the wind theory doesn't account for the fact that whale strandings take place around the world in places with a variety of wind patterns. For example, whales frequently come ashore on the eastern coast of the United States, where prevailing winds from the west create currents that actually flow away from land.

The theory that whales become beached due to illness is also unreliable. I mean, it doesn't explain why perfectly healthy whales often become stranded as well. As you know, it's pretty common for volunteers to push stranded whales back into the water. Now, if these animals were sick and weak, you'd expect them to just wash back onto the beach, right? But that's not what happens . . . Most stranded whales are able to swim back out to sea under their own power once they've been returned to the water.

Well, how about the idea that a gently sloping shoreline interferes with a whale's natural sonar system? The problem with this theory is that only some whales end up stranded on beaches . . . but all whales use a similar sonar system to navigate. It just doesn't make sense that some whales would have problems detecting beaches but not others. Furthermore, whales that normally inhabit shallow coastal waters rarely become stranded. If detecting slightly sloping shores near beach areas is a problem for whales in general, the ones frequently visiting those areas would get stranded the most. But in fact, that's not been the case.

지난 수업이 끝날 때쯤 제가 여러분에게 교재에서 고래 표류를 다루는 단원을 읽어오라고 했죠. 여러분도 아마 기억하겠지만, 그것은 이 현상의 원인에 대한 개요를 제공합니다. 하지만 읽기 지문에서 펼친 주장들은 완전히 틀렸어요.

우선, 고래 좌초가 바람 패턴의 결과라는 주장은 정확하지 않습니다. 있잖아요, 바람 이론은 고래 좌초가 다양한 바람 패턴을 지닌 장소에서 전 세계적으로 일어난다는 사실을 설명하지 못해요. 예를 들어, 고래는 종종 미국 동부 해안의 해변으로 오는데, 이곳은 서쪽에서 불어오는 우세한 바람이 실제로는 육지로부터 멀어지게 흐르는 해류를 만들어내죠.

고래가 질병으로 인해 해변으로 오게 된다는 이론 또한 신뢰할 수 없습니다. 제 말은, 그것은 왜 완벽하게 건강한 고래 역시 종종 표류하는지를 설명하지 못하거든요. 아시다시피, 자원봉사자들이 표류한 고래를 다시 바다로 밀어 넣는 일은 상당히 흔합니다. 자, 만약 이 동물들이 아프고 약하다면, 여러분은 그들이 다시 해변으로 떠밀려오게 될 거라고 예상할 겁니다, 그렇죠? 하지만 그런 일은 일어나지 않아요... 대부분의 표류한 고래들은 한번 물로 되돌아가기만 하면 스스로의 힘으로 다시 바다로 헤엄쳐갈 수 있어요.

자, 완만하게 경사를 이루는 해안가가 고래의 타고난 수중 음파 시스템을 방해한다는 생각은 어떨까요? 이 이론의 문제는 오직 일부 고래들만 해변에 표류하게 된다는 거예요... 하지만 모든 고래가 길을 찾기 위해 유사한 수중 음파 시스템을 이용하죠. 일부 고래들은 해변을 탐지하는 데 문제가 있지만 다른 고래들은 그렇지 않다는 건 말이 되지 않아요. 게다가 보통 얕은 연안 해역에 서식하는 고래는 거의 표류하지 않습니다. 만약 해변 근처의 약간 경사진 해안을 탐지하는 것이 고래에게 일반적으로 문제라면, 그러한 지역에 자주 가는 고래가 가장 많이 표류하겠죠. 하지만 실제로는 그것은 사실이 아니에요.

prevailing[privéiliŋ] 우세한, 지배적인 beach[bi:tʃ] 해변으로 오다 coastal waters 연안 해역 in general 일반적으로

HACKERS PRACTICE

p.108

01. Note-taking

읽기 노트

- Etruscans from Turkey 에트루리아인은 터키에서 옴

  1. DNA evid. DNA 증거
     - analyzed remains in Etr. gravesites 에트루리아 묘지의 유해를 분석함
     - found genetic markers linking to ancient Turks
       고대 터키인과 연결 짓는 유전자 표지를 발견함
  2. Etr. language 에트루리아 언어
     - alphabet: Turkish in origin 철자의 기원이 터키어임
     - diff. from Indo–Eur. languages nearby 근의 인도유럽어와 다름
  3. funerary practices 장례 풍습
     - cremated & stored ashes in urns: shared w/ Turks
       화장하고 재를 항아리에 보관한 것은 터키인과 공통됨
     - X other groups practiced cremation 다른 어떠한 집단도 화장을 행하지 않음

듣기 노트

- Etr. from Turkey: doubtful 에트루리아인이 터키에서 왔다는 것은 의심스러움

  1. DNA study: hard to believe DNA 연구는 믿기 어려움
     - DNA from 1,000s years ago → damaged DNA는 수천 년 전의 것이어서 손상됨
     - ppl. contact → DNA contaminated 사람들이 접촉해서 DNA가 오염됨
  2. language related to Turkish: X proven
     언어가 터키어와 관련이 있다는 것은 증명되지 않음
     - similar. b/w alphabet: X conclusive link to Turkish
       철자의 유사성은 터키와 결정적인 연결 고리 아님
     - possib. that only surviving of language family
       어족에서 살아남은 유일한 언어일 가능성
  3. funerary practices: X reason 장례 풍습은 근거 없음
     - cremation in n. Italy before Etr. 에트루리아인 전에 이탈리아 북부에 화장이 있었음
     - Etr.: successors to traditions 에트루리아인은 전통의 계승자임

Summary

① The lecturer argues that it is doubtful that the Etruscans came from Turkey. This contradicts the reading passage's claim that the Etruscans had Turkish origins.

② First, the lecturer contends that a study that relies upon ancient DNA is hard to believe. The DNA was from thousands of years ago, which means that it has almost certainly degraded. Also, given that lots of people may have had contact with the DNA, it has probably been contaminated. ③ This casts doubt on the reading passage's claim that DNA proves that Etruscans came from Turkey.

④ Next, the lecturer claims that it is unproven that the Etruscan language is related to Turkish languages. The similarities between the alphabets do not mean that Etruscan is related to Turkish languages. Actually, it could be the only language that has survived from its language family. ⑤ This counters the reading passage's claim that the Etruscan language is evidence that the Etruscans migrated from Turkey.

⑥ Finally, the lecturer asserts that there is no reason to assume a connection between the funerary practices of Etruscans and of ancient Turks. It has been found that cremation was performed in northern Italy before the Etruscans lived. This indicates that the Etruscans were successors to these traditions. ⑦ This refutes the reading passage's claim that a link between Etruscans and ancient Turks is proven by similar funerary methods.

해석　강의자는 에트루리아인이 터키에서 왔다는 것은 의심스럽다고 주장한다. 이는 에트루리아인이 터키 혈통을 가졌다는 읽기 지문의 주장을 반박한다.

첫째로, 강의자는 고대 DNA에 의존하는 연구는 믿기 어렵다고 주장한다. 그 DNA는 수천 년 전의 것이었는데, 이는 그것의 품질이 저하되었음이 거의 확실하다는 의미이다. 또한, 많은 사람들이 그 DNA와 접촉했을 것이라는 점을 고려하면, 그것은 아마 오염되었을 것이다. 이는 DNA가 에트루리아인이 터키에서 왔음을 증명한다는 읽기 지문의 주장에 의구심을 제기한다.

다음으로, 강의자는 에트루리아의 언어가 터키의 언어와 관련이 있다는 것은 증명되지 않았다고 주장한다. 철자 간의 유사성이 에트루리아어가 터키의 언어와 관련이 있다는 것을 의미하지는 않는다. 사실, 그것은 그것의 어족에서 살아남은 유일한 언어일 수도 있다. 이는 에트루리아의 언어가 에트루리아인이 터키에서 이주했다는 증거라는 읽기 지문의 주장에 반대한다.

마지막으로, 강의자는 에트루리아인과 고대 터키인의 장례 풍습 간의 연관성을 가정할 근거가 없다고 주장한다. 에트루리아인이 존재하기 전에 이탈리아 북부에서 화장이 행해졌다는 것이 발견되었다. 이것은 에트루리아인이 이러한 전통의 계승자였음을 나타낸다. 이는 에트루리아인과 고대 터키인 사이의 관련성이 유사한 장례 방식에 의해 입증된다는 읽기 지문의 주장을 반박한다.

스크립트 및 해석

Reading

에트루리아 문명은 이탈리아 북부에서 기원전 700년과 300년 사이에 번영했다. 몇몇의 서로 다른 지역들이 이 민족의 본고향으로 여겨지기는 했지만, 에트루리아인은 터키에서 이주했다는 의견 일치가 점차 이루어지고 있다.

가장 중요하게, DNA 증거는 에트루리아인이 터키 혈통을 가지고 있다는 것을 보여준다. 2004년에, 이탈리아 연구자들은 에트루리아의 묘지에서 발견된 수십 구의 유해를 분석했다. 과학자들은 유해에서 나온 특정한 유형의 DNA를 검사했고 에트루리아인을 고대 터키인과 연결 짓는 유전자 표지를 발견했다.

에트루리아인에 의해 사용된 언어 또한 그들이 터키 출신이라는 것을 나타낸다. 에트루리아의 명문과 두 나라 말로 쓴 문서를 연구함으로써, 언어학자들은 에트루리아어와 터키어 사이에서 일부 유사성을 발견했고, 에트루리아어 철자의 기원이 터키어라고 결론지었다. 더욱이, 비교 분석은 에트루리아어가 그리스어나 라틴어와 같이 인근에서 쓰였던 인도유럽어와는 상당히 다르다는 것을 보여주었다.

터키인과 에트루리아인 사이의 마지막 관련성은 공통된 장례 풍습에서 발견된다. 에트루리아인은 죽은 사람을 화장하고 그 재를 화려한 항아리에 보관했는데, 이는 터키인과 공통된 특징이다. 그러나, 당시 이탈리아 북부에 거주했던 다른 어떠한 집단도 화장을 행한 것으로 알려져 있지 않다.

thrive[θraiv] 번영하다, 번창하다   consensus[kənsénsəs] 의견 일치   migrate[máigreit] 이주하다   remains[riméinz] 유해
gravesite[gréivsait] 묘지   genetic marker 유전자 표지   ancient[éinʃənt] 고대의   inscription[inskrípʃən] 명문
bilingual[bailíŋgwəl] 두 나라말로 쓴   comparative analysis 비교 분석   funerary[fjúːnərèri] 장례의
practice[prǽktis] 풍습; 행하다   cremate[kríːmeit] 화장하다   elaborate[ilǽbərət] 화려한, 정교한   urn[əːrn] 항아리
characteristic[kæ̀riktərístik] 특징

Listening 🎧 Track 33

You know, academics do not agree on where Etruscans originated. Some maintain that the Etruscans came from Turkey, but this seems pretty doubtful.

Lots of researchers point to a 2004 DNA study as evidence of a Turkish origin. However, any study that relies upon ancient DNA is hard to believe. The DNA that was analyzed was from thousands of years ago, so it must have been badly damaged. Moreover, considering the number of people who could have come in contact with the bones at the archaeological site, it is likely that the DNA was contaminated somewhere along the way.

Additionally, it's not been proven that the Etruscan language is related to Turkish ones. You know, different languages sometimes have similar alphabets, so the similarity between the alphabets is not a conclusive link to connect Etruscan to Turkish languages. Also, it's true that linguists have determined that the language is not part of the same family as the other languages spoken in Italy today . . . But we can't exclude the possibility that it is the only surviving member of its language family.

And finally, despite an overlap between funerary practices of the Etruscans and those of ancient Turkey, there's no reason to assume a connection. Archaeological finds have proven that practices like cremation had gone on for thousands of years in northern Italy before the Etruscans were even around. This suggests that the Etruscans were simply the successors to these traditions in the local region.

있잖아요, 학자들은 에트루리아인이 어디에서 유래했는지에 대해 동의하지 않습니다. 일부는 에트루리아인이 터키에서 왔다고 주장하지만, 이것은 상당히 의심스러워 보여요.

많은 연구자들이 2004년의 DNA 연구를 터키 기원의 증거로 지목합니다. 하지만 고대의 DNA에 의존하는 모든 연구는 믿기 어렵습니다. 분석된 DNA는 수천 년 전의 것이었고, 따라서 그것은 심각하게 손상되었던 것이 틀림없어요. 게다가 유적지에서 유골과 접촉했을 수도 있는 사람들의 수를 고려하면, 그 DNA는 중간에 어디선가 오염되었을 가능성이 높아요.

게다가, 에트루리아의 언어가 터키의 언어와 관련이 있다는 것은 증명되지 않았습니다. 있잖아요, 서로 다른 언어들은 종종 비슷한 철자를 가지고 있기 때문에, 철자 간의 유사성은 에트루리아어를 터키의 언어와 이어주는 결정적인 연결 고리는 아니에요. 또한, 언어학자들이 그 언어가 오늘날 이탈리아에서 쓰이는 다른 언어들과 같은 어족의 일부가 아니라는 점을 밝혀낸 것은 사실입니다... 하지만 우리는 그것이 그것의 어족에서 살아남은 유일한 언어일 가능성을 배제할 수 없어요.

그리고 마지막으로, 에트루리아의 장례 풍습과 고대 터키의 장례 풍습 간의 부분적 일치에도 불구하고, 연관성을 가정할 근거는 없습니다. 고고학적 발견물은 화장과 같은 풍습은 에트루리아인이 있기도 전에 이탈리아 북부에서 수천 년 동안 이어져 왔음을 증명했어요. 이는 에트루리아인이 그저 현지 지역에서 이러한 전통의 계승자였다는 것을 암시하죠.

rely upon ~ ~에 의존하다   come in contact with ~ ~와 접촉하다   contaminate[kəntǽmənèit] 오염시키다
language family 어족   overlap[òuvərlǽp] 부분적 일치, 중복   assume[əsúːm] 가정하다   successor[səksésər] 계승자, 후계자

02. Note-taking

읽기 노트

- ashen light: sources 애센 광의 근원들
  - 1. chem. process 화학적 과정
    - – CO₂ heated → splits 이산화탄소가 가열되어 분열됨
    - – then cool & recombine → light 그 다음에 식고 재결합하면서 빛이 남
  - 2. sunlight reflected off clouds 구름에서 반사된 햇빛
    - – Venus: covered by clouds reflective 금성은 반사도가 높은 구름으로 덮여있음
    - – sunlight reflected back into space 햇빛이 우주로 다시 반사됨
  - 3. aurorae 오로라
    - – plasma from Sun enters atmosph. 태양의 플라스마가 대기에 진입함
    - – collide w/ atoms → light 원자와 충돌해서 빛이 남

듣기 노트

- scenarios: still mystery 시나리오들은 여전히 수수께끼임
  - 1. result of chem. process: impossib. 화학적 과정의 결과라는 것은 불가능함
    - – light faint → only observed using powerful telescope
      빛은 희미해서 배율이 높은 망원경을 사용해야만 관측됨
    - – ashen light seen using simple telescopes
      애센 광은 평범한 망원경을 사용하여 목격됨
  - 2. sunlight reflected: unlikely 반사된 햇빛일 가능성 낮음
    - – light occurs rarely, yet constant sunlight 빛은 드물게 발생하지만 햇빛은 항상 있음
    - – ↑ often if sunlight were source 햇빛이 원천이라면 더 자주 관측될 것임
  - 3. aurorae: X true 오로라는 사실이 아님
    - – plasma only enter by magnetic field 플라스마는 자기장에 의해서만 진입함
    - – Venus X have one → X way aurorae occur
      금성은 자기장을 가지고 있지 않아서 오로라가 발생할 방법 없음

Summary

The lecturer argues that the scenarios proposed to explain the ashen light of Venus ① are not convincing. This contradicts the reading passage's claim that some plausible causes have been found.

② First, the lecturer contends that it is impossible that a chemical process is responsible for the ashen light. The light produced in this way would be so faint that it could only be observed with powerful telescopes. However, the ashen light was seen using simple telescopes. This casts doubt on the reading passage's claim that a chemical process causes this phenomenon.

③ Next, the lecturer asserts that it is unlikely that the ashen light is sunlight reflected off the clouds of Venus. This is because the ashen light happens very rarely, yet there is constant sunlight on Venus. The ashen light would be detected more often if the source were sunlight.

④ This counters the reading passage's claim that the ashen light is reflected sunlight.

Finally, the lecturer points out that ⑤ it cannot be true that aurorae are the ashen light. Plasma only enters an atmosphere when it is drawn in by a magnetic field. However, as Venus does not have one, there is no way that aurorae can occur on Venus. ⑥ This refutes the reading passage's claim that the glow observed on Venus may be aurorae.

해석　강의자는 금성의 애센 광을 설명하기 위해 제시된 시나리오들이 설득력이 없다고 주장한다. 이는 몇 가지 그럴듯한 원인들이 발견되었다는 읽기 지문의 주장을 반박한다.

첫째로, 강의자는 화학적 과정이 애센 광의 원인인 것은 불가능하다고 주장한다. 이러한 방식으로 만들어지는 빛은 너무 희미해서 배율이 높은 망원경으로만 관측될 수 있다. 그러나 애센 광은 평범한 망원경을 사용하여 목격되었다. 이는 화학적 과정이 이 현상을 야기한다는 읽기 지문의 주장에 의구심을 제기한다.

다음으로, 강의자는 애센 광이 금성의 구름에서 반사된 햇빛일 가능성은 낮다고 주장한다. 이것은 애센 광이 매우 드물게 발생하지만 금성에는 항상 햇빛이 있기 때문이다. 만약 원천이 햇빛이라면 애센 광은 더 자주 발견될 것이다. 이는 애센 광이 반사된 햇빛이라는 읽기 지문의 주장에 반대한다.

마지막으로, 강의자는 오로라가 애센 광이라는 것은 사실일 수 없다고 지적한다. 플라스마는 자기장에 의해 끌어당겨졌을 때에만 대기에 진입한다. 그러나 금성은 자기장을 가지고 있지 않기 때문에, 오로라가 금성에서 발생할 수 있는 방법은 없다. 이는 금성에서 관측된 빛이 오로라일 수 있다는 읽기 지문의 주장을 반박한다.

스크립트 및 해석

Reading

몇백 년간, 금성을 관측하는 천문학자들은 희미하고 간헐적인 빛을 발견했다. 금성의 애센 광이라고 알려져 있는 이 빛의 기원은 그것의 발견 이래로 많은 과학적 흥미를 끌었고, 여러 가지 가능성 있는 근원들이 확인되었다.

애센 광은 금성의 대기에서 일어나는 화학적 과정의 결과일 수 있다. 이 이론에 따르면, 대기의 이산화탄소가 태양 복사에 의해 가열됨에 따라, 그것은 일산화탄소와 산소로 분열된다. 이것들은 그다음에 바람에 의해 행성의 어두운 면으로 운반되는데, 그곳에서 식고 재결합하여 이산화탄소를 형성한다. 이러한 재결합이 발생할 때 빛이 만들어진다.

또 다른 가능성은 그 빛이 구름에서 반사된 햇빛이라는 것이다. 금성은 매우 반사도가 높은 액화 황산의 작은 방울들을 함유하고 있는 밀도가 높은 구름층으로 완전히 덮여 있다. 따라서, 애센 광은 그저 금성의 구름에 의해 우주로 다시 반사된 햇빛일 수 있다.

마지막 이론은 그 빛이 오로라라고 주장하는데, 이는 태양의 플라스마가 행성의 대기에 진입할 때 발생하는 자연광 표출이다. 플라스마는 대기의 원자와 충돌하는 입자를 포함한다. 이러한 충돌로 인해 생겨나는 에너지는 가시광선의 형태로 나타나므로, 그것이 금성에서 관측되는 애센 광의 원인일 수도 있다.

> faint[feint] 희미한　intermittent[ìntərmítnt] 간헐적인　glow[glou] 빛, 불빛　solar radiation 태양 복사
> carbon monoxide 일산화탄소　recombine[rì:kəmbáin] 재결합하다　droplet[drá:plit] 작은 방울　sulfuric acid 황산
> reflective[rifléktiv] 반사도가 높은, 반사하는　aurora[ɔ:rɔ́:rə] 오로라, 극광　particle[pá:rtikl] 입자

Listening 🎧 Track 34

OK . . . the, uh, ashen light of Venus . . . Various scenarios have been proposed to account for this phenomenon, but it's still an enduring mystery in astronomy.

You should first note that it is impossible that the ashen light is the result of a chemical process in the atmosphere. You see, when carbon monoxide combines with oxygen, the light emitted is incredibly faint . . . It could only be observed using an extremely powerful telescope. As the ashen light of Venus was seen by astronomers using simple telescopes, it must be caused by something else.

Second, it is highly unlikely that this phenomenon is actually sunlight reflected off Venus's clouds. The obvious problem with this theory is that the ashen light occurs very rarely, and yet Venus is constantly exposed to sunlight. I mean, you would expect the ashen light to be observed much more often if reflected sunlight were the source.

Lastly, the idea that aurorae are the ashen light . . . well, it can't be true. Plasma can only enter a planet's atmosphere when they are pulled in by a magnetic field. And guess what? Venus doesn't have one. So, there is no way for aurorae to occur on Venus, which means that they cannot be the reason for the ashen light.

좋아요... 그, 어, 금성의 애센 광은... 이 현상을 설명하기 위해 다양한 시나리오들이 제시되었지만, 그것은 여전히 천문학에서 오래 지속되고 있는 수수께끼입니다.

여러분은 먼저 애센 광이 대기에서 일어나는 화학적 과정의 결과라는 것은 불가능하다는 점에 주목해야 합니다. 그러니까, 일산화탄소가 산소와 결합할 때, 방출되는 빛은 매우 희미합니다... 그것은 배율이 대단히 높은 망원경을 사용해야만 관측될 수 있죠. 금성의 애센 광은 평범한 망원경을 사용한 천문학자들에 의해 목격되었기 때문에, 그것은 다른 무언가에 의해 발생하는 것이 틀림없습니다.

둘째로, 이 현상이 실제로 금성의 구름에서 반사된 햇빛일 가능성은 매우 낮습니다. 이 이론이 가진 명백한 문제는 애센 광은 매우 드물게 발생하지만, 그럼에도 불구하고 금성은 항상 햇빛에 노출되어 있다는 점입니다. 제 말은, 만약 반사된 햇빛이 원천이라면 애센 광이 훨씬 더 자주 관측되겠죠.

마지막으로, 오로라가 애센 광이라는 생각은... 글쎄요, 사실일 수가 없어요. 플라스마는 오직 그것이 자기장에 의해 끌어당겨졌을 때에만 행성의 대기에 진입할 수 있습니다. 그리고 있잖아요. 금성은 자기장을 가지고 있지 않아요. 그러니까 금성에서 오로라가 발생할 방법은 없고, 이는 그것이 애센 광의 원인일 수 없다는 것을 의미합니다.

propose[prəpóuz] 제시하다 **combine with ~** ~과 결합하다 **telescope**[téləskòup] 망원경 **magnetic field** 자기장

---

03. Note-taking

읽기 노트

Everglades: destroyed due to environ. prob. 에버글레이즈는 환경 문제로 인해 파괴됨
1. water pollution from agric. facilities 농업 시설로 인한 수질 오염
– chem. from fertilizers → ↑ algae 비료에서 나오는 화학 물질이 조류를 증가시킴
– O₂ in water ↓ → destroy eco. & organisms 물속 산소 감소로 생태계와 생물 파괴
2. soil lost at alarming rate 토양이 걱정스러운 속도로 유실됨
– govern. drained → soil dry & vulner. to erosion
정부가 물을 빼서 토양이 건조하고 침식에 취약함
– soil vanish → impossib. for plants to grow 토양이 사라지면 식물이 자라는 것이 불가능함
3. human develop. threatens wildlife 인간의 개발이 야생 생물을 위협함
– construc. of farms & houses → deprived habitats
농장과 주택의 건설이 서식지를 빼앗음
– ex) Florida panther: < 100 remain & disappear in future
예) 플로리다 흑표범은 100마리 미만이 남아있고 미래에 사라질 것임

듣기 노트

> - Everglades: still hope 에버글레이즈에는 여전히 희망이 있음
>
>   1. water pollution from chem. ↓ 화학 물질로 인한 수질 오염은 감소함
>   - new regul. limit chem. 새로운 규정이 화학 물질을 제한함
>   - farmers switch to fertilizers that X contain hazard.
>   농부들이 위험한 물질을 포함하지 않는 비료로 바꿈
>   2. soil loss: being remedied 토양 유실은 개선되고 있음
>   - begun restoring & results promising 복원하기 시작했고 결과는 전망이 좋음
>   - return to original condi. w/ reintro. of water & plants
>   물과 식물을 다시 들여오는 것과 함께 원래 상태로 되돌아감
>   3. return developed areas → ↓ species extinct 개발된 지역을 되돌려 멸종이 줄어듦
>   - 700km² convert to marshland 700km²를 습지대로 바꿈
>   - larger habitats → ↑ chances of survival 더 넓은 서식지는 생존 가능성을 높임

Summary

① The lecturer argues that there is still hope for the Everglades. This contradicts the reading passage's claim that environmental problems will make the Everglades disappear.

② First, the lecturer contends that water pollution from chemicals in the Everglades has been decreasing. This is because new government regulations restrict the amount of harmful chemicals going into the wetlands. Due to the new rules, farmers are forced to switch to less harmful fertilizers. ③ This casts doubt on the reading passage's claim that water pollution from farms is so severe that the Everglades will be destroyed.

④ Next, the lecturer asserts that the problem of soil loss is already being addressed. Local people have started restoring the soil, and the results are promising. Also, reintroducing water and native plants will eventually return the soil to its original condition. This counters the reading passage's claim that the soil is disappearing very quickly.

⑤ Finally, the lecturer claims that returning developed areas to their natural state is making it less likely that endangered species will go extinct. The government is going to convert a 700-square-kilometer sugar plantation within the Everglades into wild marshland. This will expand the habitats of species, giving it a higher chance of survival. ⑥ This refutes the reading passage's claim that development in the Everglades is placing animals at risk.

해석 강의자는 에버글레이즈에 여전히 희망이 있다고 주장한다. 이는 환경 문제가 에버글레이즈를 사라지게 만들 것이라는 읽기 지문의 주장을 반박한다.
첫째로, 강의자는 에버글레이즈에서 화학 물질로 인한 수질 오염이 감소하고 있다고 주장한다. 이는 새로운 정부 규정이 습지대에 들어가는 유해한 화학 물질의 양을 제한하기 때문이다. 새로운 규정 때문에, 농부들은 덜 유해한 비료로 바꾸도록 강제 받고 있다. 이는 농장에서 발생하는 수질 오염이 매우 심각해서 에버글레이즈가 파괴될 것이라는 읽기 지문의 주장에 의구심을 제기한다.
다음으로, 강의자는 토양 유실 문제가 이미 처리되고 있다고 주장한다. 현지 사람들은 토양을 복원하기 시작했고, 그 결과는 전망이 좋다. 또한, 물과 토착 식물을 다시 들여오는 것은 결국 토양을 원래 상태로 되돌려놓을 것이다. 이는 토양이 매우 빠르게 사라지고 있다는 읽기 지문의 주장에 반대한다.
마지막으로, 강의자는 개발된 지역을 천연 상태로 되돌리는 것이 위기에 처한 종들이 멸종될 가능성을 낮추고 있다고 주장한다. 정부는 에버글레이즈 내의 설탕 재배장 700제곱킬로미터를 야생 습지대로 바꿀 것이다. 이것은 종의 서식지를 확장하여, 그것이 더

높은 생존 가능성을 가지게 할 것이다. 이는 에버글레이즈에서의 개발이 동물들을 위험한 상태에 놓이게 한다는 읽기 지문의 주장을 반박한다.

어휘 **restrict**[ristríkt] 제한하다, 한정하다 **at risk** 위험한 상태에

스크립트 및 해석

Reading

에버글레이즈는 남부 플로리다에 위치한 대규모의 아열대 습지대이다. 그곳의 강, 늪, 그리고 호수들은 보기 드문 여러 가지 식물군과 동물군의 서식지이다. 그러나 이 독특한 생태계와 그곳의 야생 서식 생물들은 환경 문제로 인해 영구적으로 파괴되고 있다.

첫 번째 문제는 인근의 농업 시설, 특히 그 지역에 있는 수많은 사탕수수 농장으로 인한 수질 오염이다. 비료에서 나오는 화학 물질은 물로 스며드는데, 이는 조류의 성장을 야기한다. 이것은 물속에 있는 산소의 양을 감소하게 하고, 낮은 산소 농도는 습지대 생태계와 그것이 부양하는 생물들을 죽인다.

토양 또한 걱정스러운 속도로 유실되고 있다. 미국 정부는 19세기에 에버글레이즈의 광범위한 지역에서 물을 빼냈는데, 이는 비옥한 유기토를 공기 중에 노출시켰다. 이것은 토양을 건조하게 만들고 그것을 풍식에 취약하게 했다. 지질학자들은 1900년부터 약 6피트의 표토가 날아가버린 것으로 추정했다. 그들은 향후 25년 이내에 그 지역의 비옥한 토양이 모두 사라질 수 있을 것으로 예측한다. 이는 오직 헐벗고 노출된 암석만 남기게 되어, 식물이 자라는 것을 불가능하게 만들 것이다.

에버글레이즈에서의 인간의 개발이 또 다른 문제인데, 그것은 야생 생물을 위협하기 때문이다. 지난 세기 동안 농장과 주택의 건설은 그 지역을 원래 크기의 절반으로 감소시켰고, 그것은 여러 동물 종들의 서식지를 빼앗았다. 가장 명백한 예는 플로리다 흑표범이다. 100마리 미만의 흑표범이 에버글레이즈에 남아있고, 그 종은 가까운 미래에 완전히 사라질 것으로 예상된다.

subtropical[sʌ̀btrɑ́ːpikəl] 아열대의 **extraordinary**[ikstrɔ́ːrdənèri] 보기 드문, 대단한 **flora**[flɔ́ːrə] 식물군 **fauna**[fɔ́ːnə] 동물군 **inhabitant**[inhǽbətənt] 서식 생물, 주민 **sugarcane**[ʃúɡərkèin] 사탕수수 **fertilizer**[fə́ːrtəlàizər] 비료 **seep**[siːp] 스며들다, 침투하다 **alga**[ǽlɡə] 조류 **alarming**[əlɑ́ːrmiŋ] 걱정스러운, 놀라운 **wind erosion** 풍식 **estimate**[éstəmèit] 추정하다, 추산하다 **fertile**[fə́ːrtl] 비옥한, 기름진 **vanish**[vǽniʃ] 사라지다 **deprive**[dipráiv] 빼앗다 **habitat**[hǽbitæ̀t] 서식지

Listening 🎧 Track 35

We all know that the Everglades is experiencing a wide range of environmental issues. It's even been predicted that this wetland ecosystem will cease to exist at some point in the future. Although the situation seems grim, there is still hope for the Everglades.

Did you know that water pollution from chemicals has been declining over the last several years? One reason for this is that new government regulations regarding the, uh, use and disposal of fertilizers are limiting the amount of harmful chemicals entering the Everglades. These tighter rules have forced farmers in Florida to switch to fertilizers that do not contain significant levels of hazardous substances.

All right, moving on . . . You, um, read in the passage about the issue of soil loss. Well, there's good news: the issue is already in the process of being remedied. You know, local officials and citizens have begun restoring the soil, and, the results so far are, um, quite promising. The restoration project is now moving ahead even faster and although it will take a long time, uh, the soil will eventually return to its original condition with the reintroduction of water and native plants.

Finally, efforts to return developed areas in the Everglades to their natural state make it much less likely that endangered species in this ecosystem will become extinct. The Florida government recently purchased 700 square kilometers of property in the Everglades. This land was being used as a sugar plantation, but, um, the government plans to convert it back to wild marshland. Once this is accomplished, species such as the Florida panther will have considerably larger habitats, increasing their chances of survival.

우리는 모두 에버글레이즈가 광범위한 환경 문제를 겪고 있다는 것을 알고 있습니다. 심지어 이 습지대 생태계는 미래의 어느 시점에 없어질 것이라고 예상되어 왔어요. 상황이 암울해 보이기는 하지만, 여전히 에버글레이즈에 희망은 있어요.

여러분은 화학 물질로 인한 수질 오염이 지난 몇 년 동안 감소해오고 있다는 것을 알고 있었나요? 이것의 한 가지 이유는 그, 어, 비료의 사용과 처리에 관한 새로운 정부 규정이 에버글레이즈에 들어가는 유해한 화학 물질의 양을 제한하고 있기 때문이에요. 이러한 더 엄격해진 규정은 플로리다의 농부들이 상당한 수준의 위험한 물질을 포함하지 않는 비료로 바꾸도록 강제해왔어요.

좋아요, 넘어갑시다... 여러분은, 음, 읽기 지문에서 토양 유실 문제에 대해 읽었죠. 자, 좋은 소식이 있어요. 그 문제는 이미 개선되는 중이라는 거예요. 있잖아요, 지역 관리와 주민들은 토양을 복원하기 시작했고, 그리고 지금까지의 결과는, 음, 상당히 전망이 좋아요. 복원 사업은 현재 한층 더 빠르게 진행되고 있고, 그것은 오랜 시간이 걸리기는 하겠지만, 어, 토양은 물과 토착 식물을 다시 들여오는 것과 함께 결국은 원래의 상태로 되돌아갈 거예요.

마지막으로, 에버글레이즈의 개발된 지역을 천연 상태로 되돌리려는 노력은 이 생태계에 있는 위기에 처한 종들이 멸종될 가능성을 훨씬 더 낮출 거예요. 플로리다 정부는 최근에 에버글레이즈에 있는 700제곱킬로미터의 땅을 매입했어요. 이 땅은 설탕 재배장으로 사용되고 있었지만, 음, 정부는 그것을 야생 습지대로 다시 바꾸어 놓으려고 계획하고 있죠. 일단 이것이 달성되면, 플로리다 흑표범과 같은 종들은 상당히 더 넓은 서식지를 가지게 될 거고, 이것이 그들의 생존 가능성을 높일 거예요.

cease to exist 없어지다, 죽다 grim [grim] 암울한 regulation [règjuléiʃən] 규정 disposal [dispóuzəl] 처리, 처분 hazardous [hǽzərdəs] 위험한 remedy [rémədi] 개선하다, 바로잡다 restore [ristɔ́ːr] 복원하다, 회복시키다 reintroduction [rìːintrədʌ́kʃən] 다시 들여오는 것, 재도입 plantation [plæntéiʃən] 재배장, 농장 convert [kənvə́ːrt] 바꾸다, 전환하다 marshland [mɑ́ːrʃlænd] 습지대

04. Note-taking

읽기 노트

- Lambeo. crest: roles 람베오사우루스 벗의 역할들

  1. to attract mates 짝을 유혹하기 위한 것임
     - changed accord. to sex & age → noticed by mates
       성별과 나이에 따라 변해서 짝의 주목을 받음
     - helped male attract females ← preferred large crests
       큰 벗을 선호하므로 수컷이 암컷을 유혹하는 데 도움이 됨
  2. for combat 싸움을 위한 것임
     - served as helmets helped defend 방어를 돕는 헬멧의 역할을 함
     - used as weapon to strike 공격하기 위한 무기로 사용함
  3. to supply air while eat aquatic plants 수생 식물을 먹는 동안 공기를 공급하기 위한 것임
     - contained passages → store & provide air 관을 포함해서 공기를 저장하고 공급함
     - allowed to keep heads underwater for lengthy time
       긴 시간 동안 머리를 물속에 유지할 수 있게 함

듣기 노트

- fuctions: X match w/ what we know 기능들은 우리가 알고 있는 것과 일치하지 않음

  1. helped obtain mate: doubtful 짝을 얻도록 도왔다는 것은 의심스러움
     - reptiles attract mates by behavior & sounds 파충류는 행동과 소리로 짝을 유혹함
     - ex) crocodiles lift heads & make noises 예) 악어는 머리를 들어 올리고 소리를 냄
  2. combat: ↓ likely 싸움은 가능성이 낮음
     - fossils: extended backwards, would forward if for fighting
       화석에서 뒤쪽으로 뻗어 있는데 싸움을 위해서라면 앞쪽일 것임
     - hollow → fragile for defend/attack 안이 비어있어서 방어나 공격에 손상되기 쉬움
  3. X provide air while ate underwater 물속에서 먹는 동안 공기를 공급하지 않음
     - Lambeo. massive → need lot of O_2 람베오사우루스는 거대해서 많은 산소가 필요함
     - crests: small → X enough air 벗은 작아서 충분한 공기 없음

Summary

① The lecturer argues that the proposed functions of Lambeosaurus crests do not match with what is known about this dinosaur. This contradicts the reading passage's claim that possible uses have been identified.

② First, the lecturer asserts that it is doubtful that the crests helped the dinosaurs find mates. Most reptiles rely on behavior and sounds rather than appearance for obtaining a mate. For instance, crocodiles raise their heads and make noises. As a result, experts think that Lambeosaurus used similar techniques. This casts doubt on the reading passage's claim that ③ the crests were used to appeal to mates.

Next, the lecturer points out that ④ Lambeosaurus probably did not use its crest to combat other dinosaurs. Fossil evidence shows that they pointed backward instead of forward, so they were not useful in fights. They were also hollow, which means that they were too fragile to use for defending or attacking. ⑤ This counters the reading passage's claim that the crests may have been used in fights.

⑥ Finally, the lecturer maintains that the crests did not supply air while the dinosaurs ate plants under the water. Lambeosaurus was big and it needed a lot of air. However, the crests were small, so they could not have stored enough air. This refutes the reading passage's claim that ⑦ the crests provided air while the creatures put their heads beneath the water to eat.

해석 강의자는 람베오사우루스의 볏에 대해 제시된 기능들은 이 공룡에 대해 알려져 있는 것과 일치하지 않는다고 주장한다. 이는 가능성 있는 용도들이 확인되었다는 읽기 지문의 주장을 반박한다.

첫째로, 강의자는 볏이 공룡이 짝을 찾도록 도왔다는 것은 의심스럽다고 주장한다. 대부분의 파충류는 짝을 얻기 위해 외모보다는 행동과 소리에 의존한다. 예를 들어, 악어는 머리를 들고 소리를 낸다. 그 결과, 전문가들은 람베오사우루스가 유사한 기법을 사용했을 것이라고 생각한다. 이는 볏이 짝의 관심을 끌기 위해 사용되었을 것이라는 읽기 지문의 주장에 의구심을 제기한다.

다음으로, 강의자는 람베오사우루스는 아마 볏을 다른 공룡과 싸우는 데 사용하지 않았을 것이라고 지적한다. 화석 증거는 그것이 앞쪽 대신 뒤쪽으로 향해있어서 싸움에 유용하지 않았다는 것을 보여준다. 그것은 또한 안이 비어있는데, 이것은 방어하거나 공격하는 데 사용하기에는 너무 손상되기 쉬웠다는 것을 의미한다. 이는 볏이 싸움에 사용되었을 것이라는 읽기 지문의 주장에 반대한다.

마지막으로, 강의자는 공룡이 물속에서 식물을 먹는 동안 볏이 공기를 공급하지 않았다고 주장한다. 람베오사우루스는 컸고 많은 공기를 필요로 했다. 그러나 볏은 작아서 충분한 공기를 저장할 수 없었을 것이다. 이는 그 생물체가 먹이를 먹기 위해 물속에 머리를 넣는 동안 볏이 공기를 제공했다는 읽기 지문의 주장을 반박한다.

어휘 appeal[əpíːl] 관심을 끌다 point[pɔint] 향하다

스크립트 및 해석

Reading

람베오사우루스는 머리 위에 도끼 모양의 볏이 있는 오리 같은 주둥이를 가진 초식 공룡이었다. 최근의 연구는 이 독특한 신체 부분이 가지고 있었을지도 모르는 역할들에 실마리를 제공했다.

볏은 짝을 유혹하는 데 사용되었을 수 있다. 화석의 대부분은 볏이 성별과 나이에 따라 자라고 변해서, 공룡이 잠재적인 짝에게 주목을 받기 위한 이상적인 수단이었을 것이라는 점을 보여주었다. 특히, 볏은 수컷 공룡이 암컷을 유혹하는 데 도움이 됐을 수 있는데, 이는 암컷이 큰 볏을 가진 짝을 선호했을 것이기 때문이다.

또 다른 설명은 볏이 싸움을 위해 사용되었다는 것이다. 커다란 돌출부는 람베오사우루스가 거대한 포식자로부터 스스로를 방어하도록 돕는 보호용 헬멧의 역할을 했을 것이다. 게다가, 많은 공룡들은 머리를 맞대고 싸웠다. 트리케라톱스가 서로 치고 덤비기 위해 뿔을 사용한 방식과 유사하게, 람베오사우루스 또한 종의 다른 구성원을 공격하기 위한 무기로 볏을 사용했을 것이다.

볏의 세 번째 가능성 있는 용도는 람베오사우루스가 먹이를 먹기 위해 물속에 머리를 넣고 있는 동안 공기를 공급했다는 것이다. 람베오사우루스는 수생 식물을 먹기 위해 머리가 물에 잠긴 채로 상당한 시간을 보냈을 수 있다고 믿어진다. 볏은 속이 비어있었고 기도와 폐로 연결되

INTEGRATED 실전

Hackers TOEFL Writing

는 관을 포함했기 때문에, 그것은 공기를 저장하고 필요할 때 그것을 공급하는 데 사용되었을 수 있다. 이는 그 생물체가 긴 기간 동안 머리를 물속에 유지할 수 있게 했을 것이다.

Listening 🎧 Track 36

All right . . . today I'm going to talk about the possible functions of the crest of Lambeosaurus. Several different functions have been proposed, but unfortunately, none of them match with what we know about this species. First of all, let's be clear: it's extremely doubtful that the crests helped Lambeosaurus obtain a mate. Most reptiles attract mates by, um, behavior and sounds, not appearance. For instance, crocodiles, which are closely related to dinosaurs, communicate with members of the opposite sex by lifting their heads into the air and making low growling noises. So experts believe that Lambeosaurus probably used similar methods . . . In other words, the crests were not used by the dinosaurs to attract a mate.

And it's, uh, even less likely that the crests were used in combat. According to an analysis of Lambeosaurus fossils, the crests extended backwards, but they would have protruded forward if they were used for fighting. And unlike the horns of Triceratops, which were solid and dense, the crests were hollow inside. That means . . . you know, they would've been far too fragile to use for defending against or attacking other dinosaurs.

That brings me to the last point . . . the crests didn't provide air while Lambeosaurus ate plants underwater. Don't forget that Lambeosaurus was a massive dinosaur, so it would have needed a lot of oxygen. The thing is, the crests were pretty small compared to the size of the creatures' bodies, so they just couldn't have contained enough air to be useful . . . That small amount of air would have been used up in just a few seconds. It seems more logical that if Lambeosaurus wanted to stick its head in the water to eat plants, it could have just taken a deep breath instead.

좋아요... 오늘은 람베오사우루스 볏의 가능성 있는 기능에 대해 이야기할 거예요. 몇 가지 서로 다른 기능들이 제시되었지만, 유감스럽게도, 그중 어느 것도 우리가 이 종에 대해 알고 있는 것과 일치하지 않아요.

우선, 확실히 해둡시다. 볏이 람베오사우루스가 짝을 얻도록 도왔다는 점은 극히 의심스러워요. 대부분의 파충류는 짝을, 음, 외모가 아니라 행동과 소리로 유혹해요. 예를 들어, 공룡과 밀접하게 관련되어 있는 악어는 머리를 공중으로 들어 올리고 낮게 으르렁거리는 소리를 냄으로써 이성과 소통하죠. 그래서 전문가들은 람베오사우루스가 아마 유사한 방법을 사용했을 거라고 생각해요... 다시 말해서, 볏은 공룡이 짝을 유혹하기 위해 사용되지 않았어요.

그리고, 어, 볏이 싸움에서 사용되었다는 건 훨씬 더 가능성이 낮아요. 람베오사우루스 화석의 분석에 따르면, 볏은 뒤쪽으로 뻗어 있었는데, 만약 싸움에 사용되었다면 앞쪽으로 돌출되어 있었겠죠. 그리고 단단하고 밀도가 높았던 트리케라톱스의 뿔과는 달리, 볏은 안이 비어있었어요. 그건... 그러니까, 다른 공룡으로부터 방어하거나 공격하는 데 사용하기에는 너무 손상되기 쉬울 거라는 의미죠.

이제 마지막 포인트로 이어지는데... 볏은 람베오사우루스가 물속에서 식물을 먹는 동안 공기를 공급하지 않았어요. 람베오사우루스는 거대한 공룡이었고, 따라서 그것은 많은 산소를 필요로 했을 것이라는 점을 잊지 마세요. 문제는, 볏은 이 생물체의 몸통 크기와 비교했을 때 아주 작아서 도움이 될 만한 충분한 공기를 담고 있을 수 없었을 거라는 거예요... 그렇게 적은 양의 공기는 단 몇 초 만에 다 써버렸겠죠. 만약 람베오사우루스가 식물을 먹기 위해 물속에 머리를 집어넣고자 했다면, 대신 그냥 깊은 숨을 들이마셨을 거라는 편이 더 논리적으로 보여요.

05. Note-taking

읽기 노트

- ↑ tax on tobacco: adv. 담뱃세 인상의 장점들

  1. ↓ likely young ppl. start smoking 젊은 사람들이 흡연을 시작할 가능성을 낮춤
     - 10% ↑ prices → 6% ↓ ppl. 12~24 start smoking
       가격이 10퍼센트 오르면 12~24세에 흡연을 시작하는 사람들이 6퍼센트 낮아짐
     - youth have ↓ money than adults → X afford price
       청소년은 성인보다 가진 돈이 적어서 가격을 감당할 수 없음
  2. repair damage by cultivation of tobacco 담배 재배로 인한 피해를 복구함
     - forest destroyed, chem. into soil & pollute water
       숲이 파괴되며 화학 물질이 토양으로 침출되고 물을 오염시킴
     - provide ↑ money to combat environ. prob.
       환경 문제와 싸우는 데 더 많은 자금을 제공함
  3. revenue used to ↓ poverty 세입이 빈곤을 줄이는 데 사용됨
     - ↑ tax → ↑ revenue for govern. 세금 인상으로 인해 정부 세입이 더 높아짐
     - help poor by providing financial assis. 재정적 지원을 제공하여 가난한 사람들을 도움

듣기 노트

- ↑ tax: ineffec. 더 높은 세금은 효과 없음

  1. X deterrent to young smokers 젊은 흡연자들에게 제지가 되지 않음
     - study: teenagers buy from black market 연구에서 십 대들은 암시장에서 구입함
     - smugglers sell cheaply & X check ID → underage easily buy
       밀수업자들은 싸게 판매하고 신분증을 확인하지 않아서 미성년이 손쉽게 구입함
  2. X benefit environ. 환경에 이익이 되지 않음
     - X provide additi. revenue 추가적인 세입을 제공하지 않음
     - ↑ price → sales ↓ → ↓ tax revenue overall
       가격이 인상되면 판매가 줄어서 전체 세입이 적어짐
  3. X alleviate poverty 빈곤을 완화하지 않음
     - tobacco industry creates jobs 담배 산업은 일자리를 창출함
     - tax ↑ → jobs disappear → ↑ poverty
       세금이 인상되면 일자리가 사라져서 빈곤이 증가함

Summary

The lecturer argues that an increased tax on tobacco will be ineffective. ① This contradicts the reading passage's claim that a higher cigarette tax has several benefits.

② First, the lecturer maintains that an increased cigarette tax will not deter young people from starting to smoke. A study shows that when taxes on cigarettes increase, teenagers buy them from the black market. Smugglers sell cigarettes cheaply and never check the buyers' ID, which means that people who are underage can buy them easily. ③ This casts doubt on the reading passage's claim that raising the tax on cigarettes will reduce the number of young people who start to smoke.

④ Next, the lecturer asserts that a tax increase would not benefit the environment. This is because a higher tax will probably not provide additional revenue for restoring the environment. If the price of cigarettes increases, sales of cigarettes will decrease, and overall tax revenue will decline. ⑤ This counters the reading passage's claim that a higher tax will help undo the environmental harm caused by growing tobacco.

⑥ Finally, the lecturer claims that a higher tax on cigarettes will not alleviate poverty. The tobacco industry creates many jobs, and these would be lost if the cigarette tax were raised. As a result, poverty would increase. ⑦ This refutes the reading passage's claim that raising the tax on cigarettes will produce more revenue that can be used to decrease poverty.

해석 강의자는 인상된 담뱃세가 효과가 없을 것이라고 주장한다. 이는 더 높은 담뱃세에 몇 가지 이점들이 있다는 읽기 지문의 주장을 반박한다.

첫째로, 강의자는 인상된 담뱃세가 젊은 사람들이 담배를 피우기 시작하는 것을 제지하지 못할 것이라고 주장한다. 한 연구는 담뱃세가 오르면 십 대들은 그것을 암시장에서 구입한다는 것을 보여준다. 밀수업자들은 담배를 싸게 팔고 사는 사람의 신분증을 전혀 확인하지 않는데, 이것은 미성년자들이 그것을 손쉽게 구입할 수 있다는 것을 의미한다. 이는 담뱃세를 인상하는 것이 담배를 피우기 시작하는 젊은 사람들의 수를 줄일 것이라는 읽기 지문의 주장에 의구심을 제기한다.

다음으로, 강의자는 세금 인상이 환경에 이익이 되지 않을 것이라고 주장한다. 이것은 더 높은 세금이 아마 환경을 회복시키기 위한 추가적인 세입을 제공하지 않을 것이기 때문이다. 담배 가격이 오르면, 담배 판매는 줄어들 것이고, 전반적인 세입이 감소할 것이다. 이는 더 높은 세금이 담배를 재배함으로써 생긴 환경 피해를 원상태로 돌리는 데 도움을 줄 것이라는 읽기 지문의 주장에 반대한다.

마지막으로, 강의자는 더 높은 담뱃세가 빈곤을 완화하지 않을 것이라고 주장한다. 담배 산업은 많은 일자리를 창출하고, 만약 담뱃세가 인상되면 이것들은 사라질 것이다. 결과적으로, 빈곤은 증가할 것이다. 이는 담뱃세를 인상하는 것이 빈곤을 줄이는 데 사용될 수 있는 더 많은 세입을 만들어낼 거라는 읽기 지문의 주장을 반박한다.

어휘 deter[ditə́:r] 제지하다, 단념시키다   undo[ʌndú:] 원상태로 돌리다, 무효로 만들다

스크립트 및 해석

Reading

정부는 나라에서 판매되는 담배 상품에 특별세를 부과한다. 일부 사람들은 이 세금이 이미 너무 높다고 생각하지만, 그것을 높이는 것에는 사실 몇 가지 장점들이 있다.

담뱃세를 인상하는 것은 젊은 사람들이 흡연을 시작할 가능성을 낮춘다. 최근의 한 연구는 담배 가격의 10퍼센트 인상이 12세에서 24세 사이에 흡연을 시작하는 사람들 수의 6퍼센트 감소를 낳을 것이라는 점을 발견했다. 이는 청소년이 보통 성인보다 용돈을 적게 가지고 있어서 더 높은 담배 가격을 감당할 수 없을 것이기 때문이다.

다음으로, 세금을 인상하는 것은 담배 재배로 인해 환경에 가해진 피해를 복구하는 것을 가능하게 만들 것이다. 담배를 재배하기 위해, 매년 수천 에이커의 숲이 파괴되고 농지로 전환된다. 더욱이, 담배 작물에는 정기적으로 위험한 화학 물질이 살포되는데, 이는 토양으로 침출되고 하천의 수계를 오염시킨다. 더 높은 세금은 새로운 삼림을 심고 땅에서 유해한 화학 물질을 제거함으로써 이러한 환경 문제와 싸우는 데 더 많은 자금을 제공할 것이다. 이는 담배 농장에 의해 유발된 환경 손상을 되돌리는 데 도움이 될 것이다.

마지막으로, 더 높은 담뱃세로 조달된 세입은 빈곤을 줄이는 데 사용될 수 있다. 담뱃세를 인상하는 것은 정부의 더 높은 세입을 야기할 것이다. 이는 정부가 사회복지 프로그램을 지원하기에 충분한 자금을 가지게 된다는 것을 의미하는데, 이것은 가난한 사람들에게 실업 수당과 복지 혜택과 같은 재정적 지원을 제공함으로써 그들에게 도움이 될 수 있다.

levy[lévi] 부과하다, 징수하다   inflict[inflíkt] 가하다   cultivation[kʌ̀ltəvéiʃən] 재배, 경작   leach[li:tʃ] 침출되다
reverse[rivə́:rs] 되돌리다, 반전시키다   revenue[révənjù:] 세입, 수익   poverty[pɑ́:vərti] 빈곤   welfare[wélfɛ̀ər] 복지
assistance[əsístəns] 지원, 원조

As you probably noticed from the reading, some people are campaigning for an increased tax on cigarettes. In my opinion, though, they wouldn't be so, uh, zealous about a higher tax if they realized how ineffective it would be.

To start with, a tax hike on cigarettes would not be a deterrent to potential young smokers because, um, of the availability of black-market tobacco products. It's true that a higher tax would increase the retail price of cigarettes . . . legal cigarettes, anyway. So you might think that young people wouldn't be able to afford to smoke once the price goes up, but that's actually not true. According to one recent study, teenagers are more likely to buy cigarettes from black-market dealers in places with high cigarette taxes. That's because when tobacco prices rise, smuggling also increases. These smugglers sell cigarettes cheaply and they don't even check ID, so underage teenagers can easily buy cigarettes from them.

On top of that, assuming a major tax increase is implemented, it would not benefit the environment. This is because increasing the cigarette tax is probably not going to provide additional government revenue for planting trees or cleaning up harmful chemicals. You see, the tax will increase the price of cigarettes, so fewer people will buy them. And if cigarette sales decrease, the government will actually have less tax revenue overall. So in the end, the environment isn't helped.

Furthermore, increasing the cigarette tax is not going to alleviate poverty through higher government spending. The reality, for better or for worse, is that the tobacco industry creates a lot of jobs in this country, including positions in agriculture, manufacturing, and retail. If the cigarette tax were raised, a lot of these jobs would disappear. That means you're going to have even more poverty . . . So the higher tax is just going to make the situation worse, not better.

여러분이 아마 읽기 자료에서 알아차렸겠지만, 일부 사람들은 인상된 담뱃세를 지지하는 운동을 벌이고 있어요. 하지만 제 생각에는, 그들이 그것이 얼마나 효과가 없을지에 대해 깨닫게 된다면 더 높은 세금에 대해 그렇게, 어, 열광적이지 않을 거예요.

우선, 담배에 대한 세금 인상은, 음, 암시장 담배 제품의 입수 가능성 때문에 잠재적인 젊은 흡연자들에게 제지가 되지 않을 거예요. 더 높은 세금이 담배의 소매가를 올릴 거라는 점은 사실이에요... 어쨌든, 합법적인 담배라면요. 그래서 여러분은 가격이 오르면 젊은 사람들이 담배를 피울 형편이 되지 못할 거라고 생각할 수도 있지만, 그것은 사실 맞지 않아요. 최근의 한 연구에 따르면, 십 대들은 높은 담뱃세가 있는 곳에서 암시장 상인에게 담배를 구입할 가능성이 더 높아요. 담배 가격이 오를 때 밀반입 또한 증가하기 때문이죠. 이러한 밀수업자들은 담배를 싸게 판매하고 신분증을 확인하지도 않아서, 미성년 십 대들은 그들에게서 손쉽게 담배를 구입할 수 있어요.

게다가 상당한 세금 인상이 시행되었다고 가정하더라도, 그것이 환경에 이익이 되지는 않을 거예요. 이는 담뱃세를 인상하는 것이 아마 나무를 심거나 유해한 화학 물질을 정화하기 위한 추가적인 정부 세입을 제공하지는 않을 것이기 때문이죠. 있잖아요, 세금이 담배 가격을 인상시켜서 더 적은 사람들이 그것을 살 거예요. 그리고 담배 판매가 줄어들면, 정부는 실제로는 전체적으로 더 적은 세입을 가지게 되겠죠. 그러니까 결국, 환경은 도움을 받지 못해요.

더욱이, 담뱃세를 인상하는 것은 더 높은 정부 지출을 통해 빈곤을 완화하지 않을 거예요. 현실은 좋든 나쁘든 담배 산업이 이 나라에서 농업, 제조업, 그리고 소매업 직을 비롯해서 많은 일자리를 창출한다는 거예요. 만약 담뱃세가 인상되면, 이 많은 일자리들이 사라질 거예요. 이는 여러분이 훨씬 더 큰 빈곤을 겪게 될 거라는 의미죠... 그러니까 더 높은 세금은 그저 상황을 더 좋게가 아니라 더 나쁘게 만들 거예요.

zealous[zéləs] 열광적인 **hike**[haik] 인상 **deterrent**[ditə́:rənt] 제지, 억제하는 것 **black-market**[blǽkmɑ̀:rkit] 암시장의
retail[rí:teil] 소매 **smuggling**[smʌ́gliŋ] 밀반입 **underage**[ʌ̀ndəréidʒ] 미성년의 **implement**[ímpləmènt] 시행하다
for better or for worse 좋든 나쁘든 **manufacturing**[mæ̀njufǽktʃəriŋ] 제조업

읽기 노트

● cause of LIA: theories 소빙기의 원인에 대한 이론들

　1. diminished solar rad. 태양 복사 강조

●　　– ↓ in sunspots 태양 흑점 감소

　　– ↓ spots = ↓ rad. → cooler 흑점이 적어지면 복사가 적어져 더 서늘해짐

●　2. volcanic eruption 화산 폭발

　　– M.R. erupted → dust & ash into atmosph.
　　　린자니산이 폭발해서 먼지와 재를 대기로 내보냄

●　　– ↓ rad. reached planet → ↓ temp. 더 적은 복사가 지구에 도달해서 기온이 낮아짐

　3. ↑ Earth reflectivity 지구 반사율 증가

●　　– cold winters → ↑ glaciers & snow 추운 겨울이 빙하와 눈을 증가시킴

　　– ice & snow reflect 90% sunlight → ↓ energy retained & temp. ↓
●　　　얼음과 눈은 햇빛의 90퍼센트를 반사해서 더 적은 에너지가 유지되고 기온이 떨어짐

듣기 노트

● X certainty what triggered 무엇이 촉발했는지 확신 없음

　1. X proof: ↓ sunspots → ↓ solar rad.
●　　태양 흑점 감소가 태양 복사 감소로 이어졌다는 증거 없음

　　– recent: ↓ sunspots → solar energy X ↓
●　　　최근에 태양 흑점이 적었는데 태양 에너지는 감소하지 않음

　　– total solar rad. X related to # of sunspots 총 태양 복사는 태양 흑점의 수와 관련 없음

●　2. X triggered by volcano 화산에 의해 촉발되지 않음

　　– X taken long for ash & dust to clear 재와 먼지가 걷히는 데 오래 걸리지 않음

●　　– cooling X lasted for centuries & LIA > 500 years
　　　냉각은 수 세기 동안 지속되지 않았고 소빙기는 5백 년 이상이었음

　3. X caused by ↑ reflectivity 반사율의 증가로 초래되지 않음
●　　– clouds also reflect Sun energy 구름도 태양 에너지를 반사함

　　– ↓ cloud b/c cooling of oceans → overall reflectivity X risen
●　　　바다의 냉각 때문에 구름이 더 적어서 전체 반사율은 증가하지 않음

Summary

The lecturer argues that scientists do not know what started the Little Ice Age. ① This contradicts the reading passage's claim that there are plausible theories about its cause.

② First, the lecturer points out that no one has proven a correlation between sunspots and solar radiation. During a recent period of reduced sunspot activity, the amount of solar energy did not decline. This means that solar radiation is not related to the number of sunspots. ③ This casts doubt on the reading passage's claim that lessened solar radiation caused the Little Ice Age.

④ Next, the lecturer asserts that the cooling trend was not triggered by a volcano. The ash and dust would have cleared after a short period of time. Therefore, the cooling effect would not have lasted for centuries, but the Little Ice Age lasted for over five hundred years. ⑤ This counters the reading passage's claim that the Little Ice Age was the result of a volcanic eruption.

⑥ Finally, the lecturer maintains that the Little Ice Age was not caused by the increased reflectivity of the Earth. Snow and ice are not the only causes of reflectivity, as clouds also reflect the Sun's energy. The Earth had less cloud cover during this period because of the cooling of the oceans, so the Earth's overall reflectivity would not have risen. ⑦ This refutes the reading passage's claim that the Earth's greater reflectivity resulted in the Little Ice Age.

해석 강의자는 과학자들이 무엇이 소빙기를 일으켰는지 알지 못한다고 주장한다. 이는 그것의 원인에 대해 그럴듯한 이론들이 있다는 읽기 지문의 주장을 반박한다.

첫째로, 강의자는 아무도 태양 흑점과 태양 복사 사이의 상관관계를 증명하지 못했다고 지적한다. 태양 흑점 활동이 감소한 최근 시기 동안, 태양 에너지의 양은 줄어들지 않았다. 이것은 태양 복사가 태양 흑점의 수와 관련이 없다는 것을 의미한다. 이는 줄어든 태양 복사가 소빙기를 초래했다는 읽기 지문의 주장에 의구심을 제기한다.

다음으로, 강의자는 냉각 현상이 화산에 의해 촉발되지 않았다고 주장한다. 재와 먼지는 단기간에 걷혔을 것이다. 따라서, 냉각 효과는 수 세기 동안 지속되지 않았을 것인데, 소빙기는 5백 년 이상 지속되었다. 이는 소빙기가 화산 폭발의 결과였다는 읽기 지문의 주장에 반대한다.

마지막으로, 강의자는 소빙기가 증가한 지구 반사율에 의해 초래되지 않았다고 주장한다. 눈과 얼음이 반사율의 유일한 원인은 아닌데, 이는 구름 또한 태양 에너지를 반사하기 때문이다. 지구는 이 시기에 바다의 냉각 때문에 구름의 양이 더 적었고, 따라서 지구의 전체 반사율은 증가하지 않았을 것이다. 이는 지구의 더 높은 반사율이 소빙기를 야기했다는 읽기 지문의 주장을 반박한다.

어휘 lessen[lésn] 줄이다

스크립트 및 해석

Reading

1300년대 초반부터 1800년대 후반까지 지속된 소빙기는 지구의 온도가 낮아진 시기였다. 소빙기는 기후학자들에게 굉장한 관심의 주제였고, 그들은 그것의 원인에 관해 몇 가지 신뢰할 만한 이론들을 제시했다.

일부 과학자들은 소빙기가 지구에 도달하는 태양 복사의 감소에 의해 촉발되었다고 주장한다. 소빙기는 관찰할 수 있는 태양 흑점 수의 감소로 특징지어졌는데, 흑점은 태양의 표면에 때때로 나타나는 어두운 형상이다. 태양 흑점이 널리 퍼지는 것은 태양에 의해 방출되는 에너지의 양에 달려있다. 그러므로, 소빙기 동안의 흑점의 부족은 태양 활동의 정도가 감소했음을 보여주었고, 이는 더 적은 태양 복사가 지구에 도달하고 있었다는 것을 의미했다. 그 결과, 지구는 더 서늘해졌다.

다른 과학자들은 거대한 화산 폭발이 소빙기를 초래했다고 주장한다. 역사적 기록은 인도네시아의 화산인 린자니산이 13세기 후반에 폭했다는 것을 보여준다. 그것은 기록된 역사에서 가장 큰 화산 폭발로 여겨지고, 피어오르는 짙은 먼지와 재를 대기로 내보냈을 것이다. 이것이 결국 지구에 도달하는 태양 복사의 양을 줄였고, 이는 기온을 낮추었다.

그리고 마지막으로, 연구자들은 지구의 냉각이 지구 반사율의 증가로 인해 발생했을 수 있다는 것을 제시했다. 14세기 초반에 특히 추웠던 여러 해의 겨울이 지구 표면 위의 빙하와 적설의 양을 늘렸다. 얼음과 눈은 그것이 받는 햇빛의 90퍼센트까지 반사하기 때문에, 태양으로부터 오는 에너지가 더 적게 유지되고 기온이 떨어졌는데, 이것이 소빙기를 초래했다.

last[læst] 지속되다 climatologist[klàimətá:lədʒist] 기후학자 trigger[trígər] 촉발하다 observable[əbzə́:rvəbl] 관찰할 수 있는 sunspot[sʌ́nspà:t] 태양 흑점 prevalence[prévələns] 널리 퍼짐, 보급, 유행 dearth[də:rθ] 부족, 결핍 eruption[irʌ́pʃən] 폭발, 분출 reflectivity[rì:flektívəti] 반사율 glacier[gléiʃər] 빙하 retain[ritéin] 유지하다, 보유하다

Listening ◎ Track 38

OK, the so-called Little Ice Age was a time of unusually cool temperatures between the 14th and 19th centuries. Of course, it's important to keep in mind that this wasn't an actual ice age . . . It was more like an extended cold snap. The reading passage claims that scientists can say with some certainty what triggered the Little Ice Age, but actually, this just isn't the case.

While it's true that there was a decrease in sunspots during the Little Ice Age, there's no proof that this led to a decline in solar radiation. In fact, when researchers measured solar radiation during a recent period when fewer sunspots were observed, they found that the amount of solar energy didn't decline at all in response to this drop in solar activity. This means that the total amount of solar radiation is not related to the number of observable sunspots.

Next, the cooling trend wasn't triggered by a volcano. A massive volcanic eruption could have had an effect on global climate . . . for a while. But it wouldn't have taken long for all of that ash and dust to clear. Any cooling effect wouldn't have lasted for centuries. And remember that the Little Ice Age lasted for more than five hundred years . . . The volcano theory just doesn't take this into consideration.

Third, the decrease in global temperatures wasn't caused by an increase in the Earth's reflectivity. You see, snow and ice are not the only causes of this phenomenon . . . Clouds also reflect a significant portion of the Sun's energy back into space. And during the Little Ice Age, the Earth had less cloud cover because the cooling of the oceans led to a decline in water evaporation. So, although the amount of snow and ice increased, the overall reflectivity of the planet would not have risen significantly.

자, 이른바 소빙기는 14세기와 19세기 사이에 비정상적으로 서늘했던 시기였어요. 물론, 이것이 실제 빙하기는 아니었다는 점을 명심하는 것이 중요해요... 그건 장기간에 걸친 일시적 한파에 더 가까웠어요. 읽기 지문은 과학자들이 무엇이 소빙기를 촉발했는지 확신을 가지고 말할 수 있다고 주장하지만, 사실 이것은 전혀 사실이 아니에요.

소빙기 동안 태양 흑점의 감소가 있었던 것은 사실이지만, 이것이 태양 복사 감소로 이어졌다는 증거는 없어요. 사실, 연구자들이 더 적은 흑점이 관측되었던 최근 시기 동안의 태양 복사를 측정했을 때, 그들은 이러한 태양 활동의 감소에도 태양 에너지의 양이 전혀 줄어들지 않았다는 것을 발견했죠. 이는 태양 복사의 총량이 관측할 수 있는 태양 흑점의 수와 관련이 없다는 것을 의미해요.

다음으로, 냉각 현상은 화산에 의해 촉발되지 않았어요. 거대한 화산 폭발이 지구의 기후에 영향을 미쳤을 수도 있어요... 잠시 동안은요. 하지만 그 모든 재와 먼지는 걷히는 데 오래 걸리지 않았을 거예요. 어떠한 냉각 효과도 수 세기 동안 지속되지 않았겠죠. 그리고 소빙기는 5백 년 이상 지속되었다는 것을 기억하세요... 화산 이론은 이것을 전혀 고려하지 않아요.

셋째로, 지구 기온의 하락은 지구 반사율의 증가로 초래되지 않았어요. 있잖아요, 눈과 얼음이 이 현상의 유일한 원인은 아니에요... 구름도 태양 에너지의 상당 부분을 우주로 다시 반사하죠. 그리고 소빙기 동안에는, 바다의 냉각이 수분 증발의 감소로 이어졌기 때문에 지구에는 구름의 양이 더 적었어요. 그러니까, 눈과 얼음의 양이 증가하기는 했지만, 지구의 전체 반사율이 현저하게 증가하지는 않았을 거예요.

keep in mind 명심하다 extended [iksténdid] 장기간에 걸친, 연장한 cold snap 일시적 한파
correlation [kɔ̀ːrəléiʃən] 상관관계, 연관성 portion [pɔ́ːrʃən] 부분, 일부 evaporation [ivæ̀pəréiʃən] 증발

01. Note-taking

읽기 노트

> - brain scan lie detector: ↑ accurate 뇌스캔 거짓말 탐지기는 더 정확함
>
>   1. true X misidentified as lies 진실이 거짓말로 오인되지 않음
>   - convent.: stress misinterp. as dishonesty
>   전통적인 탐지기는 스트레스를 부정직으로 잘못 해석함
>   - ↑ act. in brain: X affected by anxiety 뇌 활동의 증가는 불안에 영향을 받지 않음
>   2. interp. in obj. manner 객관적인 방식으로 해석됨
>   - trad.: expert judg. → mistakes 전통적인 탐지기는 전문가가 판단해야 해서 실수가 있음
>   - images of brain: X need subj. analysis 뇌 영상은 주관적인 분석이 필요 없음
>   3. diffic. to trick 속이기 어려움
>   - meditation/drugs disguise physical responses 명상이나 약은 신체 반응을 감춤
>   - X affect brain act. → ineffec. 뇌 활동에 영향을 주지 않아서 효력 없음

듣기 노트

> - X better than convent. 전통적인 탐지기보다 낫지 않음
>
>   1. true mistakenly classified as dishonest 진실이 실수로 부정직으로 분류될 수 있음
>   - withhold info. activates brain as lying
>   정보를 숨기는 것은 거짓말하는 것과 같이 뇌를 활성화함
>   - suppress info. → indicate dishonesty 정보를 감추면 부정직을 나타냄
>   2. interp. in obj. way: false 객관적인 방식으로 해석된다는 것은 틀렸음
>   - person's brain functions differ. → X criteria 사람의 뇌는 다르게 기능해서 기준이 없음
>   - still need subj. interp. → ↑ errors 여전히 주관적인 해석이 필요해서 오류가 증가함
>   3. easier to fool 속이기 더 쉬움
>   - complex mental process → ↑ overall brain act., masks lie
>   복잡한 정신 과정으로 전반적인 뇌 활동이 증가하고 거짓말을 감춤
>   - rehearsed, retold → indicate honest 연습한 후 다시 말하면 정직을 나타냄

Summary

The lecturer argues that brain scan polygraphs are not more effective at detecting lies. ① This contradicts the reading passage's claim that this type of polygraph has greater accuracy.

② First, the lecturer contends that true statements are mistakenly classified as dishonest ones. The reason is that withholding information activates the same areas of the brain as lying. People often suppress information, producing results that indicate dishonesty. ③ This casts doubt on the reading passage's claim that a brain scan lie detector does not misinterpret true statements as lies.

Next, the lecturer points out that brain scan results are not interpreted in an objective way. ④ Each person's brain functions in a different way, and this means that there is no standard criteria that can be applied to all people. We still need to subjectively interpret the results, and this increases errors. This counters the reading passage's claim that a brain scan polygraph is advantageous because the results can be analyzed in an unbiased way.

Finally, the lecturer asserts that it may be easier to fool a brain scan polygraph. Performing a complex mental process causes overall brain activity to increase, which masks a lie. ⑤ Furthermore, rehearsing an untruthful story results in neural activity that indicates honesty when it is retold. ⑥ This refutes the reading passage's claim that it is difficult to deceive a brain scan polygraph.

해석 강의자는 뇌스캔 거짓말 탐지기가 거짓말을 감지하는 데 더 효율적이지 않다고 주장한다. 이는 이러한 종류의 거짓말 딤지기가 더 높은 정확도를 지니고 있다는 읽기 지문의 주장을 반박한다.

첫째로, 강의자는 사실인 진술이 실수로 부정직한 것으로 분류되기도 한다고 주장한다. 그 이유는 정보를 숨기는 것이 거짓말하는 것과 같은 뇌 부분을 활성화하기 때문이다. 사람들은 종종 정보를 감추는데, 이것은 부정직을 나타내는 결과를 만들어낸다. 이는 뇌스캔 거짓말 탐지기가 사실인 진술을 거짓말로 잘못 해석하지 않는다는 읽기 지문의 주장에 의구심을 제기한다.

다음으로, 강의자는 뇌스캔 결과가 객관적인 방식으로 해석되지 않는다고 지적한다. 각각의 사람들의 뇌는 서로 다른 방식으로 기능하고, 이것은 모든 사람에게 적용될 수 있는 일반적인 기준이 없음을 의미한다. 우리는 여전히 결과를 주관적으로 해석해야 하고, 이것이 오류를 증가시킨다. 이는 결과가 선입견 없는 방식으로 분석될 수 있기 때문에 뇌스캔 거짓말 탐지기가 유익하다는 읽기 지문의 주장에 반대한다.

마지막으로, 강의자는 뇌스캔 거짓말 탐지기를 속이는 것이 더 쉬울 수 있다고 주장한다. 복잡한 정신 과정을 행하는 것은 전반적인 뇌 활동이 증가하게 만드는데, 이것은 거짓말을 감춘다. 게다가, 거짓 이야기를 연습하는 것은 그것을 다시 말할 때 정직을 나타내는 신경 활동을 야기한다. 이는 뇌스캔 거짓말 탐지기를 속이기 어렵다는 읽기 지문의 주장을 반박한다.

어휘 unbiased[ʌ̀nbáiəst] 선입견이 없는

스크립트 및 해석

Reading

사람이 거짓말을 하고 있는지 여부를 알아내기 위한 전통적인 거짓말 탐지기의 사용은 그것의 유효성에 대한 의문 때문에 논란이 많다. 최근의 연구는 뇌의 신경 활동을 측정하는 새로운 형태의 거짓말 탐지기인 뇌스캔 거짓말 탐지기가 더 정확하다는 것을 시사한다.

뇌스캔 거짓말 탐지기가 사용되는 경우에, 사실인 진술은 거짓말로 오인되지 않는다. 전통적인 거짓말 탐지기 검사는 사람이 거짓말을 할 때 불안해진다는 전제를 기반으로 한다. 따라서, 심문받는 것에 대한 스트레스가 종종 부정직으로 잘못 해석되기도 한다. 반대로, 뇌스캔은 사람이 거짓말을 할 때 사용되는 것으로 알려진 뇌 부분의 증가된 활동을 탐지한다. 이러한 유형의 지표는 피실험자의 불안 수준에 영향을 받지 않는다.

또 다른 요소는 결과가 객관적인 방식으로 해석된다는 것이다. 전통적인 거짓말 탐지기 검사가 실시될 때, 전문가는 반응을 분석하기 위해 반드시 자신의 판단을 활용해야만 하는데, 이는 종종 실수를 낳는 과정이다. 그러나 뇌스캔은 거짓말하는 것과 관련된 뇌의 특정 부분의 실제 영상을 만들어내서, 주관적인 분석이 필요하지 않다.

뇌스캔은 또한 피실험자가 의도적으로 검사를 속이는 것을 훨씬 더 어렵게 만든다. 명상 기법이나 진정제는 전통적인 거짓말 탐지기 검사 동안 증가한 심박 수 및 호흡률과 같은 거짓말하는 것에 대한 신체 반응을 감추기 위해 사용될 수 있다. 그러나 이러한 대응책은 사람의 뇌 활동에 영향을 주지 않아서, 뇌스캔 거짓말 탐지기 검사 동안에는 효력이 없다.

polygraph[páligræf] 거짓말 탐지기   effectiveness[iféktivnis] 유효성, 효과   measure[méʒər] 측정하다
neural[njúərəl] 신경의   misidentify[mìsaidéntəfai] 오인하다, 잘못 확인하다   premise[prémis] 전제
interrogate[intérəgèit] 심문하다, 추궁하다   indicator[índikèitər] 지표, 장치   subject[sʌ́bdʒikt] 피실험자, 대상
interpret[intə́ːrprit] 해석하다   be associated with ~ ~과 관련되다   subjective[səbdʒéktiv] 주관적인
intentionally[inténʃənəli] 의도적으로   sedative drug 진정제   disguise[disgáiz] 감추다, 숨기다
countermeasure[káuntərmèʒər] 대응책, 보호 조치

Listening 🎧 Track 39

Claims about the high accuracy of brain scan lie detectors have caused a lot of excitement. That being said, I don't believe that this type of polygraph is better able to determine whether a subject is lying than a conventional one.

True statements are mistakenly classified as dishonest ones during a brain scan polygraph test. This is because withholding information activates the same parts of the brain as lying. The problem is that even truthful people commonly suppress information during an interview, particularly about an embarrassing topic or situation. People don't just blurt out everything that comes to mind . . . they constantly choose which details to share. So, the polygraph results may indicate dishonesty, when in fact the subject was just avoiding a sensitive topic.

What about the idea that the brain scan results are interpreted in an objective way? Well, this claim is plainly false. The main issue is that each person's brain functions in a slightly different way, so there is no standard criteria that can be applied to all people when analyzing the results of a brain scan lie detector test. That means that we still need an expert to subjectively interpret the results, and this increases the probability of errors.

Lastly, it may actually be easier for a subject to fool a brain scan polygraph than a conventional one. Recent studies have identified two possible methods to do this. The first involves performing a complex mental process, such as, um, trying to solve a difficult math equation, while answering a question. This leads to an increase in overall brain activity that masks a lie. In addition, if a person has rehearsed an untruthful story, the neural activity that occurs when it is retold may indicate that the person is being honest.

뇌스캔 거짓말 탐지기의 높은 정확성에 대한 주장들은 많은 흥분을 유발했어요. 하지만 저는 이러한 종류의 거짓말 탐지기가 피실험자가 거짓말을 하고 있는지 여부를 밝혀내는 데 있어서 전통적인 탐지기보다 낫다고 생각하지 않아요.

사실인 진술이 뇌스캔 거짓말 탐지기 검사에서 실수로 부정직한 것으로 분류되기도 해요. 이는 정보를 숨기는 것이 거짓말하는 것과 같은 뇌 부분을 활성화하기 때문이에요. 문제는 정직한 사람들조차도 흔히 면담 중에는 정보를 감춘다는 것인데, 특히 곤란한 주제나 상황에 대해서 그렇죠. 사람들은 그저 생각나는 모든 것을 불쑥 말하지는 않아요... 그들은 어떤 세부 사항을 공유할지 끊임없이 골라요. 그러니까 사실은 피실험자가 그저 민감한 주제를 피하고 있을 때 거짓말 탐지기 결과는 부정직을 나타낼 수도 있어요.

뇌스캔 결과가 객관적인 방식으로 해석된다는 의견은 어떨까요? 글쎄요, 이 주장은 분명히 틀렸어요. 가장 큰 문제는 각각의 사람들의 뇌가 약간씩 다른 방식으로 기능해서, 뇌스캔 거짓말 탐지기 검사 결과를 분석할 때 모든 사람에게 적용될 수 있는 일반적인 기준이 없다는 거예요. 그것은 우리에게 여전히 주관적으로 결과를 해석할 전문가가 필요하다는 것을 의미하고, 이는 오류의 확률을 증가시키죠.

마지막으로, 실제로는 피실험자가 전통적인 것보다 뇌스캔 거짓말 탐지기를 속이기가 더 쉬울 수도 있어요. 최근의 연구는 이것을 할 수 있는 두 가지 가능한 방법을 발견했죠. 첫 번째는 질문에 대답하는 동안, 음, 어려운 수학 공식을 풀려고 하는 것처럼 복잡한 정신 과정을 행하는 것을 포함해요. 이는 거짓말을 감추는 전반적인 뇌 활동의 증가로 이어지죠. 게다가, 거짓 이야기를 연습했다면, 그것을 다시 말할 때 발생하는 신경 활동은 그 사람이 정직하다고 나타낼 수도 있어요.

withhold information 정보를 숨기다, 덮어두다　activate[ǽktəvèit] 활성화하다　suppress[səprés] 감추다, 은폐하다
embarrassing[imbǽrəsiŋ] 곤란한, 난처한　blurt out 불쑥 말하다, 무심결에 말하다　sensitive[sénsətiv] 민감한, 예민한
criterion[kraitíəriən] 기준　probability[prɑ̀:bəbíləti] 확률, 개연성　equation[ikwéiʒən] 공식, 방정식　mask[mɑːsk] 감추다

02. Note-taking

읽기 노트

> - Amazon supported civiliz.: doubtful 아마존이 문명을 존재하게 했다는 것은 의심스러움
>
>   1. dense jungle prevent 울창한 밀림이 막음
>   - diffic. to move around → commun. limited 돌아다니기 어려워서 소통이 제한됨
>   - cooperative effort impossib. 협동적인 노력이 불가능함
>   2. artifacts lack sophistic. 유물에는 정교함이 결여됨
>   - tools: X req. high tech. 도구들은 고도의 기술을 필요로 하지 않았음
>   - primi. toolmaking 원시적인 도구 제작
>   3. Eur. expedi. prove X civil. 유럽 원정대가 문명이 없음을 증명함
>   - found scattered tribes in rudiment. settlements
>   원시 부락에 드문드문 있는 부족을 발견함
>   - small size communities 작은 규모의 공동체

듣기 노트

> - evid.: Amazon support civiliz. 아마존이 문명을 존재하게 했다는 증거
>
>   1. civiliz. existed despite dense vege. 울창한 초목에도 불구하고 문명이 존재함
>   - satellite: roads & canals connected towns & vil.
>   위성 사진에서 도로와 수로가 도시와 마을을 연결했음
>   - proves ppl. work together 사람들이 함께 일했음을 증명함
>   2. items unsophistic.: X true 물건이 정교하지 않다는 것은 사실이 아님
>   - abundance of advan. pottery 다수의 고급 도자기
>   - Marajó Isl.: ceramic urns, vases & bowls 마라조 섬의 도자기 단지, 항아리와 사발
>   3. Eur. explorers X locate civiliz. ← region vast
>   지역이 광대해서 유럽 탐험가들이 문명을 찾아내지 못함
>   - Amazon: > 5 million km² → much remains unexplored
>   아마존은 5백만km² 이상이어서 많은 부분이 탐험되지 않은 채 남아있음
>   - jungle obscure entire cities 밀림이 도시 전체를 가림

Summary

The lecturer argues that there is evidence that the Amazon supported a large civilization. ① This contradicts the reading passage's claim that it is unlikely that the Amazon supported an advanced civilization.

First, ② the lecturer contends that a large civilization existed in the Amazon even though there was a lot of vegetation. ③ Experts used satellite photographs to study the Amazon, and they found ancient roads and canals that connected numerous towns and villages. ④ These structures are proof that groups of people in the Amazon cooperated with each other to build a society. This casts doubt on the reading passage's claim that a civilization could not be formed because of the dense jungle.

Next, ⑤ the lecturer claims that it is not true that archaeological discoveries in the Amazon lack sophistication. ⑥ There has actually been a large amount of advanced pottery uncovered there. For instance, ⑦ detailed ceramic urns, vases, and bowls have been discovered on Marajó Island. This counters the reading passage's claim that ancient items found in the Amazon are not sophisticated.

Finally, ⑧ the lecturer asserts that European explorers could not find the civilization in the Amazon because of the vast size of the region. ⑨ The Amazon rain forest covers more than five million square kilometers, and much of it still has not been explored. ⑩ In addition, jungles can hide cities for centuries. This refutes the reading passage's claim that European expeditions showed that there was no large society in the Amazon.

해석　강의자는 아마존이 거대한 문명을 존재하게 했다는 증거가 있다고 주장한다. 이는 아마존이 선진 문명을 존재하게 했을 가능성이 낮다는 읽기 지문의 주장을 반박한다.

첫째로, 강의자는 많은 초목이 있었음에도 불구하고 거대한 문명이 아마존에 존재했다고 주장한다. 전문가들은 아마존을 연구하기 위해 위성 사진을 이용했고, 그들은 수많은 도시와 마을을 연결한 고대 도로와 수로를 발견했다. 이러한 구조물은 아마존에 있는 무리의 사람들이 사회를 건설하기 위해 서로 협력했다는 증거이다. 이는 울창한 밀림 때문에 문명이 형성될 수 없었을 것이라는 읽기 지문의 주장에 의구심을 제기한다.

다음으로, 강의자는 아마존에서의 고고학적 발견에 정교함이 결여되어 있다는 것은 사실이 아니라고 주장한다. 실제로는 그곳에서 발견된 많은 양의 고급 도자기들이 있다. 예를 들어, 세밀하게 장식된 도자기 단지, 항아리와 사발이 마라조 섬에서 발견되었다. 이는 아마존에서 발견된 고대의 물건들이 정교하지 않다는 읽기 지문의 주장에 반대한다.

마지막으로, 강의자는 유럽 탐험가들이 아마존의 광대한 규모 때문에 그 지역에서 문명을 발견할 수 없었다고 주장한다. 아마존 열대 우림은 5백만 제곱킬로미터 이상에 걸쳐 있고, 그것의 많은 부분은 아직 탐험되지 않았다. 게다가, 밀림은 수 세기 동안 도시를 감출 수 있다. 이는 유럽 탐험대가 아마존에 거대한 사회가 없었다는 것을 증명했다는 읽기 지문의 주장을 반박한다.

스크립트 및 해석

Reading

1600년대와 1700년대의 유럽 식민지화에 앞서, 3천만 명 이상의 사람들이 남아메리카에 살았다. 일부 역사학자들은 그들 중 상당수가 아마존 열대 우림에 거주했고 그곳에서 크고 고도로 발달한 사회를 형성했다고 추측한다. 그러나 입수할 수 있는 증거는 아마존이 언젠가 거대한 선진 문명을 존재하게 했다는 것이 극히 의심스럽다는 것을 보여준다.

우선, 아마존 열대 우림의 울창한 밀림은 광대한 문명의 형성을 막았다. 초목의 높은 밀집 때문에, 사람들은 열대 우림에서 돌아다니기가 너무 어려웠다. 그 결과, 사람들 간의 소통이 제한되어 거대한 조직 사회를 건설하는 데 필요한 협동적인 노력이 불가능했다.

게다가, 아마존에서 발견된 유물에는 정교함이 결여되어 있다. 고고학자들은 그 지역에서 몇 가지 고대 도구들을 파냈고, 발견된 것들은 도끼, 칼, 그리고 화살촉과 같은 매우 단순한 물건들이었다. 이러한 기초적인 도구들은 만들어내는 데 고도의 기술을 필요로 하지 않았는데, 대신 원하는 모양을 얻기 위해 하나의 돌을 다른 돌로 쳐서 간단히 만들어졌다. 그들의 도구 제작의 원시적인 상태는 아마존의 고대 거주자들이 선진 사회를 이루지 않았다는 점을 나타낸다.

또한, 아마존 열대 우림 유럽 원정대는 그곳에 거대한 문명이 존재하지 않았다는 것을 증명했다. 유럽 탐험가들은 공들여서 선진 사회를 수색했지만, 빈틈없는 수색 후에 원시 부락에 드문드문 있는 부족만 발견했을 뿐이다. 이러한 작은 규모의 공동체는 그것이 거대한 문명의 일부가 아니었다는 점을 분명히 했다.

colonization[kɑ̀lənizéiʃən] 식민지화　speculate[spékjulèit] 추측하다, 짐작하다　dense[dens] 울창한, 빽빽한
concentration[kɑ̀:nsəntréiʃən] 밀집　vegetation[vèdʒətéiʃən] 초목　cooperative[kouɑ́:pərətiv] 협동적인
artifact[ɑ́:rtəfæ̀kt] 유물　implement[ímpləmənt] 도구　primitive[prímətiv] 원시적인, 원시의
constitute[kɑ́:nstətjù:t] ~을 이루다, 구성하다　expedition[èkspədíʃən] 원정대, 탐험　diligently[dílədʒəntli] 공들여서
thorough[θə́:rou] 빈틈없는, 철저한　scattered[skǽtərd] 드문드문 있는, 산재한　settlement[sétlmənt] 부락

So . . . there's this theory that, uh, an advanced society could not have been formed in the Amazon rain forest, but I don't agree with this position. Actually, there is considerable evidence to suggest that the region did in fact support a large and highly developed civilization.

There are signs that a large civilization existed in the Amazon rain forest despite its dense vegetation. Recently, archaeologists used satellite imagery to study the area, and they found an organized system of ancient roads and canals that passed through the jungle. These structures connected a large number of towns and villages, which proves that the people of the Amazon were able to work together to build a large society.

OK, do you remember the claim that ancient items unearthed in the Amazon are, uh, unsophisticated? Well, it doesn't account for the abundance of advanced pottery that has been found in the area. For example, consider some of the recent discoveries at Marajó Island, near the mouth of the Amazon River. Researchers have uncovered beautiful ceramic vessels there, including elaborate funeral urns and intricately carved vases and bowls. Only a highly advanced society could have produced these items.

Finally, the reason European explorers were unable to locate the Amazonian civilization is that the region is so vast. You see, the Amazon rain forest encompasses more than five million square kilometers, and much of it remains unexplored to this day. So it's not surprising that European expeditions failed to find the civilization that had been established there. In fact, it's quite easy for the jungle to obscure entire cities for centuries.

Some of you might know the case of Angkor Wat in Cambodia, for instance. These ancient ruins were entirely covered by thick jungle when they were finally discovered in the mid-19th century by a French explorer.

자... 아마존 열대 우림에서 선진 사회가 형성될 수 없었을 것이라는, 어, 이러한 가설이 있지만, 저는 이 입장에 동의하지 않아요. 사실, 그 지역이 실제로 거대하고 고도로 발전된 문명을 존재하게 했음을 시사하는 많은 증거가 있어요.

울창한 초목에도 불구하고 거대한 문명이 아마존 열대 우림에 존재했다는 흔적이 있어요. 최근에, 고고학자들은 그 지역을 연구하기 위해 위성 사진을 이용했고, 그들은 밀림을 통과하는 고대의 도로 및 수로의 조직적인 체계를 발견했죠. 이러한 구조물은 수많은 도시와 마을을 연결했는데, 이는 아마존의 사람들이 거대한 사회를 건설하기 위해 함께 일할 수 있었다는 것을 증명해요.

자, 아마존에서 발굴된 고대의 물건들이, 어, 정교하지 않다는 주장을 기억하고 있나요? 글쎄요, 그것은 그 지역에서 발견된 다수의 고급 도자기들을 설명하지 못해요. 예를 들어, 아마존강 하구 근처의 마라조 섬에서 최근에 발견된 것들 중 일부를 생각해보세요. 연구자들은 정교한 유골 단지 및 복잡하게 조각된 항아리와 사발을 포함하여 그곳에서 아름다운 도자기 용기들을 파냈어요. 고도의 선진 사회만이 이러한 물건들을 만들어낼 수 있었겠죠.

마지막으로, 유럽 탐험가들이 아마존 문명을 찾아낼 수 없었던 이유는 그 지역이 너무나 광대해서예요. 있잖아요, 아마존 열대 우림은 5백만 제곱킬로미터 이상을 아우르고, 많은 부분은 오늘날까지도 탐험되지 않은 채 남아있어요. 그러니까 유럽 원정대가 거기 세워졌던 문명을 찾는 것에 실패한 것이 놀랍지 않죠. 사실, 밀림이 수 세기 동안 도시 전체를 가리는 것은 상당히 쉬워요. 예를 들어, 여러분 중 몇몇은 캄보디아의 앙코르와트 사례를 알고 있을지도 모르겠네요. 이 고대 유적은 19세기 중반에 한 프랑스 탐험가에 의해 마침내 발견되었을 때 빽빽한 밀림으로 완전히 덮여있었죠.

considerable[kənsídərəbl] 많은, 상당한　satellite[sǽtəlàit] 위성　unearth[ʌ̀nə́ːrθ] 발굴하다　locate[lóukeit] 찾아내다
encompass[inkʌ́mpəs] 아우르다, 포함하다　obscure[əbskjúər] 가리다, 모호하게 하다

03. Note-taking

읽기 노트

- coal: continue to be used b/c merits 장점 때문에 석탄은 계속해서 이용될 것임

    1. easy to mine 채굴하기 쉬움
        – close to surface → X dig tunnels 표면 가까이에 있어서 터널을 파지 않음
        – ↓ time & effort b/c X need special. equip.
          특수 장비가 필요 없어서 더 적은 시간과 노력이 듦
    2. cheap to transp. 운반하기 저렴함
        – other fuels: danger. → ↑ money on safety measure
          다른 연료들은 위험해서 안전장치에 많은 돈이 듦
        – solid form → cost of safe transp. ↓ 고체 형태여서 안전한 운반에 드는 비용이 낮음
    3. coal industry creates ↑ jobs 석탄 산업은 더 많은 일자리를 창출함
        – mining operat. employ 1,000s workers 채굴 기업은 수천 명의 노동자를 고용함
        – energy req. ↑ → industry expand & hire ↑
          에너지 수요가 증가하면서 산업이 확장되고 더 많이 고용할 것임

듣기 노트

- X will be used for much longer 훨씬 더 오랫동안 이용되지는 않을 것임

    1. coal mining: complicated 석탄 채굴은 복잡함
        – near surface: exhausted → burrow deep 지면 근처는 고갈되어 깊이 파야 함
        – req. tech. skills & trained workers 전문적인 기술과 숙련된 노동자들이 필요함
    2. costly to ship 운송하는 데 비용이 많이 듦
        – heavy & bulky: ↓ amount in each load
          무겁고 부피가 커서 한 번의 적재에 적은 양이 들어감
        – signif. # of trips → ↑ expen. 상당한 횟수에 걸쳐 실어 날라서 더 비쌈
    3. employ ↑ workers: X true 더 많은 노동자를 고용하는 것은 사실이 아님
        – develop labor-saving tech. 인력을 줄이는 기술을 개발함
        – equip. & machin. improves → ppl. employed ↓
          장비와 기계가 개선되어 고용되는 사람이 감소함

Summary

The lecturer argues that coal will probably not serve as an energy source for very long. ① This contradicts the reading passage's claim that coal will be used in the future due to its advantages.

First, ② the lecturer claims that coal mining is a complicated process. Coal located near the surface is nearly exhausted, so miners must burrow deep. ③ This method of mining requires technical skills and trained workers. ④ This casts doubt on the reading passage's claim that coal is beneficial because it can be easily mined.

⑤ Next, the lecturer asserts that coal is costly to transport. The problem is that coal is heavy and bulky, which means that the amount that can be carried in each load is limited. So, a high number of trips must be made to transport this fuel. The result is that coal is more expensive to ship than other fuels. ⑥ This counters the reading passage's claim that coal is advantageous because transporting it is inexpensive.

⑦ Finally, the lecturer contends that it is not true that the coal industry will employ more workers. Mining companies have been developing labor-saving technology. Because the equipment and machinery used in coal mining and processing have improved, not many workers are required. ⑧ This refutes the reading passage's claim that a lot of jobs are generated by the coal industry.

해석 강의자는 석탄이 아마 매우 오랫동안 에너지원의 역할을 하지는 않을 것이라고 주장한다. 이는 석탄이 그것의 장점 때문에 미래에도 이용될 것이라는 읽기 지문의 주장을 반박한다.

첫째로, 강의자는 석탄 채굴이 복잡한 과정이라고 주장한다. 지면 근처에 있는 석탄은 거의 고갈되어서, 광부들은 굴을 깊이 파야 한다. 이러한 채굴 방법은 전문적인 기술과 숙련된 노동자들을 필요로 한다. 이는 석탄이 쉽게 채굴될 수 있기 때문에 유익하다는 읽기 지문의 주장에 의구심을 제기한다.

다음으로, 강의자는 석탄이 운반하는 데 비용이 많이 든다고 주장한다. 문제는 석탄이 무겁고 부피가 크다는 것인데, 이는 한 번의 적재로 옮길 수 있는 양이 제한되어 있다는 것을 의미한다. 그러므로, 이 연료를 운반하기 위해서는 많은 횟수로 실어 날라야 한다. 결과는 석탄이 다른 연료들보다 운송하기가 더 비싸다는 것이다. 이는 석탄이 운반하는 것이 비싸지 않기 때문에 유용하다는 읽기 지문의 주장에 반대한다.

마지막으로, 강의자는 석탄 산업이 더 많은 노동자를 고용할 것이라는 점은 사실이 아니라고 주장한다. 채굴 회사들은 인력을 줄이는 기술을 개발해오고 있다. 석탄 채굴 및 가공에 사용되는 장비와 기계가 개선되었기 때문에, 많은 노동자들이 필요하지 않다. 이는 석탄 산업에 의해 추가적인 일자리가 창출된다는 읽기 지문의 주장을 반박한다.

스크립트 및 해석

Reading

석탄은 지구상에서 가장 풍부하고 쉽게 이용할 수 있는 형태의 화석 연료이다. 그것은 수백 년 동안 중요한 에너지원이었고, 그것의 이점들 때문에 앞으로도 계속해서 이용될 것이다.

석탄의 가장 중요한 이점은 아마도 채굴하기 쉽다는 점일 것이다. 그것은 보통 지구 표면 가까이에 있어서, 광부들이 매장 층에 도달하기 위해 터널을 파야 할 필요가 없다. 대신에, 그들은 석탄을 덮고 있는 토양과 암석층을 간단히 제거한다. 노천 채굴이라고 알려진 이러한 추출 방법은 채굴 회사가 시간과 노력 모두를 절약할 수 있도록 하는데, 그것이 땅 깊이 굴을 파기 위한 특수 장비가 있을 필요 없이 매장 층에 있는 석탄의 최대 90퍼센트까지 추출할 수 있게 하기 때문이다.

석탄을 계속해서 이용할 또 다른 이유는 그것이 운반하기 저렴하기 때문이다. 석유, 천연가스, 그리고 수소와 같은 다른 종류의 연료들은 위험한 고압 수송 관로 망에 의해 운반된다. 따라서, 폭발이나 누출의 끊임없는 위험이 존재하고, 그것은 사고의 위험을 줄이기 위해 안전장치에 많은 돈을 써야 한다는 것을 의미한다. 그러나 석탄은 흔히 고체 형태로 운송되고, 이는 사고의 가능성이 적다. 그러므로, 석탄의 안전한 운반을 보장하는 데 드는 비용은 다른 연료들과 비교했을 때 매우 낮다.

마지막으로, 석탄 산업은 노동자들을 위해 더 많은 일자리를 창출하는 주요한 고용 사업체이다. 미국의 채굴 기업들은 석탄 시설 유지와 같은 관련 업무뿐만 아니라 석탄의 추출과 가공에서도 수천 명의 노동자를 고용한다. 국가의 에너지 수요가 계속해서 증가할 것이라는 점을 고려하면, 앞으로 석탄 산업은 확장될 것이고, 훨씬 더 많은 노동자를 고용할 것이다.

plentiful[pléntifəl] 풍부한 mine[main] 채굴하다, 캐다 deposit[dipázit] 매장 층, 광상 extraction[ikstrǽkʃən] 추출
strip mining 노천 채굴 burrow[bə́:rou] 굴을 파다 explosion[iksplóuʒən] 폭발 leak[li:k] 누출, 새는 곳
operation[à:pəréiʃən] 기업, 사업체 processing[prá:sesiŋ] 가공, 처리 maintenance[méintənəns] 유지, 보수
expand[ikspǽnd] 확장되다, 커지다

Listening 🎧 Track 41

The use of coal has been a hot topic among people these days. Despite its supposed advantages, this energy source has serious issues, and it is unlikely that coal will be used as an energy source for much longer.

The first consideration is that coal mining is a very complicated process. The amount of coal located near the surface is limited, and these shallow deposits are almost exhausted. Therefore, miners must extract reserves located hundreds of meters underground, which makes it necessary to burrow deep below the surface. Of course, this method of mining requires highly technical skills and many trained workers.

Also, coal is quite costly to ship. The problem is that coal is extremely heavy and bulky, which reduces the amount that can be transported in each load. In other words, bringing coal from a mine to a power plant requires a significant number of separate trips by truck or train. The end result is that coal is considerably more expensive to transport than other types of fuels.

The last thing is the idea that the coal industry employ more workers . . . This claim just isn't true. You know, coal mining companies have been making a serious effort in recent years to reduce costs by developing labor-saving technology. As the equipment and machinery used for coal extraction and processing improves, fewer human operators are required. This trend seems likely to continue, meaning that the number of people employed by the coal industry will even decline in the future.

요즘 석탄의 이용이 사람들 사이에서 뜨거운 주제였죠. 그것의 추정되는 이점들에도 불구하고, 이 에너지원은 심각한 문제들을 가지고 있고, 석탄이 훨씬 더 오랫동안 에너지원으로 이용될 가능성은 낮아요.

첫 번째 고려사항은 석탄 채굴이 매우 복잡한 과정이라는 거예요. 지면 근처에 있는 석탄의 양은 한정되어 있고, 이 얕은 매장 층은 거의 고갈되었어요. 따라서 광부들은 수백 미터 지하에 있는 매장량을 추출해야만 하는데, 이것은 지면 아래 굴을 깊이 파는 것을 필요하게 만들죠. 물론 이 채굴 방법은 고도로 전문적인 기술과 많은 숙련된 노동자들을 필요로 해요.

또한, 석탄은 운송하는 데 상당히 비용이 많이 들어요. 문제는 석탄이 매우 무겁고 부피가 크다는 것인데, 이는 한 번의 적재로 운반될 수 있는 양을 감소시켜요. 다시 말해서, 광산에서 발전소로 석탄을 실어 나르는 것은 트럭이나 열차로 상당한 횟수에 걸쳐 나누어 옮기는 것을 필요로 해요. 최종 결과는 석탄이 다른 종류의 연료들보다 운반하기가 훨씬 더 비싸다는 거죠.

마지막으로는 석탄 산업이 더 많은 노동자를 고용한다는 생각이에요... 이 주장은 전혀 사실이 아니에요. 있잖아요, 석탄 채굴 회사들은 인력을 줄이는 기술을 개발함으로써 최근에 비용을 줄이기 위한 중대한 노력을 해오고 있어요. 석탄 채굴 및 가공에 사용되는 장비와 기계가 개선되면서, 보다 적은 기술자가 필요하게 되었죠. 이러한 추세는 계속될 것처럼 보이고, 이는 석탄 산업에 고용되는 사람들의 수가 앞으로 오히려 감소할 것임을 의미해요.

complicated[kɑ́:mpləkèitid] 복잡한　shallow[ʃǽlou] 얕은　exhausted[igzɔ́:stid] 고갈된, 소모된
reserve[rizə́:rv] 매장량, 보존물　underground[ʌ̀ndərgráund] 지하에 있는　bulky[bʌ́lki] 부피가 큰　machinery[məʃí:nəri] 기계

04. Note-taking

읽기 노트

> antlers: functions 사슴뿔의 기능들
>
> 1. major role in attract mates 짝을 유혹하는 데 중요한 역할
>   – use in competition for mates 짝을 위한 경쟁에서 사용함
>   – female prefer. large antlers 암컷은 큰 뿔을 선호함
> 2. mark territory they control 자신이 지배하는 영역을 표시함
>   – rub trees & create marks in habitats w/ food
>   먹이가 있는 서식지에서 나무에 문지르고 자국을 만듦
>   – visual warnings to other males 다른 수컷에 대한 시각적 경고
> 3. defend agst. predators 포식자로부터 방어함
>   – sweep → drive off attacker 휘둘러서 공격자를 쫓아냄
>   – protect head & neck 머리와 목을 보호함

- X figure out what used for 무엇에 쓰이는지 밝혀내지 못함

  1. X key factor in attract mate 짝을 유혹하는 핵심적인 요소가 아님
     - use other such as vocal. & body posture 발성과 자세 같은 다른 것을 이용함
     - females select small antlers 암컷은 작은 뿔을 선택함
  2. X used to mark territory 영역을 표시하는 데 사용되지 않음
     - mark w/ scent → detected by other easily
       냄새로 표시해서 다른 사슴들에게 쉽게 감지됨
     - rubs antlers to remove outer skin 외피를 제거하기 위해 뿔을 문지름
  3. X defensive function 방어 기능이 아님
     - shed in winter when weaker & ↑ need protect.
       더 약하고 더욱 보호가 필요한 겨울에 탈락됨
     - female protect young, yet X have 암컷은 새끼를 보호하지만 가지고 있지 않음

Summary

The lecturer argues that ① biologists do not know what antlers are used for. ② This contradicts the reading passage's claim that their roles are now known.

First, the lecturer contends that antlers are not a key factor in attracting a mate. ③ Deer often use other methods, such as vocalization and body posture. ④ In addition, female deer often select mates with small antlers, despite the availability of males with larger ones. ⑤ This casts doubt on the reading passage's claim that antlers are important for attracting a mate.

Next, the lecturer maintains that antlers are not used to mark territory. Instead, deer mark territory with scents that can be detected easily by other deer. ⑥ In fact, the reason that deer rub their antlers on trees is to remove the outer skin, not to create marks that serve as warnings to other deer. ⑦ This counters the reading passage's claim that antlers are used to indicate the territory.

Finally, the lecturer claims that antlers do not have a defensive function. ⑧ This is because antlers are shed in the winter when deer are weaker and need more protection. ⑨ Moreover, female deer must protect their young from predators, yet females do not have antlers. ⑩ This refutes the reading passage's claim that deer use antlers to protect themselves against attackers.

해석 강의자는 생물학자들이 사슴뿔이 무엇에 쓰이는지를 알지 못한다고 주장한다. 이는 그것의 역할들이 오늘날 알려져 있다는 읽기 지문의 주장을 반박한다.
　　　첫째로, 강의자는 사슴뿔이 짝을 유혹하는 필수적인 요소가 아니라고 주장한다. 사슴은 보통 발성과 자세와 같은 다른 방법들을 사용한다. 게다가, 더 큰 사슴뿔을 가진 수컷이 있음에도 불구하고, 암사슴은 종종 작은 뿔을 가진 짝을 선택한다. 이는 사슴뿔이 짝을 유혹하는 데 중요하다는 읽기 지문의 주장에 의구심을 제기한다.
　　　다음으로, 강의자는 사슴뿔이 영역을 표시하는 데 사용되지 않는다고 주장한다. 대신, 사슴은 다른 사슴들에 의해 쉽게 감지될 수 있는 냄새로 영역을 표시한다. 사실, 사슴이 뿔을 나무에 문지르는 이유는 다른 사슴에게 경고의 역할을 하는 표식을 만들어내기 위해서가 아니라, 외피를 제거하기 위해서이다. 이는 사슴뿔이 영역을 표시하는 데 사용된다는 읽기 지문의 주장에 반대한다.
　　　마지막으로, 강의자는 사슴뿔이 방어 기능을 가지고 있지 않다고 주장한다. 이는 사슴이 더 약하고 보호가 더욱 필요할 때인 겨울에 뿔이 탈락되기 때문이다. 게다가, 암사슴은 포식자로부터 새끼를 보호해야 하지만, 암컷들은 뿔을 가지고 있지 않다. 이는 사슴이 공

격자로부터 스스로를 방어하기 위해 뿔을 사용한다는 읽기 지문의 주장을 반박한다.

스크립트 및 해석

Reading

사슴뿔은 대부분의 수사슴이 성숙기에 접어들면 머리에서 뻗어 나가는 크고 뿔처럼 생긴 뼈 생장물이다. 최근에, 이 부속 기관의 기능들이 밝혀졌다.

사슴뿔은 수사슴이 짝을 유혹하는 데 중요한 역할을 한다. 매년 짝짓기 철 동안, 수사슴은 짝을 얻기 위한 경쟁에서 우위를 차지하기 위해 뿔을 사용한다. 경쟁하는 사슴들은 서로에게 달려들어 뿔을 휘두르고, 보통 몇 분밖에 지속하지 않는 싸움 후에 더 약한 사슴이 후퇴한다. 이러한 육체적 대립의 승자는 암컷을 유혹할 가능성이 훨씬 더 높다. 또한, 연구는 심지어 이러한 싸움이 발생하지 않을 때도, 암사슴은 큰 사슴뿔을 가진 수컷에 대해 분명한 선호를 지닌다는 것을 보여주었다.

다음으로, 사슴은 자신이 지배하는 영역을 표시하기 위해 뿔을 사용한다. 그들은 나무껍질을 벗겨내고 긁어낸 자국을 만들면서 뿔을 작은 나무에 문지르는 것이 종종 관찰되었다. 이것은 사슴이 잠자는 장소에서뿐만 아니라, 농지 주변의 수목이 우거진 지역과 같이 충분한 먹이가 있는 서식지에서도 행해질 수 있다. 그 표식들은 다른 수컷들에게 시각적인 경고의 역할을 할 수 있고, 이는 한 사슴이 다른 사슴의 영역에 침범하는 것을 막는다.

사슴뿔은 또한 사슴이 포식자로부터 스스로를 방어할 수 있게 한다. 사슴은 늑대와 같은 큰 포식자에게 공격받아 목숨을 잃을 끊임없는 위험에 노출되어 있다. 포식자가 다가오면, 사슴은 공격자를 쫓아내기 위해 뿔을 앞으로 휘두른다. 게다가, 사슴은 공격을 당했을 때 머리를 낮추는 것으로 알려져 있는데, 이는 사슴의 머리와 목을 효과적으로 보호할 수 있도록 뿔을 위치시킨다.

> antler[ǽntlər] 사슴뿔 growth[grouθ] 생장물 appendage[əpéndidʒ] 부속 기관 dominance[dάmənəns] 우위
> competition[kὰːmpətíʃən] 경쟁, 시합 struggle[strʌ́gl] 싸움, 투쟁 retreat[ritríːt] 후퇴하다
> confrontation[kὰːnfrəntéiʃən] 대립, 대치 preference[préfərəns] 선호 territory[térətɔ̀ːri] 영역, 영토 rub[rʌb] 문지르다
> peel[piːl] (껍질 등을) 벗기다 bark[bɑːrk] 나무껍질 wooded[wúdid] 수목이 우거진 farmland[fάːrmlæ̀nd] 농지
> discourage[diskə́ːridʒ] 막다, 단념시키다 intrude[intrúːd] 침범하다 predator[prédətər] 포식자
> position[pəzíʃən] 위치에 두다, 배치하다

Listening 🎧 Track 42

So, we've been looking at some of the physical traits common to all deer species. I would like to focus now on antlers. What you need to realize is that biologists have been unable to figure out exactly what they're used for. Although antlers influence the process of sexual selection, they are not a key factor in helping males attract a mate. It's important to note that male deer typically use a variety of other methods to achieve dominance during the mating season, such as, um, vocalization and body posture. Also, studies have found that females often select males with small antlers to mate with, even if males with more impressive antlers are available. That's not what you'd expect if antlers were an important way for male deer to attract a mate.

Second, it doesn't appear that antlers are used to mark a territory. Deer mark their territory with scent, not with visual markings. They rub strong-smelling, um, secretions from various glands onto trees and bushes, and these scents can be detected by other males easily. And the reason a deer rubs his antlers on a tree is to remove the antlers' soft outer skin, which begins to fall off in the autumn. This means that the, uh, marks on the trees are not made as a warning to other deer.

Third, antlers do not have a significant defensive function. The fact is, antlers are shed in the winter, when deer are weaker and thus in greater need of protection. If antlers are used primarily for defense, deer would keep them year-round. Also, female deer raise their offspring without the assistance of males, so they must protect their young from predators. Yet, the majority of female deer do not have antlers, which indicates that antlers are not a defensive measure against attackers.

자, 우리는 모든 사슴 종에게 공통적인 신체적 특징의 일부를 살펴봤어요. 이제 사슴뿔에 대해 이야기하려고 해요. 여러분이 알아야 할 것은 생물학자들이 사슴뿔이 정확히 무엇에 쓰이는지를 밝혀내지 못했다는 거예요.

사슴뿔이 암수 선택 과정에 영향을 미치기는 하지만, 그것은 수컷이 짝을 유혹하는 것을 돕는 데 있어서 핵심적인 요소는 아니에요. 수사슴은 일반적으로 짝짓기 철 동안 우위를 차지하기 위해, 음, 발성과 자세와 같은 다양한 다른 방법들을 이용한다는 점을 알아두는 것이 중요합니다. 또한, 연구는 설령 더욱 인상적인 사슴뿔을 가진 수컷이 있다고 해도 암컷들이 종종 짝짓기를 위해 작은 뿔을 가진 수컷을 선택한다는

것을 발견했어요. 사슴뿔이 수사슴이 짝을 유혹하는 중요한 방법이었다면 그것은 기대에 어긋나죠.

둘째로, 사슴뿔은 영역을 표시하는 데 사용되는 것처럼 보이지 않습니다. 사슴은 자신의 영역을 시각적 표식이 아닌 냄새로 표시하죠. 그들은 냄새가 강한, 음, 여러 분비선에서 나오는 분비물을 나무와 관목에 문지르고, 이러한 냄새는 다른 수컷에게 쉽게 감지될 수 있어요. 그리고 사슴이 뿔을 나무에 문지르는 이유는 가을에 떨어져 나가기 시작하는 사슴뿔의 부드러운 외피를 제거하기 위해서예요. 이것은, 어, 나무에 있는 표시들이 다른 사슴에 대한 경고로서 만들어지지 않았다는 것을 의미합니다.

셋째로, 사슴뿔은 중요한 방어 기능을 가지고 있지 않습니다. 사실은, 사슴뿔은 겨울에 탈락되는데, 이때는 사슴이 더 약하고 따라서 보호가 더욱 많이 필요한 시기라는 것입니다. 만약 사슴뿔이 주로 방어를 위해 사용된다면, 사슴은 그것을 연중 내내 가지고 있겠죠. 또한 암사슴은 수컷의 도움 없이 새끼를 기르므로, 그들은 포식자로부터 새끼들을 보호해야만 합니다. 하지만 암사슴의 대부분은 뿔을 가지고 있지 않은데, 이는 사슴뿔이 공격자에 대한 방어수단이 아니라는 것을 나타내죠.

sexual selection 암수 선택 vocalization[vòukəlizéiʃən] 발성 posture[pɑ́:stʃər] 자세 scent[sent] 냄새, 향기
secretion[sikrí:ʃən] 분비물 gland[glænd] 분비선, 샘 defensive[difénsiv] 방어의 shed[ʃed] (가죽·껍질·뿔 등을) 탈락시키다
offspring[ɔ́:fsprìŋ] 새끼, 자식 defensive measure 방어수단

01. Note-taking

읽기 노트

- gorvern. should provide agric. subsidies 정부는 농업 보조금을 제공해야 함

  1. stabilize food supply 식량 공급을 안정시킴
     – encourage ↑ crops to make up for losses 손실을 만회할 더 많은 작물을 장려함
     – sufficient food regard. of weather condi. 기상 상태와 관계없이 충분한 식량
  2. lowers price of food 식량의 가격을 낮춤
     – costs offset → sell at ↓ price 비용을 상쇄해서 더 낮은 가격에 팖
     – makes food remain affordable 식량이 가격이 알맞게 유지되도록 함
  3. promote econo. health in rural communities 농촌 지역사회의 경제적 번영을 촉진함
     – ↑ cultivation → hire ↑ workers 더 많은 경작은 더 많은 노동자 고용으로 이어짐
     – ↑ residents find job → allevi. hardship & econo. growth
       더 많은 주민들이 작업을 얻어서 어려움을 덜고 경제적 성장을 가져옴

듣기 노트

- subsidies: X necessary 보조금은 필요하지 않음

  1. X stabilize food supply 식량 공급을 안정시키지 않음
     - ex) over 5 year, recipients grow corn to produce ethanol
       예) 5년 동안 수령인은 에탄올을 생산하기 위해 옥수수를 재배함
     - farmers X contribute to food supply 농부들은 식량 공급에 기여하지 않음

  2. X reduce price of food 식량 가격을 낮추지 않음
     - only for certain crops → grow ↓ fruits & vege.
       특정 작물만을 위한 것이어서 과일과 채소를 덜 재배함
     - ↓ supply → prices ↑ → overall cost X decline
       더 적은 공급으로 가격이 올라가서 전체 비용은 감소 안 함

  3. X help rural areas econo. 농촌 지역을 경제적으로 돕지 않음
     - farming mechanized → X hire workers 농사가 기계화되어서 노동자를 고용하지 않음
     - benefit owners of farms, X other residents & econo. in region
       농장주들에게만 혜택을 주고 다른 주민과 지역 경제에는 아님

Summary

The lecturer argues that the agricultural subsidies are not necessary. This contradicts the reading passage's claim that subsidies should continue to be given by the government.

First, the lecturer points out that subsidies do not stabilize the food supply. For example, over a period of five years, the recipients of the largest portion of US subsidies grew corn to produce ethanol. Farmers who grow crops for this type of product do not contribute to the food supply. This casts doubt on the reading passage's claim that subsidies ensure a stable supply of food.

Next, the lecturer maintains that subsidies do not actually reduce the price of food. Public assistance is only for certain crops, so farmers produce less fruits and vegetables. The smaller supply of these agricultural products causes prices to rise. Therefore, the total amount of money spent on groceries does not decline. This counters the reading passage's claim that subsidies lead to lower food prices.

Finally, the lecturer asserts that subsidies are not economically helpful to rural areas. Farming is mechanized, so farmers do not need to hire many new workers to cultivate more land. Therefore, subsidies only benefit the farm owners, and not the other residents or the economy of rural communities. This refutes the reading passage's claim that subsidies improve rural economies.

해석　강의자는 농업 보조금이 필요하지 않다고 주장한다. 이는 보조금이 정부에 의해 계속 지급되어야 한다는 읽기 지문의 주장을 반박한다.
　　　첫째로, 강의자는 보조금이 식량 공급을 안정시키지 않는다고 지적한다. 예를 들어, 5년의 기간 동안, 미국 보조금을 가장 많이 수령한 사람은 에탄올을 생산하기 위해 옥수수를 재배했다. 이러한 종류의 생산물을 위한 작물을 재배하는 농부들은 식량 공급에 기여하지 않는다. 이는 보조금이 식량의 안정적인 공급을 보장한다는 읽기 지문의 주장에 의구심을 제기한다.
　　　다음으로, 강의자는 보조금이 실제로 식량 가격을 낮추지 않는다고 주장한다. 공식적인 지원은 특정 작물만을 위한 것이어서, 농부들은 보다 적은 과일과 채소를 생산한다. 이러한 농작물의 더 적은 공급은 가격을 상승하게 한다. 따라서, 식료품에 쓰이는 돈의 총합계는 줄어들지 않는다. 이는 보조금이 더 낮은 식량 가격으로 이어진다는 읽기 지문의 주장에 반대한다.

마지막으로, 강의자는 보조금이 농촌 지역에 경제적으로 도움이 되지 않는다고 주장한다. 농사는 기계화되어서, 농부들은 더 많은 땅을 경작하기 위해 새로운 노동자를 많이 고용할 필요가 없다. 따라서, 보조금은 오직 농장주들에게만 혜택을 주고, 농촌 지역사회의 다른 주민들이나 경제에는 아니다. 이는 보조금이 농촌 경제를 향상시킨다는 읽기 지문의 주장을 반박한다.

스크립트 및 해석

Reading

20세기 초반부터, 미국 정부는 농부들이 생산하는 식량 작물의 양에 근거하여 그들에게 특별 보상금을 지급해왔는데, 더 많은 생산량은 더 높은 보상금으로 이어졌다. 농업 보조금이라고 불리는 이러한 지급금은 여러 혜택들을 제공하기 때문에, 정부는 계속해서 그것을 농부들에게 제공해야 한다.

한 가지 이점은 그것이 식량 공급을 안정시킨다는 것이다. 농업은 날씨에 몹시 의존적인데, 홍수와 가뭄이 작물 수확량을 크게 줄일 수 있기 때문이다. 농업 보조금은 모든 국지적 손실을 만회하기 위해 전국의 농부들이 추가 작물을 재배하도록 장려함으로써 이 문제에 대처한다. 이는 국가가 기상 상태와 관계없이 안정되고 충분한 식량 공급을 받을 수 있도록 보장한다.

농부들을 위한 경제적 지원은 식량의 가격 또한 크게 낮춘다. 농사와 관련된 많은 비용이 보조금에 의해 상쇄되기 때문에, 농장주들은 여전히 수익을 내면서 수확물을 더 낮은 가격에 팔 수 있다. 이 제도가 시행되지 않으면, 식량 가격은 전반적으로 상승할 것이고, 이는 소비자들이 수입의 더 많은 부분을 식료품에 쓰도록 만들 것이다. 농부들에게 농업 보조금을 제공하는 것은 식료품이 가격이 알맞게 유지되도록 한다.

마지막으로, 보조금은 농촌 지역사회의 경제적 번영을 촉진한다. 주민들이 구할 수 있는 일자리가 거의 없기 때문에 빈곤은 이러한 지역에서 심각한 문제이다. 보조금은 농부들이 경작 중인 땅의 양을 늘리도록 장려하고, 이는 더 많은 노동자의 고용을 필요로 하기 때문에 빈곤을 줄인다. 더 큰 고용 기회는 더 많은 농촌 주민들이 직업을 얻을 수 있을 것이고, 이것이 그들의 경제적 어려움을 덜어주고 그 지역의 경제적 성장의 원동력이 될 것이라는 것을 의미한다.

output[áutpùt] 생산량, 산출량 disbursement[disbə́ːrsmənt] 지급금, 지불금 subsidy[sʌ́bsədi] 보조금
stabilize[stéibəlàiz] 안정시키다 yield[jiːld] 수확량 nationwide[néiʃənwàid] 전국의 make up for ~ ~을 만회하다
steady[stédi] 안정된, 꾸준한 offset[ɔ́ːfsèt] 상쇄하다 harvest[hɑ́ːrvist] 수확(물) affordable[əfɔ́ːrdəbl] (가격이) 알맞은
promote[prəmóut] 촉진하다 necessitate[nəsésətèit] ~을 필요로 하다 spur[spəːr] 원동력이 되다, 자극하다

Listening ◎ Track 43

All right, a variety of arguments have been presented to support the idea that US agricultural subsidies should be continued, but, well, I believe that this form of assistance to farmers isn't necessary at all.

To start with, subsidies don't stabilize the food supply because they do not result in an overall increase in food production. In fact, many farm subsidies have nothing to do with the food supply. For example, over a five-year period, the recipients of the largest portion of US agricultural subsidies were farmers growing corn used to produce ethanol . . . Uh, this is a biofuel that can be used as an alternative to gas and oil. If farmers are using their land to produce crops for this type of product, then they aren't contributing to the nation's food supply.

And what about food prices? Well, it's not true that subsidies significantly reduce the price of food. In fact, they actually increase prices for some of the most nutritious types of foods. You see, in the US, farmers receive public assistance only for growing certain kinds of crops--mostly corn, wheat, soy, and rice. So farmers tend to focus their efforts on producing those crops, and as a result, they grow smaller amounts of fruits and vegetables, which aren't subsidized. And since you've now got a smaller supply of fruits and vegetables, their prices go up, so the overall cost of groceries does not decline.

I'm going to wrap things up with the last point that was introduced in the reading, which is that subsidies do not help rural areas economically. The thing is, farming is largely mechanized these days, so farmers do not have to hire lots of new workers to increase the amount of land under cultivation . . . they simply purchase more equipment. In short, these payments just benefit the owners of farms, not the other residents of the communities. As a result, rural communities do not actually experience any significant economic growth when farmers in the region receive subsidies.

좋아요, 미국 농업 보조금이 지속되어야 한다는 의견을 옹호하기 위해 다양한 주장들이 제시되었지만, 글쎄요, 저는 이러한 형태의 농부 지원이 전혀 필요하지 않다고 생각해요.

우선, 보조금은 식량 생산의 전반적인 증가로 이어지지 않기 때문에 식량 공급을 안정시키지 않아요. 사실, 많은 농업 보조금은 식량 공급과

관련이 없어요. 예를 들어, 5년의 기간 동안, 미국 농업 보조금을 가장 많이 수령한 사람은 에탄올을 생산하는 데 사용되는 옥수수를 재배하는 농부들이었어요... 어, 이것은 가스와 석유의 대안으로 사용될 수 있는 생물 연료예요. 만약 농부들이 이러한 종류의 생산물을 위한 작물을 생산하는 데 토지를 사용하고 있다면, 그들은 국가의 식량 공급에 기여하고 있지 않죠.

그리고 식량 가격은 어떨까요? 글쎄요, 보조금이 식량의 가격을 크게 낮춘다는 건 사실이 아니에요. 사실, 그것은 실제로 가장 영양가 높은 일부 식품 종류의 가격을 상승시키죠. 있잖아요, 미국에서 농부들은 특정 종류의 작물을 재배하는 것에 대해서만 공식적인 지원을 받는데, 이는 주로 옥수수, 밀, 콩, 그리고 쌀이에요. 그래서 농부들은 그러한 작물들을 생산하는 데 노력을 집중하는 경향이 있고, 그 결과, 보조금이 지급되지 않는 과일과 채소는 더 적은 양을 재배하죠. 그리고 이제 과일과 채소의 공급이 더 적기 때문에, 그것들의 가격이 올라가서, 식료품에 드는 총비용은 줄어들지 않아요.

읽기 자료에서 소개된 마지막 요점과 함께 마무리 짓고자 하는데, 이는 지원금이 농촌 지역을 경제적으로 도와주지 않는다는 거예요. 문제는, 요즘에는 농사가 대부분 기계화되어서, 농부들은 경작 중인 토지의 양을 늘리기 위해 새로운 노동자를 많이 고용하지 않아도 된다는 거예요... 그들은 그저 더 많은 장비를 구입하죠. 간단히 말하자면, 이러한 보상금은 그저 농장주들에게만 혜택을 줄 뿐이지, 지역 사회의 다른 주민들에게는 아니에요. 결과적으로, 그 지역의 농부들이 보조금을 받을 때 농촌 지역 사회는 실제로 어떤 현저한 경제적 성장도 겪지 않아요.

have nothing to do with ~ ~과 관련이 없다 **recipient**[risípiənt] 수령인, 수취인 **biofuel**[báioufjùːəl] 생물 연료
alternative[ɔːltə́ːrnətiv] 대안, 대체물 **contribute to ~** ~에 기여하다, 공헌하다 **nutritious**[njutríʃəs] 영양가 높은
subsidize[sʌ́bsədàiz] 보조금을 지급하다 **mechanized**[mékənàizd] 기계화된 **equipment**[ikwípmənt] 장비, 용품

02. Note-taking

읽기 노트

- red rain in Kerala: explanations 케랄라의 붉은 비의 설명들
    - 1. blood of bats 박쥐의 피
        - migrating flock destroyed → blood dispersed 이동하던 무리가 죽어서 피가 흩어짐
        - rain samples: cells contain bat DNA 빗물 표본에서 세포가 박쥐 DNA를 포함함
    - 2. volcanic eruption in Philip. 필리핀의 화산 폭발
        - acidic dust carried toward Kerala by winds 산성 먼지가 바람에 의해 케랄라로 운반됨
        - dust mixed w/ rain: low pH → red 비와 섞인 먼지는 pH가 낮아서 붉음
    - 3. chem. pollution from factories 공장에서 나온 화학적 오염 물질
        - chimneys w/o filters emit chem. 여과 장치가 없는 굴뚝이 화학 물질을 배출함
        - pollutants combine w/ moisture → red 오염 물질이 수분과 결합해서 붉음

듣기 노트

- ideas in reading: absurd 읽기 자료의 의견은 터무니없음
    - 1. blood of bats: far-fetched 박쥐의 피는 억지임
        - amount of blood req.: ↑ 5 mill. bats 필요한 피의 양은 5백만 마리 이상의 박쥐임
        - X large bat remains such as wings/bones 날개나 뼈와 같은 많은 박쥐 유해가 없음
    - 2. volcanic eruption in Philip.: disproven 필리핀의 화산 폭발은 틀렸음이 입증됨
        - only in Kerala, if by volcano, Philip. exp. too
          케랄라에만 내렸고 화산에 의한 것이라면 필리핀도 경험해야 함
        - countries b/w Philip. & India X had 필리핀과 인도 사이의 나라들에는 내리지 않음
    - 3. pollution from factories: X reason 공장에서 나온 오염 물질은 이유가 아님
        - few factories → X many chem. 공장이 거의 없어서 화학 물질이 많지 않음
        - X seen where unfiltered chimneys concent.
          여과 장치가 없는 굴뚝이 밀집한 곳에서 목격되지 않음

Summary

The lecturer argues that the ideas about the red rain in Kerala expressed in the reading passage are ridiculous. This contradicts the reading passage's claim that there are several probable explanations.

First, the lecturer contends that the bat blood theory is far-fetched. More than five million bats would need to die to produce the required amount of blood. However, large quantities of bat remains, like wings or bones, were not found. This casts doubt on the reading passage's claim that bat blood was present in the red rain.

Next, the lecturer claims that the volcanic eruption theory has been disproven. The red rain fell only in Kerala, but if it had been caused by a Philippine volcano, the Philippines also would have experienced red rain. In addition, red rain did not occur in countries located between the Philippines and India. This counters the reading passage's claim that the eruption of a Philippine volcano caused the red rain.

Finally, the lecturer asserts that pollution from local factories is not the reason for the red rain. There are not many factories in that part of India, so there are not many chemicals emitted into the air. In addition, red rain did not fall in cities with many factories with unfiltered chimneys. This refutes the reading passage's claim that the red rain resulted from chemicals produced by factories in the area.

해석   강의자는 읽기 자료에 나타난 케랄라의 붉은 비에 대한 의견들이 터무니없다고 주장한다. 이는 몇 가지 그럴듯한 설명들이 있다는 읽기 지문의 주장을 반박한다.

첫째로, 강의자는 박쥐 피 이론이 억지라고 주장한다. 필요한 양의 피를 만들어내기 위해서는 5백만 마리 이상의 박쥐가 죽어야 했을 것이다. 그러나 날개나 뼈와 같은 많은 양의 박쥐 유해는 발견되지 않았다. 이는 박쥐 피가 붉은 비에 존재했다는 읽기 지문의 주장에 의구심을 제기한다.

다음으로, 강의자는 화산 폭발 이론이 틀렸음이 입증되었다고 주장한다. 붉은 비는 케랄라에만 내렸지만, 만약 그것이 필리핀의 화산에 의해 야기되었다면 필리핀 역시 붉은 비를 경험했을 것이다. 게다가, 붉은 비는 필리핀과 인도 사이에 위치한 나라들에서 발생하지 않았다. 이는 필리핀의 화산 폭발이 붉은 비를 야기했다는 읽기 지문의 주장에 반대한다.

마지막으로, 강의자는 지역 공장으로부터의 오염 물질은 붉은 비의 이유가 아니라고 주장한다. 인도의 그 지역에는 공장이 많지 않아서, 대기 중에 배출된 화학 물질은 많지 않았다. 게다가, 붉은 비는 여과 장치가 없는 굴뚝을 가진 공장이 많은 도시에서는 내리지 않았다. 이는 붉은 비가 그 지역의 공장에 의해 생긴 화학 물질에서 초래되었다는 읽기 지문의 주장을 반박한다.

스크립트 및 해석

Reading

2001년 여름에, 인도의 케랄라 주는 붉은 비로 알려진 드문 기상 현상을 경험했다. 적갈색의 비는 그 지역 도처에 산발적으로 내렸고, 이 기이한 기상 현상은 그것에 초자연적인 기원이 있다고 생각한 지역 주민들 사이에 많은 우려를 낳았다. 그러나 이 현상에 대한 합리적인 설명들이 있다.

이 사건에 대한 첫 번째 그럴듯한 설명은 붉은 비가 박쥐의 피를 포함했다는 것이다. 인도는 대규모의 무리로 이동하는 수많은 박쥐 종들의 서식지이다. 일부 과학자들은 이동하던 박쥐들의 제법 큰 무리가 폭풍우나 유성 폭발로 인해 죽었고, 그것이 상당한 양의 박쥐 피가 대기 중에 흩어지게 했다고 생각한다. 빗물 표본의 분석은 이 이론에 대한 추가적인 증거를 제공했는데, 그것이 박쥐의 DNA를 포함하는 세포의 존재를 나타냈기 때문이다.

두 번째 신뢰할 만한 이론은 붉은 비가 필리핀의 화산 폭발로부터 비롯되었다는 것이다. 2001년 6월과 7월에 마욘 산이 폭발했는데, 이는 우세한 바람에 의해 케랄라 쪽으로 운반된 대기로 거대한 산성 먼지 구름을 분사했다. 먼지가 비와 섞여 내리면서, 그 혼합물의 낮은 pH가 그것을 붉게 보이도록 만들었다.

또 다른 가능성은 현지 공장에서 방출된 화학적 오염 물질이 붉은 비 현상을 야기했다는 것이다. 특히, 여과 장치가 없는 공장 굴뚝이 원인이었을 수 있는데, 그것은 구름에 직접적으로 공업용 화학 물질을 배출하기 때문이다. 이러한 오염 물질의 일부가 대기에 있는 수분과 결합할 때, 그것은 붉게 변한다. 이것이 케랄라의 붉은 비를 쉽게 형성했을 수 있다.

sporadically[spərǽdikəli] 산발적으로 concern[kənsə́:rn] 우려, 걱정 migrate[máigreit] 이동하다, 이주하다
sizable[sáizəbl] 제법 큰, 상당한 크기의 flock[flɑ:k] 무리 meteor[mí:tiər] 유성, 별똥별 disperse[dispə́:rs] 흩어지다, 해산하다
acidic[əsídik] 산성의 pollutant[pəlú:tnt] 오염 물질

Listening 🎧 Track 44

OK. The reading presented several theories regarding the red rain that occurred in Kerala in 2001. The ideas were certainly, uh, interesting, to say the least, but there are some problems with the arguments. In fact, I'm going to demonstrate to you why the ideas in the reading are utterly absurd.

The suggestion that the rain was red because it contained the blood of bats is a little, well, far-fetched. The amount of blood that would be required to produce red rain is astounding . . . I mean, one expert estimated that over 5 million bats would have to be destroyed at the exact same time. This just doesn't seem possible because large amounts of bat remains, such as wings or bones, were not found in Kerala.

Also, some researchers have suggested that a volcanic eruption in the Philippines was responsible. Well, that idea might seem plausible, but it's been disproven. You see, it turns out that the red rain fell only in Kerala, and nowhere else. If it had been caused by dust from a Philippine volcano, you'd naturally expect the Philippines to experience red rain, too. And what about the countries located between the Philippines and India, such as Vietnam, Thailand, or Malaysia? None of them had any red rain, either.

Oh, and take the argument about pollution from local factories. Could it be the reason? Actually, no. Truth be told, there are very few factories in that area of India, so, um, not many chemicals are emitted into the air there. Also, keep in mind that red rain was not seen in cities where factories with unfiltered chimneys are concentrated. If the factories were to blame, red rain would have occurred near those cities, not in Kerala.

좋아요. 읽기 자료는 2001년에 케랄라에서 발생한 붉은 비와 관련하여 몇 가지 이론들을 제시했죠. 그 의견들은 좋게 말하자면 분명, 어, 흥미로웠지만, 그 주장들에는 몇 가지 문제점이 있어요. 사실, 저는 여러분에게 왜 읽기 자료에서 제시된 의견들이 완전히 터무니없는지를 보여주려 합니다.

박쥐의 피를 포함했기 때문에 비가 붉었다는 의견은 조금, 글쎄요, 억지예요. 붉은 비를 만들어내는 데 필요했을 피의 양은 믿기 어려울 정도예요... 무슨 말인가 하면, 한 전문가는 5백만 마리 이상의 박쥐들이 정확히 같은 시간에 죽었어야 했다고 추정했어요. 이것은 전혀 가능해 보이지 않는데, 날개나 뼈와 같은 많은 양의 박쥐 유해가 케랄라에서 발견되지 않았기 때문이죠.

또한, 일부 연구자들은 필리핀의 화산 폭발이 원인이라고 제안했죠. 글쎄요, 그 의견이 그럴듯해 보일지도 모르지만, 그것은 틀렸음이 입증되었어요. 있잖아요, 붉은 비는 오직 케랄라에서만 내렸고 다른 어느 곳에서도 내리지 않은 것으로 나타났어요. 만약 그것이 필리핀 화산의 먼지로 야기된 것이라면, 당연히 필리핀 역시 붉은 비를 경험했겠죠. 그리고 베트남, 태국, 혹은 말레이시아와 같이 필리핀과 인도 사이에 위치한 나라들은 어땠을까요? 그들 중 어디에도 붉은 비는 내리지 않았어요.

오, 그리고 현지 공장에서 나온 오염 물질에 대한 주장을 보세요. 그게 이유일 수 있을까요? 사실, 그렇지 못해요. 사실을 말하자면, 인도의 그 지역에는 공장이 거의 없고, 그래서, 음, 많은 화학 물질이 그곳의 대기에 배출되지는 않았어요. 또한 붉은 비는 여과 장치가 없는 굴뚝을 가진 공장들이 밀집한 도시에서는 목격되지 않았다는 점을 명심하세요. 공장들의 책임으로 본다면, 붉은 비는 케랄라가 아니라 그 도시들 인근에서 발생했겠죠.

far-fetched[fá:rfètʃt] 억지인, 설득력이 없는 astounding[əstáundiŋ] 믿기 어려운, 경악스러운 turn out 나타나다
blame[bleim] ~의 책임으로 보다, ~을 탓하다

ACADEMIC DISCUSSION SECTION

INTRO

문제의 예 1

p.154

지시문 당신의 교수는 정치학 수업을 하고 있습니다. 교수의 질문에 대한 답안을 서면으로 게시해야 합니다. 답안에서 다음 사항을 확인하세요:

- 당신의 의견을 진술하고 그것을 뒷받침합니다.
- 토론에 의미 있는 기여를 합니다.

답안을 유효하게 하려면 최소 100단어가 요구됩니다.

Sarika 박사
여러분도 아시다시피, 공공 정책은 경쟁적인 우선순위들 사이에서 선택해야 하는 것을 수반합니다. 종종, 예산 제약은 필요한 모든 것을 달성하는 것을 불가능하게 만들고, 이것은 희생이 생겨야만 한다는 것을 의미합니다. 만약 여러분이 정책 입안자라면, 복지 프로그램의 확대와 경제 성장의 촉진 중 어떤 발안을 더 시급하게 여길 것인가요?

John
경제 성장이 우선순위여야 합니다. 튼튼한 경제는 일자리를 만들어 내고 부를 창출하여, 정부가 교육과 의료에 투자할 수 있도록 합니다. 복지 프로그램에 너무 많은 돈을 쓰는 것은 경제 성장을 억제할 수 있습니다.

Rachel
저는 경제 성장이 복지 프로그램보다 더 중요하다는 John의 의견에 동의하지 않습니다. 제 생각에는, 복지 프로그램은 모든 시민에게 기본적인 생활 수준을 보장하기 위해 필수적입니다. 사회 프로그램에 투자하는 것은 빈곤을 줄이고 사회적 이동성을 높이며, 이는 곧 경제에 긍정적인 영향을 미칠 수 있습니다.

어휘 **priority**[praiɔ́:rəti] 우선순위 **constraint**[kənstréint] 제약 **accomplish**[əká:mpliʃ] 달성하다 **sacrifice**[sǽkrəfàis] 희생 **initiative**[iníʃiətiv] 발안, 계획 **expansion**[ikspǽnʃən] 확대 **wealth**[welθ] 부 **stifle**[stáifl] 억제하다 **mobility**[moubíləti] 이동성

문제의 예 2

p.155

지시문 당신의 교수는 공학 기술 수업을 하고 있습니다. 교수의 질문에 대한 답안을 서면으로 게시해야 합니다. 답안에서 다음 사항을 확인하세요:

- 당신의 의견을 진술하고 그것을 뒷받침합니다.
- 토론에 의미 있는 기여를 합니다.

답안을 유효하게 하려면 최소 100단어가 요구됩니다.

Findlay 교수
인류의 역사를 통틀어, 수많은 발명과 발견들이 우리의 세계를 변화시켜 왔습니다. 가장 중요한 발명품을 생각할 때, 사람들은 일반적으로 전기나 인쇄기를 생각합니다. 하지만 이 두 가지를 제외한다면, 인류 역사상 가장 중요한 발명품은 무엇이라고 생각하나요? 이유는 무엇이죠?

David
음, 저는 라디오로 하겠습니다. 텔레비전과 인터넷 이전에, 라디오는 대중 전달의 주요 원천이었습니다. 그것은 사람들이 정보를 얻고 즐거울 수 있게 해 주었고, 중요한 문제들에 대한 여론을 형성하는 데 큰 역할을 했습니다.

Elise
저는 전화가 훨씬 더 중요했다고 말하겠습니다. 그것은 사람들이 서로 의사소통하는 방식을 바꾸었고 장거리 의사소통을 훨씬 더 쉽게 만들었습니다. 그것이 없었다면 우리의 삶이 얼마나 달랐을지 상상하기 어렵습니다.

어휘 **transform**[trænsfɔ́:rm] 변화시키다 **printing press** 인쇄기 **exclude**[iksklú:d] 제외하다

기본다지기

I | 상황별 표현

1. 선호, 찬반, 비교, 양보 표현

CHECK-UP   p.162

01. **I agree with Colin's perspective that** face-to-face communication is better than other types of communication.

02. **My view on this issue is that** it is preferable for people to eat a healthy and nutritious breakfast every day.

03. **I prefer to** stream movies at home **rather than** go to the cinema because doing so is a much more affordable option.

04. **In my opinion,** people should save as much money as possible for large purchases, such as a house or a car.

05. Promoting sustainable agriculture **is more imperative than ever before**.

06. **I firmly believe that** human rights should be at the core of all political decision-making.

07. **In spite of** the potential risks of artificial intelligence, it should be used to improve efficiency in various industries.

08. **On the contrary/On the other hand,** children who attend school with others have a chance to develop their social skills.

09. **In contrast,** virus programmers are gaining in strength and numbers.

10. **Even so/Nevertheless,** companies do whatever they can to make a profit.

11. **Compared to** traditional music, contemporary music is more heavily influenced by global trends.

12. **It is evident that** different students have different learning styles.

13. **However, unlike** presidential systems, parliamentary systems tend to be flexible.

14. **I question whether** daily homework assignments are an effective way for children to learn.

15. **I object to/I am against** pursuing economic growth without considering its negative consequences.

16. The invention of the Internet **is similar to** that of the airplane because both made the world a smaller place.

17. **I understand why Liam thinks that** the standard workweek should be reduced to 30 hours.

18. Studying at an online university **has its advantages and disadvantages**.

19. **Similarly,** students should be able to provide feedback on the quality of education they experienced while at a university.

20. **I do not think it is** reasonable **to** expect countries to completely open their borders to refugees.

2. 인과, 주장, 조건, 가정 표현

CHECK-UP

p.172

01. **Due to** income inequality, many people are facing obstacles in accessing health-care services.
02. **As a result/Consequently/As a consequence,** some parents are limiting the amount of time their children spend on the Internet every day.
03. **It is no coincidence that** students with the best study habits tend to earn the highest grades.
04. **If I were asked to** choose between two options, **I would** prioritize investing in social infrastructure.
05. **For all these reasons, I think that** people should seriously consider the high cost of a university education.
06. **As a result of** urban sprawl, people tend to drive farther when commuting.
07. **If it were not for/Without** television, people **would** have much less in common.
08. **Let's assume that** students spend an average of three hours a day on the Internet.
09. **This gives rise to** increased crime rates and higher credit card debt.
10. **It seems clear that** professionals are respected **for several reasons**.
11. **If it were not for/Without** tax revenue, governments **would** be unable to provide basic services to their citizens.
12. **That is why** I think that focusing on building a strong brand identity is crucial.
13. **If it were up to me, I would** make policies to help small businesses to thrive.
14. **This is mainly because** the sharing economy is creating new job opportunities.
15. Proper communication **is crucial in** foster**ing** effective collaboration.
16. **A good way to** get used to a new company **is to** observe closely what other employees do.
17. **Once** employees sign the contract, they must follow policies.
18. Voter turnout **would** increase, **provided that** citizens did not have to work on Election Day.
19. **It is clear that** diligence is essential if one is to be successful in life.
20. **In this sense,** protecting the environment can be considered insurance against future natural disasters.
21. **For this reason,** I think that at least one parent should stay at home instead of going to work.
22. **Given** the benefits of space exploration, we should continue to invest in space technology.

3. 예시, 인용, 부연, 요약 표현

CHECK-UP

p.182

01. **As I have mentioned,** nations must work together to deal with the issue of water scarcity.
02. **In short,** I feel that children need affection in order to develop healthy personalities.
03. Crime is still a major problem that needs to be addressed, **as can be seen in** recent burglaries.
04. **As this case reveals,** celebrity endorsements can boost sales of a company's products.
05. **To begin with,** funding for space exploration is justified due to the scientific knowledge we acquire.
06. **In this way,** students can learn from people they respect and admire.
07. **To sum up,** marketing messages should always be personalized for consumers.
08. **In particular,** many people don't think about the impact of their carbon footprint.
09. **On top of that,** not all students who enter a university actually graduate.
10. **As we have seen,** mobile phones tend to make people less considerate toward each other.

11. **As the old saying goes,** "Necessity is the mother of invention."

12. **To give you an idea,** here is an example of an unlikely success story.

13. **In other words,** sometimes a company has to take risks in order to reap bigger rewards.

14. **Overall,** the cost of living has skyrocketed around the world due to inflation and economic instability.

15. **In this regard,** I believe that careful planning is an essential component of future success.

16. **Take the example of** Nelson Mandela, who dedicated his life to fighting for equality.

17. **Generally speaking,** admissions to professional schools, like medicine or law, are extremely competitive.

18. **Therefore,** all politicians must try to keep their promises to maintain the public's trust.

19. **In conclusion,** nations should be held accountable for their past crimes against other countries.

20. **According to** studies at Oak Ridge National Laboratory, nuclear science can provide energy solutions that are clean and secure.

II | 주제별 표현

1. 교육, 정치, 사회에 관한 표현

CHECK-UP
p.196

01. International disputes can **create tension** between countries and lead to conflict.

02. The period of **compulsory education** is widely believed to be **the most important stage of one's life**.

03. Politicians seek to **take the middle ground** on sensitive issues so as not to offend voters.

04. The government should provide opportunities for **senior citizens** to continue learning.

05. Some universities are considering the idea of making **speech classes** mandatory.

06. A willingness to **make a compromise** can promote cooperation between groups with differing views.

07. The project was successful because politicians were able to **allocate resources** efficiently.

08. In America, it is a **social custom** to shake hands with everyone to whom you are introduced.

09. Immigrants should familiarize themselves with the **social norms** of the country they live in.

10. One barrier to **international cooperation** is the tendency of nations to act in their own self-interest.

11. Flags and national anthems are symbols of **national identity**.

12. It is impossible to prove a theory correct without conducting **in-depth research**.

13. Some people still hold the **misguided belief** that adhering to traditions will guarantee stability.

14. When two people meet, they ask each other questions in order to find some **common ground**.

15. A good **role model** in education can help students learn how to set and achieve goals.

16. Politicians often **provoke controversy** by inviting notorious figures to public events.

17. **Cultural exchanges between nations** can increase awareness of foreign customs and foster an open-minded attitude.

18. To **work in teams** effectively, people must be receptive to the ideas of others.

19. Some politicians interact with **the general public** through social media activities.

20. Making mistakes is an important part of the **learning process**.

2. 건강, 환경, 광고에 관한 표현

CHECK-UP p.210

01. Toxic waste is **an** unfortunate **by-product** of nuclear power plants.

02. Natural disasters and climate change can exacerbate **food shortages**.

03. Senior citizens become more vulnerable to **chronic disease** as they age.

04. **Global warming** is part of **a vicious cycle** that contributes to forest fires, which cause even more **global warming**.

05. **Deforestation** causes **irreparable damage** to the habitats of countless plant and animal species.

06. Constructing underground parking lots would **ease traffic congestion** in urban areas.

07. Businesses should **take** the interests of customers **into account** when coming up with new services.

08. **The impact of** customer satisfaction on brand reputation should be considered.

09. Due to the high costs of health care, governments must work harder to **meet** the **demand** for more affordable medical services.

10. Regular exercise is the basic formula everyone should follow to **stay in shape**.

11. Public confidence in the police diminishes as the **crime rate** increases.

12. Some scientists believe that the human **life span** might someday reach 200 years.

13. The development of **cutting-edge medicines** is driven by the unresolved medical needs of patients.

14. Parents should ensure their children get vaccinated to prevent them from **coming down with** the flu.

15. Health advice on the Internet should be taken **with discretion** to avoid the worsening of symptoms.

16. Studies have shown that **secondhand smoke** is more toxic than **cigarette smoke** that is inhaled directly.

17. The marketing team **is dedicated to** advertising new products on social media.

18. A company can **gain popularity** with customers by being transparent about its products and services.

19. Pizza and **frozen foods** are popular among young people.

20. **Punctuality** in waste management services is required to maintain a clean and safe environment.

21. **A well-balanced diet** should include fresh fruits and vegetables.

22. Reviews are **a source of information** that many people rely on before making a purchase.

3. 문화, 과학기술, 경영/경제에 관한 표현

CHECK-UP p.224

01. To reduce expenses, it is becoming more common for professionals to **split the cost** of renting co-working spaces.

02. It is advisable for businesses to continuously educate their employees on **technological advancements**.

03. Creating a detailed budget is **a time-consuming process** that involves a lot of research and revision.

04. A high **unemployment rate** is a symptom of a malfunctioning economy.

05. Some scholarships are only awarded to students who can demonstrate **financial hardship**.

06. **Cultural assimilation** may eventually lead to the loss of unique languages and cultural traditions.

07. It wasn't long after the introduction of computers that typewriters **became obsolete**.

08. Eating too many meals in expensive restaurants can put a salaried worker **beyond budget**.

09. Due to the pandemic, **working from home** has become common.

10. The advancement of technology is a **double-edged sword** that entails both benefits and drawbacks.

11. The dramatic **ups and downs** of the stock market can result in many investors losing their money.

12. Sudden changes in the exchange rate often **affect local economies**.

13. Technology that protects data from cyber threats is **worth the investment**.

14. **Investing money in** a business is riskier than collecting a regular salary from an established company.

15. Companies that foster a positive culture **reap the benefits** of higher employee morale.

16. You can **run up debt** if you don't handle your financial matters carefully.

17. The team manager should **make adjustments** to the operation plan if the team performs poorly.

18. Some people have to work two jobs to earn enough money to **make ends meet**.

19. A struggling employment market is usually the product of a **slow economy**.

20. **Binge-watching** drama episodes has become a favorite pastime for many young people.

ACADEMIC DISCUSSION

Hackers TOEFL Writing

기본다지기 Ⅱ. 주제별 표현 431

I | 답안의 기본 구조 익히기

HACKERS PRACTICE

p.232

01.

Hong 교수	Ralph
교육 체계는 학생들이 학업 성취도에 따라 평가되고 성적을 받아야 한다는 것을 전제로 하여 구축됩니다. 성적의 중요성이 과소평가되어서는 안 되는데 이는 그것이 종종 학생의 교육적, 직업적인 장래의 기회를 결정하기 때문입니다. 하지만, 이 체계의 유용성에 대해 많은 논쟁이 있어 왔습니다. 다음 사항에 대해 논의해 보죠. 학생들의 성적을 매기는 것이 학습을 촉진하나요, 아니면 그것은 과도한 경쟁과 절망감을 초래하나요?	학생들에게 성적을 제공하는 것은 학습을 장려하기 위해 필수적입니다. 성적은 학생의 성취를 장려하는 역할을 합니다. 솔직히 말하자면, 많은 학생은 특정 과목이나 수업에 관심이 없기 때문에, 그들은 자신의 성과에 대한 성적이 매겨지지 않으면 공부할 것 같지 않습니다.
	Miranda
	성적을 매기는 것은 학생들에게 유해한 과도하게 경쟁적인 환경을 조성할 수 있습니다. 그들은 반 친구들보다 더 잘해야 한다는 압박감을 느끼고 만약 그렇게 하지 못하면 낮은 자존감을 경험할 수도 있습니다. 청소년기에 자존감에 손상을 입으면, 그것은 성인으로서의 삶에 중대한 영향을 끼칠 수 있습니다.

어휘 **premise**[prémis] 전제 **underestimate**[ʌ̀ndəréstəmeit] 과소평가하다 **utility**[ju:tíləti] 유용성 **excessive**[iksésiv] 과도한
hopelessness[hóuplisnis] 절망감 **incentive**[inséntiv] 장려(책), 동기 **foster**[fɔ́:stər] 조성하다
adolescence[ædəlésns] 청소년기, 사춘기

Outline

- leads to excessive competition & feeling of hopelessness 과도한 경쟁과 절망감을 초래함
- discourages creativity & motivation → makes students focus only on achieving high grades
  창의력과 의욕을 꺾고 학생들이 높은 성적을 받는 것에만 집중하게 함

어휘 **discourage**[diskə́:ridʒ] 꺾다, 저해하다

02.

Wilson 박사	Jeremy K.
오늘날 우리의 세상은 우리의 증조부모와 그들의 부모가 살았던 세상과는 매우 다릅니다. 여성이 되어 투표가 허용되지 않는다고 상상해 보세요. 하지만 많은 나라에서 여성들이 투표권을 얻은 것은 단지 100년밖에 되지 않았습니다. 여성의 참정권 외에, 여러분은 지난 200년간의 문화적, 사회적 변화 중 어떤 것을 가장 중요한 것으로 고르겠습니까? 그 이유는 무엇이죠?	저에게는, 노예제도 폐지가 가장 큰 것입니다. 저는 사람들이 그들의 '주인'의 '재산'이 되는 것이 용인되곤 했다는 것을 믿을 수 없습니다. 노예제도가 폐지된 후, 민권 운동과 같은 많은 다른 운동들이 뒤따랐습니다. 우리에게는 여전히 평등과 인권 관련 문제가 있지만, 지금은 그 당시보다는 상황이 더 좋습니다.
	Saki M.
	저는 산업혁명을 생각하고 있었습니다. 그것은 사람들이 사는 방식을 완전히 바꾸어 놓았습니다. 그들은 농장에서 일하다가 공장에서 일하게 되었고, 이것이 도시의 성장을 이끌었습니다. 산업화는 또한 자본주의를 위한 길을 열었고 사회를 노동자 계급과 상류 계층으로 나누었습니다. 상류 계층은 예를 들면 공장주들이죠.

어휘   **suffrage**[sΛfridʒ] 참정권 **abolition**[æ̀bəlíʃən] 폐지 **slavery**[sléivəri] 노예제도, 노예 **acceptable**[əkséptəbəl] 용인되는 **industrial**[indΛstriəl] 산업의 **pave the way** 길을 열다 **capitalism**[kǽpətlìzəm] 자본주의

Outline

- rise of democracy 민주주의의 부상
- gave voice & power to the masses
  대중에게 발언권과 권력을 줌
  - allowed people to participate in government and promote social & economic justice
    사람들이 정부에 참여하고 사회적, 정치적인 정의를 추구할 수 있게 하였음
  - result: spurred economic development by providing stable environment for investors
    결과적으로 투자자들에게 안정적인 환경을 제공함으로써 경제 발전을 촉진하였음

어휘   **mass**[mæs] 대중 **spur**[spəːr] 촉진하다

03.

Singh 박사	Tim
다음 몇 주 동안, 우리는 소셜 미디어가 사회에 미치는 긍정적, 부정적 영향을 살펴볼 겁니다. 우리는 그것을 다른 사람들과 소통하고 다양한 주제에 대한 정보를 얻기 위해 사용합니다. 하지만 우리는 또한 그것이 어떻게 잘못된 정보를 퍼뜨리는 데 사용될 수 있는지를 목격해 왔습니다. 다음 강의 전에, 다음 질문을 토론해 보기를 바랍니다. 정부가 소셜 미디어 플랫폼을 규제하는 역할을 해야 할까요, 아니면 이용자들이 완전한 언론의 자유를 가져야 할까요?	소셜 미디어 이용자들은 모든 상황에서 언론의 자유를 가져야 합니다. 소셜 미디어는 아이디어를 공유하고, 다른 사람들의 의견이 우리의 것과 다를지라도, 그들이 어떻게 생각하는지를 알 수 있는 훌륭한 도구입니다. 규제를 가하지 말고, 정부는 시민들의 여과되지 않은 의견을 이해하는 플랫폼으로 소셜 미디어를 활용해야 합니다.

Layla
저는 Tim의 의견에 동의하지 않습니다. 우선, 요즘 소셜 미디어에서 진실과 거짓을 구별하는 것은 어려울 수 있습니다. 둘째로, 요즘 괴롭힘과 사이버 폭력이 너무 많지만 이러한 행동에 대한 결과는 없습니다. 저는 잘못된 정보와 사이버 폭력으로부터 사람들을 보호하기 위해 어느 정도의 정부 규제가 필요하다고 생각합니다. |

어휘   **spread**[spred] 퍼뜨리다 **misinformation**[mìsinfərméiʃən] 잘못된 정보, 오보 **regulate**[régjulèit] 규제하다 **circumstance**[sə́ːrkəmstæ̀ns] 상황 **harassment**[hərǽsmənt] 괴롭힘

> TIP 두 학생이 이미 말한 것과 다른 이유를 생각해 내는 것이 까다로울 수 있다. 이러한 경우, Layla가 사용자 개개인에 미치는 소셜 미디어의 영향에 초점을 맞추었다면, 나의 의견은 소셜 미디어 플랫폼 그 자체에 초점을 맞추는 식으로 관점을 달리하여 아이디어를 생각해 보면 좋다.

Outline

- government should regulate social media platforms 정부가 소셜 미디어 플랫폼을 규제해야 함
- ensure platforms operate in fair & transparent manner
  플랫폼들이 공정하고 투명한 방식으로 운영하는 것을 보장함
  - social media shapes public opinion: some voices are heard & some are silenced
    소셜 미디어는 여론을 형성하는데, 어떤 의견은 청취되고, 어떤 것은 묵살됨
  - ex) govern. should require platforms to disclose how algorithms work → not biased
    예) 정부가 플랫폼들에 알고리즘이 어떻게 작용하는지 공개하도록 요구하면 편향되지 않음

어휘   **transparent**[trænspǽrənt] 투명한 **disclose**[disklóuz] 공개하다 **biased**[báiəst] 편향된

04.

Evans 박사

우리가 수업에서 논의했듯이, 일부 국가들은 설탕이 많이 든 과자와 음료에 특별세를 도입했습니다. 그 목표는 설탕 소비를 줄이는 것인데, 이것은 비만과 같은 건강 문제와 관련이 있습니다. 하지만 이런 유형의 세금이 공정한지 아니면 심지어 효과적인지에 대해서는 많은 논쟁이 있습니다. 여러분의 생각은 어떻습니까? 정부는 설탕 소비를 줄이기 위해 이 전략을 도입해야 합니까, 아니면 이런 유형의 세금은 지양되어야 합니까?

Beth

개인적으로, 저는 설탕세가 사람들이 더 적은 설탕을 소비하도록 장려하고, 이것이 더 나은 건강의 결과로 이어지기 때문에 좋은 아이디어라고 생각합니다. 그것은 멕시코와 같은 다른 나라에서 효과가 있는 것으로 입증되었는데, 그곳에서 세금이 도입된 후 가당 음료 소비가 소폭 감소했습니다.

Greg

저는 만연한 비만을 해결하기 위해 어떤 조치가 필요하다는 것에는 동의하지만, 설탕세가 최선의 해결책이라고는 생각하지 않습니다. 자영업이나 구멍가게들은 세금을 부담할 수 없을 것이고 그 비용을 소비자들에게 전가해야 할 것입니다.

어휘　implement[ímpləmènt] 도입하다　consumption[kənsʌ́mpʃən] 소비　obesity[oubíːsəti] 비만
epidemic[èpədémik] 만연, 유행(병)　mom-and-pop shop 구멍가게

Outline

- government should implement sugar tax 정부는 설탕세를 도입해야 함
- encourage companies to reformulate products to contain less sugar
  회사들이 설탕을 덜 함유한 제품을 새로 만들도록 장려함
  - companies will develop healthier options to avoid higher tax
    회사들은 높은 세금을 피하기 위해 더 건강한 선택지를 개발할 것임
  - revenue generated from sugar tax → used to fund health initiatives
    설탕세로부터 벌어들인 세입이 건강 계획에 자금을 대는 데 사용됨

어휘　reformulate[riːfɔ́ːrmjulèit] 새로 만들다　initiative[iníʃətiv] 계획

HACKERS TEST

01.

Daniels 교수

현대에, 사람들은 과거에 그랬던 것보다 외모에 더 많은 관심을 기울이고 있는 것 같습니다. 미용과 패션 산업이 수십억 달러의 가치가 있고 국제적인 성장을 경험하고 있다는 사실은 이를 뒷받침할 뿐입니다. 다음 주 강의 전에, 이 질문에 대한 여러분의 의견을 알려 주시기 바랍니다. 여러분은 사람들이 자신의 외모에 대해 그렇게 많이 신경을 쓰도록 기여한 가장 큰 요인이 무엇이라고 생각합니까? 그 이유는 무엇이죠?

Jan

소셜 미디어가 가장 큰 역할을 한다는 것에는 의심의 여지가 없습니다. 인스타그램과 틱톡과 같은 플랫폼에서, 사람들에게 끊임없이 '완벽한' 몸매와 얼굴의 이미지들이 퍼부어지고 있습니다. 그것은 그들에게 특정한 방식으로 보여야 한다는 압박감을 주고, 그것이 외모에 대한 강박적인 생각으로 이어질 수 있습니다.

Kyle

저는 항상 공정하지만은 않은 사회에서 통제할 수 있는 몇 안 되는 것들 중 하나이기 때문에 사람들이 자신의 외모에 대해 많이 신경을 쓴다고 생각합니다. 이것이 요즘 운동과 외모와 관련된 사진이 매우 인기 있는 이유입니다. 비록 사회적 장벽을 무너뜨리는 것은 쉽지 않지만, 외모를 개선하는 것은 빠르게 결과를 낳을 수 있습니다.

어휘　pay attention to ~에 관심을 기울이다　appearance[əpíərəns] 외모　bombard[baːmbáːrd] 퍼붓다, 쏟아붓다
obsessive[əbsésiv] 강박적인　break down 무너뜨리다　barrier[bǽriər] 장벽　yield[jiːld] 낳다

434　토플자료 제공·유학정보 공유 goHackers.com

Outline

> - enticing advertisements 유혹적인 광고들
>
>   feature idealized bodies & faces → create unrealistic standard of beauty
> - 이상화된 몸과 얼굴을 등장시켜 비현실적인 미의 기준을 만듦
>
>   – make people feel inadequate → desire to change appearance to fit ideal
>   사람들이 부족하게 느끼게 만들어 이상적인 것에 맞추기 위해 외모를 바꾸기를 바라게 함
>
>   – ex) ads of weight loss product: show before & after photos, implying weight loss is better
>   예) 다이어트 식품 광고는 전후 사진을 보여주면서, 체중 감량이 더 낫다고 암시함

어휘   enticing[intáisiŋ] 유혹적인   inadequate[inǽdikwət] 부족한   imply[implái] 암시하다

02.

James 박사	Suzy
인간으로서, 오늘날 우리는 기후 변화와 환경 악화라는 이중의 도전에 직면하고 있습니다. 일부 사람들은 향후 몇 년 동안 환경 상태가 개선될 것이라는 것에 대해 의심하고 있지만, 다른 사람들은 현재 우리가 피해를 줄이기 위한 행동을 취할 수 있다는 희망을 가집니다. 여러분은 어떻게 생각하나요? 이 상황은 정말로 절망적인가요, 아니면 여러분은 미래 세대를 위해서 환경을 보호하기 위하여 우리가 긍정적인 변화를 만들 수 있다고 믿나요?	저는 이 상황이 절망적이라고 믿습니다. 기후 변화는 이미 지구에 파괴적인 영향을 미치고 있으며, 더 악화되기만 할 것입니다. 피해를 줄이기 위한 노력에도 불구하고, 우리는 이미 우리의 환경에 돌이킬 수 없는 해를 끼쳤습니다. 우리는 피해를 되돌릴 수 없다는 것을 인정하고 다가오는 변화에 적응하는 데 집중해야 합니다.
	Taehwan
	기후 변화와 환경 악화의 문제가 다루기 벅차지만, 저는 우리가 그것들에 대응할 수 있다는 희망을 가지고 있습니다. 태양 및 바람과 같은 재생 가능한 에너지원의 사용을 늘림으로써 온실가스 배출을 줄이는 데 있어 이미 약간의 진전이 이루어져 왔습니다. 우리가 지속 가능한 선택을 계속한다면, 우리는 다음 세대를 위해 더 나은 미래를 만들 수 있습니다.

어휘   degradation[dègrədéiʃən] 악화   mitigate[mítigeit] 줄이다, 완화시키다   devastating[dévəsteitiŋ] 파괴적인
irreparable[irépərəbəl] 돌이킬 수 없는   undo[ʌndú:] 되돌리다   adapt[ədǽpt] 적응하다   daunting[dɔ́:ntiŋ] 다루기 벅찬
emission[imíʃən] 배출, 배기가스

TIP   아이디어를 쉽게 떠올리기 위해, 구체적인 상황을 상상해 보는 것이 좋다. Suzy는 일반적인 이야기를 하고 있는 것에 반해, 나의 의견은 기업이 환경친화적인 기술에 투자하는 것을 꺼린다는 구체적인 내용으로 이어가면 보다 좋은 답안을 작성할 수 있다.

Outline

> - environmental situation is hopeless 환경 상황은 절망적임
>
>   companies are reluctant to invest in environmentally friendly technologies
> - 기업들은 환경친화적인 기술에 투자하는 것을 꺼림
>
>   – these technologies are expensive & time-consuming to develop
>   이러한 기술은 개발하는 데 비용이 많이 들고 많은 시간이 걸림
>
>   – ex) solar power: requires lots of time & money to make practical
>   예) 태양 에너지는 실용화하는 데 많은 시간과 돈을 필요로 함

어휘   reluctant[rilʌ́ktənt] 꺼리는

03.

Cohen 교수	Tom
우리는 영화와 텔레비전 프로그램에서의 제품 간접 광고 사용에 대해 논의해 오고 있습니다. 수업에서 배웠듯이, 제품 간접 광고는 홍보 목적으로 영화나 텔레비전 프로그램에 브랜드의 제품을 출연시키는 행위입니다. 다음 수업 전에, 다음 질문에 대해 토론해 봤으면 합니다. 기업들이 그들의 제품을 이런 식으로 광고하는 것이 허용되어야 할까요, 아니면 제품 간접 광고는 너무 거슬리는 것인가요?	저는 제품 간접 광고가 광고주들이 소비자들에게 다가갈 수 있는 효과적인 방법이라고 생각합니다. 보통, 제품 간접 광고는 줄거리에 융화되어, 자연스럽고 눈에 띄지 않는 것 같습니다. 게다가, 광고료는 제작비를 상쇄하는데, 이는 결국 시청자들에게 이익이 됩니다. 그래서 저는 제품 간접 광고가 허용될 뿐만 아니라 장려되어야 한다고 생각합니다.
	Sarah
	저는 이것에 대해 정중하게 Tom에게 동의하지 않습니다. 저는 제품 간접 광고가 매우 방해가 된다고 생각하며, 그것은 종종 저를 관람 경험에서 벗어나게 합니다. 예를 들어, 드라마에서 감정적인 장면이 나올 때, 한 등장인물이 특정 브랜드의 주스를 요청했습니다. 그것은 너무 명백한 마케팅 전략이었으므로 저는 더 이상 그 프로그램에 몰두하지 못했습니다.

어휘 promotional[prəmóuʃənəl] 홍보의 intrusive[intrúːsiv] 거슬리는, 침범하는 integrate[íntəgrèit] 융화시키다, 편입시키다
unobtrusive[ʌ̀nəbtrúːsiv] 눈에 띄지 않는, 불필요하게 관심을 끌지 않는 offset[ɔ́ːfsèt] 상쇄하다 ploy[plɔi] 전략

Outline

- **product placement should be allowed** 제품 간접 광고가 허용되어야 함

- **additional revenue for media producers**
  미디어 제작자들에게 추가적인 수입이 됨

  - **producers & staff receive lower pay than actors despite challenging labor conditions**
    제작자와 스태프는 힘든 노동 환경에도 불구하고 배우에 비해 낮은 보수를 받음

  - **additional income = incentive for their creative drive, leading to the production of better works**
    추가적인 수입은 창작 욕구에 대한 동기 부여가 되어 더 나은 작품의 제작으로 이어짐

어휘 drive[draiv] 욕구

04.

Renault 박사	Olivia
요즘, 성별, 인종, 혹은 신체적 조건에 기반하여 사람들의 기분을 불쾌하게 하지 않는 정치적으로 올바른 언어를 사용하는 것이 중요합니다. 유명 인사들이 올바른 용어를 사용하지 못할 때, 영화나 프로그램에서 그들을 하차시키라는 대중의 항의가 종종 있습니다. 이러한 추세를 취소 문화라고 합니다. 하지만 취소 문화는 차별이 없는 사회를 만들기 위해 필수적인가요, 아니면 이것은 검열의 한 형태인가요? 그 이유는 무엇인가요?	물론, 우리는 누구의 기분도 불쾌하게 하지 않도록 조심해야 하지만, 제 생각에 취소 문화는 너무 지나칩니다. 그것은 마치 유명 인사들이 스스로 검열하도록 강요받는 것과 같습니다. 그리고 만약 이 사람들이 비판받을 가능성 때문에 그들의 의견을 말하는 것을 두려워한다면, 사람들은 어떻게 생산적인 토론을 하게 될 수 있을까요?
	Justin
	취소 문화는 해로운 행동과 말에 대해 사람들의 책임을 묻기 위해 필요합니다. 물론, 정치적으로 올바른 용어를 사용하는 것이 가끔 어려울 수 있습니다. 하지만 이것은 우리가 동료인 인간들을 존중하기 위해 할 수 있는 최소한의 일입니다. 사람들이 마음을 상하게 하는 언어를 사용할 때, 다른 사람들은 소외감을 느낄 수 있고, 이것은 적대적인 환경을 조성할 수 있습니다.

어휘 offend[əfénd] 기분을 불쾌하게 하다 protest[prətést] 항의 remove[rimúːv] 하차시키다, 제거하다
discrimination[diskrìmənéiʃən] 차별 censorship[sénsərʃìp] 검열 productive[prədʌ́ktiv] 생산적인
excluded[iksklúːd] 소외된, 배제된

Outline

> - cancel culture is necessary 취소 문화는 필수적임
>
>   empowers people who have been marginalized in the past
> - 과거에 소외되었던 사람들에게 힘을 부여함
>   - allows their voices to be heard & their issues to be addressed
>   그들의 목소리가 경청되고 문제가 해결되게 함
>   - ex) TV host criticized immigrants → online criticism led to her losing her job
>   예) 텔레비전 진행자가 이민자들을 비난했는데 온라인 비판이 그녀가 직업을 잃게 만들었음

어휘　marginalized[mά:rdʒinələizd] 소외된

Ⅱ | 답안 쓰기 - 나의 의견

HACKERS PRACTICE

p.242

01.

Medina 박사

대학생들이 대학에 다니는 동안에 그들의 진로를 어떻게 준비할 수 있는지에 대한 주제를 탐구해 보겠습니다. 인턴십 프로그램에 참여하는 것이 점점 더 인기를 얻고 있어, 많은 학생들이 졸업하기 전에 적어도 하나 이상을 완수합니다. 하지만, 그것의 효과에 대해 많은 논쟁이 있습니다. 어떤 전문가들은 학교에 있는 동안 인턴십을 하는 것이 중요하다고 주장하는 반면, 다른 이들은 그것이 불필요하고 심지어 해롭다고 믿습니다. 여러분의 생각은 어떤가요? 인턴십은 학생들에게 더 많은 이점을 제공합니까, 아니면 더 많은 단점을 제공합니까?

Celeste

대학생들은 학업 기간 동안 인턴십에 참여해야 합니다. 인턴십의 주목할 만한 장점 중 하나는 그들이 선택한 분야에서 실제적인 경험을 얻을 수 있는 기회입니다. 인턴십을 통해, 학생들은 강의실에서 얻은 지식을 실제 상황에 적용할 수 있고, 그럼으로써 업계 관행에 대한 이해를 높일 수 있습니다.

Adeline

개인적으로, 저는 대학생들이 그들의 학업 기간 동안 인턴십을 하도록 압박받아서는 안 된다고 생각합니다. 인턴십에 참여하는 것은 학생들에게 추가적인 부담을 줄 수 있고, 그들에게 학업적인 책임과 업무적인 책무 사이의 균형을 맞추도록 요구합니다. 이 균형을 잡는 일은 매우 힘들 수 있고 그들의 학업 성취에 해를 끼칠 수도 있습니다.

어휘　delve[delv] 탐구하다　detrimental[dètrəméntəl] 해로운　drawback[drɔ́:bæ̀k] 단점　notable[nóutəbəl] 주목할 만한
acquire[əkwáiər] 얻다　hands-on 실제적인　commitment[kəmítmənt] 책무, 약속

[나의 의견] ① In my opinion, taking part in internships provides students with more advantages than disadvantages in terms of their careers.

어휘　take part in ~에 참여하다

02.

Ping 박사	Erica
이번 단원부터, 우리는 저출산 문제에 대해 살펴볼 텐데, 이것은 여러 나라에서 중대한 우려 사항입니다. 선진국들은 특히 하락하는 출산율 문제에 직면해 있는데, 이는 인류의 미래에 대한 우려를 제기합니다. 이제, 우리의 초점을 여러분의 나라의 저출산 문제로 옮겨 봅시다. 이 문제를 해결할 수 있는 가능한 해결책을 제안해 주시고 그것을 가장 적합한 접근 방식이라고 생각하는 이유를 설명해 주세요.	제 견해로는, 우리나라의 저출산 문제를 해결하기 위한 최선의 해결책은 포괄적인 가족 친화 정책을 시행하는 것입니다. 이 접근 방식은 부모가 되는 데 방해가 되는 것을 제거하는 것과 가족을 지원하는 환경을 조성하는 것을 포함합니다. 예를 들어, 저렴하고 이용하기 쉬운 보육 서비스를 제공하는 것은 맞벌이 부모의 부담을 덜어 줄 것입니다.
	Timothy
	저는 일과 삶의 균형을 개선하는 데 초점을 맞추는 것이 가장 적합한 접근 방식이라고 생각합니다. 많은 사람들이 힘든 업무 일정 때문에 가정을 꾸리는 것을 미룹니다. 따라서, 우리는 일일 근무 시간을 줄이고 주 4일 근무제를 시행해야 합니다. 이러한 정책들은 사람들에게 그들의 사생활을 위한 훨씬 더 많은 시간을 제공할 것입니다.

어휘 **humanity**[hjuːmǽnəti] 인류 **comprehensive**[kɑ̀ːmprihénsiv] 포괄적인, 종합적인 **barrier**[bǽriər] 방해가 되는 것, 장벽
parenthood[pǽərənthud] 부모임, 부모의 입장 **supportive**[səpɔ́ːrtiv] 지원하는

[나의 의견] ① In my opinion, the most effective measure for tackling the low birth rate problem in my country would be to implement affordable housing initiatives for young families.

어휘 **tackle**[tǽkəl] 해결하다, 다루다

03.

Klein 박사	Xander
기술의 발전은 우리에게 많은 이점을 제공해 왔지만, 이것은 환경을 희생하면서 왔습니다. 예를 들어, 광물과 희토류 원소와 같은 천연자원의 증가된 추출은 광범위한 생태계 파괴를 초래해 왔습니다. 하지만 이것은 오늘날 우리가 다루고 있는 많은 환경 문제들 중 하나일 뿐입니다. 자원 추출로 인한 피해 외에, 기술 발전으로 인해 발생한 가장 중대한 환경 문제는 무엇인가요?	기술의 발전으로 인한 한 가지 주요한 환경 문제는 증가하는 전자 폐기물의 양입니다. 기술이 점점 빨라지는 속도로 발전하면서, 사람들은 자주 전화기나 컴퓨터와 같은 전자 장치를 새로운 모델로 업그레이드합니다. 이로 인해 다량의 전자 폐기물이 처분되어, 유해 화학 물질이 환경으로 방출되고 있습니다.
	Danielle
	기술 발전과 함께 온 또 다른 문제는 석유 및 가스와 같은 화석 연료의 증가된 소비입니다. 기술 장치를 제조하는 데 필요한 원료의 운송과 고객으로의 전자 제품 유통 및 배송은 상당한 양의 화석 연료를 필요로 합니다. 이것은 온실가스 배출 증가와, 궁극적으로, 기후 변화의 한 원인이 됩니다.

어휘 **at the expense of** ~을 희생하여 **extraction**[ikstrǽkʃən] 추출, 채취 **mineral**[mínərəl] 광물 **rare earth elements** 희토류 원소
ecological[ìkəláːdʒikəl] 생태계의 **destruction**[distrʌ́kʃən] 파괴 **electronic**[ìlektráːnik] 전자의 **disposal**[dispóuzəl] 처분
hazardous[hǽzərdəs] 유해한 **manufacture**[mæ̀njufǽktʃər] 제조하다 **emission**[imíʃən] 배출, 배기가스

[도입] ① I see why Xander and Danielle think that electronic waste and fossil fuel consumption are serious problems caused by technological advances. [나의 의견] However, in my opinion, the most significant issue caused by technological development is the destruction of natural habitats.

어휘 **habitat**[hǽbitæt] 서식지

04.

Reynolds 교수	Maria
패스트푸드 광고는 텔레비전, 광고판, 그리고 소셜 미디어 등 어디에나 있습니다. 사람들이 이러한 식품들에 자주 노출되기 때문에, 그들은 그것들을 자주 사는 경향이 있습니다. 패스트푸드 광고의 커져가는 영향력은 사람들의 건강에 미치는 그것의 영향에 대한 많은 논쟁을 초래했습니다. 다음 수업 전에, 여러분이 이 질문에 대답해 주었으면 합니다. 우리는 비만을 패스트푸드 광고의 탓으로 돌려야 할까요, 아니면 그것은 오로지 개인의 선택에 따른 결과인가요?	저는 패스트푸드 광고가 비난받아야 한다고 생각합니다. 패스트푸드는 종종 칼로리가 높고 건강에 좋지 않은 성분을 함유하고 있는데, 이는 비만을 초래할 수 있습니다. 이러한 광고들은 이제 어디에나 있고, 그것들의 끊임없는 존재는 사람들이 그들의 갈망에 굴복하도록 압박합니다. 그래서, 이러한 광고들은 간접적으로 우리의 음식 선택에 영향을 미치고 궁극적으로 비만의 원인이 됩니다.
	Louis
	저는 패스트푸드 광고가 사람들로 하여금 건강에 좋지 않은 음식을 갈망하게 만들 수 있다는 것에 동의하지만, 비만은 근본적으로 개인적인 문제라고 생각합니다. 사람들은 건강에 좋지 않은 음식을 먹을지 말지 선택할 수 있습니다. 이러한 결정을 내리고 자신의 건강을 책임지는 것은 개인의 몫입니다. 우리는 우리 자신의 선택을 광고 탓으로 돌릴 수 없습니다.

어휘　billboard[bílbɔːrd] 광고판　blame[bleim] ~의 탓으로 돌리다, 비난하다　obesity[oubíːsəti] 비만　give in to ~에 굴복하다
craving[kréiviŋ] 갈망　fundamentally[fʌ̀ndəméntəli] 근본적으로

[도입] I understand why Louis thinks that people should be responsible for what they choose to eat. [나의 의견] ① <u>However, in my opinion, fast-food advertisements still play a considerable role in the rise of obesity.</u>

HACKERS TEST
p.246

01.

Tran 박사	Jasper
전문가들은 '농촌 대탈출'이라고도 알려진 농촌 인구 감소 현상에 대해 타당한 이유로 우려하고 있습니다. 점점 더 많은 젊은이들이 더 나은 기회를 찾아 도심지로 이주함에 따라, 많은 농촌 지역이 현재 인구 감소와 저출산율과 같은 난제에 직면해 있습니다. 이런 상황들을 고려할 때, 저는 여러분에게 묻고 싶습니다. 지금으로부터 50년 후에, 농촌은 계속해서 쇠퇴할까요? 그렇게 생각하는, 혹은 그렇게 생각하지 않는 이유는 무엇인가요?	50년 후에 농촌에는 사람들이 점점 더 적어질 가능성이 매우 높습니다. 도심지가 교육, 의료, 그리고 오락에 대한 더 나은 전망을 제공함에 따라, 젊은이들이 시골 지역을 떠나고 있는 것은 놀라운 일이 아닙니다. 그렇지 않겠지만, 무언가가 급격하게 바뀌지 않는 한, 이 추세가 역전되리라고 보지 않습니다.
	Felix
	제가 보기에, 시골 마을들은 미래에 번창할 것입니다. 일부 농촌 지역이 인구 감소를 겪고 있는 것은 사실이지만, 대부분의 사람들은 이러한 작은 마을들의 고유한 가치와 회복력을 인식하고 있습니다. 그것들은 특유의 매력을 가지고 있고 많은 사람들이 여전히 소중히 여기는 공동체 의식을 제공합니다.

어휘　rural[rúərəl] 농촌의, 시골의　depopulation[diːpɑ̀ːpjuléiʃən] 인구 감소　exodus[éksədəs] 대탈출, 퇴거
for good reason 타당한 이유로　migrate[máigreit] 이주하다　circumstance[sə́ːrkəmstæns] 상황
drastically[drǽstikəli] 급격하게　reverse[rivə́ːrs] 역전되다　inherent[inhérənt] 고유한　resilience[rizíljəns] 회복력
cherish[tʃériʃ] 소중히 여기다

[나의 의견] In my opinion, rural areas have a higher chance of thriving rather than declining in the next fifty years.

해석   제 생각에는, 시골 지역은 50년 후에 쇠퇴하기보다는 번성할 가능성이 더 높습니다.

어휘   thrive[θraiv] 번성하다

02.

Baker 박사	Eva
오늘, 저는 효과적인 교수법을 살펴보고 싶습니다. 교사들에 의해 사용되는 접근법은 학생들의 학업 성취에 상당히 영향을 미칠 수 있습니다. 하지만 어떤 교수법이 최선일까요? 참여를 장려하기 위해 문답을 사용하는 것입니까? 학생들이 자신이 직면한 문제를 해결할 수 있게 하는 문제 해결 접근법입니까? 아니면 학생들이 직접 결과를 관찰하고 검증하는 실험 방식입니까? 어떤 접근 방식이 가장 효과적이며, 그 이유는 무엇입니까?	저는 참여를 장려하기 위해 문답을 사용하는 것이 가장 좋은 교수법이라고 주장하고 싶습니다. 이 접근 방식은 학생들의 적극적인 참여와 비판적인 사고를 촉진합니다. 질문을 통해 그들이 깊이 생각하고 자신의 생각을 표현하도록 격려하는 것은 학습을 자극하고 문제 해결 능력을 개발하도록 돕습니다.
	Toby
	실험적 접근법은 잠재적으로 최고의 학문적 결과를 산출할 것입니다. 과학적 과정에 적극적으로 참여함으로써, 학생들은 데이터를 분석하는 데 있어 직접적인 경험을 얻게 됩니다. 인과관계를 직접 관찰하고 결과를 검증함으로써 학생들은 주제에 대한 더 심화된 개념적 이해를 발달시키기 위해 이 과정을 사용할 수 있습니다.

어휘   resolve[rizɔ́lv] 해결하다   experimental[ikspèrəméntəl] 실험의, 실험적인   observe[əbzə́:rv] 관찰하다
verify[vérəfài] 검증하다, 확인하다   engagement[ingéidʒmənt] 참여   articulate[ɑ:rtíkjulət] 표현하다
conceptual[kənséptʃuəl] 개념적인

[나의 의견] In my opinion, the ideal educational technique for ensuring academic success is the use of a problem-solving approach.

해석   제 생각에는, 학업적 성공을 보장할 이상적인 교육 기법은 문제 해결 접근법의 사용입니다.

어휘   ideal[aidí:əl] 이상적인

03.

Miller 박사	Irene
이번 주에, 우리는 정보 격차 문제와 그것이 사회에 미치는 영향에 대해 탐구했습니다. 이제, 이 격차를 메우기 위해 정부가 사용할 수 있는 두 가지 가능한 방법을 고려해 봅시다. 첫 번째 제안은 서비스가 충분치 못한 지역에서의 초고속 인터넷에 대한 접근성을 확장하기 위해 사회 기반 시설 개발에 투자하는 것입니다. 두 번째 제안은 디지털 활용 능력 프로그램을 시행하고 소외된 지역 사회에서 디지털 기술을 향상시킬 훈련 기회를 제공하는 것입니다. 어떤 접근법이 더 효과적이라고 생각하나요? 여러분의 논리를 설명해 주세요.	두 제안 모두 장점이 있지만, 제가 선택해야 한다면, 저는 두 번째 제안이 정보 격차를 줄이는 데 더 많은 가능성을 가지고 있다고 생각합니다. 사회 기반 시설 개발은 의심할 여지 없이 중요하지만, 그것만이 디지털 통합을 보장하지는 않습니다. 디지털 활용 능력 프로그램에 투자함으로써, 우리는 모든 사람이 디지털 기술을 효과적으로 활용할 능력을 보유하도록 보장할 수 있습니다.
	Winston
	제 견해로는, 정보 격차를 좁히는 것은 사회 기반 시설 개발에 투자하는 것을 필요로 합니다. 신뢰할 수 있는 초고속 인터넷에 대한 접근성은 디지털 통합의 토대입니다. 그것은 격차의 근본 원인을 해결합니다. 신뢰할 수 있는 인터넷 접근성 없이, 디지털 활용 능력 프로그램만으로 격차를 메우는 것이 완전히 효과적이지 않을 수 있습니다.

어휘   divide[diváid] 격차   bridge[bridʒ] 메우다, 극복하다   infrastructure[ìnfrəstrʌ́ktʃər] 사회 기반 시설
underserved[ʌ̀ndərsə́rvd] 서비스가 충분하지 못한   literacy[lítərəsi] (컴퓨터 등의) 활용 능력, 읽고 쓰는 능력
marginalized[máːrdʒinəlàizd] 소외된   reasoning[ríːzəniŋ] 논리, 추론   undoubtedly[ʌ̀ndáutidli] 의심할 여지 없이
guarantee[gæ̀rəntíː] 보장하다   inclusion[inklúːʒən] 통합   leverage[lévəridʒ] 활용하다   narrow[nǽrou] 좁히다

> [도입] I understand why Irene thinks that educational programs might be helpful in equipping individuals with the necessary digital literacy skills. [나의 의견] However, in my opinion, infrastructure would play a more crucial role in addressing the digital divide.

해석   저는 왜 Irene이 교육 프로그램은 사람들에게 필수적인 디지털 활용 능력을 갖추게 하는 데 도움이 될 수 있다고 생각하는지 이해합니다. 하지만, 제 생각에는, 사회 기반 시설이 디지털 격차를 해결하는 데 더 중요한 역할을 할 것입니다.

어휘   equip[ikwíp] 갖추게 하다

04.

Carter 교수	Mahesh
교과서에서, 우리는 전 세계의 국가들이 수많은 경제 문제에 직면해 있다는 것을 읽었습니다. 이번 주 남은 기간 동안, 우리의 초점은 가장 시급한 문제를 파악한 후 그것들을 해결할 수 있는 다양한 방법을 탐구하는 것일 겁니다. 여러분이 개인, 기업, 국가 차원에서 특정한 경제 문제를 생각하는 것으로 시작했으면 합니다. 문제를 파악한 후에는, 효과적인 해결책을 제시하고 그것에 대해 자세히 설명하세요.	저는 한 가지 중대한 경제 문제가 높은 수준의 국가 부채라고 생각합니다. 높은 국가 부채는 경제 성장을 저해하여, 비상사태에 대응하거나 사회 기반 시설 및 교육과 같은 중요한 분야에 투자하는 정부의 능력을 제한할 수 있습니다. 이 문제를 해결하기 위해서는, 책임 있는 지출 정책을 시행하는 것이 필요합니다. 이것은 필수 지출을 우선시하고 낭비적인 지출을 줄이는 것을 포함합니다.
	Anh
	전 세계적으로 발생하고 있는 경제 문제는 높은 청년 실업률입니다. 대학 졸업생들은 제한된 수의 자리를 놓고 경쟁하는 데 수개월, 심지어 수년을 보냅니다. 이 문제를 해결하기 위해, 정부는 기업들이 젊은이들의 고용을 늘리도록 장려해야 합니다. 이것은 최근에 졸업한 학생들을 많이 고용하는 회사들에 임금 보조금과 세금 혜택을 제공함으로써 이루어질 수 있습니다.

어휘   corporate[kɔ́ːrpərət] 기업의   identify[aidéntəfài] 파악하다   debt[det] 부채, 빚   hinder[híndər] 저해하다
expenditure[ikspénditʃər] 지출   unemployment[ʌ̀nimplɔ́imənt] 실업률, 실업   graduate[grǽdʒuət] 졸업생
subsidy[sʌ́bsədi] 보조금

> [도입] I see why Mahesh and Anh think that high national debt and high youth unemployment are significant issues. [나의 의견] However, in my opinion, the slowdown in private consumption is a critical economic problem, and policies to promote consumer spending, such as consumption tax deductions, are imperative.

해석   저는 왜 Mahesh와 Anh이 높은 국가 부채와 높은 청년 실업률이 중대한 문제라고 생각하는지 이해합니다. 하지만, 제 생각에는, 민간 소비의 둔화가 심각한 경제 문제이며, 소비세 공제와 같은 소비 지출을 촉진하기 위한 정책이 긴요합니다.

어휘   slowdown[slóudaun] 둔화, 감소   deduction[didʌ́kʃən] 공제   imperative[impérətiv] 긴요한

HACKERS PRACTICE

p.252

01.

Nguyen 박사	Giselle
과학적 발견은 인류 진보의 토대이며 세계에 대한 우리의 이해를 증진시키는 데 중요한 역할을 해 왔습니다. 다음 몇 주 동안, 우리는 지난 세기의 주요한 과학적으로 획기적인 사건들 중 몇 가지를 살펴볼 것입니다. 하지만, 진도를 나가기 전에, 이 질문에 대해 논의하고 싶습니다. 과학자들은 그들의 발견을 대중에게 공개할 의무가 있어야 할까요, 아니면 어떤 경우에는 그것들을 숨겨도 괜찮을까요?	어떤 과학적 발견들은 사회에 해로울 수 있고, 그러한 경우에는, 어떠한 잠재적인 부정적 결과라도 피하기 위해 그것들이 비밀로 유지되어야 합니다. 예를 들어, 새로운 대량 파괴 무기가 개발된다면, 과학자들과 연구원들은 그 배후에 있는 기술을 공개적으로 밝히는 것에 주의해야 합니다.

Dante

저는 그렇게 하는 것이 우리의 집단 지식을 증진시키고 사회에 이익이 될 수 있는 더 큰 혁신으로 이어질 것이기 때문에 과학적 발견이 대중과 공유되어야 한다고 생각합니다. 우리는 또한 진보를 가속화하고 모든 사람이 이러한 혜택에 접근하도록 보장할 수 있습니다. 과학자들은 납득할 만한 이유가 없는 한 어떤 발견도 비밀로 유지해서는 안 됩니다.

어휘 cornerstone[kɔ́ːrnərstòun] 토대, 초석 milestone[máilstòun] 획기적인 사건, 이정표 obligated[ɑ́ːbləgèitd] 의무가 있는
confidential[kɑ̀ːnfədénʃəl] 비밀의, 기밀의 destruction[distrʌ́kʃən] 파괴 collective[kəléktiv] 집단의
accelerate[æksélərèit] 가속화하다 compelling[kəmpéliŋ] 납득할 만한, 설득력 있는

[이유] ① <u>This is mainly because discoverers have the right to protect their intellectual property.</u> [구체적 근거 1: 일반적 진술] Some companies and private organizations invest significant resources and time in scientific discoveries. If scientific discoveries enter the public domain, these groups may lose motivation to do more research, hindering further scientific development. [구체적 근거 2: 예시] For example, if a company develops a new manufacturing process that enables it to produce goods more cheaply and efficiently than its competitors, it may want to keep the details of the process secret to maintain its competitive edge. That way, it can reap the benefits of its investment in research and development. [맺음말] ② <u>Overall, I believe that respecting intellectual property rights for scientific discoveries is reasonable.</u>

어휘 intellectual[ìntəléktʃuəl] 지적인 property[prɑ́ːpərti] 재산 motivation[mòutəvéiʃən] 동기, 동기부여
manufacturing[mæ̀njufǽktʃəriŋ] 제조(업) efficiently[ifíʃəntli] 효율적으로 edge[edʒ] 우위 reap[riːp] 거두다, 수확하다

02.

Ortez 교수	**Amir**
우리의 삶에 미치는 미디어의 영향을 살펴볼 때, 우리는 유튜브와 같은 플랫폼의 지대한 영향을 인정해야 합니다. 최근 몇 년 동안, 유튜브는 오락에서부터 교육 콘텐츠에 이르기까지 광범위한 영상들을 제공하면서, 우리 삶의 필수적인 부분이 되어 왔습니다. 하지만 우리가 그것의 영향에 대한 세부 사항들을 탐구하기 전에, 여러분의 생각을 들어 봅시다. 유튜브는 사람들에게 어떤 식으로 영향을 미치나요? 그리고 왜 그렇게 생각하나요?	제 견해로는, 유튜브가 가져온 가장 눈에 띄는 변화는 공동체 의식과 연결성을 촉진하는 것입니다. 댓글, 라이브 채팅, 그리고 기타 대화형 기능들을 통해, 시청자는 콘텐츠 제작자와 다른 시청자들과 교류하여, 토론, 협업, 그리고 공유된 경험을 위한 가상 공간을 만들 수 있습니다.
	Carmen
	유튜브는 너무 시간 소모가 크기 때문에 사람들에게 부정적인 영향을 미칠 수 있습니다. 너무 많은 콘텐츠가 이용 가능해지면서, 끝없이 스크롤하고 영상을 보면서 몇 시간을 보내는 것이 쉬워졌습니다. 이것은 생산성, 정신 건강, 그리고 관계에 부정적인 결과를 가져올 수 있습니다.

어휘 acknowledge[əknάːlidʒ] 인정하다 profound[prəfáund] 지대한 integral[íntigrəl] 필수적인 striking[stráikiŋ] 눈에 띄는 foster[fɔ́ːstər] 촉진하다 time-consuming 시간 소모가 큰 endlessly[éndlisli] 끝없이

[이유] ① The main reason is that YouTube offers a variety of educational content for free, from tutorials on cooking and home repairs to lectures on complex scientific topics. [구체적 근거 1: 일반적 진술] Unlike traditional forms of education, YouTube allows individuals to learn what they want at their own pace and on their own time, making education more accessible and flexible. ② Moreover, as it doesn't cost anything, it provides an equal opportunity for education to anyone. [구체적 근거 2: 예시] ③ For instance, I learned how to play the guitar last year by only watching instructional videos on YouTube. The instructor was able to break down each technique into manageable steps, which helped me fully understand and master each one before moving on to the next. And since the videos were available 24/7, I could fit my guitar lessons into my busy schedule without having to commit to a set time each week. It proved to be an effective way for me to learn something new.

어휘 tutorial[tjuːtɔ́ːriəl] 튜토리얼, 지침서 accessible[æksésəbəl] 접근하기 쉬운 flexible[fléksəbəl] 융통성 있는, 유연한 instructional[instrʌ́kʃənəl] 교육용의 manageable[mǽnidʒəbəl] 감당하기 쉬운, 관리 가능한 commit to ~을 할당하다

03.

Tanaka 박사	**Alice**
업무 효율성을 향상시키는 것은 회사의 성공에 매우 중요합니다. 이렇게 하면 생산성 향상, 비용 절감, 경쟁력 향상, 그리고 직원 만족도 향상으로 이어질 수 있습니다. 따라서, 많은 기업들이 다양한 전략을 통해 업무 효율성을 향상시키기 위해 노력하고 있습니다. 이제, 다음 질문에 대한 여러분의 의견을 알고 싶습니다. 업무 효율성 향상과 관련하여 컴퓨터 장비를 업그레이드하는 것과, 편안한 사무실 환경을 조성하는 것 중 무엇이 더 중요합니까?	저는 업무 효율성을 향상시키기 위해서는 컴퓨터와 같은 장비를 업그레이드하는 것이 더 중요하다고 생각합니다. 기술의 모든 급속한 진보에 따라, 변화의 속도에 뒤지지 않으려면 회사의 지원이 필수적입니다. 소프트웨어와 하드웨어를 업데이트하는 것은 업무 처리 속도를 높여 생산성을 크게 증대할 수 있습니다.
	Malik
	기술도 중요하지만, 업무 효율성을 향상시키려면 편안한 작업장이 훨씬 더 중요하다고 생각합니다. 이는 넓은 근무 공간, 좋은 조명, 건강한 간식 및 휴식 공간과 같은 편의 시설에 대한 접근을 포함합니다. 긍정적이고 지원하는 작업 환경은 직원 만족도를 높이는데, 이는 결국 생산성 수준을 높일 수 있습니다.

어휘 competitiveness[kəmpétətivnis] 경쟁력 satisfaction[sæ̀tisfǽkʃən] 만족도 keep up with ~에 뒤지지 않다 amenity[əménəti] 편의 시설 relaxation[rìːlækséiʃən] 휴식 supportive[səpɔ́ːrtiv] 지원하는

[이유] ① The primary reason is that the latest equipment allows workers to reduce the risk of technical issues that can cause delays. [구체적 근거 1: 일반적 진술] ② When equipment such as computers becomes outdated, it is more prone to technical errors, and productivity decreases because work has to be halted to fix the errors. ③ Additionally, compatibility issues arise with the latest devices. [구체적 근거 2: 예시] For example, when my older brother worked for a company that provided laptops for its employees, he noticed that those with older laptops often experienced technical problems that slowed down their work. On the other hand, those with newer laptops enjoyed faster processing speeds and were less likely to experience technical difficulties, allowing them to complete tasks more efficiently. By providing regular upgrades to their workers' equipment, companies can ensure that their employees are working at optimal levels.

어휘   outdated [àutdéitid] 구식의, 오래된   prone to ~하기 쉬운   halt [hɔːlt] 중단하다   compatibility [kəmpæ̀ətəbíləti] 호환성
      arise [əráiz] 발생하다

04.

Hernandez 교수	Yejoon
최근 몇 년 동안, 관광 개발과 환경 및 문화 보존의 균형을 맞추는 것이 지방 정부의 중요한 문제가 되었습니다. 한편으로, 관광은 한 지역에 절실히 필요한 경제 성장을 일으킬 수 있습니다. 반면에, 그 것은 환경과 문화유산 보존에 부정적인 영향을 미칠 수 있습니다. 그래서, 이런 문제가 대두됩니다. 지방 정부는 관광과 경제 성장을 촉진하는 것보다 환경을 보호하고 문화유산을 보존하는 것을 우선시해야 할까요?	제 견해로는, 지방 정부가 경제 성장을 촉진하기 위해 관광에 더 집중해야 합니다. 환경과 문화의 보존이 중요하지만, 지역 사회의 경제적 기회를 희생시켜서는 안 됩니다. 번창하는 관광 산업은 일자리를 만들고 지역 사회의 주민들을 위한 소득을 창출하여, 더 높은 삶의 수준을 가져올 수 있습니다.

Sita
저는 정부가 환경과 문화를 보존하기 위해 더 많은 노력을 해야 한다고 생각합니다. 그렇게 하는 것은 지역 사회의 독특한 정체성을 유지하고 주민들 사이에 자부심을 키우는 데 필수적입니다. 관광업이 단기적인 경제적 이익을 가져올 수는 있지만, 지역 사회를 보존하는 것은 미래 세대를 위한 장기적인 투자로서의 역할을 합니다. |

어휘   preservation [prèzərvéiʃən] 보존   heritage [héritidʒ] 유산   at the expense of ~을 희생하여   thriving [θráiviŋ] 번창하는

[이유] ① The main reason is that encouraging tourism, especially ecotourism, can actually lead to better environmental protection. [구체적 근거 1: 일반적 진술] Ecotourism, which emphasizes sustainable and responsible travel, can create incentives for local communities to preserve their natural resources and cultural heritage. This can benefit both the environment and local economies. [구체적 근거 2: 부연 설명] ② Moreover, the revenue generated by tourism can be used to fund conservation and preservation efforts for cultural heritage sites. ③ For example, the income from tourism can help support the maintenance and restoration of historic landmarks, museums, and cultural festivals, which can stimulate local identity and attract more visitors.

어휘   incentive [inséntiv] 동기, 장려책   maintenance [méintənəns] 유지   restoration [rèstəréiʃən] 복원
      landmark [lǽndmɑːrk] 주요 지형지물   stimulate [stímjulèit] 활성화하다, 자극하다

01.

Tran 교수	Gabrielle
프로 운동선수들과 연예인들은 세계에서 가장 보수를 많이 받는 사람들 중 일부입니다. 그들이 더 유명할수록, 그들은 더 많은 천문학적인 돈을 버는데, 대개 그들의 팬과 관객에게 즐거움을 줌으로써 말이죠. 이것은 우리의 수업 토론에 흥미로운 질문을 제기합니다. 유명한 운동선수들과 연예인들은 그들이 산업에 가져다주는 가치를 고려할 때 그들이 버는 많은 돈을 받을 자격이 있나요, 아니면 그것은 그들이 하는 일에 대한 지나친 보상인가요?	제 생각에 그것은 지나칩니다. 프로 운동선수들과 연예인들이 그들의 산업에 가치를 가져다 주지만, 저는 그들의 보수가 과도하다고 생각합니다. 훨씬 더 중요한데 그만큼의 보상을 받지 못하는 다른 직업들이 너무 많습니다. 예를 들어, 교사들은 다음 세대를 형성하는 데 중요한 역할을 하지만, 그들은 종종 낮은 임금을 받고 과소평가됩니다.
	Jacob
	저는 그들의 상당한 보수가 그들의 가치에 대한 공정한 반영이라고 믿습니다. 많은 사람들이 유명 인사들을 그들의 독특한 재능과 기술로 우상화하기 때문에, 그들은 종종 티켓 판매, 상품, 그리고 광고를 통해 그들의 산업에 상당한 수익을 창출합니다. 제 견해로는, 그들은 각자의 산업에 가져다주는 가치에 상응하는 보상을 받을 자격이 있습니다.

어휘 astronomical[æ̀strəná:mikəl] 천문학적인 delight[diláit] 즐거움을 주다 deserve[dizə́:rv] ~을 받을 자격이 있다
compensation[kà:mpənséiʃən] 보상, 보수 excessive[iksésiv] 과도한 profession[prəféʃən] 직업
undervalue[ʌ̀ndərvǽlju] 과소평가하다 reflection[rifflékʃən] 반영 idolize[áidəlàiz] 우상화하다
accordingly[əkɔ́:rdiŋli] 상응하게

[이유] This is mainly because famous athletes and entertainers are constantly under the scrutiny of the public, and it seems like they have millions of bosses. [구체적 근거 1: 일반적 진술] Considering the number of bosses they have to satisfy, it is only natural that they receive high compensation. [구체적 근거 2: 부연 설명] Furthermore, being consistently in the public eye means that famous athletes and entertainers are under immense pressure to maintain their reputation and brand. Their personal lives are often invaded by the media, with paparazzi always following them around and reporting on their every move. This can take a significant toll on their mental and physical health, as well as their personal relationships. [맺음말] Therefore, given the continuous attention and scrutiny they face, it can be argued that their high salaries are necessary compensation for the lack of privacy they endure.

해석 이는 주로 유명한 운동선수들과 연예인들이 끊임없이 대중의 감시를 받고 있고, 그들에게는 마치 수백만 명의 상사가 있는 것과 같기 때문입니다. 그들이 만족시켜야 할 상사의 수를 고려하면, 그들이 고액의 보수를 받는 것은 그저 당연합니다. 게다가, 계속해서 대중의 주목을 받는 것은 유명한 운동선수들과 연예인들이 그들의 명성과 브랜드를 유지해야 하는 엄청난 압박을 받는다는 것을 의미합니다. 파파라치들이 항상 그들을 따라다니며 그들의 일거수일투족을 보도하면서, 그들의 사생활은 종종 언론에 의해 침해당합니다. 이것은 그들의 개인적인 관계뿐만 아니라 그들의 정신적, 신체적 건강에도 상당한 타격을 줄 수 있습니다. 따라서, 그들이 직면한 지속적인 관심과 감시를 고려할 때, 그들의 높은 급여는 그들이 견디는 사생활 상실에 대한 필요한 보상이라고 주장할 수 있습니다.

어휘 scrutiny[skrú:təni] 감시 satisfy[sǽtisfài] 만족시키다 consistently[kənsístəntli] 계속해서 immense[iméns] 엄청난
reputation[rèpjutéiʃən] 명성 invade[invéid] 침해하다 take a toll 타격을 주다 endure[indjúər] 견디다

02.

Garcia 박사

코로나19 유행병은 우리 삶의 거의 모든 측면에 영향을 미쳤습니다. 경제와 의료 체계의 운영에 중대한 영향을 미치는 것에서부터 일상과 개인적인 관계에 영향을 미치는 것에 이르기까지, 그 유행병은 많은 광범위한 변화를 야기했습니다. 전 세계의 사람들은 여전히 이러한 새로운 국면의 결과들에 대처하고 있기도 합니다. 우리의 토론에서, 저는 여러분에게 묻고 싶습니다. 이 유행병의 가장 중대한 사회적 영향이 무엇이었나요?

Jihoon

저는 그 유행병이 의료 종사자들과 의료 체계 전체의 중요성을 강조했다고 생각합니다. 우리는 이 노동자들이 환자들을 돌보기 위해 목숨을 거는 것을 목격했으며, 이제 우리는 그들의 역할이 얼마나 중요한지 깨닫고 있습니다. 이것은 그들의 노력에 대한 감사를 증가시켰고, 바라건대, 그것이 결과적으로 우리 의료 체계의 장기적인 개선으로 이어지면 좋겠습니다.

Gwen

저는 그 유행병이 우리가 일하는 방식에 중대한 변화를 일으켰다고 생각합니다. 우리는 연락을 유지하기 위해 화상 회의 및 즉각적인 메시지와 같은 디지털 통신 기술에 적응해야 했습니다. 많은 회의가 원격으로 열리며, 서류는 가상인 경우가 많습니다. 이러한 전환은 미래에 우리의 노동 문화를 더 유연하고 적응력 있게 만들 수 있는 잠재력을 가지고 있습니다.

어휘 pandemic[pændémik] 유행병, 전염병 operation[ὰːpəréiʃən] 운영 widespread[wάidsprèd] 광범위한
development[divéləpmənt] 새로운 국면 witness[wítnis] 목격하다 appreciation[əprìːʃiéiʃən] 감사 adapt[ədǽpt] 적응하다
remotely[rimóutli] 원격으로 correspondence[kɔ̀ːrəspάːndəns] 서류, 서신 virtual[vɔ́ːrtʃuəl] 가상의

[이유] This is mainly because the worst effects of the pandemic have been felt by poor and marginalized communities, such as low-income families, minorities, and those in developing countries. [구체적 근거 1: 일반적 진술] The disparity in job security and income has widened the gap between the rich and the poor, affecting the latter's access to education, health care, and other basic necessities. In fact, in developing countries, the pandemic has pushed millions into poverty, reversing progress made over the past few decades. [구체적 근거 2: 예시] For example, during the pandemic, daily wage earners who were employed in sectors such as hospitality and retail were more likely to lose their jobs or have their hours reduced due to lockdowns and restrictions. On the other hand, people in higher-income jobs were more likely to have the option to work from home and maintain their employment. [맺음말] Overall, I believe that the pandemic has made existing inequalities worse.

해석 이는 주로 전염병의 가장 나쁜 영향을 저소득 가정, 소수자, 그리고 개발도상국에 있는 사람들과 같은 가난하고 소외된 지역 사회가 겪었기 때문입니다. 고용 안정성과 소득의 격차는 빈부 격차를 확대시켜, 교육, 의료 및 기타 기본적인 필수품에 대한 후자의 접근에 영향을 미쳤습니다. 사실, 개발도상국에서, 그 유행병은 수백만 명을 빈곤으로 몰아넣어, 지난 수십 년 동안 이루어진 발전을 뒤엎었습니다. 예를 들어, 그 유행병 기간에, 접객업과 소매업과 같은 분야에 고용된 일용직 노동자들은 봉쇄 조치와 제재로 인해 일자리를 잃거나 노동 시간이 단축될 가능성이 더 높았습니다. 반면, 고소득 직종에 있는 사람들은 재택근무를 하고 고용을 유지할 수 있는 선택권을 가질 가능성이 더 높았습니다. 전반적으로, 저는 그 유행병이 기존의 불평등을 더 악화시켰다고 생각합니다.

어휘 marginalized[mάːrdʒinəlàizd] 소외된 minority[mainɔ́ːrəti] 소수자 disparity[dispǽrəti] 격차 security[sikjúərəti] 안정성
widen[wáidən] 확대시키다 latter[lǽtər] 후자 necessity[nəsésəti] 필수품 reverse[rivɔ́ːrs] 뒤엎다
hospitality[hὰːspətǽləti] 접객업, 접대 retail[ríːteil] 소매업 lockdown[lάːkdàun] 봉쇄 조치 restriction[ristríkʃən] 제재, 제한
existing[igzístiŋ] 기존의

03.

<table>
<tr>
<td>

Santos 박사

최근 수십 년 동안, 컴퓨터의 발명은 교육을 포함한 다양한 분야에 혁신을 일으켰습니다. 오늘날, 많은 학교와 대학들이 교실에서 컴퓨터를 사용하고 있는데, 이것은 교사들이 가르치고 학생들이 배우는 방식을 변화시켰습니다. 심지어 지금 이 순간에도, 학습 과정은 컴퓨터 기술의 발전과 함께 계속해서 변화하고 있습니다. 그래서, 저는 여러분이 이 질문을 다루었으면 합니다. 컴퓨터가 교육에 미치는 가장 중대한 영향은 무엇이라고 생각합니까? 그리고 왜 그렇게 생각하죠?

</td>
<td>

Hannah

컴퓨터가 교육에 미치는 가장 큰 영향은 향상된 정보 접근성입니다. 인터넷을 통해, 학생들과 교사들은 전 세계의 방대한 양의 정보에 접근할 수 있어, 그들이 전통적인 교과서의 사용을 넘어서게 해 줍니다.

Isaac

저는 교육에 미치는 컴퓨터의 부정적인 영향이 어떤 긍정적인 이점도 능가한다고 생각합니다. 구체적으로 말하면, 학생들은 기술에 너무 의존하게 되었고, 이것은 비판적인 사고력의 감소로 이어졌습니다. 그들만의 아이디어를 생각해 내는 대신에, 학생들은 쉽게 답을 찾으며 결과적으로는 배우지 못합니다.

</td>
</tr>
</table>

어휘 　revolutionize[rèvəlú:ʃənàiz] 혁신을 일으키다 　transform[trænsfɔ́:rm] 변화시키다 　accessibility[æksèsəbíləti] 접근성
　　　enormous[inɔ́:rməs] 방대한 　outweigh[àutwéi] 능가하다 　reliant[riláiənt] 의존하는 　come up with ~을 생각해 내다

[이유] This is mainly because interactive and immersive learning through computers enables active student participation. [구체적 근거 1: 일반적 진술] With educational software, simulations, and games, students can learn through trial and error, experiment with different approaches, and receive immediate feedback on their progress. [구체적 근거 2: 예시] For instance, in a geography class, students can now go on virtual field trips to different parts of the world, explore famous landmarks, and learn about cultures in a much more immersive way than before. These types of immersive learning experiences have been shown to result in increased student engagement and motivation, as well as improved learning outcomes.

해석　이는 주로 컴퓨터를 통한 대화형 및 몰입형 학습이 적극적인 학생 참여를 가능하게 하기 때문입니다. 교육용 소프트웨어, 모의실험, 그리고 게임을 이용하여, 학생들은 시행착오를 통해 배우고, 다양한 접근법으로 실험하며, 진행 상황에 대한 즉각적인 피드백을 받을 수 있습니다. 예를 들어, 지리 수업에서, 학생들은 이제 세계의 다른 지역으로 가상의 현장 학습을 갈 수 있고, 유명한 주요 지형지물을 탐험할 수 있으며, 이전보다 훨씬 몰입적인 방식으로 문화에 대해 배울 수 있습니다. 이러한 유형의 몰입형 학습 경험은 향상된 학습 결과뿐만 아니라 학생의 참여와 동기를 증가시키는 것으로 드러났습니다.

어휘　interactive[intərǽktiv] 대화형의, 상호적인 　immersive[imə́:rsiv] 몰입형의, 몰입적인 　simulation[sìmjuléiʃən] 모의실험
　　　trial and error 시행착오 　experiment[ikspérəmənt] 실험하다 　approach[əpróutʃ] 접근법 　geography[dʒiá:grəfi] 지리(학)
　　　explore[ikspló:r] 탐험하다

04.

Karros 교수	Jared
우리가 알다시피, 정부는 한정된 자원을 가지고 있고 그것들을 효율적으로 배분해야 합니다. 따라서, 정부는 자원을 어디에 투자할지 결정할 때 어려운 선택을 해야 합니다. 이것의 한 예는 우주 과학을 장려하는 것의 장기적인 이익과 사회 문제를 해결함으로써 얻을 수 있는 즉각적인 이익과 따져 볼 필요성입니다. 만약 여러분이 정책 입안자라면, 우주 과학에 자금을 대는 것과 사회가 다루고 있는 다른 문제에 자금을 대는 것 중에 어떤 것이 더 중요하다고 주장할 것인가요? 왜죠?	우주 과학이 장기적으로 인류에게 이익이 될 수 있는 잠재력을 가지고 있지만, 즉각적인 관심을 받을 만한 또 다른 문제가 있습니다. 많은 나라에서, 증가하고 있는 큰 부의 격차가 있으며, 사회적 불안정, 범죄, 그리고 불안을 초래하고 있습니다. 따라서, 정부는 교육과 사회 복지와 관련된 것과 같이 모든 사람에게 동등한 기회를 제공하는 프로그램에 투자해야 합니다.

Chloe
저는 우주 과학에 투자하는 것이 우리에게 우주가 어떻게 기능하는지에 대한 더 나은 이해를 주는 것을 포함하여 많은 이점을 가진다고 생각합니다. 지구가 쇠퇴함에 따라, 그것의 기원과 우주를 지배하는 법칙에 대해 더 많이 아는 것은 필수적입니다. 그것은 우리가 기후 변화와 에너지 부족과 같은 세계적인 문제들을 해결하는 데 도움을 줄 수 있습니다. |

어휘 allocate[ǽləkèit] 배분하다 weigh[wei] 따져 보다, 저울질하다 humanity[hju:mǽnəti] 인류 unrest[ʌnrést] 불안
shortage[ʃɔ́:rtidʒ] 부족

[이유] The main reason is that it can lead to new developments that can have practical applications on Earth. [구체적 근거 1: 일반적 진술] NASA's investment in the space program has resulted in numerous technological advances that we use today. [구체적 근거 2: 예시] For example, GPS technology, scratch-resistant lenses, and water filters are the results of space investment. The development of new technologies can create new industries and new job opportunities. That is, it can also help solve problems that society is now dealing with, such as unemployment and poverty. Moreover, investing in space science can inspire a new generation of scientists and engineers. [맺음말] In this regard, I maintain that the benefits of investing in space science are far-reaching and can have a positive impact on society as a whole.

해석 주된 이유는 그것이 지구에 실제적인 응용을 할 수 있는 새로운 개발로 이어질 수 있다는 것입니다. 우주 프로그램에 대한 미국 항공우주국(NASA)의 투자는 오늘날 우리가 사용하는 수많은 기술적 발전을 야기했습니다. 예를 들어, GPS 기술, 긁힘 방지 렌즈, 여과기가 우주 투자의 결과물입니다. 새로운 기술의 개발은 새로운 산업과 새로운 일자리를 창출할 수 있습니다. 즉, 그것은 실업과 빈곤과 같은 사회가 현재 다루고 있는 문제들을 해결하는 데 또한 도움을 줄 수 있습니다. 게다가, 우주 과학에 투자하는 것은 새로운 세대의 과학자들과 기술자들에게 영감을 줄 수 있습니다. 이러한 점에서, 저는 우주 과학에 투자하는 것의 이점이 광범위하고 사회 전반에 긍정적인 영향을 미칠 수 있다고 주장합니다.

어휘 application[æ̀pləkéiʃən] 응용 unemployment[ʌ̀nimplɔ́imənt] 실업 far-reaching 광범위한

01.

Layton 교수 직업적인 환경에서, 팀의 구성원들은 함께 잘 일할 수 있어야 합니다. 만약 그들이 이렇게 할 수 없다면, 프로젝트가 성공할 가능성은 없습니다. 분명히, 새로운 아이디어를 생각해 내는 능력이 중요합니다. 하지만 팀의 효율성에 기여하는 다른 많은 자질들이 있습니다. 오늘, 저는 이것들에 대해 논의하고 싶습니다. 업무 환경에서 성공적인 팀워크를 위해 여러분이 가장 중요하다고 생각하는 자질은 무엇입니까?	**Kelly** 제 견해로는, 적응력이 업무 환경에서 팀원들의 가장 중요한 자질입니다. 기업은 종종 예상치 못한 어려움에 직면하며, 변화하는 환경에 적응할 수 있는 팀원은 귀중한 자산입니다. 그들은 팀이 신속하게 전환하고, 새로운 해결책을 찾고, 회사가 목표를 달성하기 위한 정상 궤도에 있도록 도울 수 있습니다. **Ho Seok** 저는 외향적인 성격이 업계에서 사람들에게 없어서는 안 될 특성이라고 생각합니다. 그것 없이는, 성공적인 팀워크는 불가능합니다. 팀원들이 사이좋게 지낼 때, 그들은 의사소통하고, 아이디어를 공유하고, 효과적으로 협업할 가능성이 더 높습니다. 이는 긍정적인 업무 환경을 조성하는데, 이것은 증가된 생산성과 전반적으로 더 좋은 결과를 가져옵니다.

어휘 effectiveness[iféktivnis] 효율성 attribute[ətríbjuːt] 자질, 속성 adaptability[ədæ̀ptəbíləti] 적응력
unexpected[ʌ̀nikspéktid] 예상치 못한 adapt[ədǽpt] 적응하다 circumstance[sə́ːrkəmstæ̀ns] 환경
pivot[pívət] 전환하다, 회전하다 stay on track 정상 궤도에 있다 indispensable[ìndispénsəbəl] 없어서는 안 될
get along 사이좋게 지내다 collaborate[kəlǽbərèit] 협업하다

TIP 이 문제는 '업무 환경에서 성공적인 팀워크를 위해 팀의 구성원에게 요구되는 가장 중요한 자질'을 고르는 문제로서, 팀 업무를 위해 가장 중요하다고 생각하는 것을 골라 답안을 작성한다. 만약, 팀 업무에 초점을 맞추지 않고 단순히 본인이 선호하는 사람의 자질을 고른다면 주제에서 벗어난 답안을 작성할 수 있다.

Outline

- to complete an assigned task punctually 주어진 업무를 기한을 엄수하여 완수하는 것
- tasks are divided up so that each member has role
  각 구성원이 역할을 하도록 업무들이 분담됨
  - success of project is dependent on everyone doing their part on time
    프로젝트의 성공은 모든 사람이 제시간에 제 역할을 하는 것에 달려 있음
  - ex) member who is sociable/adaptable but not punctual → X get along well in the end
    예) 사교적이거나 적응력이 뛰어나지만 기한을 지키지 않는 팀원은 결국 잘 어울리지 못함

ACADEMIC DISCUSSION 실전

Hackers TOEFL Writing

Model Response

In my opinion, it is most important to be able to complete an assigned task punctually for team members in a company. This is mainly because when people work together on a team, the various tasks are divided up so that each member has his or her own role. As a result, the success of a project is dependent on everyone doing their part on time. For example, if there is a team member who is sociable or adaptable but not punctual, they may not be able to get along well with other members in the end. This is due to the fact that when one fails to complete an assignment on schedule, the entire project will be put in jeopardy regardless of how well the other team members do their tasks. So, even with a sociable and adaptable personality, one may not maintain harmonious relationships with others. Overall, I feel that being punctual is a more vital attribute for a team member than being outgoing or adaptable.

해석 제 생각에는, 회사의 팀 구성원들에게는 주어진 업무를 기한을 엄수하여 완수할 수 있는 것이 가장 중요합니다. 이는 주로 사람들이 한 팀에서 함께 일할 때, 각 구성원이 각자의 역할을 하도록 여러 가지 업무들이 분담되기 때문입니다. 결과적으로, 프로젝트의 성공은 모든 사람이 제 시간에 제 역할을 하는 것에 달려 있습니다. 예를 들어, 사교적이거나 적응력이 뛰어나지만 기한을 지키지 않는 팀원이 있다면, 결국 다른 팀원들과 잘 어울리지 못할 수도 있습니다. 이는 한 명이 예정대로 할당된 일을 끝내지 못하면, 다른 팀원들이 얼마나 일을 잘했는지와는 관계없이 프로젝트 전체가 위험에 빠질 것이기 때문입니다. 그래서, 사교적이고 적응력 있는 성격을 가지고도, 다른 사람들과 조화로운 관계를 유지하지 못할 수 있습니다. 전반적으로, 저는 외향적이거나 적응력이 있는 것보다 기한을 지키는 것이 더욱 중요한 팀 구성원의 자질이라고 생각합니다.

어휘 punctually[pʌ́ŋktʃuəli] 기한을 엄수하여, 시간을 지켜 be dependent on ~에 달려 있다 on time 제시간에
put in jeopardy 위험에 빠뜨리다

02.

Schulz 박사	Jennifer
오늘날의 세계에서, 우리는 휴대 전화에 많이 의존하고 있습니다. 그것의 많은 유용한 기능과 현재 이용할 수 있는 다양한 모바일 애플리케이션 덕분에, 우리는 과거보다 더 빠르고 쉽게 작업을 수행할 수 있습니다. 하지만, 우리의 휴대폰 의존도에 대한 약간의 우려가 있습니다. 다음 수업 전에, 다음 질문에 답해 주세요. 여러분은 휴대 전화가 우리에게 더 많은 자유를 주었다고 믿나요, 아니면 어떤 면에서는 우리의 자유를 제한했다고 생각하나요?	저는 휴대 전화가 우리에게 더 많은 자유를 주었다고 생각합니다. 우리는 이제 온라인에서 정보를 검색하고 언제 어디서나 친구나 가족에게 전화할 수 있습니다. 이러한 장치를 사용할 수 있게 되기 전에는, 사람들이 컴퓨터와 일반 전화에 의존했습니다. 이것은 그들이 집이나 직장에서만 다른 사람들과 소통할 수 있었다는 것을 의미합니다.
	Tanya
	휴대 전화는 어떤 면에서 사람들의 자유를 제한했습니다. 사람들은 종종 공공장소에서 휴대 전화의 소음으로 인해 방해받습니다. 한 조사에 따르면, 설문에 참여한 사람들의 80퍼센트 이상이 난무하는 휴대 전화 활동 때문에 공공장소에서 자주 불편을 겪는다고 답했습니다.

어휘 dependence[dipéndəns] 의존(도) landline[lǽndlàin] 일반 전화 disturb[distə́:rb] 방해하다 poll[poul] 설문하다
rampant[rǽmpənt] 난무한, 만연한

(TIP) 휴대 전화는 우리가 매일 사용하는 일상적인 물건이므로, 최대한 실생활의 예시를 활용하여 답안을 작성하면 더 풍부한 내용이 될 수 있다.

Outline

• limited freedom 자유를 제한했음
• escape from work & social responsibilities is impossible 직장과 사회적 책임으로부터 벗어나는 것이 불가능함
• – constant messenger notifications → feel like working 24/7 끊이지 않는 메신저 알림으로 인해 언제나 일하고 있는 것처럼 느낌
• – ex) brother = salesperson: X separate himself from phone b/c he never knows when boss/clients call 예) 남동생이 영업 사원인데 상사나 고객이 언제 전화할지 전혀 알 수 없기 때문에 자신을 휴대 전화로부터 분리할 수 없음

Model Response

I understand why Jennifer thinks that mobile phones have given us the freedom to access many resources around the world. However, in my opinion, cell phones have actually imprisoned people rather than liberated them. This is mainly because escape from work and social responsibilities is impossible due to cell phones. Whether we are at home, in public, or on the go, we are always connected to each other through mobile phones. Due to constant messenger notifications, we sometimes feel like we are working 24/7. For example, my brother, who works as a salesperson, cannot separate himself from his phone because he never knows when his boss or clients may call. If he misses those calls, it might negatively affect his career. As a result, he has no freedom from being connected, and it feels like he is always under the surveillance of his mobile phone.

해석 저는 왜 Jennifer가 휴대 전화는 우리에게 전 세계의 많은 자료에 접근할 수 있는 자유를 주었다고 생각하는지 이해합니다. 하지만, 제 생각에는, 휴대 전화는 실제로 사람들을 해방시키기보다는 구속했습니다. 이는 주로 휴대 전화 때문에 직장과 사회적 책임으로부터 벗어나는 것이 불가능하기 때문입니다. 우리가 집에 있든, 공공장소에 있든, 이동 중이든, 우리는 항상 휴대 전화를 통해 서로 연결됩니다. 끊이지 않는 메신저 알림으로 인해, 우리는 때때로 언제나 일하고 있는 것처럼 느낍니다. 예를 들어, 제 남동생은 영업 사원으로 일하고 있는데, 상사나 고객이 언제 전화할지 전혀 알 수 없기 때문에 자신을 휴대 전화로부터 분리할 수가 없습니다. 만약 그가 그 전화들을 받지 않는다면, 그것은 그의 경력에 부정적으로 영향을 미칠 수 있습니다. 그 결과, 그는 연결되는 것으로부터 자유롭지 못하고, 늘 휴대 전화의 감시를 받고 있는 것 같습니다.

어휘 imprison[imprízən] 구속하다, 투옥하다 liberate[líbərèit] 해방시키다 escape[iskéip] 벗어나기, 탈출
notification[nòutəfikéiʃən] 알림 24/7 언제나, 24시간 내내 surveillance[sərvéiləns] 감시

01. 방금 들은 강의의 논점들을 요약하되, 이 논점들이 읽기 지문의 구체적 논점들을 어떻게 반박하고 있는지 설명하시오.

Note-taking

읽기 노트

- sauropod's neck: horizon. 용각류의 목은 수평이었음
  1. unusual position of tail 꼬리의 독특한 자세
     – fossil. tracks: tail X dragged on ground 화석화된 발자국에서 꼬리는 땅에 끌리지 않음
     – neck act as counterweight 목은 평형추 역할을 함
  2. diet: marine vege. 식단은 해양 식물임
     – ate plants near water 물 근처의 식물을 먹음
     – extend neck outwards → easier to feed 목을 바깥쪽으로 뻗어서 먹기 더 쉬움
  3. muscles incapable of raising 근육은 들어 올릴 수 없음
     – neck: long & heavy → large muscles req. 목이 길고 무거워서 거대한 근육이 필요함
     – fossils: neck muscles X strong 화석에서 목 근육은 튼튼하지 않았음

듣기 노트

- assertion: X convincing 주장은 설득력 없음
  1. offset weight of tail: doubtful 꼬리의 무게를 상쇄했다는 것은 의심스러움
     – tail: X heavy ← slender & bones hollow 꼬리는 가늘고 뼈가 비어있어서 무겁지 않음
     – X need for head horizon. to maintain balance
       균형을 유지하기 위해 머리가 수평일 필요 없음
  2. easier to feed on marine plants: Q. 해양 식물을 먹기 더 쉽다는 것은 의문스러움
     – X sufficient marine vege. → eat variety plants
       해양 식물이 충분하지 않아서 다양한 식물을 먹음
     – upright neck → access ↑ food 수직의 목으로 더 많은 먹이에 접근함
  3. muscles capable of holding neck upright 근육은 목을 수직으로 유지할 수 있음
     – strong shoulder muscles connected to neck 목에 연결된 튼튼한 어깨 근육
     – use shoulder muscles to raise verti. 수직으로 들어 올리기 위해 어깨 근육을 이용함

Summary

The lecturer argues that the assertion that sauropods had a horizontal neck position is not convincing. This contradicts the reading passage's claim that they kept their necks in this position.

First, the lecturer contends that it is doubtful that the neck had to be positioned horizontally to offset the weight of the tail. The tail was not heavy because it was slender and included hollow bones. This means that a sauropod had no need to keep its head in horizontal position to maintain balance. This casts doubt on the reading passage's claim that the unusual position of its tail indicates that a sauropod's neck was held horizontally.

Next, the lecturer asserts that the claim that sauropods' horizontal neck position made it easier to eat marine plants has been called into question. Since there was not sufficient marine vegetation, sauropods must have eaten a variety of plants. Therefore, an upright neck posture was needed to access more food. This counters the reading passage's claim that sauropods held their necks horizontally to feed on marine vegetation.

Finally, the lecturer claims that a sauropod's muscles were strong enough to lift its neck vertically. It had powerful shoulder muscles that were linked with its neck by bones. As a result, it was able to raise its neck using its shoulder muscles. This refutes the reading passage's claim that a sauropod's muscles were not able to hold the neck in a vertical position.

해석   강의자는 용각류가 수평의 목 자세를 가지고 있었다는 주장은 설득력이 없다고 주장한다. 이는 용각류가 목을 이 자세로 유지했다는 읽기 지문의 주장을 반박한다.

첫째로, 강의자는 목이 꼬리의 무게를 상쇄하기 위해 수평으로 자리잡혀 있어야 했다는 것은 의심스럽다고 주장한다. 꼬리는 가늘고 속이 비어있는 뼈를 포함했기 때문에 무겁지 않았다. 이것은 용각류가 균형을 유지하기 위해 머리를 수평의 자세로 유지할 필요가 없었다는 것을 의미한다. 이는 꼬리의 독특한 자세가 용각류의 목이 수평으로 유지되었다는 것을 나타낸다는 읽기 지문의 주장에 의구심을 제기한다.

다음으로, 강의자는 용각류의 수평의 목 자세가 해양 식물을 먹기 더 쉽게 만들었다는 주장에는 의문이 제기되었다고 주장한다. 충분한 해양 식물이 없었기 때문에, 용각류는 다양한 식물을 먹어야 했음이 틀림없다. 따라서, 더 많은 먹이에 접근하기 위해 수직의 목 자세가 필요했다. 이는 용각류가 해양 식물을 먹기 위해 목을 수평으로 유지했다는 읽기 지문의 주장에 반대한다.

마지막으로, 강의자는 용각류의 근육이 목을 수직으로 들어 올릴 수 있을 만큼 튼튼했다고 주장한다. 그것은 뼈에 의해 목과 연결된 강력한 어깨 근육을 이용하여 목을 들어 올릴 수 있었다. 이는 용각류의 근육이 목을 수직의 자세로 유지할 수 없었다는 읽기 지문의 주장을 반박한다.

스크립트 및 해석

Reading

용각류는 지금까지 존재했던 가장 큰 공룡이고, 그것은 모두 매우 긴 목을 가지고 있었다. 이러한 종류의 공룡의 목 자세는 최근 몇 년간 과학자들 사이에서 많은 논쟁의 주제가 되었지만, 그것은 거의 확실하게 수평 자세로 유지되었다.

용각류의 목이 수평으로 유지되었다고 믿는 한 가지 이유는 꼬리의 독특한 자세이다. 거대한 크기와 무게에도 불구하고, 화석화된 발자국은 용각류의 꼬리가 땅에 끌린 적이 거의 없다는 것을 분명히 보여주는데, 이는 꼬리가 몸에서 바깥쪽으로 땅과 평행하게 뻗어있었음이 틀림없다는 것을 의미한다. 균형을 유지하기 위해, 용각류는 목이 평형추로서의 역할을 하도록 비슷한 자세로 유지해야 했을 것이다.

용각류의 식단이 주로 해양 식물로 구성되었다는 사실은 목이 수평으로 유지되었다는 추가적인 증거이다. 용각류 화석은 한때 해안 생태계였던 지역에서 주로 발견되고 심지어는 해양 생물의 유해와 함께 발견되기도 했는데, 이는 용각류가 수면 근처에 있는 식물을 먹었다는 것을 나타낸다. 그러한 서식지에서, 용각류는 낮은 곳에 있는 식물에 닿기 위해 목을 바깥쪽으로 뻗었을 것이고, 수평의 목 자세는 먹이를 먹는 것을 더 쉽게 만들었을 것이다.

게다가, 용각류의 근육은 목을 수직으로 들어 올릴 수 없었는데, 이는 그것이 수평의 자세로 유지되었다는 것을 나타낸다. 목의 긴 길이와 무거운 무게 때문에, 목을 들어 올리고 수직의 자세로 유지하기 위해서는 매우 거대한 목 근육이 필요했을 것이다. 그러나 용각류 화석의 분석은 전문가들로 하여금 그 공룡의 목 근육이 그러한 묘기를 부릴 만큼 튼튼하지 않았다고 결론짓게 했다.

sauropod [sɔ́ːrəpɑ̀d] 용각류 (초식 공룡의 총칭) posture [pɑ́ːstʃər] 자세 horizontal [hɔ̀ːrəzɑ́ːntl] 수평의
fossilized [fɑ́ːsəlàizd] 화석화된 track [træk] 발자국 drag [dræg] 끌다 counterweight [káuntərwèit] 평형추
coastal [kóustəl] 해안의 feed [fiːd] 먹이를 먹다 vertically [və́ːrtikəli] 수직으로

OK . . . there is a scientific controversy regarding the neck posture of sauropods. That being said, the assertion that a horizontal position was maintained is not very convincing.

It is highly doubtful that a sauropod's neck would have to be positioned horizontally to offset the, um, weight of its tail. I mean, the tail of a sauropod was simply not heavy enough to cause any balance issues. This is because it was very slender compared to the massive neck. In addition, almost half of the bones in the tail were hollow and filled with air, which would have further reduced its weight. In short, there just doesn't seem to be any need for a sauropod to keep its head horizontal to maintain its balance.

Next, how about the claim that a sauropod's horizontal neck posture made it easier to feed on marine plants? Well, this has been called into question. The main issue is that there was not sufficient marine vegetation to meet the dietary requirements of these incredibly large creatures, so sauropods must have eaten a variety of plants. Therefore, sauropods would have benefited from an upright neck posture because it would allow them to access a greater range of food sources, such as the leaves on the tops of trees.

Lastly, I want to talk about the muscles . . . Contrary to what you read, a sauropod's muscles were more than capable of holding the neck in an upright position. It's true that the dinosaur's neck muscles were somewhat weak, but it also had exceptionally strong shoulder muscles that were connected to the neck with special bones. This meant that a sauropod could actually use its powerful shoulder muscles to raise its neck vertically.

자... 용각류의 목 자세에 관해 과학적 논란이 있죠. 하지만, 수평의 자세가 유지되었다는 주장은 그다지 설득력 있지 않아요.

용각류의 목이 그, 음, 꼬리의 무게를 상쇄하기 위해 수평으로 자리 잡고 있어야 했을 것이라는 점은 매우 의심스러워요. 제 말은, 용각류의 꼬리는 결코 균형 문제를 야기할 만큼 무겁지 않았거든요. 이는 그것이 거대한 목과 비교해서 매우 가늘었기 때문이죠. 게다가, 꼬리에 있는 뼈의 거의 절반은 속이 비어있었고 공기로 차 있었는데, 이것은 꼬리의 무게를 한층 더 낮췄을 거예요. 요컨대, 용각류가 균형을 유지하기 위해 머리를 수평으로 유지해야 할 필요는 없었던 것처럼 보이네요.

다음으로, 용각류의 수평의 목 자세가 해양 식물을 먹는 것을 더 쉽게 만들었다는 주장은 어떨까요? 글쎄요, 이것에는 의문이 제기되었어요. 가장 큰 문제는 이 엄청나게 거대한 생명체의 식이 요구를 충족시킬 수 있는 충분한 해양 식물이 없어서, 용각류는 다양한 식물을 먹어야 했을 것이라는 점이에요. 따라서, 용각류는 수직의 목 자세로부터 이익을 얻었을 것인데, 그것이 나무 꼭대기에 있는 잎과 같은 더 광범위한 먹이원에 접근하는 것을 가능하게 했을 것이기 때문이죠.

마지막으로, 근육에 관해 이야기해봅시다... 여러분이 읽었던 것과는 반대로, 용각류의 근육은 목을 수직의 자세로 유지할 수 있는 것 그 이상이었어요. 그 공룡의 목 근육이 다소 약했던 것은 사실이지만, 그것은 또한 특별한 뼈로 목에 연결된 대단히 튼튼한 어깨 근육을 가지고 있었어요. 이것은 용각류가 실제로 강력한 어깨 근육을 이용하여 목을 수직으로 들어 올릴 수 있었다는 것을 의미했죠.

controversy[ká:ntrəvə̀:rsi] 논란 slender[sléndər] 가는, 호리호리한 hollow[há:lou] 속이 빈, 비어있는
dietary[dáiətèri] 식이의, 음식의 incredibly[inkrédəbli] 엄청나게, 믿을 수 없을 정도로

02. 교수의 질문에 대해, 자신의 의견과 근거를 포함하여 토론에 기여하는 답안을 작성하시오.

Novak 박사
영화배우나 가수와 같은 유명 인사들은 그들의 두텁고 헌신적인 팬층에 큰 영향을 줄 수 있습니다. 때때로, 그들은 텔레비전에서 또는 소셜 미디어 계정을 통해 대중에게 그들의 정치적 견해를 표현합니다. 일부는 사람들이 유명 인사들의 의견에 노출되는 것이 일반적으로 괜찮다고 생각하지만, 다른 사람들은 유명 인사들이 정치에 대해 공개적으로 말하는 것을 피해야 한다고 생각합니다. 이 문제에 대한 여러분의 생각은 어떤가요?

Aidan
유명 인사들이 꼭 그들이 말하는 주제에 대해 전문가는 아니며, 그들의 의견은 개인적인 편견이나 제한된 정보에 근거할 수 있다는 것을 기억하는 것이 중요합니다. 어떤 유명 인사들은 심지어 사실에 근거하지 않은 급진적인 생각을 장려할 수도 있습니다. 하지만, 수백만 명의 팬들이 그들에게 쉽게 영향을 받을 수 있어서, 저는 그것을 우려스럽게 봅니다.

Sally
유명 인사들을 포함한 모든 사람이 자신의 정치적 의견을 표현할 수 있어야 한다고 생각합니다. 결국, 그들 또한 사회의 시민입니다. 게다가, 대부분의 사람들은 합리적인 판단을 내릴 능력을 가지고 있습니다. 이것이 제가 유명인들의 편향된 시선에 대중이 휘둘릴 수 있다는 Aidan과 같은 의견을 가지고 있지 않은 이유입니다.

어휘 celebrity[səlébrəti] 유명 인사 dedicated[dédikèitid] 헌신적인 speak up 공개적으로 말하다 not necessarily 꼭 ~은 아닌

expert[ékspəːrt] 전문가 bias[báiəs] 편견; 편견을 갖게 하다 radical[rǽdikəl] 급진적인 reasonable[ríːzənəbəl] 합리적인

judgment[dʒʌ́dʒmənt] 판단 sway[swei] 휘두르다

TIP 질문의 요지를 혼동하지 않도록 주의한다. 교수의 질문은 '유명 인사들의 정치적 견해 표출'에 대한 것이므로, 초점을 잘 맞춰 답안을 작성해야 한다. 만약, '유명 인사들의 영향력'에만 초점이 맞춰지면 주제에서 벗어난 답안을 작성할 수 있다.

Outline

- good to be exposed to celebrities' opinions 유명 인사들의 의견에 노출되는 것이 괜찮음
  - celebrities inspire people to voice views & take action
    유명 인사들은 사람들로 하여금 견해를 표명하고 행동을 취하도록 고무함
    - if someone they admire is brave, they can be encouraged to express ideas
      만약 그들이 존경하는 누군가가 용감하면, 그들은 생각을 표현하도록 격려받을 수 있음
    - ex) shooting in US: celebrities spoke out in favor of gun control → broader conversation
      예) 미국의 총격 사건에서 유명 인사들이 총기 규제에 찬성하는 목소리를 냈고 더 폭넓은 대화에 기여함

Model Response

In my opinion, it can be beneficial for celebrities to share their opinions with the public. This is mainly because celebrities are capable of inspiring people to voice their own views and take action. People often avoid publicly stating their perspectives on sensitive political and social topics. However, if they see that someone they admire is brave enough to speak his or her mind in public, they can be encouraged to express their own ideas confidently. For example, after a tragic shooting in the US, many celebrities spoke out in favor of gun control. While some people criticized them for their lack of expertise on the issue, others were motivated by their courage to stand up and be counted. The celebrities' activism helped to keep the issue in the public eye and contributed to a broader national conversation about gun control. Overall, I maintain that it is helpful for everyone if celebrities convey their opinions openly.

해석 제 생각에는, 유명 인사들이 대중과 의견을 나누는 것이 유익할 수 있습니다. 이는 주로 유명 인사들이 사람들로 하여금 자신의 견해를 표명하고 행동을 취하도록 고무할 수 있기 때문입니다. 사람들은 종종 민감한 정치적, 사회적 주제에 대한 그들의 견해를 공개적으로 말하는 것을 피합니다. 하지만, 만약 그들이 존경하는 누군가가 대중 앞에서 자신의 생각을 말할 만큼 용감한 것을 본다면, 그들은 자신의 생각을 자신 있게 표현하도록 격려받을 수 있습니다. 예를 들어, 미국에서의 비극적인 총격 사건 이후, 많은 유명 인사들이 총기 규제에 찬성하는 목소리를 냈습니다. 어떤 사람들은 그들이 이 문제에 대해 전문성이 부족하다고 비판한 반면, 다른 사람들은 그들의 용기에 의해 공개적으로 지지를 밝히도록 동기 부여 되었습니다. 유명 인사들의 행동주의는 그 문제가 대중의 관심 아래 있게 하는 데 도움이 되었고 총기 규제에 대한 더 폭넓은 국가적인 대화에 기여했습니다. 전반적으로, 저는 유명 인사들이 그들의 의견을 공개적으로 전하면 모든 사람에게 도움이 된다고 주장합니다.

어휘 sensitive[sénsətiv] 민감한, 예민한 admire[ædmáiər] 존경하다 confidently[kɑ́nfədəntli] 자신 있게

tragic[trǽdʒik] 비극적인 in favor of ~에 찬성하는 expertise[èkspərtíːz] 전문성

stand up and be counted 공개적으로 지지를 밝히다 activism[ǽktəvìzəm] 행동주의

01. 방금 들은 강의의 논점들을 요약하되, 이 논점들이 읽기 지문의 구체적 논점들을 어떻게 반박하고 있는지 설명하시오.

Note-taking

읽기 노트

why moai built: 3 theories 모아이가 세워진 이유에 대한 세 가지 가설들
1. trophy for annual competition b/w chiefs 족장들 사이 연례 시합의 전리품
– built to celebrate victory 승리를 기념하기 위해 세워짐
– symbol of prestige for clan 씨족에 대한 위신의 상징
2. intermediary b/w humans & gods 인간과 신들 사이의 매개물
– heads: gaze above horizon, look into sky 머리는 수평선 위를 응시하고 하늘을 바라봄
– near sacred mounds: religious cerem. & rituals
신성시되는 언덕 주변에 있었다는 것은 종교의식과 제사를 의미함
3. honor ancestors 조상을 기림
– orig. inhabitants came from west 최초의 거주자들은 서쪽에서 왔음
– face west: paying homage 서쪽을 향하는 것은 경의를 표하는 것임

듣기 노트

X solve riddle 수수께끼는 풀리지 않음
1. reward for competition: easy to discount 시합의 보상이었다는 것은 무시하기 쉬움
– statues > 1/year 조각상이 매년 한 개보다 더 많음
– 900 statues over 5C: X add up 5세기에 걸쳐 900개의 조각상은 말이 안 됨
2. intermediate b/w human & divine: prob. 인간과 신의 중간은 문제가 있음
– direction of gaze: far from universal 응시 방향이 전혀 공통되지 않음
– X reason hills had religious signif. ← X artifacts/struct.
유물이나 구조물이 없으므로 언덕이 종교적 의의를 지녔다는 근거 없음
3. reverence for ancestors: stretch 조상들에 대한 숭배는 확대 해석임
– many face north/east 다수가 북쪽이나 동쪽을 향함
– DNA: related to Polyn., settle. north & south → X sure from west
DNA는 폴리네시아인들과 친족 관계임을 보여주는데 북쪽과 남쪽에도 정착해서 서쪽에서 왔는지 확신할
수 없음

Summary

The lecturer argues that we are not close to solving the riddle of why moai were built. This contradicts the reading passage's claim that it can be explained by several theories.

First, the lecturer contends that the statues were not a reward for a yearly contest. There are more statues than there should be if they were built once a year. Almost 900 moai exist, but they were built in 500 years, so the numbers do not add up. This casts doubt on the reading passage's claim that they may have been built as prizes for an annual competition, with one statue being built each year.

Next, the lecturer asserts that the moai were not intermediaries between humans and the gods. The direction of their gazes varies. In addition, we have no reason to think that the so-called sacred mounds had religious importance because there is no evidence that religious ceremonies had occurred. This counters the reading passage's claim that the moai were created to mediate between the gods and people.

Finally, the lecturer maintains that the moai were not built to honor ancestors who came from the west. Many of the moai face north and east. Moreover, DNA evidence shows that Easter Island residents have Polynesian ancestors, but experts are not sure if the ancestors came from the west. This is because there are Polynesian settlements to the north and south of Easter Island as well. This refutes the reading passage's claim that the moai were constructed in honor of ancestors from western islands.

해석   강의자는 우리가 모아이가 왜 세워졌는지에 대한 수수께끼를 푸는 데 가까워지지 않았다고 주장한다. 이는 그것이 몇 가지 가설들로 설명될 수 있다는 읽기 지문의 주장을 반박한다.
첫째로, 강의자는 조각상이 연례 대회의 보상이 아니었다고 주장한다. 일 년에 하나씩 지어졌을 경우에 그곳에 있어야 하는 것보다 더 많은 조각상들이 있다. 거의 900개의 모아이가 존재하지만, 그것들은 500년 동안 만들어진 것이어서 수가 말이 되지 않는다. 이는 그것이 연간 시합의 상으로서 세워졌을 것이고, 조각상이 매년 하나씩 만들어졌다는 읽기 지문의 주장에 의구심을 제기한다.
다음으로, 강의자는 모아이가 인간과 신들 사이의 매개물이 아니었다고 주장한다. 그것들의 응시 방향은 다양하다. 게다가, 우리는 소위 신성시되는 언덕이라는 것들이 종교적 중요성을 지녔다고 생각할 어떠한 이유도 없는데, 종교의식이 행해졌다는 증거가 없기 때문이다. 이는 모아이가 신들과 인간 사이에서 중개하기 위해 만들어졌다는 읽기 지문의 주장에 반대한다.
마지막으로, 강의자는 모아이가 서쪽에서 온 조상을 기리기 위해 만들어지지 않았다고 주장한다. 대다수의 모아이는 북쪽과 동쪽을 향한다. 게다가, DNA 증거는 이스터 섬 주민들에게 폴리네시아 조상이 있다는 것을 보여주지만, 전문가들은 그 조상들이 서쪽에서 왔는지 확신하지 못한다. 이것은 이스터 섬의 북쪽과 남쪽에도 폴리네시아인의 정착지가 있기 때문이다. 이는 모아이가 서쪽 섬에서 온 조상들을 기리기 위해 세워졌을 것이라는 읽기 지문의 주장을 반박한다.

스크립트 및 해석

Reading

네덜란드 탐험가 야콥 로게벤이 1700년대에 최초로 이스터 섬에 상륙했을 때, 그는 사람의 형태로 새겨진 거대한 하나의 암석으로 된 석상들로 가득 찬 해안가와 마주쳤다. 이 인상적인 석조 건축물들은 모아이라고 불리고, 이러한 조각상들이 세워진 이유는 세 가지 서로 다른 가설들로 설명될 수 있다.
모아이는 경쟁하는 족장들 사이의 연례 시합의 전리품으로서 매년 하나씩 세워졌을 수 있다. 해마다, 족장들은 지구력 및 체력 시합에 출전하기 위해 지지자들을 모으곤 했다. 대회에서 우승하는 사람은 누구나 그 후에 자신의 승리를 기념하기 위해 모아이를 세우게 했다. 모아이는 우승한 족장을 기리는 영구적인 기념물이었기 때문에, 그것은 전체 씨족에 대한 위신의 상징이었을 것이다.
또 다른 그럴듯한 설명은 모아이가 지상의 인간과 천상의 신들 사이의 소통을 가능하게 하도록 돕는 매개물의 역할을 했다는 것이다. 적어도 한 명의 고고학자가 석상의 머리가 마치 하늘을 바라보고 있는 것처럼 수평선 위를 응시할 수 있도록 비스듬히 기대져 있다는 중요한 사실을 지적했다. 또한, 한 커다란 무리의 모아이가 세 군데의 신성시되는 언덕 주변에 서 있는데, 이는 그것들이 종교의식과 제사에 사용되었을 것이라는 견해를 뒷받침한다.
세 번째 가능성 있는 이론은 모아이가 섬 주민들의 조상을 기리기 위해 세워졌다는 것이다. 최초의 거주자들이 서쪽에서 왔다는 것은 직계 후손들의 DNA 분석을 통해 밝혀졌다. 조각상들 중 대다수는 서쪽을 똑바로 향하고 있는데, 이는 그 섬의 최초 이주자들이 왔을 방향이고, 모아이는 이들의 이스터 섬으로의 첫 여정에 경의를 표하고 있는 것일 수 있다.

shoreline[ʃɔ́ːrlàin] 해안가 monolithic[mànəlíθik] 하나의 암석으로 된 masonry[méisənri] 석조 건축 chief[tʃiːf] 족장
endurance[indjúərəns] 지구력, 인내력 clan[klæn] 씨족, 집단 intermediary[ìntərmíːdièri] 매개의
facilitate[fəsílətèit] 가능하게 하다 recline[rikláin] 비스듬히 기대다, 눕다 gaze[geiz] 응시, 시선 sacred[séikrid] 신성시되는
mound[maund] 언덕, 더미 descendant[diséndənt] 후손 pay homage to ~ ~에 경의를 표하다

Listening ◎ Track 46

Everyone who has seen or studied the moai of Easter Island agrees that the statues are an incredible artistic
and engineering achievement. Personally, I find them, um, totally fascinating. Unlike other scholars, however,
I'm unwilling to claim that we are any closer to solving this riddle of why they were built than we were in the past.
I recently read a paper which proposed that the statues were made as a reward for an annual competition
between chiefs on the island, but this theory is easy to discount because there are far more statues than the
equivalent of one per year. There are nearly 900 of these statues on the island. Given that we know they were
made over the course of five centuries, why would there be 900 instead of, say, just 500? The numbers don't
add up.

As for the idea that the moai served as intermediate vehicles between the human and divine realms, well . . .
a big problem with this assertion is that the direction of their gaze is far from universal. You see, some statues
look directly forward, and others appear to be looking down. Moreover, experts have no reason to believe
that these hills had any religious significance . . . uh, they have not found any artifacts or structures used for
religious ceremonies at these sites.

It's also a stretch to claim that the statues were meant to show reverence for ancestors from a western island
because only some statues face west. Many face north or inland toward the east–the exact opposite direction.
And what about that DNA analysis? Basically, scientists looked at the DNA of some modern Easter Island
residents and concluded that they are related to Polynesians. The problem is that the Polynesians have
settlements on islands to the north and south of Easter Island, not just those to the west. So we cannot be sure
that the original inhabitants of Easter Island even came from the west.

이스터 섬의 모아이를 봤거나 연구했던 사람이라면 누구나 그 조각상들이 믿기 힘든 예술적, 기술적 업적이라는 것에 동의합니다. 개인적으
로 저는 그것들이, 음, 아주 흥미롭다고 생각해요. 하지만 다른 학자들과는 달리, 저는 우리가 그것이 왜 세워졌는지에 대한 이 수수께끼를 푸
는 데 과거보다 더 가까워졌다고 주장할 수는 없을 것 같아요.
저는 최근에 그 조각상들이 섬에 있던 족장들 사이의 연례 시합의 보상으로서 만들어졌다고 제시한 논문을 읽었지만, 매년 한 개에 상당하는
것보다 훨씬 더 많은 조각상들이 있기 때문에 이 이론은 무시하기 쉬워요. 섬에는 이 조각상들이 거의 900개가 있죠. 그것들이 5세기에 걸쳐
만들어졌다는 점을 고려하면, 왜, 음, 그냥 500개가 아니라 900개씩이나 있겠어요? 수가 말이 되지 않죠.
모아이가 인간과 신성한 영역 사이의 중간 매개체로서의 역할을 했다는 견해에 대해서는, 글쎄요... 이 주장의 큰 문제점은 조각상들의 응시
방향이 전혀 공통되지 않는다는 점입니다. 그러니까, 일부 조각상들은 앞을 바로 보고 있고, 다른 것들은 아래를 보고 있는 것처럼 보여요. 게
다가, 전문가들에게는 이 언덕이 어떤 종교적 의의를 지니고 있었다고 믿을 근거가 없어요... 어, 그들은 이 장소에서 종교의식에 쓰인 어떤
유물이나 구조물도 찾지 못했습니다.
그 조각상들이 서쪽 섬에서 온 조상들에 대한 숭배를 나타내려는 의도였다고 주장하는 것 또한 확대 해석인데, 일부 조각상들만이 서쪽을 향
하고 있기 때문이에요. 다수가 북쪽이나 정 반대 방향인 동쪽 방향의 내륙을 향하고 있죠. 그리고 그 DNA 분석은 어떨까요? 기본적으로, 과
학자들은 오늘날의 이스터 섬의 몇몇 주민들의 DNA를 조사했고 그들이 폴리네시아인들과 친족 관계를 가지고 있다고 결론지었어요. 문제
는 폴리네시아인들이 이스터 섬의 서쪽에 있는 섬들뿐만 아니라 북쪽과 남쪽에 있는 섬들에도 정착했다는 거예요. 그러니까 우리는 이스터
섬의 최초 거주자들이 서쪽에서 왔는지조차도 확신할 수 없죠.

fascinating[fǽsənèitiŋ] 흥미로운, 매력적인 reward[riwɔ́ːrd] 보상 equivalent[ikwívələnt] 상당하는, 동등한 add up 말이 되다
intermediate[ìntərmíːdiət] 중간의 vehicle[víːikl] 매개체, 수단 realm[relm] 영역
universal[jùːnəvə́ːrsəl] 공통되는, 보편적인 reverence[révərəns] 숭배

02. 교수의 질문에 대해, 자신의 의견과 근거를 포함하여 토론에 기여하는 답안을 작성하시오.

Nelson 박사	Benny
개인의 자유라는 개념은 민주주의 사회의 핵심이지만, 그것은 또한 복잡한 주제이기도 합니다. 때때로, 개인의 자유와 사회의 더 큰 이익 사이에 충돌이 있을 수 있습니다. 우리의 다음 수업 전에, 여러분이 다음 주제에 대해 대화를 나눌 것을 요청합니다. 특정 상황에서 개인의 자유를 침해하는 것이 용인될 수 있습니까, 아니면 개인의 자유를 빼앗는 것은 받아들일 수 없습니까?	저는 개인의 자유가 침해될 수 있는 몇몇 상황이 있다고 생각합니다. 예를 들어, 의사, 조종사, 그리고 소방관들은 인명을 책임집니다. 만약 그들이 술이나 약물의 영향을 받는다면, 그들은 그들의 임무를 안전하게 수행할 수 없을 것이며 다른 사람들을 심각하게 위험에 빠뜨릴 수 있습니다. 그래서, 공공 안전을 보호하기 위해 그들의 개인적인 자유를 제한하는 것이 필요할지도 모릅니다.
	Joseph 자유를 제한하는 것은 정당화되어서는 안 됩니다. 개인의 자유를 제한하려는 어떠한 시도도 우리의 기본적인 인권을 침해하는 것입니다. 정부는 언론을 통제하고 정보에 대한 접근을 제한하기 시작할 것입니다. 사회가 발전하기 위해 시민들은 의사 표현을 하고 권위에 도전할 수 있어야 합니다.

어휘   clash[klæʃ] 충돌   acceptable[ækséptəbəl] 용인되는   infringe[infrínʤ] 침해하다   take away 빼앗다
abhorrent[æbhɔ́ːrənt] (도덕적으로) 받아들일 수 없는, 혐오감을 자아내는   circumstance[sə́ːrkəmstæns] 상황
violate[váiəleit] 침해하다, 위반하다   endanger[indéinʤər] 위험에 빠뜨리다   justify[ʤʌ́stəfài] 정당화하다
attempt[ətémpt] 시도   authority[əθɔ́ːrəti] 권위

Outline

- acceptable in certain situations 특정 상황에서는 용인됨
  - prevent harm to vulnerable populations ← restrictions on certain products
    특정 제품에 대한 제한 조치를 통해 취약 계층에 대한 피해를 방지함
    – vuln. groups X have means to protect themselves → government safeguards them
      취약 계층은 스스로를 보호할 수단이 없으므로 정부가 그들을 보호함
    – ex) sale of tobacco to minors = prohibited to shield them from harmful substances
      예) 미성년자들에게 담배를 판매하는 것은 그들을 유해 물질로부터 보호하기 위해 금지됨

Model Response

I understand why Joseph thinks that freedom should never be limited as there is the potential for abuse by bad leadership. However, in my opinion, restricting individual freedom may be justifiable in some cases. The main reason is that it can be used to prevent harm to vulnerable populations, as seen with the imposition of restrictions on certain products. Vulnerable groups may not have the means to protect themselves, and therefore, government intervention is necessary to safeguard them. For example, in most countries, including South Korea, the sale of tobacco to minors is strictly prohibited to shield them from exposure to the harmful substances in cigarettes. Adolescents are particularly susceptible to the negative effects of smoking, such as long-term health problems and even addiction. Thus, there is a broad social consensus that the government should ban unregulated sales practices to prevent certain companies from prioritizing their profits over the well-being of minors.

해석 저는 왜 Joseph이 자유가 절대 제한되어서는 안 된다고 생각하는지 이해하는데 이는 나쁜 지도자들에 의한 남용 가능성이 있기 때문입니다. 하지만, 제 생각에는, 개인의 자유를 제한하는 것이 어떤 경우에는 정당화될 수도 있습니다. 주된 이유는 특정 제품들에 대한 제한 조치의 시행에서 볼 수 있듯이, 그것이 취약 계층에 대한 피해를 방지하는 데 사용될 수 있다는 것입니다. 취약 계층은 스스로를 보호할 수단이 없을 수 있으므로, 이들을 보호하기 위해서는 정부의 개입이 필요합니다. 예를 들어, 한국을 포함한 대부분의 국가에서, 미성년자들에게 담배를 판매하는 것은 담배에 있는 유해 물질에 대한 노출로부터 그들을 보호하기 위해 엄격하게 금지되고 있습니다. 청소년들은 장기적인 건강 문제와 심지어 중독과 같은 흡연의 부정적인 영향에 특히 취약합니다. 그래서, 특정 기업들이 미성년자의 복지보다 그것의 이익을 우선시하는 것을 방지하기 위해 정부가 규제받지 않는 판매 관행을 금지해야 한다는 광범위한 사회적 합의가 있습니다.

어휘 abuse[əbjúːz] 남용, 학대 justifiable[dʒʌ́stəfàiəbəl] 정당화되는 vulnerable[vʌ́lnərəbəl] 취약한
imposition[ìmpəzíʃən] 시행, 도입 intervention[ìntərvénʃən] 개입 safeguard[séifgɑːrd] 보호하다
minor[máinər] 미성년자, 소수자 adolescent[ædəlésnt] 청소년 susceptible[səséptəbəl] 취약한 addiction[ədíkʃən] 중독
consensus[kənsénsəs] 합의 unregulated[ʌnrégjuleitid] 규제받지 않는

|H|A|C|K|E|R|S|

해커스인강 HackersIngang.com
본 교재 인강 · 통합형 문제학습 MP3 · iBT 라이팅 실전모의고사

고우해커스 goHackers.com
토플 스피킹/라이팅 첨삭 게시판 · 토플 공부전략 강의 · 토플 자료 및 유학 정보

1위 해커스어학원
260만이 선택한 해커스 토플

단기간 고득점 잡는 해커스만의 체계화된 관리 시스템

01 토플 무료 배치고사
현재 실력과 목표 점수에 딱 맞는
학습을 위한 무료 반배치고사 진행!

토플 Trial Test
월 2회
월 2회 실전처럼 모의테스트 가능한
TRIAL test 응시기회 제공!

02

03 1:1 개별 첨삭시스템
채점표를 기반으로 약점파악 및 피드백,
1:1 개인별 맞춤 첨삭 진행!

해커스 빡센 관리 받고
1달 만에 토플 고득점 졸업 go ▶